望月清司論文選

ドイツ史・マルクス・第三世界

日本評論社

目次

〈ドイツ農制史〉

1

グーツヘルシャフト成立前期と騎士団国家の市場構造

一　はじめに

東ドイツ農業史研究の定礎者クナップはいう。「グーツヘルシャフトは十六世紀中葉からその少年期を開始し」た、と。小論はその意味ではグーツヘルシャフトの幼年期への、プロイセンの農民経済および市場構造の視角よりする一歩接近の試みである。

二　問題の前提――騎士団のプロイセン植民――

一二二八年、ポーランド国王とドイツ皇帝の政治的支援のもとに、ドイツ騎士団は「僧侶制度と騎士制度という中世でもっとも理想的な組織[1]」をもって布教と征服にプロイセンへ侵入し、一二三〇年クルム地方まで進出した。そして約束どおりポーランド国王からプロイセンの領邦高権を獲得し、約半世紀後全土平定をほぼ完了した。

ところで、征服行動開始当時の騎士団員のうち職業的に指導的軍務に就き家士を率いる Ritterbruder は僅々七名にすぎず[2]、それが年々増加したとしても征服完了前の所属騎士は一〇〇名前後[3]というのであるから、この段階ではとうてい独力での植民は不可能であった。そこで騎士団は、当時北方と東方に新市場をもとめていた低ドイツ地方の商人層に提携の手をさしのべた。すでに十二世紀以来、ザクセン商業圏が漸次凝固しつつあったが、同世紀中葉幾多の経緯をへてリューベック市が建設されるや、同市を基点としてバルト海沿岸に続々海港都市（シュヴェーリン・ヴィスマール・ロシュトック・シュトラルズント等）の建設があいついだ。ドイツ騎士団のプロイセン制圧は彼らバルト海商人にとって、商業圏拡大の絶好の足がかりとなる。プロイセン諸都市の建設経過をみると、一二三一年トルン、三二年クルム、三三年マリエンヴェルダー、三七年エルビング、三九年ブラウンスベルク、五四年ケーニヒスベルク[4]と年を逐って東進している。

かの北欧商業の盟主ドイツ・ハンザは未だ結成をみていないが、個々のバルト海都市間には既に都市同盟の締結が行われていたのであって、この点に注目していささか逆説的ながらケチュケが「東ドイツ植民運動はドイツ・ハンザの先駆者であり、かつはまた随伴現象である[5]」としたのはまことに示唆に富む。しかしながら、植民の「領主的段階」とよばれるこの時期には、入植者の多くが前記の商業市民と東北諸侯の辺境十字軍将士の土着者にとどまって本格的な農業植民はなく、したがって農業生産力の主たるトレーガーは（木製）鉤鋤《かぎすき》 Hacke を用いる原住プロイセン人であった[6]。騎士団はこの間クルム・ハントフェステの名を以て知られるきわめて有利な都市法を諸都市に賦与して都市商業発展の素地をつくる一方、原住民労働力を充用して土地所有・経営組織の整序につとめ、この結果、領地世襲所有権・領内下級裁判権・重装備騎兵奉仕義務をもつ騎士領 Rittergut 体制の根幹を築いた。原住民階層秩序のドイツ的再編成は一二六一〜七三年の大反乱鎮圧後急速に軌道にのり、少数の親独派をのぞく大半のプロイセン人は不自由身分 Leibeigene に貶され、かくして、騎士団（ランデスヘル）――貴族〔騎士・原住民貴族〕（グルントヘル）――自由民〔ドイツ市民・農民、原住自由民〕――不自由農民〔原住農民〕（不自由労働力）という、一応の封建的ヒエラルヒーがその形姿をととのえ、植民事業のいちだんの飛躍を迎える準備がととのったのであった。

これより十四世紀に入って推進された植民（の「農民的段階」）は、騎士団よりすれば征服戦争に費されていた精力を既耕地分配から未耕地開拓に転換し得る時期であり、入植移民の立場からはプロイセンとドイツ本国の中間領域ドイツ化の進展（騎士団による東ポンメルン獲得とブランデンブルクのマルクグラーフ権力の確立）で東方移住がより容易になった時期であるが、しかしドイツ本国にそもそも騎士団の勧請に応じ得る農民がかなり広汎に存在すること、これが決定的問題であった。

父祖伝来の土地を自らすてて Sich-Lösen（リュトゲ）未知の蛮境に新天地をひらこうとする農民、すなわち、第一に西エルベの領主制から離脱し得る法的経済的条件を備える（自由移動性保持）[7]、第二に、たとえ主観的には離脱を欲しなくとも耕地零細化（分化の進行）[8]と領主的負担の重圧によって本国農制の内部で総体的に疎外されつつある農民層、一般的にいえば、ヴィリカチオン体制の制度的現実的解体とそして農村人口過剰によって人格的自由をこそ得たが新旧グルントヘルシャフトの相対的圧迫下に没落の途を辿りつつある農民層[9]、彼らなくして東部植民を考えることはできない。

こうした背景のもとに、周知の請負人 Locator 方式による植民が行われ、農民は諸々の「魅惑的な定住条件[10]」たとえば時に一〇年に達する免租期間・移住および保有地処分の自由・世襲賃租的保有権・通常本国の二倍以上の保有面積などをもって長途の旅に報いられた。定植地の多くは騎士団直轄領もしくは騎士団国家の三分の一を占める司教領であった。なぜなら、一村落創設には大は一〇〇フーフェ・小は三〇フーフェを要したが、私的領主は自己経営地以外にかかる未耕地をこの時代にはもたなくなっていたから。[11] 騎士団直営農場 Vorwerk の耕作は団有犂・連畜及び直傭ゲジンデ・ゲルトナーの手で行われ、入植ドイツ農民に賦役は課せられなかった。ドイツ農民は上級土地所有者としての騎士団に貨幣賃租（農民の生活状態と耕地土質に応じて一フーフェ当り〇・五～一〇マルク、その他に一クルム・プフェニヒ）ならびに保有確認料として若干の蠟か鶏二羽、それに犂穀税 Pflugskorn を、司教もしくは宗教団体としての騎士団に十分の一税と司教穀税 Bischofsscheffel を、さらにランデスヘル（および裁判領主）としての騎士団に常駐国境守備隊維持金 Wartgeld および裁判領主権にもとずく僅少の公共賦役を、それぞれ納付した。[12] その他保有地一〇フーフェ毎に兵士一名を提供する戦時奉仕があったが、これは名目的なものにとどまった。

要するに、十三世紀中葉から植民地ドイツに入植した農民の経済的法的地位はきわめて良好であって、その領主＝農民関係は「純粋にグルントヘルシャフト的な従属関係」であったことが認められる。[13]

こうした地位をもつドイツ村落が、十四世紀中葉までに騎士団国家では一四〇〇カ村ほど創設せられ[14]、以後一四一〇年騎士団がポーランド・リタウエン連合軍との戦闘で潰滅的敗北を喫する直前にピークに達するのである。[15]

三　プロイセンの市場構造

1　市場の一般的理解

「中世的農奴解放」、おなじことであるがヴィリカチオン制度から純粋《ライネ》グルントヘルシャフト（ベロウ）または地代《レンテン》グルントヘルシャフト（ウェーバー）への移行は地代形態からいえば労働地代段階から生産物地代ないし貨幣地代段階への推転であった。それゆえ、Herrschaft an Menschen から Herrschaft an Grund und Boden という段階的視点からすれば、この過程は「擬グルントヘルシャフトから真正グルントヘルシャフトへの発展」“von der Pseudogr. zur echten Gr.”[16]、つまりグルントヘルシャフトの自己純化の過程であり、その意味ではすぐれてひとつの「構造転換」

であった。この「構造転換」の過程で十一・十二世紀のいわゆる「商業の復活」が側面から果した役割については既に周知であるが、このさいとくに中世商業の急速な勃興に対するとひとしく、農村における決して華やかではないが着実な商品生産の発展に注意をはらっておきたい。

つまり、純粋グルントヘルシャフトの形成過程とは、いわゆる「領主の胃壁」原則に制約されていたヴィリカチオン的再生産機構が、農業生産力の上昇（例証。十二世紀前半来の西ドイツにおける商業的農産物の集約栽培・ぶどう山の階段栽培・飼料作物の専門的栽培・耕地すきかえし回数の増加など）[17]、の圧迫的影響下に、しだいに明瞭になりつつある封建的市場の一般的成立に自らを順応させ、そのために必要な自己変革（「上からの」ヴィリカチオン解体！）をとげてゆく途なのであった。そこでは土地関係内部の地代水準に応じて、領主が直接消費を超える剰余貢納物たる農奴制商品の提供者であったのに対し、農民もまたまず貨幣地代支払のための、つぎに剰余生産物実現のための農民的商品の提供者であった。安定した耕作権――隷農は特徴的に glebae adscriptus であった――に立脚した農民の市場接触が、彼らの経営の性格を漸次に、ベヒテルの言葉をかりれば〔荘園庁への〕納入経営 Lieferwirtschaft から〔市場への〕搬出経営 Zubringerwirtschaft に変容させてゆくのである[18]。この行程が貨幣地代の段階でいっそう本質的な形をとったことはいうまでもない。

そこでは、農民の「市場訪問」は農業経営に劣らぬ義務であった。自家消費以上の全生産物の商品化が原則であれば、農業経営の安定拡大は、単に共同体規制下での諸改善のみならず、市場での取引技術にすら左右されることとなった。農業経営の「集約化はちょうど都市と都市住民の急速な増加にぶつかって大いに利益をあげた。もちろん都市の市場における販売機会に対する農民の目算や都市で支配的な商慣行に対する彼の無智が結果として莫大な損害を与えたことも事実である。しかし農民は貨幣価値の変動にあい、あちこちで速かに都市の慣習をのみこんでしまい、はては手工生産物を都市の市場でもとめたいと思うようになってから、かつてないほど商品交換に依存することとなった[19]」。

そこでいま、かような都市、というよりは広義の市場 Markt の形成について考えてみよう。いわゆる隔地商業の大小のエムポリウムを別とすれば、まず販売すべき生産物を積載した荷車が一日で容易に往復し得る距離——最大限一〇マイルほどであろう——を半径とする円内の農民が、日常必要品を相互に売買し交換する市場集落 Marktsiedlung が各地に発生する。最初はその時々の必要に応じて教会なり荘館なりの近傍に柵をめぐらした場所、あるいは村落内部の全く開放された場所で不定期に開催された市場が、次第にそこで成立する取引量の増加にともなってまず週市の形で定期恒常的なものになってゆく。「新しい交易の中心地が市場集落という形でドイツの各地方にわたって増加していった。市場の繁栄にとって決定的だったのは、まず、市場の周辺にまだ農村としてとどまっている地域とのかなり活潑な交換取引の可能性をあらわす市場の位置であった[20]。」

この段階では、すでに一市場圏内部での農工生産の分業が進行しつつはあるが、まだ一定の限界を超え得なかった。なぜなら、地勢・土質・気候・資源・大商業路への距離を同じくし、おそらくは同一のグルントヘル・ランデスヘルの支配下にあったであろう半径五〜一〇マイルの狭隘な生産圏内部ではそう多彩かつ活潑な商品交換を期待することはできないから。しかしながら、この限界そのものがむしろこの市場＝生産圏内部での、また市場圏全体としての社会的分業を促進する契機ともなったことは疑えない。まず最短距離の市場以外に販売機会を原則的にもち得ぬ農民[21]は、制限された経営の中でも市場でもっとも有利な取引の対象になる生産物を選択してゆくであろうし、つぎにひとしい生産条件下の地域の市場で消化し得ぬほぼ同種の商品が過剰供給されれば（平地地帯での穀物・沿海地方での海産物）この市場はこれら商品の販路をもとめかつは自己の生産圏からは供給し得ぬ商品をもとめて、同様な成立過程をとった他の市場集落との接触を行わざるを得なくなる。こうした臨時の機会の反復と共に、集落間交易の機会取引 Gelegenheitshandel に従事する小商人層が生れ、すでに一集落内部で成立していた一物一価の法則[22]は、徐々にその通用場面をおし拡げてゆく。かくしていくつかの市場集落を包括する集落群 Siedlungsgruppe があらわれ、それをめぐって「いまだ農業が支配的な生産と諸集落のたえざる多種多様な売買機会を中心にあつめる市場交易とが経済的に行われる局地Ortschaftが多少とも鮮明にうかびあがってくる。[23]」しかし、たとえばこれら小商品生産者に従属する小商人についていいえば「卸売商人Grosshändlerにたいし、通常、雑貨商Krämmer、呉服商人Gewandschneider、露店商人Hökerという名称が〔小売商の〕代名詞のようにもちいられていた[24]」ことに徴しても取扱商品の質量ともなる貧弱さは明瞭で、あたかも現物経済段階の個々の農民経営がそれ自体一個の自足的再生産単位をなしていたように、かかる都市的局地経済städtische Ortwirtschaftもまた独自の半封鎖的再生産機構をなしていたにすぎない。[25]唯前者が村落共同体規制に拘束された一村落民《ドルフゲノッセ》たるのに、後者を規制するのは貫徹途上の価値法則であり、多少とも独立な小商品生産者をその細胞とした有機体である点がちがう。のみならず、後者の公法的性格をみても、「多くの場合、市場集落の領主はその市場が存在する土地の領主であったが、しかし市場地に対する彼の権限はグルントヘル的性質のものではなかった。つまり市場集落の住民は完全に自由《アン・ウント・フューア・ジッヒ》な・荘園法に束縛されない共同体Gemeindeを形成したのだ。[26]」かくて生産物の集中放散を再生産の不可欠の契機とするに至った農民的貨幣経済圏が次第に網の目のように各グルントヘルシャフト内部に、あるいはいくつかのグルントヘルシャフトにまたがって凝結してくると、なかでもそこへ小商人と手工業の小親方とが定着した市場町Marktfleckenが集落群の中から頭角をあらわしはじめ、やがては一定の経済範囲Einflussbereichを周辺にかためた農村小都市にまで成長してくる。

2　市場と中世都市

むろんドイツにおける中世都市成立の史的経過はしかくシェーマティッシュに単純ではあり得ない。[27]だがわれわれが、そのプロトティプをたずねてかの「司教都市」（典型ケルン）と「建設都市」（典型リューベック）に遭遇し、彼らがかの輝かしい「都市経済」の担い手たるをみるとき、わが農村小都市は彼らと全く別の系譜に属するものと考えぬわけにはゆかない。

十三世紀以降「ドイツの南西部では平均二〜二・五平方マイルごとに、中部と北西部では三〜四平方マイルごとに、東部では五〜八平方マイルごとに各一都市が存在する」[28]といわれ、またかのザクセン・シュピーゲルが相互に一マイル以内の距離に市場を設けるのを禁じたほどに広汎かつ稠密に簇生した中世都市群、いまこれらを人口区分してみれば次のようになる。[29]

十五世紀ドイツの総人口一二〇〇万〜一五〇〇万、そのうち都市人口一二〇万〜一八五万が約三〇〇〇の都市に分散している。このうち、大都市と目される三〇市の人口合計は三七・五万〜四〇万となり、全部二〇〇〇以上であるのに、残り二九七〇市の平均は三七〇人ということになる。類型区分は――、

① 一万以上の巨大都市……一二〜一五市
② 一万〜二〇〇〇の大都市……一五〜二〇市
③ 二〇〇〇〜一〇〇〇の中都市……約一五〇市（このうち、西部一〇〇、東部五〇）
④ 一〇〇〇〜一〇〇の小都市……約二八〇〇市（このうち五〇〇以上が約三五〇市、残余二四五〇市は五〇〇〜一〇〇）

という数字を示す。全都市の八〇％以上が五〇〇以下の人口をしかもたないということをこのさいしかと銘記したい。ベヒテルが「注目に値する工業ならびに商業経営が中世的な意味での都市生活を維持していた」と考えた人口一〇〇〇以上の約一八〇市は、おそらくその殆んどが、かの「特権」と隔地商業都市的機能とを兼備した「司教都市」と一部の「建設都市」に占められていたと推定して大過あるまい。これに対し、最後の零細都市ともいうべき二四五〇市についてみれば、中世市民家族を一世帯平均五人として最近似値七〇世帯が考えられるが、この世帯数の中に二〇〜三〇のツンフトが存立すること全く不可能であって、史家のいわゆる都市経済政策――ツンフト制度、通路強制権、互市強制権、市場法規、配給政策、価格調整機関など――は、これらの小都市とは全くフレムトであったということができよう。

3 植民地方の市場

以上のような農村都市の素描を全面的に念頭においた上で、次に眼を東部ドイツに転じよう。

カロリング時代の東ドイツには、ドープシュによればすでに約一五〇の市場があり、おそらく市場を有したと考え得るブルク施設が四〇以上もあったという。[30] オットー大帝のマクデブルク大司教区設置以来の植民過程で建設または既存市場法認によって生まれた都市は、十三世紀には全独最大の都市リューベックを含む約三〇〇市〔このうち小農村都市の水準以上に出るもの約三〇市〕[31]が数えられ、その後マクデブルク・リューベックを母都市とする「都市法族」の形成が普及したが、年代不詳の一葉の主要都市法分布図では、マクデブルク法三〇二市、リューベック法一一二市を初めとする計四八五市がエルベ右岸に存する。[32] くだって、一五〇〇年までに植民地に存立する都市はマクデブルクからエルベ河がエルツ山脈にかかる地帯にかけてのおどろくべき密度と共に、じつに約一四〇〇のそれを認め得る。[33] さきにわれわれは、東部には平均五～八平方マイルごとに一都市ありと知ったのであるが、これを騎士団国家にみると、東プロイセン八・五平方マイル、西プロイセン五・五平方マイル毎に一都市、各都市間は相互に三～四マイルの距離をへだてていたにすぎないという状態であった。[34] それぞれ面積の八割ほどを森林と広大不毛の沼沢地が占めていたという地理的条件を顧慮すればまさに意外な都市密度をもっていたのであって、「十四世紀までの数世代に帝国に新たに加えられた東部諸地域は都市によってその基礎を固め、多くの地方の都市の密度はドイツ本国の都市密度と殆んど同じ位になった」[35]というケチュケの叙述はけっして誇張ではなかった。

いうまでもなく、東部の都市の大半は「商業・手工業および交通の中心地」という意味の都市にはならなかった。イエヒトがしたように、都市を農耕市民都市 Ackerbürgerstadt、手工業者都市 Handwerkers.、隔地商業・輸出工業都市 Fernhandel- u. Exportindustries. の三種に分類すれば第一種が大多数を占めよう。[36] 彼はそれを法律上の観念では都市だがその住民は主として農業に従事して商業取引を行わないから経済的には「都市」ではなく単なる村落にすぎぬと断ずるのであるが、われわれの問題意識からすればむしろ法律的には都市の資格がないが経済的機能の点では都市である、そういった都市こそが、つまり「すべての都市は市場であるが、すべての市場が都市なのではない」（リーチェル）という場合の必ずしも都市ではない市場——それは十分に確認されていないが——もまた重要な素材をなすのである。

4　東プロイセンの市場条件

さて、騎士団が未開の辺境を征服し植民のための素地をつくるには巨額の資金資材を要したことはいうをまたない。常備軍・城砦・辟地駐屯軍の維持費、傭兵徴募費および傭兵隊の給与・装備費・軍馬飼料確保等々。これらを支弁するために騎士団が収取した現物貢租は——年五万マルクを優に凌駕する貨幣収入[37]は別として——、まずプロイセン人・ポーランド人の納入する穀物十分の一税、鋤穀税 Hakensscheffel（鋤一丁当り小麦一シェッフェル）、ドイツ農民の穀物十分の一税、犂穀税 Pflugskorn（犂一台当り小麦・ライ麦各一シェッフェル）（世俗化した司教十分の一税）が恒常的であり、さらに都市保有耕地《フーフェ》からの現物税、騎士団専有製粉所使用料たる穀物（年々五万七〇〇〇シェッフェルに達した）、それに狩猟収穫の一部などがあり、そのほかに騎士団御料地からの収益が加わった。この結果、量的にさして問題とならぬ部分を除いて、例えば一四〇〇年には、騎士団の城砦および穀倉には約四六万三〇〇〇シェッフェルのライ麦、二万四〇〇〇シェッフェルの小麦、四万七〇〇〇シェッフェルを超える大麦および醸造用麦芽、二〇万三〇〇〇シェッフェル以上のホップなどが蓄積されたと報告されている[38]。

騎士団国家創立の時代、西および北西ヨーロッパはすでに規則的な穀物輸入を必要としていた。イングランドも凶作年には輸入を欠き得ず、統一国内市場の未成立から「北部諸伯領が余剰穀物を大陸に輸出しているのに、南部は……穀物を輸入[39]」せねばならなかった。十三世紀中葉リューベックを西端・リガおよびドルパットを東端とするバルト海商業圏の覇権は、ほぼ全くハンザ結成をまえにしたドイツ商人の手中に帰し、本格的な穀物輸出を営みはじめ、十四世紀初頭にはフランデルンのもっとも主要な食料供給源となり、やがてスカンディナヴィア市場から英国産穀物を駆逐し去った。[40] ドイツ国内でもライ麦を栽培せぬシュヴァーベン、十三世紀以来の人口および都市増加で対英輸出地域から逆に輸入地域となったフランケン・ヘッセン・ライン地方が東部の重要な販路となった。

もっともこの時代のかかる急速な穀物需要増加以前に騎士団は自己需要充足のため、穀物、ザムラント特産の琥珀、ロシア産毛皮、ハンガリーの銅・鉄、蜂蜜、木材とその副産物などを西部に供給していた。騎士団の請願に対するに「その領内の産物を売却し、他の産物をその産地において購入する権利を与える。但し利益を目的として営むを禁ずる。」とこたえた一二六三年法王ウルバヌス三世の教書に、周知の教書偽造をもって事業継続をあえてした事実がその歴史と性格を物語る。[41] 南北に通ずる三大水路（エルベ、オーデル、ヴァイクセル）によるバルト海商人の植民地内奥部への浸透が、十三世紀前半以来の西ヨーロッパでの穀価高騰[42]が騎士団の営利欲を刺激せぬわけがなかった。

一三六〇年、騎士団はケーニヒスベルクとマリエンブルクにそれぞれ貿易長官 Grossschäffer を長とする貿易庁を設置して組織的な営利活動にのりだすこととなった。貿易長官は各管区の生産物輸出入に従事する貿易商たるばかりでなく、金融業者・仲買人・その所有船舶をもってハンザに加盟する船主であり、また税関長であった。[43] 貿易庁の個々の事業内容は明らかでないが事業規模はつぎの数字がよくその外貌を伝えている。すなわち、十四世紀から十五世紀にかけてのケーニヒスベルク貿易庁の手持運転資金は三万五〇〇〇マルク、全資産は七万マルクに達しマリエンブルク貿易庁の全資産は四万五〇〇〇ないし五万マルクにのぼった。ケーニヒスベルク支庁貿易官だけでも約六〇〇〇マルクの資金を運転していた。[44]

騎士団の貿易商品は穀物のみにとどまらなかった。十四世紀以来、ロシア・ポーランドを含む東部の豊富な針葉樹林から出る材木がヴァイクセル河を筏組みでダンツィヒに積出され、西ヨーロッパ市場から従来の供給源スカンディナヴィアと南ドイツの「白」材木を完全に駆逐した等々。[45]

これを要するに、プロイセン最大の穀物輸出商ドイツ騎士団はまぎれもなく巨大な前期的商業・高利貸資本であった。[46] ところでこの「前期的資本」なる性格規定が騎士団において特殊なるゆえんは、その市場活動が領邦国家的高権にもとづく半奴隷制的直営地経営と、他方純粋封建的グルントヘルシャフトにその生産的基礎をおき、またかの「特権」的都市法をもつ前期的隔地商業都市群ドイツ・ハンザとの密接不離な結合——騎士団自体がハンザの成員であった。もっとも「結合」といってもそれは騎士団貿易がハンザ諸都市の対外的利益と合致するかぎりで、である——とによって自己生産物の堅固な実現機構をつくりあげていたことであった。

騎士団国家のかような経済制度は、しかしけっして植民地ドイツに固有のものではなく、すでに中世高期における周知の修道院商業にその原型を見出し得る。ドッブは中世における教会の商業への深甚な関心を「力説に値する事実」とし、フランスやイングランドでの史実をあげたのち、「十一世紀ごろにヨーロッパ大陸では、司教制度を足場にした特権的半商人階級 Privileged semi-commercial class がいて、商業や高利貸や半奴隷的労働からの利潤によって富をつかみ、ロンバルド人やユダヤ人にもひけをとらぬ営利欲に憑かれていた」[47]とのべるが、騎士団もこの例に洩れない。ただこの規定に妥当するかぎりの騎士団はすでにいちじるしく世俗的色彩を濃くしており——リタウエン改宗と貿易庁設置はほぼ同時代——、直接国家権力を背景により計画的でより大規模な商業活動を行なった点でことなるだけであった。

ここでわれわれは周知のコスミンスキー命題を想起する。彼は十三世紀イングランドのマナー体制の構造変化を分析した結果こういうのである。「交換経済の発展、地方都市ならびに首都の繁栄および国外主要消費地への農産物移・輸出は、十二〜十三世紀にあっては農民層に対する封建的圧迫の強化にみちびいた。」「農民経済における交換の発展は……貨幣地代の発展にみちびいた。これに反し、領主の経済における交換の発展は——領主が雇用労働制度もしくはそれと賦役労働との結合によって交換めあての生産を発展させることもできたという事実によってその過程は複雑になってはいるが——賦役労働の増大にみちびいた。」[48]と。なるほどコスミンスキーがかかる命題をそこから抽出したところの史的根拠は十二〜十三世紀イングランドであったし、明らかに念頭におかれている東ドイツは十六世紀のそれ（ポスタンの叙述では明白）[49]だったはずである。しかし、農民経済における交換の発展はさておき、十五世紀までのプロイセンには「領主の経済における交換の発展」は存在しなかったであろうか？「国外主要消費地への農産物輸出」は行われなかったであろうか？　いな。それが然らぬことはすでに述べたとおりである。騎士団御料地の耕作は原住プロイセン人労働力によって行われており、ドイツ農民の賦役はせいぜい収穫期または輸送の際若干使用されたにすぎない[50]。しかも、のちの繁栄期においてすら、騎士団御料地生産物が総貿易量ちゅうに占める比率はごく小さく、貿易拡大とともに農民賦役が増大したという事実は認められない。これはなぜか。

まず考えられるのは、純粋グルントヘルシャフト関係にドイツ農民を安住せしめ得たのは、自己の経済的身分的地位の「堡塁」として不自由プロイセン人をもっていたということである。高度な生産性と勤勉とをあわせそなえたドイツ入植農民は、植民事業そのものの挫折を考慮しなければ本来ならフォールヴェルク拡大の絶好の人的要素たり得たろう。

第二。騎士団の「領主経済」の場、つまり「領主の市場」は国内にでなく国外にあったこと。換言すれば、プロイセン最大の輸出商の眼はバルト海に、そしてはるか西ヨーロッパに向けられていた。そしてしかも、騎士団がその初発から緊密に結合していた隔地間商業は「旧来の共同体組織」の維持強化から直接その前期的利潤をひき出したのではない、「いかに安く買うか」よりは「いかに高く売るか」に彼らの専らなる関心は注がれた。なぜなら、騎士団が輸出した商品の大半は、それをもって独立自営の生産者と同一の市場を争う商品ではなく、また直接間接の経済外強制で無償もしくは無償に近い価格で団有倉庫に搬入されたものであったから。穀物についてはむろん、材木にしても、森林は営林長官 Waldmeister これを管理するところの団有林が圧倒的であり、不自由農民が伐採賦役と運搬賦役でこれを河川まで運び出してくる、しかして河川航行権・利用権は君主大権 Regal として騎士団に属した[51]。

第三。騎士的グルントヘル。六〜一〇フーフェ内外の所領は貴族ひとりに身分相応の生活資料を供給してなお市場に剰余生産物を提供し得る程には大きくなかった[52]。したがってここからは賦役要求は生じない。

第四が、農民的市場の問題である。

5 農民的市場の存立基盤

まず起点となる諸前提の確認から。

第一。植民開始期からほぼ十四世紀末までの東ドイツの入植ドイツ農民層は、一般に「きわめて有利な」法的経済的地位を保証されていた。

第二。かかる農民経営への領主的負担は僅少で、南西ドイツのおびただしい帝国直属騎士領でのようなランデスヘル＝裁判領主の経済関係への介入も全くなかった。

第三。村落共同体も自治能力の点では本国にいちじるしく劣る[53]とはいえ、それだけ逆に「伝統と慣習」とが重畳的に累積した社会的強制力を欠いていた。

第四。とくに東プロイセンは肥沃な冲積土が耕地の主成分をなし、経営面積は本国の最低二倍であった。気候寒冷というような阻害条件にも拘らず、有輪鉄刀装置連畜牽引のゲルマン犂の生産性は高かった。

騎士団および一部の私的グルントヘルの穀物貿易とならんで、このような条件下に立つ自営農民の穀物販売が進行した。「プロイセンは騎士団国家時代には、国内の自由な穀物取引をゆるされ、また原則上自由な穀物輸出をゆるされた領域であった。ただダンツィヒで生じたような・急速に増大した国内市場の需要と販売に出される穀物量のあいだの一時的な緊張は、騎士団が自分のためまたは「特許状《ロプブリーフ》」を優先的に与えられた人々のために行使した簡単な輸出禁止政策によって解消した。とはいえ騎士団の貿易活動は、穀物生産者と外国商人との直接交易を妨げないかぎり、生産者にとって有利であり、一方いわゆる『顧客取引』の制限をのぞむプロイセン諸都市の希望とは対立した。[54]」この限りでは、東プロイセンのドイツ農民は人格的に自由な小生産者として封建的地方市場に立ち現われるばかりでなく、当時のシュテンデ文書が認めているように穀物の国外輸出にすら参加した。[55] では、こうした小商品生産、そしてそれと地方市場とのかかわり合いは、どのような現実的基底に支えられていたのであろうか。この点を検討してみよう。

東プロイセンにおける個々の農民経営に関する資料は見当らぬのでさしあたり以下の計算を試みる。

一三九四年のマリエンブルクの一フォールヴェルクにおいて冬期播種量が二三ラースト（Lst.）（四六トン）と報告された史料から、オーバンは該フォールヴェルクの耕地面積を約二九五七クルム・モルゲン（kM.）すなわち約一四〇〇ヘクタールと推定した。[56] ところで中世ドイツのモルゲン当り平均収量四ツェントナー（Zt.）は容量七ブッシェル（Bs.）に当るから、[57] 4Zt.＝200kg.＝1/10Lst. 七ブッシェル≒二五〇リットル＝五シェッフェル（Sch.）で、結局1Lst.＝50Sch. という等式を得る。前記フォールヴェルク冬期播種面積は、オーバンの推計量から逆算して986（2,957×1/3）kM. だから、播種量1,150（50×23）Sch. をこれで除せば、一クルム・モルゲン当り播種は一・一六シェッフェル。フォールヴェルクにおける播種量対収穫量の比は十八・九世紀ではベーメによれば一：五〜六だが、ここでは農民経営が問題だから同じ典拠によって生産比一：四とすると、[58] モルゲン当りの同収量確保のためには播種密度を四分の五〜六倍すなわち約一・六シェッフェルに高めねばならぬとすれば、農民地一クルム・モルゲン当り冬穀収量は六・四シェッフェルである。一クルム・フーフェは三六クルム・モルゲンであり、農民平均持分地を二フーフェとすると、三圃制の原則にしたがって一経営の冬穀播種地は24（36×2×1/3）kM. であるから同じく冬穀収量は約一五五シェッフェル、よって夏穀も同様とすれば結局一農民経営の年間穀物収穫高は、播種密度（集約度）をフォールヴェルクより濃いと仮定して、約三一〇シェッフェルとなる。ヘクタールによる計算も、東プロイセンの一フーフェを一六・八ヘクタール[59]とすれば同じ結果を得る。

しかし、これはマリエンブルクのごく特殊な例かも知れぬから、傍証として以下。

前述のように、中世ドイツのモルゲン当り収量を4Zt.（7Bs.）すなわち1/10Lst.（5Sch.）とすれば、東プロイセンでは一プロイセン・フーフェ＝三〇モルゲンだから年間播種地四〇モルゲン、年間収量二〇〇シェッフェルである。ところが地積の地方差を考慮に入れると、東プロイセンのモルゲンは約五六アールであるのに、西エルベではたとえばライン地方二五・二、バーデン三六という訳で、平均三〇アール。土地および労働生産性にして等しければ約三七〇シェッフェルを収穫し得ることになる。[60] ところがアーベルの計算一ヘクタール当り六ドッペルツェントナーでは、プロイセン・モルゲン当り三・三六ドッペルツェントナーつまり六・七二ツェントナーとなり、三〇モルゲン（西エルベ平均）では三・六ツェントナーにしか当らぬから結局生産性は一〇％低いことになる。したがって前記の三七〇シェッフェルは約三三〇シェッフェルと修正され、やはり最初の結果とほぼ一致する。

以上の試算で大過なければ、平均二フーフェ[61]のプロイセン農民は年間三〇〇シェッフェル前後の穀物収益をあげていたという推定がひとまず成立する。そこで問題は、されば地代率いかん、ということになる。彼ら農民の年間の貨幣・現物形態での控除分といえば、東プロイセンのチーデマンスドルフ建設文書によると、植民初期には一フーフェ当りプロイセン貨幣三フィルドゥンク及び鶏二羽、司教十分の一税 Pflugskorn と通常の十分の一税 Zehnte として燕麦四・五シェッフェルならびにライ麦一シェッフェルを納付した。一経営は同村では平均二フーフェであったから、年間負担は燕麦九シェッフェルとライ麦二シェッフェル、それに六フィルドゥンク（1½銀マルク。一四〇〇年の穀価[62]で換算するとライ麦一五シェッフェル、小麦一一シェッフェル）と鶏四羽（同じくライ麦3/5シェッフェル、小麦1/2シェッフェル）したがってごく概括的に言って二二〜二七シェッフェルの穀物現物貢租とみれば、地代率は播種穀物の品種にも左右されるが七〜九％ということになろう。入植後ただちに三〇〇シェッフェルの平均収穫は困難だろうが、建設文書で確言されているかぎり地代量は固定的なのが通例だから、一定の Freijahre 経過後は平均地代率に上昇し得よう。

地代率についてもうひとつの資料。

十五世紀初頭のドイツ農民の一賃租フーフェ当り負担額は以下の額に達した。[63]

国境守備隊維持金……………………二スコット

穀物貢租…………ライ麦1/4シェッフェル……（二〇プフェニヒ）

貨幣貢租……………………………一二スコット

保有確認料……………………牝鶏二羽……（二四プフェニヒ）
犂穀税…………小麦3/8シェッフェル……（三六プフェニヒ）
犂穀税……………ライ麦3/8シェッフェル……（二九プフェニヒ）
合計　（貨幣換算）一七スコット　一九プフェニヒ

主要農産物たるライ麦一シェッフェルの価格を八〇プフェニヒとして全額をライ麦で表示すると約六・六シェッフェル、二フーフェでは一三シェッフェル強である。ところで前記チーデマンスドルフでもまたプロイセン農民の穀物十分の一税にかんする資料でも燕麦の比率がひじょうに大きいので、いま仮に前記の貨幣貢租分を燕麦価格で換算すると鶏二羽をのぞいて約一二シェッフェル、二フーフェでは二四シェッフェルとなる。前記のうち貨幣貢租一二スコット（1/2Mark）には耕地その他の事情で、これを下限一〇マルクを上限とする可変額だったから、ウエーバーの計算も顧慮してやはり地代率は七〜九％であったといえないであろうか。

以上がいわば剰余労働部分に当るのだが、では次に必要労働部分はなにほどであるか。この部分が明瞭になると、全収穫量から剰余・必要労働両部分を減じ、前者の価値実現部分を残余すなわち超過労働部分に加えれば、ここにはじめて一農民経営から市場に投入される、かくして市場そのものを形成し維持するところの「余剰 Überschuss」を把捉し得よう。

ヘプケの計算によれば、(64) ドイツの標準的農民生活水準を保持する農業経営は、一モルゲン四ツェントナーとして、三〇モルゲンの三分の二の年可耕地では八〇ツェントナー（一〇〇シェッフェル）の収穫をあげる。このうち（一）一：四の比率にもとずいて二〇ツェントナー（二五％）が播種用種子として保留され、（二）四ツェントナー（五％）が家畜飼料として使用され、（三）家族一名の食料年六ツェントナー平均家族八名で四八ツェントナー（六〇％）が消費され、（四）残余八ツェントナーが十分の一税として教会に納入される。いうまでもなくこの数字はごく抽象的な単純再生産の経営条件をえがくにとどまりしかも地代は捨象されている（賦役？）のであるが——。

いま試みにこの生産物配分比をさきの三〇〇シェッフェル経営に適用するとつぎのようになる。

まず、（一）播種用種子として七五シェッフェルを控除、（二）家畜飼料に耕地および気候を考慮して二倍の一〇シェッフェルを充当、（三）平均家族八名で食料四八ツェントナー＝六〇シェッフェル消費、（四）最後に貢納率を前記推定でほぼ一〇％として三〇シェッフェルの穀物を現物ないし貨幣形態で納入。合計一七五シェッフェル。結局超過生産物として一二五シェッフェルすなわち全収量の四〇％を自由処分できる。前述したところで、一フーフェ当り最低二分の一マルクとその他に四スコットの貨幣貢租に相当する穀物を否応なく実現せねばならぬから、したがってライ麦なら約一二シェッフェル、燕麦でなら約二五シェッフェルが地方市場に搬出される最低量であり、これに一二五シェッフェルの超過生産物から備荒貯蓄分を保留した量が追加されるわけであった。

グーツヘルシャフトの構造的形成期以前のかの意外な地方都市市場の発展は、じつにかかる農民的商品の供給によってはじめて可能であった。いかに「建設都市」とはいえ、無人の荒野に突如都市が現出するわけがなく、またまれに政策的観点からしかく建設されたとしても、かかる超過生産物を供給し得る農村、つまり生産力基盤をその周辺にもたぬ都市はたちまち衰滅の運命を辿ったであろう。けだし「商人がまず必要としたものは顧客であって特権ではな」かったから。[65]

さて、かかる穀物商品が各地域ごとの中小市場に搬入され、さらに一そう広大な範囲を包括する穀物集散地としての都市がこの穀物流通秩序を組織する。「元来グラウデンツとかノイエンブルク・シュヴェッツ・コニッツとかいう都市〔前三者はいずれもマリエンブルクとクルムの間のヴァイクセル沿岸——引用者〕は、広範囲な周辺地からの穀物集散地だった。その穀物はダンツィヒ商人その使用人あるいは代理人に買取られるかまたは各市に定住している小仲買人の手を経て最終的にダンツィヒ、エルビング、マリエンブルク、ケーニヒスベルクなどの輸出港市に集中したが、この流通径路と並んで「外国商人、とりわけイギリス人・オランダ人などが直接個々の騎士農場または農民村落に穀物を求めた。」かくして地方的需要充足のための局地内市場形成の方向においてせよ、国外市場への直結の方向においてせよ、ともかく「在郷の騎士ならびに農民の大部分は、直接に市場生産を行なった。[66]」資料はかかる穀物商人の出自・性格について語らぬが、しかし主要な見返り商品がバルト海を往来する隔地商人のもたらすものであってみれば、かりにイギリスのように富農出身の穀物商人が生れても、異常に困難なたたかいを経てでなければハンザ商人および貿易庁当局の羈絆を脱し得なかったにちがいない。

それは措くとして、こうして海港に集積した穀物は、ハンザ商人、外国からの貿易商、それに自己の船舶を用いハンザ都市の船舶を雇って直接貿易戦に参加した騎士団の手で、西ヨーロッパ、スカンディナヴィアに輸出された。その輸出規模また不明瞭だが、一三九一年に四二隻のオランダ船がダンツィヒを訪れ、翌九二年には三〇〇隻以上ものイギリス船が穀物を積みとりに同港に到着し積載量いっぱいに積んで戻った[67]という事実から推すと、十三、十四世紀北欧で用いられていた遠洋航海船 Kogge od. Holk の積載量は平均二〇〇トン[68]であるから、最小限約六万トンの穀物がダンツィヒ一港だけから、しかもイギリス船のみによって積出されたことになる。これにエルビング、マリエンブルク、ケーニヒスベルクの三港の積出穀物、およびオランダ・フランスその他の諸国船と一〇〇〇隻になんなんとするハンザ所属の船舶[69]を考慮したうえで、のち約一〇年後に騎士団が各地三〇カ所に蓄積した穀物が約三万トンであった「一三八九年の蓄積量は一万三〇〇〇トン」ことと照合すると、騎士団が蓄積穀物をことごとく輸出したとしても、また上記六万トンの中にはプロイセンに劣らぬ穀倉ポーランドなどからの通過＝仲継分が含まれているにしても、なお数万トンの穀物が騎士団以外からすなわち在郷騎士や農民からある程度規則的に提供されていたと考えるのは、けっして無理な推測ではあるまい。逆にいえば、三万トンの穀物輸出には大型船一五〇隻をもって足りるのであるから、他の商品つまり造船用木材、大麻、亜麻、タールなどがいわゆる嵩荷《かさに》であったとしても、たとえばフランデルンと東プロイセン間の貿易において穀物は全価額の二分の一から三分の二を占めていた[70]ことから判断して、やはり相当に大量の穀物が農村の生産者によって販売されていたと考えるのが至当であろう。

こうして耕地規模と労働生産性に応じて農民の手もとに流れこんできた貨幣（農民的＝小ブルジョア的富）がいかに階層分化の契機たり得たか、われわれの貧しい資料はこの問題について包括的な手がかりを全くあたえない。(補注1) いまはただ以下の農村消費を指摘しておく。

プロイセン農民の日用必需品の大宗は、食料品では塩衣料品では毛織物であった。そのほか亜麻布、鉄・銅などの金物製品、ぶどう酒などが穀物積みとりに来た船舶によって輸入された。塩は主として塩坑から採掘されたが、東部にはスペインやポルトガル産のほか、リューネブルク坑の塩がリューベック商人の手で運ばれた。(71) フランデルンやイギリスからのかなり多量の毛織物も、大半を占めたのは高級品でなく廉価な大衆向き用品であった。(72) そのほか国内および隣接諸地方に産出する商品が地方市場に姿を見せたことはいうまでもない。

直接生産者がかような生産と消費を通じて国内地方市場・外国市場に必然的に結合されてゆく関係、この関係は農民経営が現物経済から貨幣経済に移行したというふうな無概念的な現象変化ではなく、直接生産者が経営主導権を挺子として封建的土地所有に発するすべての生産＝流通秩序を掘崩さんとする一種のディナミークを表示するのであるが、東プロイセンの場合には、一定の限界を付してではあるが、その固有の強度が騎士団による農民の Rentenquelle から Arbeitskraft への貶下を未然に阻止したのであろう、と考えられる。以上、コスミンスキー命題が、十三、十四世紀プロイセンに対して十分な妥当性を示さぬゆえんであった。

6　農民的市場の限界

一定の限界とはこうである。

十五世紀までの東プロイセンでは、国内市場形成の基動的要素としての自由な私的小生産者を、本国に卓越した経営上の余裕と、ランデスヘルシャフトの利益に反せぬかぎりで「上から」保証された市場の自由 Marktfreiheit とが支えていた。しかしながらこの国内市場たるや、自生的でなく人為的＝政策的に設定された植民農耕村落体制を骨格としており、社会的分業の自然的展開と貨幣への主体的接近という局地的市場形成にとっての基本的契機を完備しているとはいえない。市場形成の最も主要な物質的土台は多かれ少かれ専業農家の経営する穀物生産であり、自立的な農村小工業はその芽をすら欠いていたから、純粋な意味での閉鎖的小再生産圏を形成できず、必然的に局地間商業に従属せねばならなかった。なぜなら、穀物販売の進行のためには、先述の如く、多少とも全プロイセン的規模における・同質小市場群よりなる特産物生産＝販売的単一市場圏が生成せざるを得ず(73)、この市場圏が確固たる商品流通秩序を維持しながら再生産を遂行するには、やはりなんらかの全市場範囲的——この場合領邦的——経済政策、つまり領邦高権を背景とした交易自由保護と販路確保に依存したのであった。

「地方間的交易 interlokales Verkehr は、すでに中世において経済生活の構成的要因をなしていた(74)」というベロウの、あるいはまたより政治的に「中世生活における地域間商業 interregional trade がヨーロッパ諸公国の興亡盛衰……において果した役割ほど、地域間商業の本質的機能を如実に証明するものはない(75)。」というポスタンの命題をここ騎士団国家は領邦的規模で実証しているのであった。プロイセンなる経済領域それ自体が穀物貿易なしには、外国商業資本から自らを守るに足る再生産を継続することは不可能だったのだ。ここに、両市場の接点に位置する騎士団当局が、封建的共同体体制をあえて強化することなく、しかも自らは巨大な前期的商業資本としてかの繁栄を誇り得た根拠がある。

たとえ「胃壁原則」の範囲内でにせよ自己経営を一応安定的に継続し得るあいだは、グルントヘルが土地賃貸農民を単なる収入源としてのみ観念してその耕作方法や経営方針を問わぬように、騎士団もまた相応の（前期的）利潤をあげうるかぎりでは国内市場を直接生産者と都市の自由にゆだね、農民層が市場ともはや解くべからざる紐帯を結ぶことでどのような経済的社会的な変質をとげるかには積極的な関心を示さなかった。ランデスヘルがそのままグルントヘルである騎士団国家において、直接生産者の自由な市場接触と小商品生産者への上昇を公認するという一見異常な事態は、敍上のごときいわば**市場の分裂**ともいうべき基礎事実にもとづくのであって、そこからまた、騎士団国家における農民的市場がじつはきわめて不安定な他力的環境の中でその役割を果していたということが次第に明瞭になってくる。

それだから、農民と生産者としての在郷騎士の穀物販売が順調に発展したあげく、国内市場を騎士団の公権的制約から完全に切りはなそうとする傾向（一四四〇年代に顕在化した騎士的貴族の当局に対する反独占運動は、それ自体地方貴族の寄生地主化への志向であるが、一面で自営農民の利益を代弁した(76)）がみえると、騎士団当局はそれに対して速かに敵対的反応を示した。だから騎士団が自己の市民に対する扶養原則 Nahrungsprinzip として低穀価政策を要求し穀物の輸出・輸出封鎖の決定権を掌握せんとした都市から、農民を守る態度を見せたとしても、それは彼が農民の代表者だったからではなくて、自己の利潤源泉（＝貢租源）を競争者たる都市（の商人ブルジョア）による恣意的支配から確保しようとしたからであった。かような騎士団と「特権」都市、騎士団・生産者と諸都市、在郷騎士・直接生産者と諸都市・騎士団という複雑な競合関係の間隙をぬって次第に成長をとげた一〇〇市に達せんとする農村小都市と周辺生産力すなわち「民富」の体系と、領主的商業＝「封建的富」の体系との拮抗関係は、さきにのべたような前者が半ば歴史的に負うていた制約を脱却できぬままに後者によって強力的に克服されたときから、ここプロイセンも「グーツヘル＝農民関係」という構造転換を体験せねばならぬ。

この強力的克服の契機が封建的危機であり、その過程が封建的反動である。

7　農民的市場の崩壊

一四一〇年のタンネンベルクにおける潰滅的敗北は騎士団国家の運命を決定した。翌年の第一トルン講和で騎士団は直轄領の大半を喪失し、一〇万ショック・グロシェンの償金を負い、ついで五四年にはじまった一三年戦争で再び立つ能わざる打撃を喫し、六六年の第二トルン講和で、騎士団は東プロイセン一州をポーランド国王から受封する封臣《ヴァザル》におちた。一五二五年世俗的太公国への改編をまたず、騎士団国家は東北ドイツの重鎮たるをやめたのである。

だが、十五世紀はヨーロッパの東北に辺寓する騎士団国家の政治的没落の開始期だったばかりではない。すでに一四世紀中葉から律動をはじめていた西ヨーロッパの大規模な人口減少を直接契機とする「構造転換」の波はやがてはプロイセンの経済構造を根柢からゆさぶらずにはすまないであろう。プロイセンのこの「構造転換」の始動をいわゆる封建的危機と了解するなら、それはただに領主制 Herrschaft にとって「危機」であった[77]ばかりでなく、自由な農民層 Bauerntum の自立的発展にとってもまた等しい意味あいで「危機」であった。それはとくに農民経営の破壊したがってまた農民的市場の衰滅という観点から「農業危機 Agrarkrise, agrarian crisis」[78]と呼ばれるが、時こそたがえ西と東とをひとしなみに襲った「農業危機」が、いかにして東ドイツの農民を世襲隷民 Erbuntertan たらしめたか、それへの解答にはいま全ヨーロッパ的展望を必要とする。[補注2]

中世末期のヨーロッパに共通な「荒廃 Verwüstung」現象が一般に戦争と疫病にもとずく大規模な人口減少に発すること周知である。もっとも両者が経済構造に与える作用は異る。戦争は労働力と土地と労働手段とを同時一挙に破壊するが、疫病は労働力を生理的に破壊するのみ、戦争の生産諸要素破壊が同比率《プロポルツィオナール》であれば生産力の全般的絶対的低下は生ずるが、経済の構造的変動はないのに、疫病は土地を含む富の移動・労働力不足その他の点で構造的変化（もちろん生産様式推転は起るまい）促迫の要因となるという点で。[79]ところで労働力不足とは耕地面積の減少であり、この減少が急速広範囲に、しかも多少とも連続的に生じたところ、そこに「荒廃」が生ずる。疫病の作用は間接に、だが広く。戦争のそれは局地的に、だがいっそう深刻に。しかし再生産が封鎖的地域内部でのみ行われているような場合はともかく、複数の地域間に多かれ少かれ konstitutiv な経済的結合が存する場合にはその交易の性格と時空間の偏差によって「荒廃」の因果関連はしかく単純ではない。これを具体的にみよう。

西ヨーロッパでは十四世紀中葉までの時代には継続的な人口増加がみられた。[80]一方かの植民村落と建設都市の広汎な創設と発展のさなかに約一世紀をおくったプロイセンは、すでに日増しに穀物に対する需要を高めてゆく西ヨーロッパに対する、有力かつ確実な穀物および工業原料の供給地としての地位を確立していた。騎士団国家および植民地方の穀物輸出の規模は前述のように詳細不明だが、かの法王教書偽造が一二六三年に行われたこと、一二八七年に輸出元は不明瞭だが「東国」"Oestland"産の穀物がフランデルン市場で取引されたこと[81]、西ヨーロッパとの本格的通商関係成立が十四世紀前半であったことを考慮すれば、かの地の人口増加（生産拡大）と中世都市繁栄（生産力発展に随行する商品流通の増大）とが騎士団の貿易経営・地方生産者の穀物生産にきわめて良好な刺激を与えたであろう事、これは推察に難くなかった。

ところがこの人口曲線の順調な上昇を突如おしまげたのが、一三四七年から五〇年にかけて全ヨーロッパを隅々まで席捲したかの黒死病 Schwarzes Tod, the Black Death であって、史家がそれは当時全人口の三分の一を奪い去ったと一致して推定するほどの猛威をふるった[82]。しかし、この大黒死病は中世に慢性的な悪疫のいわば象徴的な表現なのであって、たとえばビュッヒャーによれば、ドイツでは一三二六年から一四〇〇年までの間だけでも疫病流行の年を三二回、一四〇〇年から一五〇〇年までには約四〇回を算し得るという状態だったから[83]、人口減少の要因としてはけっして突発的偶然的だったのではない。プロイセン穀物最大の顧客たるフランデルンについて直接報告する資料は見当らないが、フランデルンにほど近い北仏アミアン地方では黒死病で約三分の一が斃死したと伝えられているから[84]、罹病＝死亡率の比較的小さい都市人口が多かったとはいえ、ほぼアミアンに近い被害を蒙ったのではあるまいか。こうして悪疫に襲われた幾万という村落が全く無人の廃墟と化するに至った。「にもかかわらず」とクーリッシャーはいう。「都市はますます繁栄の途をたどった。」なぜなら廃村の中に生き残って孤立した農民は生活の糧をもとめて続々と都市に流れこんだからであって、「都市への人口移動が衰えた十四〜十五世紀においてすら、ドイツでは都市移住者の二分の一、ときには三分の二までが近傍農村生れの者だった[85]。」本来なら消費者の絶対的減少即穀物需要激減を招く大量人口減少も、この農民離村が逆に穀物消費の相対的（自家生産者減少）・絶対的（旧来の都市民ととも に完全消費者増加）増大をひきおこして、遠くプロイセンに幸いした。さきに見たマリエンブルクにおける穀物貯蔵量の一三七八年から八九年にかけての激増や一三九一年および九二年のダンツィヒ入港船舶数はこの時代に西ヨーロッパがかの惨害の傷手を癒しきった指標とは一概に断定できまいが、全般的判断によればともかく十四世紀に西ヨーロッパが「荒廃」を体験しつつある一方で、同じ十四世紀の騎士団国家が「高水準の農業膨脹の時代」（ポスタン）[86]を謳歌していたということに今は注目しておきたい。安定した農業経営と穀物取引による貨幣経済への能動的関与とによって、すでにこの時代に、国内の農民的市場＝流通秩序を自己の再生産秩序の中へかたく組みこんだ農民層のいまや階層分化がその緒につきはじめていたであろうこと、これは十分に推定可能であった。

しかし一四一〇年のタンネンベルクから舞台は荒々しく暗転する。「一四一〇年以前には、いかなる土地荒廃も確執も侵略もなかった」騎士団国家に「農業危機」が次第にひろがってゆく。国土を重武装騎兵団の鉄蹄下にじゅうりんしたこの大戦争の翌一一年・翌々一二年には当然のことながら深刻な凶作が農村を襲った。巨大な財源を農民の現物貢租に依存した騎士団の財政は収支のギャップで極度に逼迫し、加うるにポーランドへの償金支払と依然たる軍備維持費のため、騎士団ははじめて国税 Landesschoss 徴収の承認をシュテンデに要請したが、以後続々と増徴される新税の最大の被害者たるを農民が免れるわけがなかった。[87] 一四一四年かなりの規模で戦争が起り、一五年に凶作が生じた。一五年のクリストブルク騎士団領では全フーフェの二四%が、シュヴェッツ騎士団領では五〇%が耕作放棄された。[88] 一六年、凶作とペストが相乗じて疲弊した農村に荒れ狂った。一九年には三万フーフェを超える全騎士団領の二〇%が、シュトラスブルク騎士団領の如きは六〇%が荒廃のままに放置されている。二〇年ペスト襲来。以上一連の過程がもたらしたよりもっと激烈な損害を二二年のゴルーバーの戦闘がもたらした。二七年には幾度目かのペストが流行し、四年後の三一年には三度ポーランドとの持久的な戦争が勃発した。三七～三八年に南ポンメレレンで耕作をどうやら維持していた土地は以前の五〇%にすぎず同地のシュヴェッツ騎士団領では僅か二〇%にすぎなかった。こうして四六年には、タンネンベルク当時の七三万人の人口が半分以下に減少した。（全人口が半減するという事態を思いうかべても見よ！）だがまだ終りではない。五四年、騎士団はその後一三年も絶えることなくひきつづく・結局は滲澹たる敗北に終った一三年戦争をひきおこした。その間も悪疫は終焉せず、五九年のそれでエルビング市民だけでも一万三〇〇〇人が死に、[89]その後六四年、八四年、九四~五年と猖けつをきわめた。ほとんど応接にいとまないこれらの戦争と疫病と飢饉とで、東プロイセンの農業は、西ヨーロッパの荒廃に約一世紀おくれて、容易には回復しがたい傷手をこおむった。地方市場における穀物供給者および工業製品（農具・衣料など）の需要者の主力はいうまでもなく自営農民であるが、以上のごとき一連の生産力破壊過程を経て農民経営が大量に没落したうえ、土地を耕作すべき農村人口が半減してしまうという事情のもとでは、第一にそもそも穀物を生産する直接生産者が存在せず、第二に仮に廃墟の中に生き残ったとしても市場に搬入すべき「余剰」をあげることができず、第三に市場へ何ほどか穀物をもたらしたとしてもそれに対する有効な局地的需要 local demand[90]――自営農民の他、グルントヘルのゲジンデ・ゲルトナー・抱え職人、日傭労働者、零細土地保有農民などが農村内部のそれを構成する――がなかった。生産量の低下にもかかわらず、より一そうの需要減退で穀価は下落の一途をたどった。[91]十五世紀の初期にすでにプロイセンの貿易の七〇%を仲継ぎしていたダンツィヒを失ったうえに、[92]オランダ商人が織物や「湾塩」をもって奥地に入りこみ残った穀物を地方生産者から直接買いつけた[93]ことが東プロイセンの地方市場の衰退をはやめた。

十五世紀に入ってふたたび緩慢な増加傾向を示しはじめた西ヨーロッパの人口したがって穀物需要[94]でどうやら輸出を維持してきた騎士団も、世紀後半に入って「以前数十年の損害の全部よりも大きかった」一三年戦争（一四五四~六六）の惨禍ののち、極点に達した荒廃についに屈服せざるを得なかった。「農業の悪状態は問題外としても、穀物輸出の条件自体がそれほど恵まれたものではなかった。直接海に面していた都市は騎士団国家ではただケーニヒスベルクだけだったが、ケーニヒスベルクと外国との関係は……戦争ちゅうにダンツィヒやエルビングの海賊船に根こそぎ破壊されてしまっていた。〔旧領土の〕西部ではエルビング・ブラウンスベルク・ダンツィヒがケーニヒスベルクの販路だったが、それらは今では他国領であった。さらに騎士団の国内市場には人口稠密な都市が多くなかったので、〔諸生産物を〕消化する力がなかった」[95]。「荒廃」はこうして領主的商業ばかりでなく、いな、よりいっそうの被害を農民的経営と農民的小市場に与えた。植民運動最盛期において「本国のそれとほとんど同じ位になった」とすらいわれた東部の都市密度の急速な稀薄化は、まさしく十五世紀の大規模な農業危機＝生産力の絶対的低下の結果でこそあったのだ。[96]

領主制の危機を醸成したもうひとつの契機として貨幣価値の下落も見のがすことはできない。東プロイセンのそれは、もっぱら騎士団が財政操作として行った貨幣悪鋳から生じた。一四〇六年の一クルム銀マルクの価値を一〇〇とすると、一四二〇年には六七・五、四四年には五一・五と半減しておりさらに遡って植民端初の一二三二年を指標にとると、一三三五年には六三・五、一三九七〜一四〇七年には三七・八、一四一四〜二二年には一六・七、一四七七〜八九年にはじつに七・五という急角度な曲線をえがいて貶落している。[97] 生産力の諸事情を一定とすれば、穀価と賃銀は異比率にではあるが騰貴し、貨幣地代率は低下する。したがって自己経営地をもつ領主は、領主収入の減少を賃貸地における現物地代への逆動と自己経営への依存度を高めることで補填せざるを得ないが、前者は消費資料追加以上の意味をもたずまた日傭労働者の賃銀が高騰しているので、結局自己経営地への労働力のうち賃銀労働に対する依存度を可及的に小ならしめたいという欲求をもつに至る。ここに後年の賦役復活＝「再版農奴制」への一誘因がひそむ。

農業者としては上の通りだが、一箇の貿易商人としての騎士団にあっては、鋳貨権というRegal行使による打歩利得は別としても、現物貢租にもとずく穀物輸出収入が不変であり、貨幣貢租の実質価値低減も穀物の貶質貨幣を以てする強制集荷がそれを補い得た筈であった。しかし価値下落が荒廃とからまり合うとき事態は異った様相を呈した。まず現物貢租の絶対量激減。たとえばシュトラスブルク騎士団領では、一四一九年に全フーフェの六〇％が荒廃に帰した結果、貨幣貢租は予定額の四六％、穀物貢租にいたっては予定量の僅か一三・五％をしか徴収できなかった。[98] そのうえフォールヴェルクにおける隷属労働力の大半を戦争と疫病で失い、生き残ったゲジンデやゲルトナーの賃銀は上昇する一方で、数度に及ぶ最高賃銀令（一四〇六、一四一七、一四二〇……）もこの「稀少価値原則」（リュトゲ）には対抗すべくもなかった。一四二五年バルガ騎士団領の貴族らは、最低六マルクから九マルクという聞いたこともないような高賃銀を支払ってさえ僕婢Dienstbotenを雇うことができず、このままでは農村は完全に破滅してしまうだろうとシュテンデに申立てた。[99]

一方農民はといえば、穀価高騰で収入増大の半面で固定貨幣地代を支払うから実質所得は増加する。のみならず局地的需要の構成者たる賃銀労働者・手工業者の所得増加(かの「鋏状価格差」[100])によって、国内＝局地内市場への彼の参加条件はますます良好になるはずだ。一四〇〇〜〇二年のドイツ農民の一賃租フーフェ当りの負担は貨幣換算で一七スコット一九プフェニヒであった。それが一四二一〜二二年には約四スコット・二一%の騰貴をみるが、同期間に貨幣価値は六七・五%に下落しているからこの四スコットを現物貢租とすると、貨幣貢租率は八〇%から六五・五%に低下したとしても実質額一六スコット二五プフェニヒで逆に五%低下である。これを同期間のクリストブルクおよびオステロッデにおけるプロイセン農民の各々の名目騰貴率一八二・二三四%、貨幣貢租率〔二一〜二七年の〕二七・一二・五%、実質騰貴率一六九・二二四%に比すればドイツ農民の受ける利益は一目瞭然であろう。[101]

にもかかわらず、この期間には以上の仮定の大前提たる「生産力一定」条件を根本的に覆えす事態が踵を接して続いたのであった。小規模な戦闘は除いても、この二〇年間には確認されるだけでも二つの大戦争、三回の凶作二回のペスト流行による生産力の大幅な低下を考慮すると、おそらく全剰余価値の収奪以上の搾取率に及んだのではないか。なぜなら単純再生産を曲りなりにも維持し得れば耕作放棄という農民にとって最大の決意を要する事態は軽々には生じないであろうから。一四一七年にはやエルビングでのシュテンデは、国内はむろん国外にまで逃亡農民引渡義務を拡張することを決議したが、この決定自体が農民逃亡の頻度を物語る。カーステンがいうように、逃亡行為と逃亡罪への刑罰加重とは「悪循環」であった。[102] まことに。タンネンベルク後十年を経ぬうちにプロイセンは農民の煉獄となりつつあったのだ。

四　危機の領主的克服――グーツヘルシャフトの成立――

十五世紀はそれゆえ東プロイセンにおける生産力の萎縮の世紀であり、領主的ならびに農民的商業の衰退と縮小の世紀であった。「交易経済の繁栄の最初の時代が農民層少くとも経済的実力を相応にもっていた階層に多くの経済的社会的利益をもたらしたとすれば、中世末期の諸世紀は不幸に満ちた深刻な受難の時代をなした。」（ケチュケ）それは植民開始いらい早熟的に自由な農民経済が体制必然的に商品経済――自己の商品生産者化――に接触してゆき、かくして（いわば早生の）農民的＝局地的市場を広汎に創出しつつ封建的労働および現物地代作出機構を基盤とする領主的商業＝隔地（局地間）市場の体系に拮抗する勢力をきずいた時代に直接する世紀であっただけに、逆転のための諸契機はまことに酷烈をきわめたものであり、そしてまたそれゆえに「繁栄」の時代から「受難」の時代への約一世紀間の転換のテンポは封建的反動の方向において急速度であった。この激流を阻止する農民的市場の健全な展開にとって決定的な死錘をなしたのは、農民的商業が十分な国内の社会的分業の発展を欠いたままで汎ヨーロッパ的な商品流通と直接間接に結合していたその仕方であり、したがってかような商品経済の段階では、農民経営再生産＝農民的商品実現の致命的な一環が農民自身によってでなく前期的商業資本および封建的（上級）土地所有者によってしかと握られていたこと[103]、これであった。

「農業危機」がこの両体系に瀕死の打撃を与えた時、そして領主の側が「農民追放」と「賦役復活」をもって起死回生を図ったとき、かつての自由な農民層は、クルム自由民 Kölmische Freie をのぞいて、ほとんどなすところなく「封建的反動」に屈服した。抵抗の唯一の例外は、一五二五年ザムラントのプロイセン自由民の反乱であった。しかし宿命的な無組織性とケーニヒスベルク上層市民の協力拒否で簡単に鎮圧されおわった[104]。

同じ一五二五年、エルムラントのラント法令はつぎのような規定をもって小商品生産者を商品流通から最終的に遮断した。曰く。「農村においても都市においても、われらが臣下たちは明らかに減少し、そしてホップ・亜麻のごとき有用商品を栽培することに熱中したり、それを自ら取引し販売し遠隔の地に運送して馬を疲らせたり、耕地を耕やさず雑草のしげるにまかせたり、農民にふさわしい生活方法を全くないがしろにしていることのために衰えているがゆえに、われらが支配下の司祭、村長、農民、耕作者《アッカーロイテ》は販売・取引・運送をおこなってはならぬ。[105]」

翌一五二六年のラント法令がグーツヴィルトシャフト形成にとっての原則的前提ともいうべき農民の土地緊縛 Schollenpflichtigkeit とゲジンデ優先雇傭権 Gesinde-vormiete とを決定する。やがて一五三〇年代より本格的に展開しはじめた西ヨーロッパの「価格革命」による穀価激騰と、新販路（イベリア半島・地中海地域）獲得による穀物貿易のいっそうの好況とがはじまる。[106]

グーツヘルシャフトの全オスト・エルベ的形成はすでに目前に迫っている。

（1）C. Sattler, Der Staat des Deutschen Ordens in Preussen zur Zeit seiner Blüte.（*Historische Zeitschrift*, 44 Bd. 1883）S.231.

（2）Sattler, a.a.O., S.234.

（3）高村象平「独逸騎士団について」（『三田学会雑誌』三四ノ六）八三ページ。ちなみに以後の団員数の一斑。一三七九年七〇〇名、九四年六二〇名、一四〇六年七〇〇名、一〇年以後五〇〇名。（M. Töppen, Der Deutsche Ritterorden und die Stände Preussens〔H. Z., 46 Bd. 1881〕S.434, Anm.1.）

（4）F. Lütge, Deutsche Sozial- und Wirtschaftsgeschichte, 1952, S.112.

（5）R. Kötzschke, Allgemeine Wirtschaftsgeschichte des Mittelalters, 1924, S.457.

（6）G. v. Below, Hauptsachen der älteren deutschen Agrargeschichte（in, Probleme der Wirtschaftsgeschichte, 2Aufl. 1926）, S.43: Krzymowski, Geschichte der deutschen Landwirtschaft, S.168.

（7） H. Bechtel, Wirtschaftsgeschichte Deutschlands, I, 1951, S.197. 増田四郎『独逸中世史の研究』一二〇ページ。

（8） 「十三世紀旧ドイツにおいて見出し得る村落の数は十九世紀に至るまでほとんど増加をみていない。」Below, Geschichte der deut. Landwirtschaft, hrsg. v. Lütge, 1937, S.65. 分化の事情をたとえばリュトゲによって中部ドイツに見ると、いわゆる完全フーフナー Vollhufner は通常二フーフェを四頭連畜で耕やすが、Anerbenrecht が厳格でない地方では、分割相続の結果二分の一フーフナー、四分の一フーフナーはもとより、極端な場合には三二分の一フーフナー（二モルゲン弱）すら現出した。役畜農民のかかる分化の一方、手賦役農民層の中から、連畜を実質的に所有する「連畜もちヒンターゼットラー」などが抬頭してくる。(Lütge, Die mitteldeutsche Grundherrschaft……, 1934, S.36f, S.118f.) 十九世紀にはライン地方平均農地面積は一五モルゲン、そのうち六六％が五モルゲン以下。(W. Sombart, Die deutsche Volkswirtschaft im 19. Jahrh., 1921, S.518.)

（9） このうちには、狭小な所有規模のゆえに地代水準を引き上げ得なくなった小グルントヘル・小騎士もふくまれる。Bechtel, WD., S.354: Lütge, DSWg., S.109.

（10） Kötzschke, AWM., S.403.

（11） 一二三六年の D. v. Thiefenau や一二八五年の D. Stange 等に与えられた一二〇〇～三〇〇フーフェもの大領地（F. L. Carsten, The origins of Prussia, 1954, pp.53-57: K. Lamprecht, Deutsche Geschichte, Bd.10, S.425.）は別としても植民初期のとくに東プロイセンでは八〇～一〇〇フーフェ授与の例はめずらしくない。それが販売、分割相続、共同事業者間の分配などで三世代後には原型をとどめぬほど細分化された（G. Aubin, Zur Geschichte des gutsherrlich-bäuerlichen Verhältnisses in Ostpreussen, 1911, SS.18-19.)。もっとも騎士団の授封方針の変化にもよる。

（12） Sattler, a.a.O. 高村象平「中世プロイセンの独逸植民村落に関する若干問題」（小野博士還暦記念論文集『西洋農業経済史研究』一九四八年所収）七〇ページ。

（13） Kötzschke, AWM., S.404: Lütge, DSWg., SS.109-110. リュトゲは西ドイツのグルントヘルシャフトを五類型に分けるが、東部のかかるグルントヘルシャフトはとくに、領主直営地の存在と農民の良好な状態の点で、本国のそれと区別さるべきだ、とする。

（14） L. Weber, Preussen vor 500 Jahren, p.318.: cit. Carsten, The origins, p.60.（内訳は西プロイセン七五三、ポンメルレン三四二、東プロイセン三一三。）

（15） L. v. Ranke, Weltgeschichte, Bd.VII, 4Aufl. 1921, S.275. は、例によって典拠をあげずに五三都市、一万八〇〇〇カ村落としているが、村落数は誤植ではないか。W. Abel, Die Wüstungen des ausgehenden Mittelalters, 2Aufl. 1955, S.29. では九三都市、一

四〇〇カ村落。

(16) Lütge, DSWg., S.56.

(17) Lamprecht, Das deutsche Wirtschaftsleben im Mittelalter, Bd.I. SS.529, 557.

(18) Bechtel, WD., S.346.

(19) Bechtel, WD., S.347.

(20) Kötzschke, AWM., S.432.

(21) Below, Der Untergang der mittelalterliche Stadtwirtschaft, in Probleme, S.535. 法的にはむろん、実質的にしかり。

(22) 「中世の農民には彼が交換によって得る物の製造に必要な労働時間がかなり正確にしられていた。……農民的自然経済の全時代にわたり、交換される諸商品量がそれらに体化された労働量によってますます測定される傾向をもつようなそのような交換以外の交換はあり得ない。貨幣がかかる経済様式中に侵入する瞬間から価値法則への順応の傾向は……いっそう明瞭となる。」（エンゲルス「資本論第三部補遺」長谷部訳。第八冊七五ページ）及び大塚久雄「資本主義社会の形成（続）」（『社会科学講座VI』所収）一四三頁。〔なお小稿は全く、教授のこの卓抜な問題提起にみちた労作にみちびかれて多少とも形を成した、といってよい。〕

(23) Kötzschke, AWM., S.433. ポスタンはかような事態のための条件がそろった低地地方のそれについて the commercial activity of certain semi-rural communities と表現している。M. M. Postan, The trade of Mediæval Europe: the North（Cambridge Economic History of Europe, II), p.169.

(24) Below, Grosshändler und Kleinhändler im deutschen Mittelalter, in Probleme, S.302.

(25) Kötzschke, AWM., S.596: Below, Über Theorien der wirtschaftlichen Entwicklung der Völker……, in Probleme, S.207. 「中世においても局地間取引 interlokales Verkehr はすでに経済生活の構成的一要素をなしていた。……個々の都市がかかる広い範域の中で自給自足しているということが中世においてもっとも特徴的な事柄である。……いくつかの大きな経済的中心地……さらに中規模な経済的中心地があって、小さな地区の集団ごとにいろいろな方法でこの中心地に従属していた。」Below, a.a.O., S.220: Th. Mayer, Deutsche Wirtschaftsgeschichte des Mittelalters, S.98.

(26) Kötzschke, AWM., S.428.

(27) 研究史については宮下孝吉『ヨーロッパにおける都市の成立』に精細。増田四郎「中世都市」（『社会経済史学』一〇ノ一一・一二）。われわれの問題点についてとくに増田『独逸中世史の研究』所収の「ゲルマン都市の先駆的諸形態」第三節、および宮下、同上、二八三—二八四ページ参照。

(28) ビュッヒャー『国民経済の成立』権田訳、一二六ページ。

(29) Bechtel, WD., I, SS.255-259. Vgl. Kötzschke, AWM., SS.574-575. H. Ammanns はベヒテルの前掲書に対する書評において彼の数字に異をとなえ、二〇〇〇以上の人口をもつ都市は三〇〇、そのうち一万以上のそれは二ダースに達するという。H. Ammanns Besprochen（Zeits. d. Savigny-St. f. Rg., GA. 64 Bd. 1944, S.370).

(30) A. Dopsch, Die Wirtschaftsentwicklung der Korolingerzeit, II, S.108: cit. 宮下「ヨーロッパにおける都市の成立」二二〇ページ。

(31) ゾムバルト『近世資本主義』Iノ一、二二〇ページ。

(32) 増田『独逸中世史の研究』二九六ページ、所載図による。これは「主要都市法をそなえた都市」の数である。

(33) Kötzschke, Geschichte der ostdeutschen Kolonisation, 1937. 巻末付図（増田、同右、三七〇ページ）による。

(34) 林健太郎『近代ドイツの政治と社会』八八ページ。騎士団国家には九三都市を見出す。注15参照。両者とも資料不詳。

(35) Kötzschke, AWM., S.457.

(36) 宮下『ヨーロッパにおける都市の成立』二〇四、二七一ページ：Vgl. Kötzschke, AWM., S.455.

(37) Sattler, Der Staat, S.249.

(38) Sattler, a.a.O., S.248. 一三七八年マリエンブルクでは約八三〇〇トン、一三八九年には約一万三〇〇〇トン、一四〇〇年には約三万トンの穀物が貯蔵されていた。（Aubin, Zur Geschichte, S.52.）

(39) Kulischer, Allgemeine Wirtschaftsgeschichte, I, S.256.

(40) Postan, Cambridge EcH., II, S.121.

(41) Sattler, a.a.O., S.251. 高村「独逸騎士団について」九三ページ。

(42) Postan, op.cit., p.166.

(43) Sattler, a.a.O., S.252.

(44) Sattler, a.a.O., S.253.

(45) Postan, Cambridge EcH., II, p.125.

(46) その事業の一斑。貿易長官は徴利禁止の教会法（騎士団は宗教団体なのである！）を頭から無視して取引相手の国々に地金を利子付きで貸付けていた。また一三八二〜一四〇九年の間に、騎士団は本国皇帝やポーランド国王、ベーメン王などに総額一〇

〜一五万マルクの貨幣貸付を行なっていた。(Sattler, SS.252-253.)

(47) M. Dobb, Studies in the development of capitalism, 1951, p.80. 傍点引用者。

(48) E. A. Kosminsky, Services and money rents in the 13th century, EcHR, Vol.V, No.2, 1935, p.152f.

(49) Postan, The chronology of labour services (TrRHR, xx, 1939), pp.208-209.

(50) 一三二〇年から四一年までに発行された多くのハントフェステのうち賦役に関税するものはわずか一一通。それも、もとスラヴ村落だったところで、内訳は年六日が七通、二日が三通、一日が一通。Carsten, op.cit., p.63: Aubin, Zur Geschichte, S.39.

(51) Sattler, a.a.O., SS.249-250.

(52) Carsten, op.cit., p.59.

(53) 高柳信一『近代プロイセン国家成立史序説』二二九—二三〇ページ。共同体の具体的考察は終始念頭を去らなかったが、利用した資料からは検出できなかった。

(54) Aubin, Zur Geschichte, S.56.

(55) Aubin, a.a.O.「一三三〇年マリエンブルク近傍のある村落の農民は、彼らの穀物その他の生産物を売却するためにエルビングへ船で運ぶのをゆるされた。」Carsten, op.cit., p.58.

(56) Aubin, a.a.O., S.24.

(57) 松田智雄「総説—産業資本の形成」(大塚編『資本主義の成立』所収)二八ページ。

(58) K.Böhme, Gutsherrlich-bäuerliche Verhältnisse in Ostpreussen……, 1902, S.9: cit. 高橋編『近代資本主義の成立』一三八ページ。

(59) 高橋編、同右、八五ページ。これを小フーフェあるいはフランデルン・フーフェともいう。Krzymowski, Geschichte, S.168. 一プロイセン・フーフェ＝一六・八ヘクタール。一六・八ヘクタール／三〇＝五六アール。

(60) Vgl. Abel, Wüstungen, SS.123-124. 彼は、一ヘクタール六ドッペルツェントナー、つまり二フーフェでは三四〇シェッフェルと計算している。

(61) しかし二フーフェというのは平均以下の小村落の成員持分地で、通常規模の村落では二・七フーフェである。したがって以上の数はVollhufer としては平均以下たることに注意。高村「中世プロイセンの独逸植民村落」七六ページ。

(62) 各一シェッフェル当り、小麦九六プフェニヒ(pf)、ライ麦八〇、大麦五二、燕麦三八プフェニヒ。Aubin, a.a.O., S.31. より計算。Carsten, p.280. APPENDIX には一四種の史資料からまとめた価格表があって、一三九五年にはライ麦・小麦ともに四三プフェニヒの計算になるが、のちの都合もあるので一応一四〇〇年を基準とする。ここでSattlerやTöppenに散見する貨幣単位をまとめておこう。1 Mark = 4 Fildung = 24 Schot = 60 Schilling = 720 Pfennig.

(63) Aubin, a.a.O., SS.31-32. L. Weberはこれに壮丁負担分を加えてフーフェ当り二六スコットとしている。cit. Abel, Wüstungen, S.123.

(64) R. Häpke, Wirtschaftsgeschichte, Bd.I, SS.25-30: cit. 松田「古典型グルントヘルシャフト」(『立教経済学研究』六ノ二) 二五ページ。

(65) ゾムバルト『近世資本主義』Iノ一、二〇八ページ。全くの処女地に村民の強制移住によって都市を建設したという例もあった。宮下『ヨーロッパにおける都市の成立』二六一—二六三ページ。

(66) Aubin, a.a.O., S.64. 傍点引用者。

(67) T. Hirsch, Danzigs Handels- und Gewerbsgeschichte, 1858, S.39: cit. Carsten, p.118. 三〇〇隻は英・仏・白三国合計との説もある。Vgl. Nichtweiss, Zur Frage der zweiten Leibeigenschaft…… (*Zeits. f. Geschichtswissenschaft*, 1953. Heft 5), S.689.

(68) Lütge, DSWg., S.168: Kulischer, AWg., I, SS.307-308. 高村象平「中世末北欧における海運業一斑」(『社会経済史学』四ノ九) 六四ページ。

(69) 高村、同右、六三ページ。

(70) Lütge, DSWg., S.175. 穀物もまた嵩荷の優たるもの。

(71) Lütge, a.a.O.: Carsten, op.cit., S.117. 高村「中世リューネブルク井塩の取引について」(『三田学会雑誌』四七ノ六) 七ページ。

(72) 高村象平「商業革命時代のドイツハンザ」(『三田学会雑誌』三三ノ八) 六六ページ。Postan, Studies in English trade in the 15th century, p.141f.

(73) いわばこの地方間分業についてレーニン。「一八八〇年代には中央黒土地帯は、ステップおよび下ヴォルガの諸県に穀物生産の首位をゆずった。」この事実は「ステップ辺境が……ヨーロッパロシアの植民地であったということから説明される。自由な土地が豊富にあるために移民はここへなだれをうって流入し、それらの移民が播種を急速に増大せしめた。商業的播種のこの広汎な発展は、一方で中央ロシアと、他方穀物を輸入しつつあるヨーロッパ諸国の密接な経済的結合によってのみ可能であった。……ただこの社会的分業のおかげでのみ、ステップ地方の移民は大量の穀物を国内および国外市場に売りさばきつつ、もっぱら農業にのみ従事し得た。」(レーニン「ロシアにおける資本主義の発展」全集第三巻、二五三—二五四ページ。)

(74) Below, Über Theorien, S.220: ders., Untergang, S.573. ベロウはここで「封鎖的都市経済」説を批判しているのである。

(75) Postan, Cambridge EcH., II, S.175. interregional とは nation 生成以前の international のことであった。

(76) Aubin, Zur Geschichte, SS.58, 104: Töppen, Ritterorden, S.440ff. 柴田三千雄「グーツヘルシャフトの成立」(『歴史学研究』一三七号) 三二ページ。

(77)「十四世紀末と十五世紀とは、当時の年代記がのべている一般的不安と多くの盗賊騎士と国内紛争、それに私闘が示しているように、貴族にとってはきわめて困難にみちた時代であった。」Carsten. op.cit., p.107f.

(78) Lütge, Das 14/15 Jahrhundert in der Sozial- und Wirtschaftsgeschichte (Jahrb. f. Nationalö. u. St., 162 Bd. 1950), S.168ff: Carsten, op.cit., p.101ff.

(79) Lütge, a.a.O. ただし、事態が汎ヨーロッパ的であったという理由で、対外国関係は無視。最近のヨーロッパ史学界での人口要因重視の傾向については、小松芳喬「ポスタンと二十世紀中世史学」(『社会経済史学』一七ノ六) 四六ページ以下参照。

(80) Lütge, DSWg., S.108: ders., 14/15 Jahrh., S.171: Kötzschke, AWM., S.168f.

(81) Aubin, Zur Geschichte, S.46.

(82) Kulischer, AWg., I, S.129, Anm.3, 4, 5.

(83) ビュッヒャー「国民経済の成立」四一〇ページ。

(84) M. Kowalewsky, Die ökonomische Entwicklung Europas, Bd.V, S.375. 同時に百年戦争（一三三七～一四一〇）を考慮。ドイツ自体については、Abel, Die Wüstungen, SS.9f, 33ff, 72f. et passim.: ders., Wüstungen und Preisfall in spätmittelalterlichen Europa (Jahrb. f. Nat. u. Stat., 165 Bd), S.383f.

(85) Kulischer, AWg., I, S.130.

(86) Postan, Cambridge EcH, II, p.197. 商業もまた。「ドイツ北東部では、一三七〇年はハンザ同盟にとっては無比の絶頂期を意味した。」Lamprecht, Deutsche Geschichte, Bd.4, S.469.

(87) Töppen, Ritterorden, S.437ff. 騎士団はダンツィヒ（を先頭とする都市）の反対を、市長謀殺という強圧的手段でおさえた。農民には「フーフェ税」（一フーフェ当り一マルク）、「賦役賃銀税」（八%前後）。

(88) 以下 Aubin, Zur Geschichte, SS.72-75.

(89) W. Abel, Die Wüstungen, SS.34, 36, 79. 当時の都市人口を参考まで。ダンツィヒ（一四一六年）約一万八〇〇〇、ケーニヒスベルク・トルン・エルビング（一四〇〇年）一万〜一万二〇〇〇。だからエルビングは全滅に近い被害をうけたことになる。

(90) Postan, Cambridge EcH, II, p.197.

(91) ケーニヒスベルク（五七年以来騎士団の本拠・唯一の海港）におけるライ麦価格。〔通貨悪鋳は考慮ずみ〕Postan, op.cit., p. 207: Carsten は横ばいだった、としている。op.cit., p.133.

(92) Hirsch, Danzigs Handels- und Gewerbsgeschichte, SS.38-39. cit. Carsten, p.126. もっともダンツィヒ自身も一四六七年には約三分の一が荒廃していた。一二八ページ。

年次	価格指数
1399	100
1405	89. 29
1432	85. 32
1448	79. 81
1494	49. 84
1508	36. 48

(93) Carsten, op.cit., p.129.

(94) 低地地方での小麦価格。Postan, op.cit., p.206.

年次	価格指数
1375-99	100
1400-24	104
1425-49	138
1450-74	109

(95) Aubin Zur Geschichte, S.113.

(96) 「地図の上でみると、都市分布の密度が漸減するにしたがって大経営分布の密度が漸増している」というウエーバーのグーツヘルシャフト分析の視点は、かような「危機」の試煉にひよわくも耐え得なかった東部農村小都市の歴史的運命をおもうときいっそう意味深い。Weber, Wirtschaftsgeschichte, S.90. 中世に五〜八平方マイル毎に一都市を有した東部は、十九世紀には東プロイセン三五〇平方マイル、西プロイセン二九五平方マイル毎に各々一都市という状態となった。交通制度の発達と社会的分業の展開を考慮に入れてなお、この急速な没落・消滅をおもえ！

(97) Aubin, Zur Geschichte, SS.100, 118, 119. より算出。

(98) Aubin, a.a.O., S.73.

(99) Carsten, op.cit, p.104: Aubin, a.a.O., SS.120-121.

(100) Lütge, Das 14/15 Jahrh., SS.205-206.

(101) Aubin, a.a.O., SS.32-34.

(102) Carsten, op.cit., S.103.f. その後この決議は何度もくり返された。

(103) 農業に対する商業資本の前貸 Verlegen の事実はこのことと考え合わせて興味深い。Aubin, a.a.O., S.59.

(104) Carsten, Der Bauernkrieg in Ostpreussen 1525 (Internat. Rev. f. Social Hist. Vol.3, 1938) の高村教授による紹介（『社会経済史学』一〇ノ一）: Carsten, The origins, p.150. エンゲルスは「東エルベの農民は（ドイツ農民戦争で）反乱に立上った兄弟を見すてたが当然のむくいがやってきた」（「プロシア農民の歴史によせて」『選集』一六巻上、二六八ページ）というが、それは酷にすぎよう。

(105) Engelbrecht, Die Agrarverfassung des Ermlandes……, S.147: cit. 柴田「グーツヘルシャフトの成立」三五ページ。

(106) 指標。（1）通過穀物を含むケーニヒスベルクの輸出量。一五四九年一五四〇トン、一五六〇年七五二〇トン、一六二三年一万六六〇〇トン。Aubin, S.116：一五三三年～六六年ズント海峡を通過せるオランダの穀物運送船一〇〇〇～三〇〇〇隻。マイヤー「ドイツ近世経済史」一六五ページ：一六一九年のダンツィヒ穀物輸出量二〇万五九六〇トン。W. Langenbeck, Geschichte des deutschen Handels……, 1918, S.43. 尚、バルト海貿易の要たるズント海峡制覇権を一五四四年リューベックが失っていらい、ドイツ・ハンザのバルト海・フランデルン地方仲つぎ貿易はオランダに侵蝕され、十六世紀後半には完全に没落してしまう。ハンザの衰退過程（南独「フッガー家」没落過程）とグーツヘルシャフト生成過程の一致を、同じく十五世紀末期後のイングランドにおける第一次エンクロウジア進行過程と「国民的商人層」確立過程との一致に比較しただけで、両国の農・商両部門の連関構造の差は明白であろう。

（補注1） 階層分化については、断片的ながらつぎの事実が示唆的である。ヴァイクセル河三角洲地帯では、騎士団は一〇マルクもの貨幣貢租を要求し、農民もこれを支払ったが、これはライ麦九〇～一二〇シェッフェルに相当した（Abel, Die Wüstungen, S.

128)。また一四二五年バルガ騎士団領からの賃銀高騰に関する訴願（注99参照）には、貴族・自由民と並んで「農民」もまた連署している。つまり、時には九マルクにも及ぶ高賃銀を支払ってまで耕作労働力を求めねばならぬ耕地を保有していたわけである。十五世紀前半の下僕年平均賃銀は、ライ麦約四〇シェッフェル（Aubin, S.101）から約六〇シェッフェル（Abel, SS.129-130. より）に相当し、それに最盛期にさえ、東プロイセンの土地価格はフーフェ当り四五〇スコットつまり約一八マルクであった（L. Weber, a. a. O., S.178: cit. Abel, S.151）から、「三〇〇シェッフェル経営」の耕作規模拡大への志向は十分な現実的基礎をもっていた。三角洲地帯のすぐれた土質および畜産経営、それに一四一〇年以降の貨幣価値下落を考えてすら、以上の事例は、民富蓄積にもとずく一部農民の富農化を疑えぬものとしよう。

（補注2）「封建的危機」とその要因としての「寄生地主制的分解」の歴史的関連の解明が重要な課題として与えられている近世史学界の研究段階に即していえば、十五世紀プロイセンの「農業危機」の原動力＝小ブルジョア的商品生産体系の成熟度について（旧領主的土地所有の形態転化としてのグーツヘルトシャフトを寄生地主制の対極物としてとらえる見解の検討をふくめて）、より立ち入った分析が果されねばならぬはずだが、そしてまた、本稿での「農業危機」把握の比重が過程の外的要因に偏していることは自身の知悉するところだが、いま、その包括的理解の準備を欠くのを遺憾とする。

〔本論文はネット・サイト「ドイツ騎士修道会」で、ドイツ騎士団領の経済史的分析としては唯一、と紹介されている。乞参照。〕

2

いわゆる「再版農奴制」の南西ドイツ的特質

――《die zweite Leibeigenschaft》概念の再吟味を通じて――

西ヨーロッパにおける封建的「農奴制」の基本的性格の問題は、本来いわゆる「荘園制」のそれとわかちがたく関連し合っており、現に「荘園制」の段階規定の基礎契機としての地代諸形態が当該荘園構成の中核労働力の歴史的性格をも規定するとされているのであるが、それにもかかわらず、わがドイツ史学は、中世ドイツの「農奴制」の本質に、「荘園制」に対するごとくには、十分立ちいった分析を加えていなかったことは認められねばなるまい。本稿の対象である「再版農奴制」概念が今日、近世東エルベに特有なあの《Gutsherrschaft》の修飾語ないしは文学的表現ほどにしか理解されていないという事態も、実は、「古典荘園」および「地代荘園」下における農民的隷属関係についてのかかる研究史上の空白に基くと思われる。近年、主としてフランス史学の側から「古典荘園構成」をめぐる注目すべき問題提起と論議が行われたが、少くともわがドイツ経済史学界がほとんど有効な反応を示さなかったことは、それを雄弁に物語るものであろう。本稿は、さきに拙ない紹介を行なったところの、J・ニヒトヴァイス「東ドイツ農業における再版農奴制と資本主義発展のいわゆるプロシア型の道の問題」(1)、に端を発した東独経済史学界の討論においても、かの「再版農奴制」Zweite Leibeigenschaft (second serfdom) 概念が全く無規定的に用いられていることに注目し、あらためて、中世後期ドイツ農村においてかく呼ばれた現象の歴史的意義を追求しようとしたものであり、そのための必然的な予備作業としていわば「初版の農奴制」再吟味を意図した別稿「ドイツ『農奴制』の古典型と純粋型[2]」の続編をなすものである。

一

さて、別稿の序において、筆者はごく簡単に「再版農奴制」のこれまでの把握の仕方に関する問題点を指摘しておいた。いま、その論旨をより詳しく展開すると次のようになる。

すなわち、わが国では「再版農奴制」といえば、専ら近世ドイツの特殊東部的農制《Gutsherrschaft》を指して全く例外がない。わが西洋社会経済史学研究の最も新しい成果を最もコンパクトな形にまとめた点で手頃な松田智雄教授編『西洋経済史』(経済学ハンドブック)を見ても、「再版農奴制」はGutsherrschaft, Gutswirtschaft, Erbuntertänigkeit以外の意味には解されていない[3]。かかる通念がわが学界で普及したのは何を契機としてか、は今もちろん不明だが、かつて多大な影響力をもった、たとえばスミルノフの次の一節などは、その有力な一因をなしたのではあるまいか。すなわち、

「独逸のエルベ河は、『農奴制の再版』を有する国と、それを持たない国々とを分つ境界線と看做された。農民層の敗北の直接的結果たるエルベ以東の国々における『農奴制の再版』の確立は、これらの国々を経済的停滞に運命づけ、それらを後進国たらしめ、且つそれらを長い間最悪の反動の炉たらしめた。[4]」

この問題に関するマルクス・エンゲルスの叙述の引用においてほとんどあます所ない平野義太郎氏も、右の「エル

べ河境界線論」を全面的に承認し自説として定立されている。[5] しかし、この表現の提唱者の真意は果して右に示されたような理解に一致するであろうか。それよりも、史実としてエルベ河左岸には全く「農奴制の再版」は存在しなかったであろうか。われわれは、直接エンゲルスに聞こう。

一八八二年一二月一五日、「空想から科学への社会主義の発展」の付録とする予定であった一論「マルク」の校正刷をマルクスに送付する書簡の中で彼はのべている。

「ここで中世における農民の境遇および十五世紀中葉以来の第二のライプアイゲンシャフト die zweite Leibeigenschaft の成立について誌した意見を変えようなどとは思ってもみない。ぼくは、この問題に関しマウラーを全部読みかえして見て、ぼくの主張が全部その中にあることを発見した。……十七・八世紀のドイツになぜ工業が全く起らなかったのかという問題の原因のひとつは、ライプアイゲンシャフトの全般的再導入 die allgemeine Wiedereinführung der Leibeigenschaft である。[6]」また、彼は、翌一六日に追いかけて発した書簡でなお詳細な主張を展開している。

「十三世紀および十四世紀におけるライプアイゲンシャフトの後退はぼくの最も重要視するところだ。……マウラーは……当時南ドイツでも Hörige がきわめてよい待遇を受けたことを認めた。しかし彼は、ライプアイゲンシャフトが十六世紀にはじめて成立したとするキンドゥリンガーの所説に反対するにとどまっている。だがぼくには、ライプアイゲンシャフトがその時以後ふたたび蘇った——つまり再版されたのだ in 2. Ausgabe erschienen——ということに疑問の余地はないように思える。[7]」と。

以上だけからでも明瞭なように、エンゲルスは「再版」が全ドイツ的に行われたとしているのである。当の本文「マルク」でも彼は、「ドイツ農民のあいだにライプアイゲンシャフトの再度の全般的優勢 das erneuerte allgemeine

Vorherrschen がはじまった。戦闘があれ狂った地方では……農民はライプアイゲネにおしさげられ」、やがて「十六世紀中葉以来、東プロイセン・ポンメルン・ブランデンブルク・シュレジェンに、十六世紀末以来シュレスヴイヒ＝ホルシュタインに導入された。」さらに三〇年戦争が終焉を告げてのち、「ライプアイゲンシャフトはいまや全般的となった。……ドイツ全体と同じようにドイツの農民は屈辱のどん底におちいった。[8]」とのべている。

すなわち、その原義にあってはZweite Leibeigenschaftはひろく全ドイツ的な、というよりはまず西エルベ的現象——「(農民戦争に)敗北した南ドイツの農民は再びライプアイゲネとなった[9]」——であり、つぎに「反乱した兄弟たちを見殺しにした」東エルベの農民に「おしひろげられた[10]」ものであった。しかもこの全独的な再版ライプアイゲンシャフト、いいかえれば「ドイツの貴族たちが全中世を通じて空しく求めつづけ、封建的経済の崩壊するいまになって、やっとかち得たところの封建的Grundherrschaftのかかる理想的状態」を終局的に止揚したのは、やはり彼によれば「三つのフランス革命と一つのドイツ革命[11]」であった。したがって、この状態は、ライン左岸でさえ一七八九年から一七九五年（普仏バーゼル会議）まで、プロイセンとバイエルンでは、立法の有無は問わず事実上は一八四八年まで厳として存続した、ということになる。

以上を要約しよう。いわゆる「再版農奴制」とは、少くとも提唱者の真意に即していえば、十五世紀中葉にまず南西ドイツに萌芽としてあらわれ、十六世紀中葉農民戦争終了以来まず西エルベ、次いで東エルベの順で全ドイツ的に決定的な形姿をととのえ、そして西エルベでは一八三〇年に、東エルベおよびエルベ左岸のプロイセン領の一部では一八四八年に至るまで存続した領主的「反動」体制なのであった。見誤るおそれなく問題は明白である。

二

すなわち、エンゲルスは《die zweite Leibeigenschaft》を決して、わが国での理解のように一義的に特殊東部的な規定として用いたのではない。むしろ「再版」という発想に重点をおくなら、植民当初には古典的な意味での、つまり初版のライプアイゲンシャフトがそもそも存在しなかった東エルベにおいては、十六世紀中葉以来のグーツヘルシャフトは決して「再版」ではあり得ず――それゆえエンゲルスは東部への拡延を単に eingeführen とする――、「古ゲルマンの奴隷制につらなるライプアイゲンシャフト」の長き歴史を有する西エルベにこそ、ライプアイゲンシャフトが「再」導入 wiedereingeführen, wieder leibeigen wurden される必然性があったというべきであろう。

すでに別稿において、筆者は上のごとき明白この上もない概念がいかなる註釈もなしに誤用されている重要な原因のひとつが、わが経済史学界での《Leibeigenschaft》規定にあることを、簡単に指摘しておいた。すなわちわが国の定説によれば、生産様式としての封建制に固有な労働力の支配的存在形態としてまず「農奴制」があり、それはさらに、地代形態および諸形態に特有な地代収取構造によって、労働地代支払農民 Leibeigene が彼らを基幹労働力とする古典荘園内部で荘園領主に人格的に隷属する狭義の「農奴制」Leibeigenschaft と、荘園解体後、「農奴」から転化した「隷農」Hörige がいわゆる純粋荘園制的関係において、生産物＝貨幣地代支払義務を領主に負う、すなわち物的隷属関係たる「隷農制」Hörigkeit、とに分れる。両者は、支配＝隷属関係の成立契機において、身分的自由の有無において相異なり、その劃期は古典荘園制の解体すなわちいわゆる中世的農民解放 sog. mittelalterliche Bauernbefreiung〔Kötzschke〕――その最も端的現象形態は「農奴解放状」affranchissement――であった。これを要するに、わが「農奴制」Leibeigenschaft とは古典荘園の基幹労働力編制・労働地代搾出機構に付随する「領主・農民間の直接的な人格的・身分的支配＝隷属の体制」であったわけである。

とすれば、「第二の Leibeigenschaft」は当然、「第二の直営地賦役労働体制」、「第二の人格的不自由隷属制」を意味することとなり、十六世紀以来、大規模な農民追放と領主直営地の拡大・世襲隷民制 Erbuntertänigkeit――それはしばしば慣行的に Leibeigenschaft とよばれてすらいる(12)――による特殊「東部的」に苛酷な農民支配の体制が全面的に確立された東エルベ・グーツヘルシャフト地域こそ、「再版農奴制」の古典的地方である、というそれなりにコンゼクヴェントな論理が構築されてくる。ここで西部が無視されたのも、「農民追放」・直営地復活の欠除、労働地代制の十二・三世紀以来の消失、人格的不自由身分制の不存在等々の事実——加うるにかつてその具体像が描かれることなしにイギリスの yeomanry に比定された西ドイツの《Bauerntum》[13]という規定の重さ——のゆえに必然的であったのである。

しかしながら、この明瞭な認識のずれを解く鍵としてエンゲルスの《Leibeigenschaft》解釈に関する片言隻句をいかに精力的に蒐集したとしても、それは所詮徒労にひとしい。なるほど《die zweite Leibeigenschaft》なる表現は紛れもなく彼に固有の概念ではあるが、しかし《Leibeigenschaft》なるテクニカル・タームは、彼がそのドイツ経済史に関する知識の大半をそれに負うていた Maurer, Meitzen をさらに遡る研究史の早くからの重要な課題をなしていたのであった。それゆえ、ここで晩年の書簡中の周知の一節、「Leibeigenschaft の歴史について、商売用語でいえばぼくたちの「帳尻がぴったり合ったのはうれしい。Leibeigenschaft と Hörigkeit が決して特殊中世的＝封建的形態でなく、征服者が征服地を自分のために原住民に耕作させていたような所——たとえばきわめて早くテッサリア——ではどこでも存在するのはたしかだ。[14]」などを挙げるのは、全く無意味ではないにせよ、問題の核心に迫るためには決して本質的に重要な作業ではあり得ない。ここに必須なのはやはり、いわば「初版」概念の本来的構築場面に立返ることであり、次に史実としての「再版」検証であろう。

別稿は、およそ以上のような発想を基本的出発点とし、ドイツ史学界において最も通例的な《Leibeigenschaft》把握に虚心に参入した上で、あらためて封建的土地所有の発展過程およびそれに随伴する封建的農民隷属制の変容過程を再構成するという意図の下に準備されたものであった。いまここに、その結論を要約摘記すると次のようになる。

（一）《Leibeigenschaft》は、本来古ゲルマン的奴隷制の直接の遺制である servitum/ Unfreiheit を示す。したがってまずそれは、法的政治的な意味での身分的不自由性を意味し、原則的に生産関係とはフレムトである。

（二）とはいえ、これらの servus/ Unfreie/ Leibeigene は当然特定の生産関係に編成されざるを得ないが、しかし少くとも確立期のドイツ荘園構成において、必要労働力再生産のための「農民」的保有地を有する直接生産者＝古典荘園の中核労働力をなしたのは、上の厳密な意味での不自由民ではなくて、半自由民 Halb-od. Minderfreie——リートゥス・コローヌス等を核心に、自己寄進・没落によってこれに加わった旧自由民および一部の上層不自由民（零細耕地保有セルウス）を包括する半自由民、いいかえると、荘園庁 Fronhof に個別人格的に従属し、Hofgenossenschaft の成員であるという意味で《Hörige》ないしより正確に《Hofhörige》とよばれる階層であった。しかも、その成立が出生身分原理の後退・不自由民の „Verbäuerlichungsprozeß" を反映するところのこの半自由民層内部でも、零細耕地保有ライプアイゲネ servi casati, mancipia in hobis——これを真の《Leibeigene》であるともし認めたとしても、——の占める比率は決して優勢ではない。

（三）ライプアイゲンシャフトとしばしば混同されるライプヘルシャフトは、荘園庁共同体員に対するグルントヘルの家父長的ムント、および被解放民に対する解放執行者——きわめてしばしば教会——の保護（領主）権 Schutzherrschaft に由来する。したがって、始源的にゲヴェーレの対象でありかつ荘園庁共同体のゲノッセたり得ぬセルウスは、前者の系列でのライプヘルシャフトには属さず、また、被解放民——半自由民ないし負担条件つきの自由民——を対象とする後者の系列からも本質的に排除される。すなわちライプヘルシャフトとは、本来的に Hofhörige に対する保護＝支配関係であり、保有農の荘園庁への従属 Hörigkeit を補充し強化する拘束体系である。

（四）ヴィリカチオン体制の現実的および制度的解体の前後から、これらの Hofhörigenstand が、それに対して hörig であった荘園庁＝領主直営地の分割によって、彼らは自己保有地に緊縛される Grundhörige に転化してゆく一方、Leibeigene は新参入の枯渇によって漸次消滅する。出生身分制は、職業身分原理により克服され、「農民層」《rustici, Bauerntum》が成立する。ライプヘルシャフトのうち、グルントヘルシャフト系列のそれは必然的に意義を喪失し、ここに不要式の「農奴解放」が行なわれたのであった。

以上のごとき別稿の結論をひとまず認めるとすれば、いわゆる「再版ライプアイゲンシャフト」とは、近世オスト・エルベのグーツヘルシャフトが幾つかの基本的標識においてそれに適合的な形態を示すところの、賦役労働に基く直営地経営構造の復活ではあり得ず――もっともエンゲルスは西エルベにおける「農民追放」についても語ってはいるが――、古典荘園制における支配的な直接生産者群であったホーフヘーリゲ層の隷属性の制度的側面をなしていた保護被保護関係（ライプヘルシャフト）の再生ですらもあり得ない。残るのは、それでは、言葉の厳密な意味での、いわば「初版」の Leibeigenschaft = servitum = Unfreiheit in engeren Sinne の「再版」であったかという問題であろう。以下は、さきに問題解明の第二の鍵とした史実に即しつつ、反動期西エルベ――南西部を中心として――におけるいわゆる「再版農奴制」の歴史的展開を基礎づけようとしたものである。

三

ところで、「再版農奴制」の考察に入る前に、ここで《Leibherrschaft》への簡単な論及を果しておきたい。

十三世紀以降の西部農制発展の史的特質を同時代の東部と対比した諸特徴づけの中でも、殊に「三領主権(Grund-, Leib- und Gerichtsherrschaften)の分散と競合」なる現象は、典型的にマックス・ウェーバーにより東部から西部を峻別する基本的標識とされ[15]、多くの史家の承認を得た[16]。すなわち彼は、「南西ドイツではヴィリカチオン体制が崩壊し、荘園領主・ライプヘル・裁判領主の諸権利は単なる地代収取権に解消され」た上、しかもこの三権が「相異なった人々の手中にあったので、農民は彼らを互に争わせて漁夫の利を占めることができた。」これこそ一般に西部において、農民追放と賦役強制を根幹とする大グーツヴィルトシャフトが成立しなかった原因である、と説く。しかしながら、あまりにも周知のこの命題から、ウェーバーがしたように、十三世紀以降の西部における「地代荘園制」Rentengrundherrschaft の順調なる進行、その内部における農民支配主導権を獲得すべく全く対等な強度で相対立する三領主権の勢力均衡、という展望を導き出すことには、いま若干の疑念なきを得ない。

というのはこうである。まずグルントヘルシャフトについて見れば、古典荘園が厳密な意味での「純粋荘園」に自からを編成替し、かつての「複雑な（支配＝）隷属諸関係」に代って「単純な土地賃貸借契約」[17]関係が登場したとすれば、同時に荘園領主制的オーブリヒカイトもまたその対象的表現たる荘園庁と共に解体したわけであり、[18]かくしてHerrは、自己所有地に小作人をおくかぎりでやはりグルント「ヘル」たり得た農民や市民と全く等質の、[19]一箇の地代収納権者にすぎなくなったのであり、また純粋な契約関係がなお旧荘園体制を克服し得なかった、たとえば「化石型」グルントヘルシャフトの地域でも、基本的にはヘルシャフトはやはり、法的には私的契約に基く地代権Renten-berechtigungと化したわけである。ところで、この過程はいまひとつの私法的権源とされるライプヘルシャフトの変質と不可分の関係をもったと推定される。さきに別稿は、ライプヘルシャフトの系譜をたどってそこに二種類のそれ、すなわち荘園庁領主的と解放＝保護領主的の二系列を見たが[20]上のごとき「純粋荘園」においては原則的にFronhofsverbandを媒介としたライプヘルシャフトが当然分解した一方、発生的に土地所有関係とフレムトな解放＝保護起因のライプヘルシャフトはその経済的発現形式における余儀ない副次的変改にもかかわらず、依然として有効であったし、また「化石型」荘園においては、グルントヘル的なライプヘルシャフトもまた、少くとも一の遺制としてはやはり存続し得たと考えられる。それゆえ、この両ヘルシャフトを、個々に「単なる地代源」と規定することにさしあたり問題はない。

けれども、いまひとつの領主権、裁判領主権も果してウェーバーのいうように一の地代権にすぎなかったか、かかるものとして、上のような両領主権と対等にしか抗争し得なかった程度のHerrschaftであったか、について今日までの研究史が示すところは、甚だ否定的であるといわねばならない。

あらためて指摘するまでもなく、特殊に裁判領主権とよばれる権力構造それ自体の形成は早く十一世紀ないし十二世紀に遡り得るのであり、ヴィリカチオン制解体の前後には農民層の上向的発展に並行しつつ既に「経済関係への介入」を開始しており、一部ではこの「介入」が荘園領主をして旧体制の解体を決意せしめる役割をすら果していたのであった[21]。その発生径路の歴史的多様性にもかかわらず、ひとしく土地所有とは次元を異にする一円的非分散領域支配という点で軌を一にする諸裁判領主権が、いまや司直的権限を喪失した・分散所領に対する私的地代収納権にすぎない他の二領主権との競合において優位に立つのは、むしろ必然的ですらあった。古典荘園の解体によって対グルントヘル的には単なる約定関係に立ち、荘園庁団体からの解放という意味で自由となった農民は、あらためて新たな領主権の「包括的要求の体系」に直面せざるを得なくなる。「農民層の自由の発展の頂点」であった十三世紀[22]は、同時にかつての荘園領主制的支配機構が、封建地代実現の基本的契機であった経済外強制の「直接的強力」から「慣習」と「契約」へと萎縮的転化とともに分解しゆく、条件にして等しければおそかれ早かれ領主制的秩序それ自体の全般的危機に結果せざるを得ない時期であった。裁判領主権はここに、グルントヘルシャフトに代り農村民に対する領主的「強制」体系の再建者として立ち現われるのである。

したがってもし、いかなる公権とも結合しない純粋なグルントヘルシャフト、純粋なライプヘルシャフトが存立したとしても、これらが殊に十四世紀以後の裁判領主権に対して、農民をして漁夫の利を占めさせるに足る、そのような激烈不退転の闘争を長期にわたって挑み得たとはいまとうてい考えられないのであって、この意味ではかの古典的命題は基本的に疑われねばならない。しかしながら、少くとも南西部においては、荘園制は「化石化」しつつ荘園領主制的＝荘園法的領主司直権を曲りなりにも維持する傾向が強く[23]、南西部にわけて多い小規模な騎士領（特に帝国騎士領）では裁判領主権がしばしば土地所有権と重畳するのを常としたのであって、「単純な土地賃貸借関係」にのみ立脚する純粋グルントヘルシャフトはむしろ少数例に属した[24]。他方、ライプヘルシャフトも、やはり他のいずれかのヘルシャフトと癒着ないしそれらに吸収されてのみ恐らく存続し得たのであって、孤立単独にはそれは単なる貢租源としてもはるかに不安定な基盤の上にしか立ち得なかったであろう。ここに、しばしばグルントヘルシャフトがライプヘルシャフトと「解きがたく絡み合っ」て「物的ライプアイゲンシャフト」*Realleibeigenschaft*、*Realhörigkeit*[25]を形成し、裁判領主制がライプヘルシャフトを包摂吸収し「地域的ライプアイゲンシャフト」*Lokalleibeigenschaftt*[26]を創出した誘因がある。いかなる裁判高権ものいかなる所領もの背景なしに伝統のみに基く観念的な Rechtstite なる純粋ライプヘルシャフト――Th. クナップの表現によれば Personal-od. Naturalleibeigenschaft[27]――は、結局抽象的想定の所産でしかないのであろう。

このような諸領主権の相互結合のうち最も強力な形態がたとえばバーデン辺境伯領[28]を一適例とする三領主権の集中であった。かかる「三領主権の一人の手への集中」は決して東部固有の現象ではなく、西部においても稀な事例には属さなかったのである。それゆえ、研究史上軽視し得ぬ重みをもって《starke Mischung der Herrschaftsrechten》[29]などとされるかの現象下での Leibherrschaft の存立は、実証例をもたぬいま、仮にあの Schwaben の Haunsheim 村において Echenborn 修道院所領上の Augsburg 司教所属のライプアイゲネが、土地問題をめぐって裁判領主 von Horkheim と紛争を起したというような場合に当然発生し得たであろう諸領主間の反目対立の想定にまつほかはない。だがここで注意すべきは、仮にかのライプアイゲネが Augsburg 司教所領に居住したとすれば、事は当然司教の Immunität 特権ないしは土地領主権の範囲内で、換言すれば、彼はむしろ単なる（Gerichts-）Untertan ないし Grundholde の資格で処理されるということであって、かかる場合の、双方共なる Leibherrschaft 関係の意識の消失こそ、逆に、諸領主権競合の場での Leibherrschaft の強力な権利主張として現われたのであろう。とまれかかる Herrschaft が殊に聖界所領に濃厚であったと推定し得る。「十八世紀においてなお、西ドイツおよびフランスの諸地方では、旧来のライプアイゲンシャフトが特にしばしば聖界所領土に存在した。教会が霊魂を鎖で縛りつけているだけでなく、生身の肉体にも枷をはめて隷従させていたということは、ヴォルテール一派の絶好の餌食であった[30]」。

要するに、中世後期以降の西エルベ農制の特徴とされる諸領主権の Mischung, Durchkreuzung, Gemenge とは、西部の至る所に生じた普遍的通例的現象ではなく――帝国直属騎士領のような小領邦（南西部に多い）でしばしば唯一排他的な Gerichts-, Grund- und Leibherr である領主はその逆の典型――、まして時に想定され易いように、おのおの単一のヘルシャフトにのみ権限づけられた三名のヘル間の鼎立抗争ではなかったとすべきであろう。むしろ各領主の一身において実現していた権利の集中 Rechtskonzentration が、ある特定の地域においては権利の混淆 Rechtsgemenge として現象したと考えることによってはじめて、農民をして漁夫の利を得さしめるごとき激甚な領主間闘争の一角を占め得たはずの Leibherrshaft が、これまた史家が一致して承認するように、実はほぼ同時代に漸次に単なる「課税権[31]」「賦役・地代収納源[32]」「地代源[33]」へと衰弱しつつあった＝しおわったという、一見矛盾した命題を統一的に把握することができるのではあるまいか。いわゆる「三権交錯」が東部と対照的な現象とされたのは、三領主権の一手集中という厳密には特殊東部的ではないが少くとも汎東部的であった事態のあたかも論理的対極をなす事態が、西部に必ずしも稀にでなく存在したその歴史的事実を強調的に定式化したものであろうか。

これを要するに、ライプヘルシャフトは一定の事情の下では古典荘園解体後にも存続し得たが、それはかつてもそうであったように、土地ないし裁判領主権と不可分に結合した場合にのみ、主たる領主権力機構の一従物として——地代源として——消滅を免れたのであった。この事実こそ、西エルベことに南西部におけるいわゆる「再版農奴制」成立の一前提であったのである。

四

さて、先に指摘した古きライプヘルシャフトの、ことに裁判領主権との結合関係のもとでの著しい地代源化傾向は、わけて後者に特徴的な一円閉鎖的領域支配という権力構造に基因するものであった。裁判領主には、もはや他の領主のように甚だしくは遠近数十カ所に散在する配下従属民——たとえば帝国都市ハイルブロン市のライプアイゲネは二一カ所に[34]、バイエルン・アメラング管区領主《ホーフマルクスヘル》のライプアイゲネ三八名のうち三二名がティロルを含む管区外に居住した[35]——の個々の人格に対する何らかの貢租賦課によって「自己の領主権への記憶をよびもどす」必要は全くなくなり、したがってライプヘルシャフトを完全に吸収包摂した裁判領主制地域では、領主的諸要求の人格的意義は極めて稀薄となったのである。この傾向はLokalleibeigenschaft下で典型的で、ここでは年人頭税Mannsteuer（女はLeibhenne）ならびに死亡税Hauptrechtは全面的に免除されるか、でなければ別の権利に発する外面的に類似の負担への、たとえば裁判領主制的鶏貢租Rauchhuhnへのライプヘル的鶏貢租Leibhenneの解消を生じた。[36] この二つの特殊ライプヘルシャフト的貢租とならんで特徴的な自由移動制限と異ゲノッセ結婚Ungenossenehe制限も、裁判管区支配との癒着によって新しい意義を帯びることとなった。すなわち、従来の土地緊縛的移動不自由は管区退去不自由（＝管区内移動自由）となり、異身分《ゲノッセ》間結婚禁止は管区外民《ウンゲノッセ》との結婚制限へと意味変化を遂げることとなり、ここに一定の規範内部に限れば人格的拘束は一応消失したのであった。その意味でかかる状態は「いわゆる軽いライプアイゲンシャフト」die sog. leichte Leibeigenschaftとよばれたのである。Realleibeigenschaft下でもほぼ同様な現象が生じたのは当然の推移であった。

ところで、かの名目的なPersonal-, Naturalleibeigenschaftが現実の農民身分規定として具体化してくる過程で、上のごとき「上からの」公権的把握とともに決定的な意義をもつのは、十四世紀以降の農業生産力の上昇を反映した農村人口の増大、それが結果した農民層分化であった。十五世紀西部においては、VollbauerとならんでKossäte, Büdner, Häusler, Gärtner等々の名でよばれる細民層Kleinleuteが次第に増大し、農民地平均規模は四分の一フーフェを示した。[37] 諸々の史料において、《ein igleicher herre seinen aygen man》とか《wer des gotzhus eigen ist》、《ich mit aigenschaft mins lips dem gotshus ze Sant X》[38]の定形で現われる人格的被保護民の呼称が、次第に保有規模一フーフェ未満のKleinleute, hufenlose Grundholdeに拡延され、ついには自由借地農を含むすべてのGrundholdeに転用される傾向が強まってきた。かつての名目的なそれはここに、一の《wirkliche Leibeigenschaft》となり、「ライプアイゲンシャフトを農村における唯一の身分と見なす」意識的政策が領主層によって採用されるに至る。一四三八年の作と推定される「皇帝ジグムントの改革」の著者はのべている。「禁制権zwing und bennを有するグラーフ・自由民・騎士・騎士従臣の輩は、ライプアイゲネaignen leutを有し、彼らを所有物視しhant sie jetz fur aigen、思うままに働かせ、林野利用金を払えないほどの ungewonlich stewr を課している。[39]」、と。このような、農民層の総体的ライプアイゲネ化という形態であらわれた十五・六世紀の封建的反動の直接の戦略目標こそ、いわゆる「領邦化運動」Territorialisierungsbestrebung、領主制秩序の特殊ドイツ的な絶対主義的再編成志向にほかならなかった。そしてこの「領邦化運動」がもっとも早く開始されたのが、ドイツでは南西部[40]、すなわち「無数の帝国直属グラーフ・修道院長なかんずく帝国直属騎士層」が孤立排他的に組織していた「家産国家」「侏儒国家」が複雑に割拠した「小規模および極小規模のテリトリウムの古典的地方[41]」たりし南西部であったのである。

この「一定の明確な境界でかこまれた領主圏の創出」およびそれに必然的に対応する「統一的閉鎖的な臣下群 Untertanenschaft の形成[42]」を意図する運動にとって、もっとも重要な手段は既述のようにライプヘルシャフトであった。「裁判領主権をも同時に行使したすべてのランデスヘルおよびグルントヘルにとって特徴的なのは、彼らが通常の諸権利諸特権の上になお、彼らの領民に対するライプヘルシャフトをも確保すべく努力したことである。[43]」だがここで諸領主が希求したのは、公権の経済的領域への急速な進出と逆比例的に Herrschaft たるの実を喪失しつつあるライプヘル的諸貢租追要求の権源としてのライプヘルシャフトではあり得ない。というのは、十五世紀以来のライプヘル的諸賦課であった人頭税・死亡税・婚姻税・賦役義務・ゲジンデ奉仕等々はほとんど軽量に金納化されていたのみならず、しばしば他の領主諸権のそれと重複した。[44]領主権それ自体が重複している場合にはいっそう、個々の同形態負担の本来的意味を弁別する困難は大であった。時代は少し下るが、人頭税の象徴的表現として通例用いられた鶏税に関し十七世紀ヴュルテムベルクの事情をみると、〔A〕ライプヘルが収納したものには（一）Leibhenne、（二）Leibhuhn、（三）Weisenhuhn があり、〔B〕グルントヘルには（四）Fastnachthenne、（五）Sommer-、（六）Ernte- und、（七）Herbsthennen があり、〔C〕ゲリヒツヘルには、（八）Rauchhuhn、（九）Forsthuhn、（一〇）Haus-、（一一）Herbst- und、（一二）Fastnachthennen、というように、[45]少くも一二種の鶏税が単に人頭税としてでなく多様な名目で徴収されているのであって、徴収権者が異なる場合にはともかく、二重ないし三重の権利集中が行われた場合、領主は自己のどの権利に基いても人頭税その他の外見的にライプヘル的貢租と区別しがたい諸貢租を収納し得た。とすればライプアイゲネなる呼称がたとえ農民の心理的嫌悪を招いたとしても、[46]事実上ライプヘル的人頭税とゲリヒッヘル的戸割税（Rauch「かまど」）の二重徴収と、そのいずれか一方の倍額徴収とは、領主農民双方にとってgleichgültig であったと考えてよいであろう。死亡税も同様であった。「Dorfsherr が、Grundherrschaft も Leibherr-schaft もなしに死亡税を徴収したとすれば、それは疑いもなく本来違法な他権侵害であった。しかし慣習がこの不法を合法化した。[47]」

既存の古き名目的権限への再認識であれ、新たな権利の追加取得への欲望であれ、諸々のヘルがライプヘルシャフトに深甚な関心を抱いたのは、まず、所領総集・領民統一というすぐれて政治的な目的に即する、それがもつ自由移動および異ゲノッセ間婚姻への制限権——今や Abzugsgeld および Ungenossenehegebühr として物化しているところの——のゆえにであった。

領邦形成の企図がまだ具現しない段階では、自由農民はもちろんライプアイゲネさえも自由移動権を享受した。領邦化運動の初期に最も顕著な動きを示したケムプテン修道院周辺の「アルゴイの慣習」Allgäuer Brauch によれば、この自由に移動し得た領民は新定住地へ旧定住領主地の高級・低級裁判権を「背負っていった[48]」。すなわちある裁判領主から見れば、自己の裁判管区内領民が掌握困難な他領へ移住すると同時に、„nachfolger Herr" を背負った他領民が自己の管区に来住するという、およそ統一地域統一領民という領主層の願望にとってもっとも不利な慣行が支配していたのである。ところで、配下 Hintersassen の居住地と裁判管区の一致という意図に合致すべき自由移動禁止を命じ得る領主的権限は、原則として裁判領主にはない。彼の Hintersassen は、他のグルントヘルと賃貸契約を締結する Grundholde であるから、その自発的契約を解消せしめ管区内のグルントヘルと新たに契約替を行わしめることと不可能であった。グルントヘルの立場からも、契約期限後に規定の退去税を支払う農民に再契約を強要し得ない。事実上の世襲賃租権はまた別個の問題に属する。この段階の農民はまさしく Grundhörige ではあったが、ただちに

Bannbezirk に hörig であったのでも、また賃貸契約の解除後も依然として当の Bauernstelle に hörig であったのでもなかった。自由移動権とともに、遺制的出生身分・性別・領主権形態等による多様な組合せがあるとはいえ、一般に Rechtskonzentration に背反的な異ゲノッセ間婚姻も、それを規制するのは慣習――"der pesseren hande nach" ないし "das Kind der Mutter nachfolgen"[49]――と、ライプヘルへの婚姻税 Ungenossame 支払であって、本質的に裁判領主・土地領主の権能外事項であった。

かようなライプヘルシャフトの獲得のために、特殊な法資格・法的手続が必須であったかどうかは今明瞭でないが、先述のように他のヘルの強力的なライプヘルシャフト行使が eigentlich-ursprünglich には rechtswidrig であったとされたことから、なんらかの明証を要したらしいとは推察し得よう。いずれにせよ、この不法的強行は、領主権錯綜状態ではより困難で、逆の場合はより容易であったろう。前者の場合には、そこで、聖ペーター修道院におけるように《jore vnd tag》の領内居住をライプアイゲンシャフト発生の条件とするとか[50]、近隣のヘルと領民の交換契約 Wechselvertrag（＝自由移動の相互承認契約 Freizügigkeits- od. Gegenseitigkeitsvertrag）[51]を締結するなどの迂回的措置をひとまず講ずるか、あるいは、フライブルク近郊のヴァイラー村におけるように、本来の Besthaupt をまず聖ペーター修道院が収納した後にグルントヘル（フライブルク市のミニステリアル）が残余のうちの das beste Haupt をとるという順序で本来的ライプヘルへの譲歩[52]を認めざるを得なかったであろう。これに対して、十五世紀初頭のケムプテン修道院――院長は Fürstabt であった――は後者の端的な一例を示した。院長は「確固たる・閉鎖的な・完全なランデスホーハイトを行使し得る・国家」を形成するためまず院領の Abrundung を目して、領民の自由移動権を制限し、他領民との婚姻を厳禁し、自由民を賃租人に・賃租人をライプアイゲネに貶下すべく、カール大帝文書のねつ造・保護領主 Schirmherr への政治的宗教的脅迫・仲裁裁判所における偽誓などを含むあらゆる不法な実力行為を、多くの曲折を経ながらも、まず成功的に強行し得たのであった[53]。

だが一方、ライプヘルシャフトを伝統的に把握したヘルの、この領主権の現実具体化＝原義回復の意図も必ずしもスムーズに貫徹したわけではない。その院長が、ケムプテン修道院長とひとしくunmittelbarer Reichsstandであり、Gerichts- und Grundherrであったオーベルシュワーベンのオクセンハウゼン修道院領でも、遺産相続税とアルメンデ所属問題をめぐって、結局一五〇二年シュワーベン同盟出動により鎮圧された紛争が早く十五世紀初頭に発生を見ているのである。[54] 領邦化運動が日程にのぼる以前の段階では、ここでも「ライプアイゲンシャフトは単なる呼称でしかなかった。……院長も荘民も権利義務に関する文書をもたず、すべては何百年となく伝えられた慣行にしたがっていた。」[55] かくて、ザレム修道院領におけるごとく、[56] ハウエンシュタイン伯領におけるごとくライプアイゲネ Eigenleute は世襲保有権すら亨受し、[57] 南ドイツ一般で農民は武装権・武器自発的使用権をすら有し得た。[58] 自由移動・異領民間婚姻の自由もただにAllgäuer Brauchに限られない。

十五世紀初頭から十六世紀中葉にかけての、裁判領主層によるかかるライプヘルシャフトの再確認としばしばなる拡張解釈こそ、それを通じてのランデスホーハイトの確立のための不可欠の政治的過程であった。こうして領主的反動のトレーガーたちは、曽てはその裁判籍をラント裁判所に置いて地方的支配権の圏外にあった自由民にたいしても、一四七四年アルゴイのGraf von Monfortが、同地のfreie Gemeindeに強要した死亡税・賦役給付・他領民間婚姻禁止に関する、一五二五年の自由移動禁止に関する「協定」Vertrag、十五世紀前半の強行策に重ねて、一五二四年ケムプテン修道院が院領のfrey zinser 一二〇〇名をaigenschaftに落したさいに用いた「投獄その他の苛酷な方法」gefengknus etliche andere beschwerliche wegのごとき、[59] 多様な手段を動員して全面的服従を強要し得ることとなり、いまや一定の閉鎖的領域におけるほとんど全能のヘルとしての地歩を固めた。すなわちここに、全住民が彼の隷民Untertanとなり――「領邦隷民制」Territorialuntertanenschaftの成立[60]――、ライプアイゲネと呼ばれることとなったのである。

この過程をマルクスは次のようにのべている。

「それ〔一五二一／二二年の政治的改革〕は同時に、ランデスヘル権力の集中とドイツの分断というドイツ的怪物を創造した。このシラミだらけのランデスホーハイトとともに、農民と市民とを同時にランデスヘルの『ライプアイゲネ』とする特殊ドイツ的な『隷民制』《Untertanenschaft》が成立した。[61]」と。

《Luft macht eigen》の原則がここに再び確立する。全住民はある特定の土地Ortに居住するという事実のみをもって、いまや《örtliche Leibeigenschaft》ないしは《Ortsgrundhörigkeit》[62]に服することとなる。けれども、この段階の《Luft macht leibeigen》は、かつてのヴィリカチオン制的、ついで単なる裁判領主制的な、換言すれば《Stadtluft macht frei》の一対応概念であったそれと基本的に異なる。テリトリウムの一般的成立段階では、都市は古き自治権を次第に喪失しつつあった。それ自体ランデスホーハイトの掌握者であった一部の都市以外のすべての都市は、いまや大小規模を異にする多様なホーハイトに洩れなく包摂せられ、ここに全テリトリウムの住民が農民・市民の区別なく等質のUntertan, Leibeigeneとして把握されるに至る。[63]すなわち、いわば《Territoriumsluft macht eigen》原則の一般的貫徹であった。農民がこの時期から次第に「市民」《Bürger》の名でよばれはじめる事実[64]は、前述に徴してきわめて興味深い。市民ばかりではない。Burgを有しても強力なHerrschaftsgebietに支えられぬ中小の騎士層もまた「古き慣習」「古き自由」の喪失をおそれ、「農民と同じように、ランデスフュールストによってその『アイゲネ・ロイテ』にされることをおそれた。[65]」農民戦争後、彼らの憂慮は的中する。

騎士層はさておき、《leibeigen》なる表現がようやくこの時期から諸史料に現れはじめるという事実[66]、また中部ラインのEsch村の判告におけるごとき「住民」inwohnderと「ライプアイゲネ」eigen（-schafts-）leuteとの同義使用、一五八二年の同地方Pleizenhausen村判告において保有農Hofleuteが「下級ライプアイゲネ」Nieder eigentumb[67]と誌された記事、さらに一五四四年の同Matzen村判告におけるarme leute, arme unerthane, arme angehörige, underthane leuteなどの称呼がひとしくGrundholdeの意義でinterchangeableであった事実、また、一五八三年

Greisch 村判告において eigenschaftleut が《mit leif und gut, mit ploch und wagen zu froenen》するところの underthan とされたこと、[68] というような諸史実が、総じて十五世紀末葉から十六世紀中葉にかけての時期に属するのは、さきの再版ライプアイゲンシャフトの成立年代に関連してまことに示唆的であるといわねばならない。のみならず、ここに示された arme leute, underthane, eigen leute などの表現の同義性が、やはり同時期の南ドイツにおいても、たとえば一五二四年の「シュテューリンゲン箇条」全六二条のうち、ライプアイゲンシャフトに関して最も端的な第五九条にも、さらには、より周知の「十二箇条」の第三条にも明瞭に示されていることに注意したいと思う。「シュテューリンゲン箇条」第五九条は次のような要求を提起している。すなわち、

「われらすべては始めから正しく自由に生れ、われらおよびわれらの祖先は aigenschaft に陥るべきいかなる罪咎もないにも拘らず、わが領主はわれらを eigen leut と見なし、あたかもわれらが生れながらの knecht であるかのごとく、彼の命ずるすべてをなさねばならぬと信じており、かくてついに、われらを売り払うやも知れぬさまに至った vnd es mit der zeit dahin mocht komen, das sy vns auch verkaufen würden.願わくばわれらの請願を容れ、領主がわれらを leibaygenschaft より解放し、もはや誰をも同じ状態においやらぬ責任を有すべきことを宣告されたい。これらの重荷をのぞけば、われらは getreuw vnderthaun として、わが領主にこの地で古来果してきた責を果すであろう。[69]」と。ここでも、leibaygenschaft と vnderthau*nenschaft* とは見事に一致している。

また「十二箇条」第三条はいう。

「第三に、従来ひとはわれらを eygen leüt と見なすという慣習があった。これは、クリストがその貴くも流された血をもって賤しき牧夫をも高位の人々をもひとしく一人も例外なしに解放し購ない給うたことに鑑みてまことに浅ましいことである。……だがわれらは全く自由でいかなる obrygkeit にも服さないのを望むものではない。……ゆえにわれらは、汝らが誠実にして公正なクリスト者としてすすんでわれらを leibeygenschaft から解放す

るか、さもなくば、われらがleibeygenであることを、福音書によってわれらに示すのが当然であると考える。[70]」と。

ここ第三条でEigenleuteとよばれた農民は、他の諸条においては、arme Mann（第四・五条）、ein jeglicher aus der Gemeinde（五条）、Bauer（七条）、ときにTagwerker（八条）などの名でもまた登場するところの、「聖俗諸オーブリヒカイトの全Bauerschaften und Hintersassen」であったのである。

ここで一瞥を与えておくべきは、第二条に現われる真の意味での「困窮民」der Dürftigeとは異なる《arme Leute》であろう。一体これは、ギールケによれば、かつては若干の土地保有に基いてHofverbandに属しその限りで賦役・人頭税給付義務を負うが、村落共同体のVollgenosseでなく集会参加権・アルメンデ利用権を有せぬ階層であった。ついで、この段階の「人格的に結合した朋友のゲノッセンシャフト」が次第に「フーフェ保有者のそれ」に変化するに従い、完全ゲノッセに上昇し得ず、共同体の保護ゲノッセとして留った一群がこのarme Leuteなる呼称を引きつぐ。のちフーフェの体制的分解とともに生じた零細保有農層――Kötter, Häusler, Seldner usw.――がarme Leuteと呼ばれる一方、しばしばBesitzer, Hintersassenと呼ばれながら次第に全保有農民を意味する表現となった。[71]中部ラインでは十三世紀にGrundholdeとVogteileuteを一括する名称として用いられはじめ、[72]またシュワーベンでは、一四六一年の一史料に《aigen armmann》としてアイゲンロイテと同義に、[73]十六・七世紀にはすでに、多少の非本質的なニュアンスの差を含みつつもDorfbewohnerないしはUntertanそれ自体の別名[74]となるのであった。

かくしてこうなる。十四・十五世紀における農民層の全般的分化と社会的分業の展開を基盤として都市はもちろん農村にも次第に蓄積されてくる「民富」の中に、封建的領主制秩序を根底から動揺せしめるエネルギーを見た領主層は、この「危機」に対処するに、裁判領主権を基軸に、ライプヘルシャフトの原義回復と恣意的拡張解釈を絶好の槓桿として領主制の領邦的絶対主義への再編成をもってした。Eigenleute, Arme Leute, Untertan等々は、このような特殊ドイツ的《lausige Landeshoheit》下に暴力的に編制包摂された・あるいはされようとする農民層一般、いな小都市市民層・没落小騎士群をふくむテリトリウムの《inwohnder》全体に与えられた表現でこそあったのである。

かかる統一的閉鎖領域内の全住民の総体的ライプアイゲネ化＝「領邦化」が最も早く最も激烈に遂行された「小規模・極小規模のテリトリウムの古典的地方」は、同時にまた、農民がきわめて自由かつ有利な諸権利を亨受し、[75] 従って教育程度が高く、[76] 都市化 Verstädterung が進みかつ市場と市民階級との農民層の経済的紐帯がきわめて強力な地域[77]であった。だからこそ、この地域の農民層は強権的なライプアイゲンシャフトへの圧下をより耐えがたく《alte fryheit・alte herkommen》の侵害と感じたのであり、また大規模な反乱を起し得たのである。しかし、農民戦争がかかるランデスフュールステントゥムへの闘争であったとしても、その Schlagwort が「古き権利」であり「神の正義」「福音」であった限り、農民層の要求が Gerichtsherrschaft・Grundherrschaft に関してはそれに発する諸負担の軽減と権利濫用の中止に留まってこれらの Herrschaften それ自体の解体に向けられなかったのと同様、ただひとつその完全な撤廃を要求された Leibherrschaft もまた、それがランデスホーハイトと「統一的な・社会的にもはや区別されぬ隷民《ウンテルタン》身分」の創出に利用されようとした場合にのみ抗議と苦情と攻撃の対象となったにすぎないのである。[78]「かの十二箇条において、農民はラントの要求に対し、当時のすべての法律学者よりも、はるかに現実的な理解・はるかに深くかつ根本的な知識を示した。[79]」戦争は結局、「領邦化運動」の勝利に帰した。東部における Tyrann であった Gutsherr に対比された南西部の Tyrann＝Landesherr の下で、[80] 爾後着々と人民の総体的 Leibeigene 化が領邦絶対主義の建設に並行して進むのである。一六三一年の一村落の世襲借地文書は記している。《und sein alle die in denselben dorferen inwohnende undertanen meistenteils leibeigenleut und etzliche allerlei frönden:…》[81] と。ブライスガウ[82]において、バーデン辺境伯領[83]において、ヴュルテムベルク公領[84]においてわれわれはひとしく一様な過程を見出しうるであろう。

五

さて、以上の不十分な分析の一応の結論として、およそ次のような諸点を指摘して結びとしたい。

〔一〕エンゲルスによって《2. Ausgabe》とみなされた十五・六世紀ドイツの《Leibeigenschaft》は、それがまず南西部に現出したかぎりでは、特殊ドイツ的に孤立分裂したランデスホーハイトの下で農民・市民を総じて無差別に「臣下」Untertan として「平均化」しつつ両編制するところの絶対主義的《Territorialuntertanenschaft》にほかならなかった。この段階での Leibeigene（eigen leute）は従って unterthan であり、その意味で特定の生産関係への個々の住民の経済的結合関係からさし当り超越的な政治的規定であった。市民・旧騎士層はもちろん聖職者すら Leibeigene = Untertan として把握されたという事実が端的にこれを立証する。それゆえに、時に賦役を含む Leibherr 的諸要求の個別非本質的蘇生（「中世の遺物」Th.クナップ）にも拘らず、この領邦隷民制は決して「農」奴制ではなく、他方その下での独立自営農民中核の一定のブルジョア的商品生産の展開を基本的に拒否しない点で農「奴」制でもあり得ない（「全く新しい歴史的ゲビルデ」リュトゲ）。とはいえ前記は直ちに「再版」東部局限説に理論的根拠を与えるものではない。領邦隷民制は依然として厳に「第二のライプアイゲンシャフト」である。問題はその「初版」形態およびその歴史的変質過程の分析にかかわるのであった。

〔二〕このような観点から、従来の通例的見解に対して以下二つの論点が提出されよう。

（a）わが「再版農奴制」理解は、そもそも「初版農奴制」を一義的に古典荘園体制下の労働地代搾出関係ないしそこでの「農奴」身分諸規定とする基本認識のゆえに、「再版」を厳しく東エルベに限定する点でまずエンゲルスの原義の無視ないし誤認ではないか。

（b）その結果それをこそ真の意味での「いわゆる再版農奴制」と把握すべきであったところの・南西部におけ

るかの「領邦隷民制」として展開した《Leibeigenschaft》を、この段階で当然発生した旧「農奴制」的諸徴標の意義後退現象の側面でのみとらえるにとどまった――これは同時代南西部のマヌファクトゥアの発展と独立自営農民層の成立の検出という、一面で高い研究成果に基くと思われる――点で、当時の研究段階によって不可避的に制約されたエンゲルス――最も特徴的には、農民戦争＝貧農蜂起説・戦後農民窮乏説――とともに改めて検討し直さるべきではないか。

〔三〕 最後に、上述の問題は、東エルベのグーツヘルシャフトおよびことに《Erbuntertänigkeit》の本質究明の問題にも新たな視角を提供するのではないか、ということを次の課題として提起しておこう。その場合の重要な手がかりのひとつとして、「世襲隷民制」規定におけるG・F・クナップの色濃い十九世紀的・「一般国法典的《アルゲマイネス・ラントレヒト》」観点に対する再吟味をいまここに挙げておくのも必ずしも無意味ではないであろう。

(1) 拙稿「『再版農奴制』をめぐる諸問題」(『専修大学論集』第一八号、一九五八年九月)。

(2) 『日本資本主義の諸問題――小林良正博士還暦記念論文集――』(一九六〇年、未來社)所収。

(3) 同書項目「封建的土地所有」同書三三―三四ページ。「農民一揆」一〇五ページ。「独立自営農民」一一四ページ。「グーツヘルシャフト」一九八ページ。

(4) イー・イー・スミルノフ「封建＝農奴制社会」(『歴史科学』第四巻第六号、昭和一〇年七月)一一二―一一三ページ。

(5) 同氏『農業問題と土地変革』第一篇第二章第二節参照。

(6) Marx/Engels Briefwechsel, Bd.4 (1868-83), Dietz, 1950, S.691f. ここにマウラーとは、G. L. von Maurer, Geschichte der Fronhöfe, der Bauernhöfe und der Hofverfassung in Deutschland, Bd.4, 1863.であることはいうまでもない。

(7) Briefwechsel, S.693.

(8) 「マルク」(『選集』一六巻上) 二六〇—二六二ページ。Marx・Engels・Lenin・Stalin, Zur deutschen Geschichte, Bd.I, SS.152-154.

(9) 『資本論』第一部第八章註44 a。

(10) 「プロシア農民の歴史によせて」(『選集』一六巻上) 二六八ページ。Zur dG., I, S.569.

(11) 「マルク」二六四ページ。Zur dG., I, S.156.「フランスとドイツ農民問題」(『選集』一七巻下) 四三二ページ。

(12) G. F. Knapp, Die Bauernbefreiung, Bd.I, 1887, 2. Aufl. 1927, SS.25-28.: ders., Die bäuerliche Leibeigenschaft im Osten; in, Einführung in einige Hauptgebiete der Nationalökonomie, 1925, SS.81-86.

(13) 『資本論』第三部四七章五節 (日評版第一一分冊三七八ページ)。

(14) Briefwechsel, Bd.4, S.698. (1882, Dez. 22)

(15) M. Weber, Wirtschaftsgeschichte, 1924, SS.41, 80, 90.

(16) J. Kulischer, Allgemeine Wirtschaftgeschichte des Mittelalters und der Neuzeit, Bd.2, 1928, S.91.: Georg v. Below, Geschichte der deutschen Landwirtschaft, 1937, SS.82, 89.; ders., Probleme der Wirtschaftsgeschichte, 1926, S.75f.; ders., Territorium und Stadt, 1900, SS.2, 7.: F. Lütge, Die mitteldeutsche Grundherrschaft, 1. Aufl., 1934, SS.9, 190-200, 203.; 2. Aufl., 1957, S.296f.: C. F. Fuchs, Zur Geschichte des gutsherrlich-bäuerlichen Verhältnisses in der Mark Brandenburg, ZSRG, GA, Bd.12, 1891, S.19.; ders., Art. "Bauer", Wb. d. Vw., 4. Aufl., Bd.1, S.268.: H. Maybaum, Die Entstehung der Gutsherrschaft im nordwestlichen Mecklenburg, 1926, S.3.: Schröder-Künßberg, Lehrbuch der deutschen Rechtsgeschichte, 1922, S.886.

(17) Below, Geschichte, S.73f.

(18) ヴィリカチオン団体の解体は「しばしばグルントヘル的諸司直権の失効 Verfall とむすびつき、これまでの不自由民は以前よりいっそう国家的諸権力に服することとなった。」Below, Geschichte, S.79f.

(19) Lütge, MDG^1., S.79, MDG^2., S.103.

(20) 拙稿「ドイツ『農奴制』の古典型と純粋型」第三節第四項および本稿前節参照。

(21) Below, Geschichte, SS.71, 80.

(22) Lamprecht, Deutsches Wirtschaftsleben des Mittelalters, Bd.I, 1886, S.1238.; Lütge, Deutsche Sozial- und Wirtschaftsgeschichte, S.88; Schröder-Künßberg, Lehrbuch, S.499.

(23) Below, Geschichte, SS.74, 77. フックスにおける「旧グルントヘルシャフト地域」Fuchs, Art. “Bauer”, S.274. 荘園法的裁判権の残存については以下を参照。Th. Knapp, Neue Beiträge zur Rechts- und Wirtschaftsgeschichte des württembergischen Bauernstandes, Bd.1, 1919, SS.120-122.; ders., Die Grundherrschaft im südwestlichen Deutschland vom Ausgang des Mittelalters, ZSRG, GA, Bd.22, 1901, SS.71-74.: Lütge, MDG^{1}, SS.197, 203f, MDG^{2}, S.302.

(24) スミーリンは「賦役残存」の観点からも「純粋グルントヘルシャフト」を南西部で否定する。M. M. Smirin, Deutschland vor der Reformation, 1955, S.59f.

(25) Weber, WG, S.37.

(26) Th. Knapp, Neue Beiträge, Bd.1, S.133.; ders., Grundherrschaft, S.75.; ders, Über Leibeigenschaft in Deutschland seit dem Ausgang des Mittelalters, ZSRG, GA, Bd.19, 1898, SS.28-32. Schröder-Künßberg, Lehrbuch, S.891, Anm.14.

(27) Knapp, Neue Beiträge, I, S.135.

(28) Kulischer, AWG, Bd.2, S.88f.: Knapp, Über Leibeigenschaft, S.45.: Lütge, DSWG, S.102.

(29) Below, Territorium und Stadt, S.7.

(30) G. F. Knapp, Die bäuerlichen Leibeigenschaft., S.88.

(31) Schröder-Künßberg, Lehrbuch, S.891.

(32) Jordan-Rozwadowski, Die Bauern des 18. Jahrhundert, Jbb. f. N. u. St., Bd.75, 1900, SS.360-362.

(33) Kötzschke, Art. “Bauer, Bauerngut u. Bauernstand” HwStaatsw., 4. Aufl., Bd.2, S.376, usw.

(34) Th. Knapp, Über Leibeigenschaft, S.28.; ders., Neue Beiträge, I, S.133.

(35) Lütge, Die bayerische Grundherrschaft, S.70.

(36) Knapp, Neue Beiträge, I, SS.135–136. バーデンに関して vgl. ders., Über Leibeigenschaft, S.45, Anm.1.

(37) K. Lamprecht, Deutsche Geschichte, V-1, S.90f.

(38) H. Wopfner, Urkunden zur deutschen Agrar-Geschichte, Heft 1, SS.244, 283, 334 et passim.

(39) Lamprecht, DG, V-1, SS.94-96.

(40) G. Franz, Der deutsche Bauernkrieg, 4, Aufl., 1956, S.292.

(41) Below, Territorium, S.65.; ders., Probleme, S.75.

(42) Franz, a.a.O., SS.10, 14, 80, 291.

(43) M. M. Smirin, Deutschland vor der Reformation, 1955, S.94.

(44) Knapp, Über Leibeigenschaft, S.20ff.

(45) (1) Knapp, Neue Beiträge, II, S.145: (2) I, S.129: (3) II, S.146: (4・5・6・7) I, S.111: (8・9) I, S.73: (10・11・12) II, S.77, 124.

(46) Salem 修道院領の Fastnachtshuhn をめぐる紛争では、農民は納入それ自体は拒否せず、納入を Eigenleute としてでなく Gotteshausleute として行なうことを要求している。Smirin, DvR, S.95. および「十二箇条」第三条参照。

(47) Knapp, Neue Beiträge, I, S.73 u. vgl. 130f.

(48) Franz, a.a.O., S.9.

(49) Smirin, DvR, S.94: Franz a.a.O., Ebenbürtigkeit が厳格な時期ではむしろ《zu ärgeren Hand》原則が支配的であった。

(50) 同院は院領 Schwarzach 村に対し、一年と一日以上居住した外来者の《als andere des gotthus lüte》の奉仕義務と彼の子孫の eigen leut 化を命じている。Smirin, DvR, S.94.

(51) Knapp, Über Leibeigenschaft, S.30.; Schröder-Künßberg, Lehrbuch, SS.495, 891; ders., Deutsche Rechtsgeschichte (Sammlung Göschen), I, S.88.

(52) Smirin, DvR, S.77.

(53) Franz, Bauernkrieg, S.10f.: W. Zimmermann, Der große deutsche Bauernkrieg, Volksausgabe, S.21ff.

(54) Franz, S.14f.: Zimmermann, S.34f.

(55) Zimmermann, S.35.

(56) Franz, S.15.

(57) A.a.O., S.17.

(58) A.a.O., SS.281, 293.

(59) Smirin, DvR, SS.93-94.

(60) A.a.O., S.92.

(61) Marx, Chronologische Auszüge zur deutschen Geschichte〔Manuskript〕, in, Zur dG, Bd.I, S.290. この「農民と市民と」の同時

的ライプアイゲネ化につき、エンゲルスが先記一二月一五日付書簡において、「ドイツでは〔イングランドと異なり〕農村民と農耕を営む Marktflecken の住民のライプアイゲネへの転化がそれ〔ツンフトの農村移動〕を妨げた。」という、マルクスとかなりへだたった見解を示すことに注意ありたい。

(62) Kötzschke, AWGM, SS.555-556

(63) ヴュルテムベルクの一 Stadtlein の例。Th. Knapp, Leibeigene Bauern auf dem württembergischen Landtagen, Jbb. f. Nationalö. u. St., 118, S.532f.

(64) Gierke, Das deutsche Genossenschaftsrecht, Bd.I, S.608f.: 伊藤栄氏「中世末期ライン流域における村落の自治形態について」(『国学院大学政経論叢』七ノ一)九八、一〇四ページ。

(65) Franz, Bauernkrieg, S.85.

(66) Lamprecht, DWL, I, S.1228, Anm.3. Kindlinger によれば総じて一四八三年以前には、(単なる eigen と異なる成語としての)《leibeigen》は見出せない。

(67) この eigenthumb が proprii すなわち leibeigen を意味することは、Th. Knapp, Über Leibeigenschaft, S.19.: Waitz, DVG, Bd.5, S.193. 参照。

(68) 以上四例。Lamprecht, DWL, I, S.1231, Anm.4.

(69) F. L. Baumann, Akten zur Geschichte des deutschen Bauernkrieg aus Oberschwaben, Nr. 199: cit. Smirin, DvR, 97: 諸田実氏「騎士領の構造と《Zwing und Bann》の意義」(『商学論集』二七ノ二)一八―一九ページ。

(70) Zimmermann, Bauernkrieg, SS.321-322. エンゲルス『ドイツ農民戦争』(大内訳岩波文庫版附録)二一〇―二一一ページ。

(71) Gierke, Genossenschaftsrecht, I, SS.165, Anm.16. u. 606-607.

(72) Lamprecht, DWL, I, S.1140.

(73) Th. Knapp, Neue Beiträge, II, S.143.

(74) A.a.O., II, SS.71, 77, 127.

(75) Lütge, Deutsche Sozial- und Wirtschafsgeschichte, S.160. Vgl. Below, Territorium, S.65.

(76) Franz, Bauernkrieg, S.293.

(77) A.a.O., S.292.: Lütge, a.a.O., S.163.

(78) Franz, a.a.O., SS.80, 101-102.「Oberschwaben の農民は Leib-, Gerichts- und Grundherrschaft の三権のうち、ただ最初のものの完全な排除のみを欲した。」Grundherrschaft には諸貢租の減免を、Gerichtsherrschaft には農民の権利圏《レヒツクライス》への不介入を要請したが、両権の存在理由はこれを承認する。a.a.O., S.125.

(79) Maurer, Geschichte der Fronhöfe…, Bd.4, S.529.; cit. Gierke, Genossenschaft, I, S.636, Anm.179.

(80) Below, Territorium, SS.65-67. u. Anm.1. u. vgl. Knapp, Neue Beiträge, I, S.72.

(81) Lamprecht, DWL, I, S.1231, Anm.6.

(82) Below, Geschichte, S.86, Anm.1.

(83) Th. Knapp, Neue Beiträge, I, S.131.: ders., Über Leibeigenschaft, S.32.: ders., Grundherrschaft, S.75.: Kulischer, AWG, Bd.II, S.88.

(84) Th. Knapp, Leibeigene Bauern, S.532.

3 ワイステューマーにおける「教会民」について

一　はじめに

さきに私は、いわゆる「再版農奴制」の本源的な形態を中世後期南西ドイツに求めて、そこでの》Leibeigenschaft《は、古典荘園期のそれとは質的に異なった、領邦権力形成期の》Territorial untertanenschaft《であった、という一応の結論に達した。[1] しかしそのいわば「初版」形態に続く純粋荘園期農奴制のビルトは、ひとまず文献的素描を果したままで、[2]「再版」への移行過程を具体的につかむに至っていない。そこで、一般に》Eigen Leute《の名で総称される十三〜十五世紀南西部の封建農民層の隷属的地位を史料的に検出しつつあるが、当面の問題たる「ライプアイゲンシャフト」分析の予備的考察として、ここにその一斑を小括する。「教会民」とは、》eigen lüth《,》arme lüte《などとともに史料に頻出する聖界所領の隷属民の謂である。

二　史料とその意味

史料として用いたのは周知の「グリム・ワイステューマー」全七巻で、一九五七年写真複製版である。[3] もっとも全部で二〇〇〇をこえるテキストのすべてを利用したわけではない。さきの考察が南西ドイツを素材としており、かつ南西部はいわゆる「化石化」型荘園地域として農奴制の姿をよりとらえ易いという理由、さらに全テキストの逐条吟味は労力の問題は別にしても、問題の本質をうすめるばかりでなく、たとえば十六世紀ニーダーザクセンの判告と十三世紀バイエルンの判告とを同日に論ずるのは方法的に危険でもあるという理由によって、ここでは南西部のそれに限定した。各テキストに題された村落もしくは地域名をもれなく収載する地図を利用できないので、ここに南西ドイツとは、編者によって大区分された地域の中から（一）ライン右岸のシュヴァルツヴァルト、（二）ネッカー・マイン・ライン諸河川の中間区域、（三）シュヴァーベン、（四）ブライスガウ、（五）それに当時はスイスの一伯領であったが現ドイツ領のシャフハウゼン、の五地域である。また、厳密な判告様式をもつもの、》Weistum, Öfnung《の名称にこだわらず、》Recht, Ehaft, Rodel, Zwing《などすべてのテキストを対象とした。判告集の研究史が明らかにしているように[4]タイトルと内容はしばしば一致していない。原文はすべて「中世高地ドイツ語」(Mittelhoch-deutsch) であり、訳文はカタカナで表記した。

上記の地域から採録されている一七二個の諸文書から、さらに》eigen-, arme-, gotteshaus-, leute od. mann《の語を含む七五個の文書が直接の素材である。この語群にかぎらず、本判告集にはリヒアルト・シュレーダーの編纂になるきわめて精密な人地名・事項索引があり、重要な事項は、その語義・異称・関連事項などにつき容易に全六巻の中からぬき出すことができるが、若干の脱漏はやむを得ず、筆者の利用した七五文書のうち、索引に記載していないものは二四個を数えた。しかしこのうち一五個はアイゲン・ロイテの別名と索引上なっているアルメ・ロイテを落したものでゝ別項目になっている教会民の八個を除くと、本来のアイゲン・ロイテの記載洩れはわずか一個にすぎない。

さらに、南西ドイツに隣接し、ここに多くの所領を有するスイスの修道院領を参照するため、北スイスすなわちグリム分類で、チューリヒ・テュルガウ・アールガウ・バーゼル・聖ガレンラントの諸地域の、全部で一六二個の判告類から同様にして七〇個を選別した。こちらでの索引記載洩れは一六個で、そのすべてが教会民の語を含む判告類である。かくして、合計三三四個ちゅう一四五個の判告・告示・条令等々を得た。前掲三語の含有率は、約四六パーセントとなるわけである。

もっとも、グリム判告集は、第四巻グリムのまえがきや、第五巻のシュレーダーの序文にものべられているように、数多くのテキスト、ことに既存の印刷文書集掲載のものを割愛しているばかりでなく、同一判告書族に属する文書群の一だけをとって他を捨てたり[5]、ほとんど同文の数個の文書の一を掲げて他は異なった条項だけを注記したりしてい[6]るので、上の数字からただちに全般を推すことはできないとしても、それでも大約の傾向をさぐる一助にはなるであろう。

南西ドイツ分を地域・時代および領主別に分類すれば次のごとくである。

シュヴァルツヴァルト—ライン河…………四六
ネッカー・マイン・ラインの間…………二二
シュヴァーベン……………………五
オーベルンブライスガウ……………一
シャフハウゼン……………………一

時代では、スイス分と並べると、

	南西ドイツ	北スイス
十三世紀		……二

十四世紀	一三
十五世紀	三三
十六世紀	七
年代不明	二二

十四世紀	七
十五世紀	四二
十六世紀	九
年代不明	一〇

さらにこれを領主の聖俗別でみると、

南西ドイツ

聖界領主	四六
俗界領主	二三
領主混合	三
不明	三

北スイス

聖界領主	五五
俗界領主	八
領主混合	三
不明	四

という区分になり、十五世紀の聖界所領に最も多く隷属民の呼称が現われたことになる。しかし、この領主数の区分はそのまま信じ難い。というのはほぼ十五世紀を境にして、そのころから急速にその勢力を伸長させてきたフォークト領主権を考慮に入れねばならないからである。だが実はそれにもかかわらず、聖俗両界でのかかる裁判領主権による土地（＝荘園）領主権の克服の趨勢は、聖界所領における役人フォークトにとって封建支配強化へのプラス要因となり、彼らの領主フォークトへの上昇を推進するものであるから、結果としては聖界所領により多く不自由制の残存が見られる、という上の予想を基本的にくつがえすことにはならないであろう。

「教会民」（史料では多く》gotzhuss lüt《の形）ということばについては、まえに、古典荘園期に教会が果したシュッツヘル的役割に関連して触れたことがある。すなわち、「教会セルウス」》servus ecclesiasticus《もしくは教会によって解放された》homo eccles《であるが、十三世紀農奴制再編期以降に登場するものとしてはスイスの「自由教会民」を、新農奴制の一類型としてあげたにとどまる。文献的にいうと、この教会隷属民について多少とも意識的な研究を行なっているものは皆無にひとしく、シュレーダーの浩翰な『ドイツ法制史教科書』各章冒頭の綿密な資料紹介にも、ただひとつ、Escher, Die Verhältnisse der freien Gotteshausleute (Archiv für schweizerische Geschichte, VI.) しか見出せず、また最近でも、K.-H. Ganahl, Gotteshausleute und freie Bauern in den St. Galler Urkunden (in; Adel und Bauern im deutschen Mittelalter, hrsg. von Theodor Mayer, 1943) しかなさそうである——両書とも未見——。邦文文献としては、北村忠夫氏の先駆者的労作「ワイズテューマーにあらわれた後期中世独逸農村社会の自由」(『史学雑誌』五九編二・三号)の一部》Freizügigkeit《に関する叙述のかたわら触れられているのみで、その具体的地位・状態をつまびらかに伝えているとはいえないのである。

たとえば氏は、農民(ここでは教会民)の移動自由の権利《フライハイト》の一引証として、スイス・ルツェルンのアインジーデルン修道院領ダグメルスエルレン村の年代不詳の「判告書」(Öfnung)と、同一三四六年の「判告書」(Vogteiöfnung)とを比較吟味され、「年代不詳」の前の判告書と後の「フォークタイ判告書」とを、単に年代のみを異にした同一領主の同一村落に対するものとされた上で、教会民への庇護フォークト課税の増加、自由移動禁止、結婚制限強化がこの間に見られたとして、修道院に対する》Schirmherr《の勢力浸透を結論された。(7)

だが詳細に見るとここにはいくつかの問題がある。まず氏は、当院教会民をアイゲンロイテと然らざる者に区分されるが、他地方の判告にならともかく、少なくとも当村ではどちらの判告にもそのような記述は見当らない。第二に、移動自由に関して前者の「教会民ハ欲スル所ニ赴クコトヲ得。フォークトハソノ者ヲ追跡スベカラズ」とのみを引用するのは、すぐに続く「タダシ彼ラガ前モッテ課セラレタル租税(Stür)を、〔フォークトに——望月〕またアインジーデルンノ領主ニ一ノ租(vall)ヲ届ケタル場合ニカギリ」という前提、ことにその stür および vall の支払の難易および移動の範囲に検討を及ぼしていない点。また第三に、両判告を単に年代のみを異にする同質の文書だとされるが、形式と内容から見ても前者がごく通常の判告書に共通している「教会民」の地位・権利・義務・不法行為などを列挙しているのに対し、後者はいかにも「フォークタイ判告書」らしく、もっぱら領主ないし庇護フォークトの

》twing vnd benn《の適用地域・種々の処罰（＝罰金納入）事項を列挙するに急で、前者および多くの「判告書」に見られる死亡税・婚姻税・忠誠義務などに一顧も与えていない。時代の推移（わずかに一二年！）では割り切れない本質的な差異を示している、この点。第四に、氏は後の判告書における修道院とヘルシャフト・トロストベルクの交渉において、「教会民の自由移動」否認は院のヘルシャフトへの要請にもとずき、両者の利害一致の上に定められたとされるのであるが、この間の交渉は、どちらかといえば現実的政治力の優位を背景としたヘルシャフト側の高姿勢をともなう両者の陰微な確執と解した方が妥当ではないか。すなわち、同判告書第二七条〜三二条の院とヘルシャフトの納税・婚姻・移動の問題をめぐる応酬について（一）氏はフォークトが従来の貢租の他に一日の賦役を増課したとされるが、これは誤りで、前の判告書にも「一日の賦役」は記載されており、後の判告でそれを落したのは院側の、あるいは書記のケアレス・ミステイクであった。ここでヘルシャフトがのべているのは、「教会民ガフォークトロイテトシテ納税シ奉仕スルハ古来ノ伝承ナリ」つまり教会民としての対修道院義務のほかにフォークタイ領民たる義務――》stur vnd dienst《は、院の荘園制的支配期にはない異質の負担である[8]――の遂行要求なのである。（二）次に氏は「他領婚」処罰に関する両者の見解一致を挙げられるが、私は後者の返答を、「院ハ本件ニツキモハヤ処罰ノ権利ナシ」（wie das gotzhus von E. noch die iren vmb si nütz ze straffen habent）と、すなわち今後はフォークトが処罰に当る、という風に解釈する。（三）さらに氏は、院が教会民の自由移動権廃棄をフォークトに要請したとされるが、実は院側の移動容認条項朗読に対して「ヘルシャフトトソノ役人ガ彼ラヲ本件ニツキ処罰スルハ古来ノ伝承ナリ」ときめつけたもので、これを総じてヘルシャフト側のいちじるしく尊大かつ高圧的な調子が目立つのである。氏が自由移動についてのみ「古来ノ伝承」を相互の利害一致の証拠とするのも当を得ていない。前述のとおり、両者の年代差はわずか一二年で、この短期間に教会民の移動不自由が「古来ノ伝承」となったとは論理的にも納得できない。ここはやはり、》die selben gotzhuslüt stüren vnd dienen *als vogtlüt*《という表現から見ても、本来的な教会民支配の秩序すなわち「村の判告書」と裁判管区――禁制区《ツヴィンク・ウント・バン》支配の秩序すなわち「フォークト権の判告書」とを一応別の範疇として、したがってまた、両判告書間の空白を》Grund- und Leibherr《権力に対する》Vogtei- od Gerichtsherr《の徐々なる侵害の一過程としてとらえる方がより自然のように思われる。

前述のほかにも、後の判告書の適用範囲が、ダグメルスエルレン村だけでなく、同時にエゲルツヴィル（Egelt-zwil）、ヴァヴィラー（Wawilr）の二カ村をも含むこと、「古来ノ伝承」は後の判告書には、移動不自由以外にも、役人と四人の村長（die vier）の裁判集会での命令権（§.7）、彼らの禁制命令および解除権、それに対して抗弁ないし反抗する者の領主による処罰（§.9）、私闘を行なった者への罰金（§.24）、製粉所強制（§.35）など多いのにどれひとつとして、わずか一二年前の判告書に記述がないこと、また「教会民」の語が全四四条もの後の判告書中、上記の修道院対フォークトの交渉の場面にしか登場せず、住民はすべて「》twingen《ノウチニ住ムモノ」としか呼ばれていないこと、これらも私見をうらずけるなにほどかの材料となると思う。「教会民」が教会民としての身分を保持したままフォークトロイテ（裁判管区民）たり得ることは後に詳しくのべるが、ここで一例を挙げておこう。

チューリヒのネールバハ禁制ホーフ判告書（十六世紀初頭）は、「チューリヒノワガ領主〔市参事会？——望月〕オヨビ Kyburg ノグラーフシャフト」が当》Twinghof《に有する》rechtungen《であるが、その第三条に「マタ下記ノ諸教会、スナワチ、アインジーデルン聖母修道院、在チューリヒ聖フェリクス・ウント・レーゲルン修道院、ゼッキンゲン在 Frydli 修道院……（以下九教会名を列挙）……ニ所属シ上記ノ高級裁判管区域内ニ居住スル教会民ハ、Nerach ノ tzinghoff ニ属シ、カツ租税ト貢租ヲ納メ……」[9] とあり、支配と服従の体系が範疇を異にしていることを明白に示している。しかも同条の末尾には、「上記（一二教会）ノ教会民ハ、相互ニ》genosz vnnd geerb《〔後者は、所属修道院が異なっても血縁関係があれば相続権を与えられる者——望月〕タル》rechtung《ヲ有ス」とあって、この一二教会領内では移動・通婚自由が存在したことがわかる。[10] 聖ガレン、聖フェリクス・ウント・レーゲルンの二修道院との間で通婚自由が認められていたことは、前のダグメルスエルレン判告書にも見えているが、他の多数の教会民の移動自由についてしるした判告と照合してみて、前の判告書での移動自由も結局は絶対無制限なそれではなく諸領主間で》Verkehrvertrag《が結ばれた範囲での限界内移動自由ではなかったかと推察されるのである。移動自由についていては、まだ多くの問題があるが、ここでは、先学の労作の一部を引いて、いわゆる「教会民」なる隷属領民層の実体が、》gotzhuslüt《なる呼称の発生経過、それとかつての》homines ecclesiastici《との系譜的関連の有無および中世カトリック組織や教会法における特殊「教会民」規定の存否などの課題を別にしてなお、handgreifbar な史料からさえ明らかになっていないこと、》Leibeigenschaft《に触れている判告類のほぼ半数に登場するこの階層の地位の解明が中世後期ドイツ農奴制の理解のために無視できぬ関門のひとつであること、を示唆するにとどめる。

また、十二・十三世紀の荘園制の構造転換後南西部が「化石化型荘園地域」として学界一致の特徴づけを受けていること、十四・十五世紀以後台頭した裁判領主権の土地領主権克服の過程が(11)、行論中つねに暗黙の前提とされていることはいうまでもない。

三 「教会民」の即自的規定

まず、ひとはいかにして「教会民」たるのであろうか。いまこれを、出生・婚姻・来住の三点から考察する。もっとも、婚姻・出生の以前すでに「教会民」であった婚姻当事者および父母の一方もしくは両者の地位自体が系譜的に遡及されねばならないが、それは当面必要でなく、さしあたり自由民の自己托身、教会解放民、領主の聖界領主への交替による自動的教会民化といった、いくつか公知の蓋然的要因をあげておけば足りよう。

1 出生

まず男子教会民と女子教会民のあいだに生まれた子は、男女を問わず非要式に教会民である。このことは、中世前期ことに普遍的な秩序であった同格出生＝出生身分制の端的な一表現であること明瞭であり、事例も多数であるから、ここでは簡単な一・二の引例にとどめる。

判告では、多く出生規定が後述の来住のそれと一体で記されている。たとえば、聖ペーター修道院の系統に属するシュヴァルツアッハ修道院判告（十四世紀と推定されている）では、「マタ、他領ノ民ガ聖ペーターノ裁判管区ニ(jn sant Peters gerihte) 来リ、追跡スル領主ナシニ当地ニ一年ト一日住ミシトキハ、彼ハ他ノ教会民トヒトシク、教会ニ忠誠ヲ誓イカツ奉仕スベシ。マタ彼ガ聖ペーター管区定住ノアイダニ子ヲモウケシトキハ、古来ノ伝承ニシタガイ、ソノ子モマタ修道院ノライプアイゲン (dass klosters lipeigen sin) タルベシ[12]」とされ、同判告中ほかにもライン河を渡河し来たる者、氷結河面を渡り来たる者について、右とほぼ同文の記述がある。同じシュヴァルツヴァルト南方のイシュタイン・フッティンゲン村判告（年代不詳）の第二部「これは当村に属するものおよびアルメ・ロイテの法なり」の第七項にも「ナンピトニテモアレ、イシュタインニ来タリ住ミ、当地デ一年ヲ過シテイカナル他ノ領主カラモ追及ヲ受ケザリシ者ハ、領主ニ宣誓シ、他ノ教会民トヒトシキ教会民トナルベシ。彼ガ当地デ子ヲモウケシトキハ、男女ヲトワズヤハリ教会民トナル。[13]」とある。前の例での、教会民の子が「修道院のライプアイゲネ」となるという規定は、ここに抽出した多くの判告ちゅう頻出するところであるが、しかしこれだけではまだただちに、「教会民」イコール「アイゲンロイテ」と断定できないことは後述の通りである。また、「彼ガ当地デ子ヲモウケシトキ」とは、一年間の定住期限の以前か以後かの問題があり、一年以後正式の教会民となったのちの状況を条件法のあとを受ける「彼」として表わすのは不自然と考えれば一年以内ということになり、一年以内ならば当然まだ追及領主の連戻権が有効に及んでいる「他領ノ民」だからむしろ他領婚条項で扱われるはずと考えれば一年以後となる。今の段階では、いずれの判断にも決定的な反証はない。

それは別として、無心の童児が教会に忠実な「真ノ教会民」となるためには、一人前の労働能力したがって法的能力を備えるに至ったとき、あらためての宣誓を必要とする。聖ブラジエン修道院森林管区《ヴァルトアムト》の判告（一三八三年）は、その第二四条に「スベテノ教会民ハ性別年令ヲトワズ、教会ニ忠誠ト信義ヲ捧グベシ。コレニ反スルモノアラバ、教会ハソノ役人ヲ通ジテ身体監禁モシクハ財産差押エヲモッテ処罰ス。」とした次の第二五条において、「子供ハ一二才モシクハ一四才ニナリタルトキ教会ニ臣従ヲ誓ウベシ……。[14]」と命令しており、同じ聖ブラジエン院領ヒューゲルハイム村判告（年代不詳）も「第一三条。子供ハ一四才ニナリタルトキ……[15]」と、また一四四四年のシャフハウゼン在タイゲン村判告もその第四九条で「マタ、アル少年ガ一五才ニナリタルトキハ……[16]」と、それぞれ成人資格を定めている。

この一二才〜一五才が、法的にどのような意味をもつかを、次の諸条項が示している。すなわち、聖マルガレーテ尼僧院領ジグモンスヴァルト村判告によれば、「男名前ヲモチ、教会ノアイゲンタルカ教会ヨリ借地シ居ル一二才以上ノモノハスベテ」年三回尼僧院長が召集する村裁判集会に出席せねばならなかった。つまり、一二才に達してはじめて一人前の共同体員の基本的義務＝法能力を得たわけである。[17]同じ裁判参加権を、北スイスの聖ヨハネ騎士団領ブビコン村判告では一四才としている。「第四二、領主ハ毎年五月ニ一回、アイゲンロイテ（eignen lutte）ヲ年裁判集会ニ召集ス。ソノホカ、男名前ヲモチ一四才以上ニナルスベテノ館民モ（vnnd das allen deß huses lüthen, was von mans nammen vnd ob vierzechen iaren alt ist……）……[18]」と。また、逆に一四才以下を未成年とした条項として、テュルガウ在タンネッグ・ウント・フィッシンゲン村判告（一四三二年）の第三七項がある。いわく「アル教会民ガ法ヲモッテ子供ヲ保護（bevogten）スベキコトヲ命ゼラレシトキハ、彼ハ、ソノ子ガ少年デアレ少女デアレ、少年ナラバ一四才少女ナラバ一二才ニ達スル日ノ来タルマデ、子供ラノ授権後見人〔ir rechtgebner vogt——このフォークトは》Vormund, Rechtsbeistand《の意——望月〕トナル。シカシテ、ソノ子供ラガ彼ノ被後見期間中ニ（all die wyl sy vogtbar）死亡セシトキハ、後見人ハ彼ラノ動・不動産ヲ相続スベシ[19]。」さらに、この年令に達すると、成人農奴として死亡税納入義務が発生する。シュヴァルツアッハ修道院領フインブッフ村判告第九項は、当村の「教会アイゲンロイテ」（第一〇項の用語）は、「成人男子、少年、成人女子、少女タルトヲトワズ（es sigent manne knaben frauwen vnd dochtere)、一四才以上ノモノハスベテ」死後修道院に「死亡税」(eyn lipualle) および》daz beste vihs《を納める義務をば》recht vnd herkomen《と定めている。[20]

しかし全体としてみると、かかる一四才宣誓規定は明記されぬ方がはるかに多く、教会民の子は出生と同時に将来の教会民として暗黙裡に登録されたと思われる。

2　婚姻

教会民と非教会民との婚姻が正式に(「神ノ祝福ノモトニ」)教会によって認められたか否かは、別に述べる結婚不自由の問題に関連するが、一般に教会民男女と自由民男女との通婚には、中世身分法の鉄則たる》ärger Hand《劣手原則が作用した。

聖ブラジエン修道院領シュタイネン村判告(一四一三年)の第一八項は「アル教会民ガアル女自由民(ein fries wib)ヲトラエ(genimpt)、彼女ヲ寝台ニツレ来タリ、彼女自カラ帯ヲ解クトキハ、彼女ハソノ自由ヲ失ウ。ソノ後ニ生レシ子ハライプニヨリテ教会ノアイゲンタリ(die sint des gotzhus eigen von libe)。」[21]と規定し、またオーベルンブライスガウの一判告(一四六一年)の第三九条も前記とほぼ同文で「……自カラ靴ヲ脱ギタルトキ彼女ハ自由ヲ失ヒテ教会ノアイゲントナル。彼ラヨリ生レシ子モマタ同シ。」としたあと、逆に女教会民が男子自由民をとらえた(nimpt)場合についてのべている。[22]

しかし一方において》der pesseren hande nach《もしくは》das Kind der Mutter nachfolgen《の原則も同格出生制の弛緩とともに生じて》ärger Hand《原則と対立した。[23] Th.マイヤーは、一三六三年のエッテンハイムミュンスター修道院領における、教会民と女自由民とを父母にもつ一領民をめぐって「劣手原則」を主張する修道院と「母系原則」を要求したケッペンバッハの裁判領主との争を紹介しているが、[24] 領主にとっては原則それ自体の歴史的もしくは法理論的な妥当性は問題外でむしろ相反する二原則のうち、自分に好都合な一方を随時援用する方が便利であったろうことは、この紛争が、結局原理対原理の結着としてではなく、おそらくは政治的実力によって片づいたらしい（修道院側は「劣手」原則を引っこめ、「古来ノ伝承」をもち出して要求を貫徹したのである）結末に徴しても明白である。

しかし、われわれの取扱う諸判告においては、上記のような、部族法典期いらい確立している「異出生身分（婚）」のみが「異ゲノッス（婚）」として表われるわけではない。十三世紀ごろから顕著になってきた、保有農ゲノッセンシャフト、さらには裁判領主権領域の優越にともなう身分ゲノッセンシャフトの意義後退[25]を反映する別の「異ゲノッス（婚）」概念が史料に登場してくるのである。もっとも大多数の判告に含まれている異ゲノッス婚の禁止・制限もしくは自由の条項で、問題の「異ゲノッスとは何ぞや」を付記するものはむしろまれであるから、直截な明文をもってそれを提示できないのは残念だが、たとえばシュヴァルツヴァルト南方のライヘナウ修道院領アレンバッハ村判告第七条に、「マタモシ、アル教会民ガ彼ノゲノッスデモナク教会ノアイゲンニモアラザル女（ain frowen, die nit sin genössz ist noch des gotzhussz aigen）ヲメトリシトキハ」領主は彼の動産に対し任意の額の罰金を課し得るとあるのは[26]、本判告の他の条項に教会民とアイゲンロイテとの身分差を論じていない（この点後述参照）かぎり、そこでの》genössz《が異（耕作もしくは裁判）共同体員たることを推定せしめるに足りる。また、聖ガレン修道院領ケリコン村判告第一七条の「フォークトハ教会民ニ、彼ラガ》gnoszschaft《ノ外デ夫マタハ妻ヲメトラザルヨウ命令（twingen）ス。[27]」という条項についても、同判告が「自由民」にまったく触れていない（「教会民オヨビフーフェ保有者(huober)」という表現は数カ所に出てくるが、一般的にしばしばそうであるように、ここでもこの両者が異身分でないこと、しかも人格として重複していることは後述）点や、続く第八条「男女教会民ニシテ、聖ガレン教会ノモノナラザル他人ト（mit einem andren, daz des gotzhuses von St. Gallen nit were）結婚シタルトキハ、ソノ子ハ教会ニ属セズ、聖ガレンノ教会領地ノ相続権ナシ……[28]」から見て、ほぼ同じことが言えるであろう。先出の聖ブラジエン森林管区判告のように、自由民との結婚は禁じないのに（第五五条）、》ungossami《はこれを処罰する（第三二条[29]）と、フーフェ共同体と裁判管区のどちらを異にする者との結婚かはともかく、異身分婚でないことだけははっきりさせている判告もある。

3　来住

前にも触れたが、他領の民が来住してきた時、教会は領主として彼を保護した。厳密にいえば、教会の本来的な避難所（asylum）としての役割、たとえば聖ペーター修道院領エムブラッハ村判告（一五一八年）の「ナンピトカ教会内ニ逃レ来シトキハ、彼ガ異端タルト殺人犯タルト教会破壊者タルト、マタ一般ノ法ニヨリイカナル自由ヲモ有セザル者トヲ問ワズ、ナンピトモ彼ヲ当教会内デ追跡シ、逮捕シ命令シ処罰スベカラズ」という条項も、あくまで「聖堂《キルヒホーフ》ト教会家屋ガ立チ、壁ニヨリテ周辺ヨリ区切ラレタル空間トシテノ教会[30]」に限られており、教会所領が俗領に比して特に強い庇護権をもって入領者を遇したわけではなかった。

教会領に来住した者が、ただちにその当日から教会民となるのではない。前出シュヴァルツアッハ判告にも出た「一年ト一日」（jore vnd tag）旧領主の連戻し要求がなく、しかも継続的に定住するという条件が最も通例で、これがのち「市風自由」原則に踏襲されたことはすでに周知である。そのほかには「当地デ一年ヲ過セシトキ」（wer her gen hier vberjaret）とか「一年間ワガ地ニ住ミシトキ」（1 iar by vnss sesze）、はじめて「他ノ教会民トヒトシキ教会民」に、あるいは「ワガ教会ノゲノッス[31]」に、または「ワガ領主ノモノ[32]」（……der selbig sol dann myner herren syn）となるのであった。この「教会領」（gotzhusgueter）が裁判管区の時もある。聖ガレン修道院領ゾンメリ村判告（一四七四年）では、「第七条。上記ノ》twingen vnd pennen《ニ居住シ、当地デ法ニヨル追及ヲ受ケズニ、一年六週間ト三日ヲ過セシ者アラバ、以後彼ハ教会民トミナサルベシ[33]」と規定されている。この場合、彼は一定のバン領域居住者たる資格で教会民となるのであって、当該教会から土地貸与を受けたり労働機会を与えられたりすると否を問わない。一年と一日の留保期間内は「異ゲノッス」として遇される。婚姻問題に関するテュルガウ在エシエンツ村判告第九条の「アル男ガ異ゲノッスノママ（by der ungenossami）当教会領デ死亡セルトキハ、彼ガ来住者（einsiedler）デアレ、彼ノ真ノ所有地モシクハ彼ノ借地《レーエン》ニ居住スルモノデアレ、マタハ放浪者トシテ（ze waglossi）居住スルモノデアレ……」[34]教会が遺産の三分の二を徴するという条項は、安定した土地保有者たり得ない来住者の境遇を物語るものである。

四　自由民、自由および不自由「教会民」

以上で、ひとはいかにして教会民となるか、を見た。次に、非教会民、それも一般的な意味ではなく、狭く村落ないし裁判管区内部での非教会民と教会民の関係、地位、格差などを順次考察しよう。

教会民が出生身分としての「自由民」とゲノッセンシャフトを異にした事実は、さきに見た通りであるが、しかし真の困難は、実はこの時期の自由民がいかなる「自由」を享受したのかにあるのであって、この点こそ北村氏の開拓者的労作の苦心の存する所でもあり、また、古典学説批判期のドープシュおよび最近Th.マイヤー、H・ダンネンバウアー、B・マイヤー、I・ボークなどドイツ・スイス史学界の大きな関心をよんだ所でもあったのである。[35]もちろん、シュヴァルツヴァルト在ノイエンツェルレ村判告のように、「第三条。シカシテ自由民デアレ自由地ヲ有スル教会民デアレスベテノ村民（genossen）ハ、半ユックハルトシカ保有セザル者タルト自由ナル家屋ヲ所有スル者タルトヲ問ワズ」年五回の裁判集会のうち三回に集合すべし[36]とか、タンネッグ・ウント・フィッシンゲン村判告の「領主ハ年二回ノ裁判集会ニオイテ、自由民・教会民・フォークトロイテモシクハアイゲンロイテヲ問ワズ、当管区ニ居住スル者スベテノ者ニ……命令ス」[37]といった当該地域に自由民がその他の階層と共存したということ以外には何も語らぬ諸箇条こそあれ、これら自由民と教会民等との社会的経済的な格差を具体的に指摘した記述はまったく見当らない。ドープシュがブライスガウの一判告から自由移動を許された教会民が自由民（friman）と呼ばれた事実や、ケルンテン・シュタイエルマルク・ティロル地方の諸判告中の、他の判告では「自由民」とされる》Königsleute《という名の不自由教会民を挙げたり、[38] また、Th.マイヤーが、人頭税を納め賦役を果した自由民のほか、極端な一例として「家屋をもたず定住もせぬ」の意味に》frei《が用いられた例を引いているほど、[39]「自由」の画一的定義は困難なのであった。このことは、たとえば――これは南西ドイツではないが――マイヤーが紹介するオーベルラインのヴァルトキルヒ修道院領グロッタータールの判告の一節、すなわち「第一〇条。当地ニ来住シテイカナル追跡領主モナク、聖マルガレーテノ聖壇ニ身ヲ捧ゲシモノアラバ、尼僧院長ハ彼ニ自由ノ権利ヲ与エ（denen……eptischin frign recht geben）、カツ彼ヲ他ノ教会民トヒトシク受ケ入レルベシ。シカシテ以後ハ教会民トシテノホカハ、イカナル領主ニモ奉仕スベキ義務ナク、彼ガ死亡セル時ハ、他ノ教会ノアイゲンロイテ同様教会ニ租ヲ納ム（sint dem gotzhus valber als ander des gotzhus eignen lute）[40]」における「自由」などは、まったく「隷属的地位以外の何物をも」、われわれの関心から言えば「教会のアイゲンシャフト」への埋没以外の何物をも意味しないのである。

　同じことが、いわゆる「自由教会民」と「不自由教会民」についても言える。この両者の区分はとくに、スイス史家ヴィースの「自由教会民」[41] への定義や、論文「北東スイス荘園史について」の筆者G・カーロの指摘[42]のほかにも幾つかのスイスの判告で、われわれの目に触れるのであるが、その内容を詳しく見ると、教会民を自由と不自由の二層に分類することに明白な根拠と研究上の意味がどれほどあるかは甚だ疑わしい。たとえば、ヴィースが述べる保護関係へ参加した旧自由民出自のほかに、自由買戻（Lösung）によった自由教会民への上昇とされるケース、チューリヒ尼僧院文書第六巻第四二八六号文書（一三三〇年）で、院長が所領内のAttinghausenのヘルシャフトから自由を買戻した農民Heinrich von Hünsbergに「他ノワガ教会ノ自由民トヒトシク（als andern unsers gotteshuses frige lütte）、教会ノ法ニ従ッテワガ土地ヲ買イカツ保有シ得ベキ、ワガ自由教会民同様ノ（als andern unsern frigen gotteshuses luetten）フライハイトト法ヲ」与えたという条項[43]そのものからは、「不自由教会民」というタームが史料上に決してあらわれないことも手つだってはいるが、この時期の所領を売買し保有する権利をもつ多くの一般教会民と、かの「自由」教会民の差がどこにあるのかを判断することはむずかしい。在テュルガウ聖ガレン領ゾンメリ村判告（一四七四年）第八項「マタ、当裁判管区内ノ教会民ハ、他ノ自由教会民（fry gotzhuslutt）トヒトシク移動ト保有交替ノ自由ヲ有ス（es hand……ein frin zug und wechsel）」[44]に見える自由教会民は、一般の教会民同様の権利を享受しているに過ぎず、あたかもそれを裏付けるかのごとく、同修道院領で上記とほとんど同じフォルメルを用いたニーダービューレン（一四六九年）、ロールシャハ（一四六九年）、ローミスホルン（一四六九年）、シュネッケンブント（一四九五年）の諸村判告などは、単に「他ノ教会民トヒトシク移動ノ自由ヲ有ス」と記すにとどめなかった。[45]これらの判告のうたう「自由」は、例外なしに、移動の自由とフォークトもしくは役人の領境までの護送義務を定めた一節の末尾に「タダシ彼ハ、彼ガソコデ〔別の領主の〕アイゲントナルヤモ知レヌゴトキ地へ行クベカラズ（er sol aber nienderthin ziechen da er aigen werden mag）」という、厳格なライプヘルシャフトへの緊縛を忘れない限定付きのそれでしかなかったのである。

したがって封建地代納入の面でも、かかる脆弱な「自由」が何の特権をも与えなかったことは次に明らかである。在シュヴァルツヴァルト聖ブラジエン修道院領ファルナウ村判告（年代不詳）は「ソノ多少ニカカワラズ教会ノ土地ヲ有スル者ハ自由ナ教会民デアレ教会ノアイゲンマンデアレ（er sie gotzhus man friger oder eigen man）教会ノ命ヲ受ケテ租ヲ納ムベシ。コノ命ニ従ワザラントスル者カラハ、教会ハソノ土地ヲ取リ上グベシ」[46]とした。もって「自由教会民」の自由の程度をうかがうに足りよう。

五　他の村落民との関係

しかし、自由不自由を契機とする諸関係にもましてめまぐるしい様相を呈するのは、教会民と他の実に多様な呼称の村落内住民との関係である。判告類にしばしば登場する主なものだけを拾っても、》hofman, unterthan, nachbur, lehnman, teilgenosze, genosz, hitersässe, insesz, arm man, hofjünger, vogtman, eigenman, hofhörige, huber, zinsman, burger, gemeine man, ackerman《 等々とあるのみならず、語形上の変種は別としても、これらの各々に各種の制約条件、たとえば「教会ノアイゲンタラザル……」とか「村落ノ外ニ居ヲモウケタル……」とか「領主地ノ貸与ヲ受ケザル……」とかが付せられる時、ただでさえそれらが史料に書きのこされた時期と地域的特殊性を十分に考慮せねばならぬのであるから、その複雑さはいっそうである。

しかし、これら諸階層と教会民の関係をことごとくとき明かすことは筆者の能力を越え、かつは当面の対象である百数判告のすべてに、これらが「教会民」とともに登場するわけでもないので、ここでは、(一) 村落共同体の観点から「居住民」、(二) 土地保 (所) 有の観点から「フーフェまたはレーン保有民」、最後に、(三) 不自由ないし隷属性のそれから「アイゲンロイテ」の三つを選んで各個に考察してゆきたいと思う。

1 教会民と居住民

さて、「教会民」がそのまま村落もしくは裁判管区居住民を意味する場合は少なくない。これは、ことに閉鎖一円的な聖界所領で、[47] しかもフォークトが独自の裁判領主権を主張できるほど強力でなく、教会の宗主権の駆使に甘んじているごとき場合には、むしろ常態というべきものであった。教会と俗人領主の分有にかかる村落でも、教会支配の伝統が長いところでは、「教会民」イコール村落民という状態が成立する。たとえば、チューリヒ在ヴィーゼンダンゲン村には、ペーターースハウゼン修道院とユンカー Hugen von Hege の二人の領主があり、それぞれのフォークトがいたが、一四七三年判告では、全四〇条のほとんど、正確には三七条までが「教会民」に関する修道院の規定にあてられている。[48] また、ある村落内に、どのような階層がどのような序列において在住しているかを知るひとつのメルクマールに、領主先買権を示す土地売却・譲渡先指定規定がある。本判告もそれをもつ。第一八項「教会ノ土地ヲ売却セントスル者ハ、最初ニ領主ニ申出デ、他人ヨリ五シリング・プフエニヒ安ク提供スベシ。シカシ領主ニソレヲ買ウ意志ナケレバ、彼ハ、賃租ヲ支払ッテ〔教会領を〕現ニ受領シアル教会民ニ五シリング・プフエニヒ安ク売リニ出スベシ。シカシテ教会民ノ誰モ買ウ意志ナキトキハ、他ノヒトビトニ売却スルコトヲ得。タダシ領主ト教会ノイカナル権利ヲモ損ナワヌカギリニオイテ。……」[49]とあるのは、また順序こそ異なれ、アアルガウ在ムリ修道院領判告（一四一三年）第一四条および同地方ヘルメッチュヴィル村判告（一四一五年以前）第二〇条にいう「最モ近キ相続順位者」→教会→「村仲間」（gnossen）とあるのも[50]、教会民がなによりも持分共同体員として意識されていること、そしてまた、支配と服従が領主（教会）対教会民というきわめて単純な形をとっていることを、はっきりと示すのである。

別の表現を見よう。チューリヒのヘーゲ村はエムブラッハ司教座聖堂首席司祭の所領であるが、その一三九六年および一四六四年の判告には、「首席司祭ガヘーゲノ館ニオイテ五月マタハ秋裁判集会ヲ開カントスルトキハ、彼ハフォークト、居住民（insessen）、マタ村域ノ外ニ住ムガ裁判強制ヲウケル（dahin gerichtszwenzig sind）教会民ニ、八日前ニ当件ヲ告示スベシ。」とあり、一見居住民と教会民とを異なる身分として扱ったような印象を受けるが、注意深く読み進むと、「集会ガ開カレ、バンガ定メラレタナラバ、ヒトハ判告ニ含マレタルスベテノ箇条ニツキ順番ニ質疑スベシ。シカシテ、教会民モシクハ居住民（gotzhusman oder insesz）ノ誰カガ判告ノ行ワレアル間ニ集会ニ来ザリシトキハ、首席司祭ニ三シリングノ罰金ヲ支払ウベシ。」と定め、両者が同一人格の異称であることを示唆する。さらに、これが別個の人格に対する単なる等量の処罰規定でないことは、全五部すなわち首席司祭の、フォークトの、村落の、受禄僧（chorherr）の、そして最後に教会民の各》recht vnd fryheit《に篇別された判告の「フォークトノ法」において、前出の「》ätter《ノ外ニ居住スルガHegeノ裁判強制ニ服スル教会民」と、「Hege領内ニ居住シテ一シュッポーズヲ耕作スル教会民」とが全く別々に論じられていることが明示する。しかも、第五部が「教会民ノ法」であるから「居住民」と教会民を別のものと考えるなら「居住民ノ法」がなくてはならないわけなのにそれがない。

あるいはそれらしき第三部「ゲマインデノ法」も、実は文字通り村落の境界線と地割を確認する規定の羅列で、わずかに最後尾で「居住民」に対するフォークトの保護義務に言及されてはいるが、「居住民ガ上ニ述ベラレシ鶏税、賦役、フォークト税ヲ納メシトキハ……」において「上ニ述ベラレ」ている納税者とはすべて教会民なのであった(51)。

同じチューリヒのオーベルヴィンタートゥール村判告には、まず「自己ノ（持分耕地を含む）家屋敷地ヲ有スル者スベテ（alle die so eigen hofstett haben）」は古来の伝承によってフォークトに賦役一日・謝肉祭用鶏一羽・フォークト燕麦を納めよ、とあり（第八項）、それから教会民の名が出て来るが、これまた、外来者は貸与された土地の地代支払や借地条件に関し「フォークトト教会民ニ服従」すべし（第一八項）、「村長《マイエル》・村役人《ケラー》オヨビ教会民ハ聖マルチン祭ノ八日前モシクハ後ニ異議ナク集合シ、森林中ノドノ樹木ヲ伐採スベキヤ、イズコガ万人ニトリテ無害ナルヤヲ協議スベシ云々」（第二七項）ほかの条項に照して》eigen hofstett《保有者イコール教会民との推定を可能ならしめる。「自己ノ》hofstett《ヲ有スルモ教会ニ所属セヌ（der nit dem gotzhuss zuhört）」者も確かにいるがこれは例外的存在として、全部で三八パラグクフのようやく第三八番目のそれに、彼が耕作を欲するときは二つの森林の中で「家屋ノタメノ空地」を与えよ、と述べられているにすぎないのである(52)。

2　教会民と借地（フーフェ・レーン）人

ところで、居住民とは、本来》fröbde oder haimisch《とか》gest ald insësz《とかのフォルメルが示すように、ある特定領主権圏の定住者なのであり、したがって何ほどにてもあれ生計の継続的安定を計るに足る土地の耕作者、その資格で共同体の成員であったと考えてよいだろう。とすればかの「村域ノ外ニ居住シテ裁判強制ニハ服スル教会民」は別として少なくとも居住民としての教会民が、ときに「フーフェ保有農」（huober）もしくは「借地人（レーン保有者）」（lênman）であったとしても別にふしぎはない。

すると、次の聖トルードベルト修道院判告はどう理解すべきか。この判告には教会民と同時に「借地人」（lehenman）が登場する。すなわち、その第九条には院が年三回召集する「裁判集会ハ、開廷ノ一四日前ニ、教会民モシクハ借地人ノイル村ニ告示セラルベシ」とあり、第一二条には「イカナル教会民モ、マタイカナル借地人モ裁判集会ノ一四日以前オヨビ一四日以後ニハ、イカナル訴訟モ権利ノ守護モユルサレズ（ze heiner notrede stan, zen heime reht）」とあり、単なる別名の重複並記以上の差異を感じさせる。これが第一八条にくると「フーフェ・シュッポーズ・賦役借地オヨビ教会民（die hueben und die schuepozen und die tagwanlen und die gotzhuslüte）ハ、フォークトニ対シ法ニ定メラレタル奉仕ヲナス」とあり、もはや教会民は、一人前のフーフェ保有者としてはもとより、フーフェの三分の一ないし四分の一の面積しかないシュッポーズ[53]の、さらには手賦役義務程度の小借地の保有者でもあり得ぬ、総じて耕作共同体に参加できる土地保有と全く絶縁された極零細・無保有の聖堂使用人であるかのごとく見えてくる。

しかし、それは早計で、教会民は決して無保有民でなく、いわんや聖堂の使い走りでもなかったことは、本判告第一三条が次のように保証している。「イカナル教会民モ、院長臨席下ノミュンスターデノ、マタハ当村デノ公開ノ裁判集会ニオイテニアラザレバ、彼ノ所有地モシクハ世襲地（sin eigen noch sin erbe）ヲ失ウコトナク、マタ当該事件ニ関シ訴訟ヲナシ得ズ（noch ensol ze heiner notrede darumbe stan）」と。これで教会民の》eigen und erb《への権利は確かめられたとすれば、》lehenman《とはどんな関係にあるのか。それに答えるのが第二八条である。いわく「ソシテミュンスターニ居住スルイカナル教会民モ、マタイカナル真ノ借地人モ（noch dehein reht lehenman）彼ラニ分チモタレタル家畜ト土地（lip und guot）ヲ立派ニ育テルヲ怠タリシ廉デ修道院長モシクハフォークトノ寵ヲ失イタルトキハ」両者の寵を回復するために六週間の猶予が与えられ、失敗した場合には追放（「フォークトハ彼ヲ峡谷ヨリ二マイル遠クマデ案内シ……」）され動産は没収される。「シカシ、モシ彼ガ教会カラノ借地（lehens von dem gotzhus）ヲ有セシトキハ、院長ハソノ子供ラガ教会ノモノタル場合ニハ子供ラ（のため）ニ留保スベシ。子供ナキ場合ハ、院長ノ慈悲ニヨリ、彼ノ村仲間ニシテ最モ近キ相続者ニ貸与スルヲ認ムベシ。」ここでも教会民と「真ノ借地人」とは別記されてはいるが、教会民もまた》guot《の世話を怠った罪に問われている。さらに、「真ノ借地人」が「モシ教会カラノ》lehen《ヲ有セシトキハ」という仮定法の主語であるはずはないから、当然教会民もたとえ「真ノ」ではなくてもレーンの保有者であったことになる。まさに第一六条には、異ゲノッス婚を行なった（uszer siner gnoschefte gegrifenhat）教会民はその》lihen《を子供に相続せしめ得ぬ、という規定が見出されるのである。[54]かくして前出の「フーフェ・シュッポーズ・レーン……」の対フォークト奉仕は、無数の「領主ハ各フーフェカラ……ヲ徴収ス」といったたぐいの条文が示すように奉仕義務の源泉、すなわち物上負担原理を表示したものであり、「真ノ借地人」とはライプアイゲンシャフト紐帯なしに純粋に借地関係のみで教会とつながる層の謂であったと考えられるのである。

ブライスガウ在バーゼル司教座聖堂領ティーンゲン村判告（一三〇一年）にも同様に見誤り易い箇条がある。[55]すなわち第七条に「借地人（der lenman）ガ死亡スレバソノ相続人ハ死亡税（erschaz）ヲ納ムベシ。シカシ教会民ガ死亡セルトキハ、彼ハソノライプニヨリテ（von sin libe）最良ノ家畜ヲ納ムベシ。」とある。実はスイスと主にエルザスに散在する当司教座聖堂首席司祭領諸村の判告のうち「教会民」の語はただ本判告だけに、しかも上記の一個所しか出てこないという特殊なケースでそれだけに特に慎重な操作を要するが、ともかく前条の前後をみると、第三条は裁判集会開催の一四日前に》dien hovelúten vnd allen dien, die von dem hove belent sint《にそれを通告せよとし、第五条には集会前日の首席司祭とその随員の来村に際し村長は夕食を、》die huobere《は一四頭の馬に餌と乾草を準備し、翌朝出廷前に「村長ト》die huober《ハ、他ノ》huober vnd lener《ニソレヲ通知」する。この間「首席司祭ヨリ》len vnd huoben《ヲ受ケテイル者」は首席司祭と随員の生命財産を警護すべし、と定めている。さて、ここに現われた》huober, lener, gotzhusman《の関係を解明するひとつの手がかりは先の死亡税の問題である。前述の限り、》huober《に対する死亡税規定がないが、彼が死亡税を免除されているとは通念に反する。事実、同一判告書家族に属する同首席司祭領オーベルエルザス在オーベルミッヒェルバハ、同シュトルート、同ルッテン・ウント・ブルン、同コッツハイムの諸村判告は明瞭に「》ein huber《ガ死亡セルトキハ最良ノ家畜ヲ首席司祭ニ納ムベシ」という箇条をもち、(56) また同じくオーベルエルザス在オーベルハッヘンタールおよびバーゼル在ブーベンドルフの両村の判告は、》ein lehenmann《の死亡税を「割レタ蹄ヲモツ最良ノ家畜」と定めている。(57) かくして、フーフェとレーンの経済的法的相違は別として、(58) ともかく「教会民」はそのいずれか或はいずれもの保有権者たり得ることに疑いをはさむ余地はない。前述の死亡税規定は、土地保有農民の死亡に際してのみ、彼の「教会民」たる身分が想起されること、そして少なくとも当ティーンゲンには教会のライプヘルシャフト――おそらく一三〇〇年代初期には土地領主権ないし裁判領主権とまだ全的な融合を遂げていなかった――に属さぬ少数の》len《保有者がいたことを物語るのである。

すぐ次の聖ブラジエン領シュタイネン村判告が年裁判集会出頭義務者として「教会民オヨビ教会ヨリ借地シアル者(den, die von jm belehent) オヨビ教会領デ》hofhörig《ナル者ノスベテ」を挙げているのもほぼ同様で、第八条「……教会民ニシテカツ教会ニ臣従ヲ誓イシ者以外ノナンピトモ判決ヲ下スベカラズ」という共同体員としての基本資格、さらに「教会民デアレ借地人(belehent lút)デアレ」その死亡税たる最良の家畜を屋内外に秘匿(verseiten)する時は、それを出すまで九頭まで家畜を没収するという第一三条から推定される教会民の家畜所有(その使役の場たる耕地の保有)、第三二条の「スベテノ教会民ニシテ借地人タル者(all gotzhus vnd belehent lút)」への教会所有禁制粉挽所(zwingmúli)使用強制などから、ここでも教会民身分と借地人たる地位の重複の存在を認め得る。なぜこれを区分するかは当村の場合はっきりしている。それは当村に「教会ノアイゲンニアラザルモ教会ヨリ借地スル者」(第一六条)すなわち「他ノ領主ノ借地人」(ein belehenter man eines andern herren)(第一四条)が教会民と混在していたからであった。(59)

テュルガウ在ヴァーゲンハウゼン司教座聖堂領になるともはや見紛うおそれはない。同領判告(一四九一年(60))は「W. ノ教会民ガ一戸ノ家ト土地ヲ買イ取ルカ相続セシトキ、モシクハ土地ヲ入手セント欲セルトキハ、領主ハソレヲ彼ニ》leihen《スベシ」との規定、「》die gotzhuss und lehenleuth《ハ子々孫々トモドモ教会ヲ真ノ》lehenherr《

ト仰グベシ……」、また「教会民モシクハ借地人ガW.ノ領主カラ教会地モシクハ世襲地《エルプグート》ヲ受領シ、ソレニ関スル文書ト印章ヲ冀イシトキハ……」の規定が事態のすべてを物語っている。

もちろん、以上は教会民がすべて土地保有農民であったなどと主張するものではない。そこで最後に、土地保有の観点から各層教会民を要領よく分類した記述をあげておこう。チューリヒのベルク村は、エムブラッハ司教座聖堂首席司祭を領主とし、ホーフェンシュタウフェン家出のフォークトが管理に当っており、その判告は前出のヘーゲ村のそれ同様、(一)首席司祭の法、(二)フォークトヘルの、(三)居住民の、(四)アイゲンロイテの法という四部の構成をとるが、その第二部に次のように教会民を区分している。まず、(一)「ベルクニ土地ヲ有シ、フォークトヘルニフォークト税オヨビ賦役ノ義務ヲ負ウ教会民ハ、フォークトニソレヲ支払イ、カッソノライプニ基キテ(von sinem lib)毎年一羽ノ謝肉祭用鶏ヲ納ムベシ。シカシテソレ以上ノ義務ナシ。」、(二)「Bノ村域(aeter)内ニ居住スルモ土地ヲ有セズ、フォークト税ハコレヲ納メル教会民」(古来の伝承により鶏一羽と賦役二日)および(三)「Bノ村域内ニ居住セズBノ土地ヲ一片モ有セザルモ、Bノ裁判強制ニ服スル教会民」(鶏一羽と賦役一日)、これである。[61] すなわち、保有農・村落居住者・裁判管区民の三つの資格をすべて、後二者のみ具備する者、最後の一つしか具備せぬ者の三層の教会民がいたわけであった。本来的に地域領主権ないしそれへの志向を内包するフォークタイに他の形で服属する(フォークト税を納める)者への言及がないから、当地では教会民は、その用語こそないが同時にフォークタイロイテであったことになるであろう。

3　教会民とアイゲンロイテ

これまで検討してきた諸判告では、「教会民」は一般的に「教会ノアイゲンタルモノ」(die lüt, der des gotzhuss eigen sint)とほとんど互換的に用いられており、本稿でも特に問題ないかぎり、そのように取扱かってきた。単に》gotzhus eigen lüt《のような何程かの曖昧さを含む成語からばかりでなく、以下のような事実からもその語法は確認されてよいように思われる。

一五一八年のチューリヒ在エムブラッハ判告（前出）は、その前文では、「キーブルクノラント伯ニシテシュトラスブルク副司教タルHündfrido」が聖ペーター教会所属の当修道院（stift）を建立し、「首席司祭在任ノ修道院トソノアイゲンロイテニ》renndt vnnd gült《ヲ与エ、カツ特殊ナル》rechte vnd fryheitt《ヲ賦与セリ」と述べられていながら全四部の各級の法（首席司祭、フォークト・村落《ゲマインデ》・役人《ケラー》、受禄僧、教会民）の叙述はすべて各自と「教会民」との間の権利義務関係に費やされている。ただ全判告の末尾に一個所だけ、制限付き自由移動についての教会と全教会民の協定（abrede）に関し、「モシ修道院ノアイゲンロイテノアル者ラガ、前条ノ趣旨（自由移動は認めるが彼に対する首席司祭の》recht fryheit vnd allt harkomen《を損なわぬ限りで、という条件――望月）ニ彼ラガ服スルヲ喜ンデ許サザルゴトキ領主マタハ都市ニオモムキシ場合生ズレバ……」という形で「アイゲンロイテ」への論及があるが、なお読み進めば「当該教会民（die selben gotzhuslüt）」は教会に賠償を支払うべく、そして一二名の教会民からなる宣誓判決人は当該教会民が自由をあがない得る金額を評決すべしとあり[62]、事はすこぶる明快である。

「アイゲンロイテ」と「教会民」の使用頻度において、エムブラッハ判告と正反対をなすものに聖ヨハネ騎士団ブビコン館文書（一四八三年）がある。同文書全三八条には「館《やかた》ノアイゲンロイテ」（des huses eigen lüth）の語がほとんど各条に登場するが、その中の「第三十三ニ、一ノ農地（höff vnd stuck）ガ館ニヨリ売却サレテ当館ノアイゲンロイテモノトナリタルノチ」彼が再びその一部以上を売却しようとする時は騎士団管区長（ein herrenn comenthür）に先買権がある、「シカシ管区長ト館ニ買ウ意志ナキ時ハ、彼ハソレヲ次ニ、アイゲン教会民相互ノアイダデ売買スルヲ得（demnach vnder einandern die eignen gotzhuss lüth feil bieten vnd kouffen mögen）[63]。」の箇条にのみ現われる「教会民」が何を意味するかには、ただ騎士団（騎士修道会）の宗教的性格への想到をもって足り、あえて贅言を要しない。

「ライプアイゲン・ロイテ」の形で教会民について語られている例に、一五六〇年、コンスタンツ司教、聖ガレン修道院長などを含む一三教会ほかシャフハウゼン市長および市参事会が締結した》desz roubs brouch und recht《なるタイトルをもつ通婚協定がある。これは「アル修道院領民モシクハ教会民（ain stifts- oder gotzhausmann）ガ、前記十三ノ教会カラヒトリノ女ヲ掠奪セシトキハ、彼ハカノ女ヲソコカラ引キ抜イタトコロノ領主ニ対シ掠奪代償金トシテ（für den roubschilling）三バッツェント手袋一対、アルイハソノ代リニ一八プフェニヒヲ支払ウベク、ソレニヨッテ彼ハソノ女ヲ連レ去ル（ことを得）。」という規定であるが、この協定が最近「ワレラ十三教会ニ所属スルアイゲンロイテ」によって攪乱され相互に「大ナル出費・不和・心労・反目」に陥ったので対策を協議せんとしたのであった。この協定前文は重ねて「ワレラノ修道院オヨビ諸教会ハ、既ニ疑ウベクモナキ古キ年以来、》den roub der leibaignen leüten《ニ関スル法ヲ共同ニ保持シカツ行使シ来タレ」ることを全員一致して確認しているのである。[64]

しかし、問題の両ロイテの同一性についてつねにかかる明確さをもってのみ判告が語られたとはかぎらず、判断に苦しむケースも数多い。以下にその二、三を挙げよう。

さきに行なった売却順序による村内階層序列の推定の試みは、やがてテュルガウ在テュールリンデン村裁判集会判告（一四五八年）にもその適用を迫られる。その第二四項にいわく。「マタナンピトカ自由地（die frygen güter）ヲ売リニ出ストキハ先ズ真ノ自由民（rechte fryge）ニ出スベシ。自由民ノ誰モガ買ワザリシトキハ、次ニ持分仲間ニ（den teilungen）出シ、彼ラガ買ワザリシトキハ教会民ニ、ソノ次ニアイゲンロイテニ出シ得、コレラノ誰モガ買ウヲ欲セザリシトキ、彼ハ教会領外ノ彼ノ欲スル誰ニデモ譲ルコトヲ得。」と。ここにいう》aigen lüth《が当》fry gericht《のフォークトの狭義の支配領民であったことは、その前にある「領主ハ、土地ヲ有シ》stür《ヲ納メルスベテノ者ヲ、彼ノ他ノアイゲンロイテ同様ニ保護シ庇護シカツ処遇スベシ。」との個条における「領主」が聖ガレン修道院長ではなくて、文脈上ほぼ確実に第二項の、年》vogtstür《の徴収権者であった》vogtherr《なることから推定し得る。[65]「他ノ何某同様ニ」との判告特有のフォルメルは実質的に「……トシテ」であるとすれば、このやや特殊な「自由ゲリヒト」[66]の住民たる》der frygen vnd ander so der frygen güter inhand《たちも、少なくとも裁判領主たるフォークトからはひとしなみにアイゲンロイテとして扱われた事実を認めざるを得ず、かくしてかの売却順序規定でのアイゲンロイテは、フォークト税納入義務者のうち、真正自由民とフーフェ保有者以外のゲリヒト住民のうち聖ガレンに臣従宣誓を行なっていない者、しかも持分（teilung）こそ持たないが「自由地」購入の権利とその可能性を裏付けるだけの生計手段を備えた者という消極的に限定づけられた一群のロイテを意味することになり、単純に売却序列のみで教会民との異同を定めることは慎しまねばならぬだろう。

　次に、これは比較的まれなケースであることは認めねばならないが、「教会民ニシテ、アイゲン女（ain aigen wyb）ヲメトリシ者アラバ教会ハ彼ヲ罰スベシ、タダシ慈悲ニヨリテ〔bis an sin gnad——gnad とは Willkür——望月〕[67]。」と定めた、テュルガウ在ペータースハウゼン修道院領ランクスラハト村判告（年代不詳）第二七項がある。この女が当院の》gotzhus frouwe《であるはずはないから、当院は「アイゲンロイテ」を教会民とは「異ゲノッス」と認定していたわけであり、しかも本判告には別に「教会民ハ彼ノ土地ヲ教会民以外ノモノニ入手セシムベカラズ」（第九項）の土地分散制限条項があり、その上、相当に長文の本判告のほか四例ほどあるペータースハウゼン修道院の判告書家族[68]のすべてにおいて》aigen man od. wyb《の語は他にまったく見るを得ない。とすれば、上記の「アイゲン女」とはおそらく、他領のことに当院と領民自由移動＝自由通婚協定を結んでいない[69]他領のライプヘルシャフトに服する女を指すと考えてよいであろう。

　こう考えてくると、アイゲンロイテとは少なくとも当修道院の観念では「他領民」（vngenoss, frömbder, uszlút）とひとしく、出生身分による格差の問題は後景に退ぞいてしまう。自由民男女との結婚が一般に禁じられておらず、異ゲノッス（特に男）との結婚が処罰よりはむしろ労働力獲得を兼ねた一つの収入機会とみなされていた通常の判告とほぼ同じ体裁をとりながら、アイゲン女条項と本来表裏一体をなすはずの「女教会民ガアイゲン男ヲ》nehmen《」した場合の規定を本判告が欠く理由は、土地領有の混淆に対すると劣らぬ「ライプ領有」（Leibeigenschaft）の混淆に対するペータースハウゼンの領主の強い嫌悪の念に、むしろあり得べからざる事態とした領主の決意にこれを求めることも可能であろう。いずれにせよ、かの「アイゲン」が、自由民が》ärger Hand《によって自由を喪失するというような決定的な処罰に値いしなかったことだけは例の》bis an sin gnad《という含蓄深い一句からうかがい知ることができるのである。

最後に、両ロイテが刑法上の差別を受けたケースを示そう。前にも引用したイシュタイン・ウント・フッティンゲン村判告第一部第四条は「……教会民ハ、刃物ノ振廻シ、殴打、傷害ニ及バヌ器物殴打ノ廉デ九シリングノ科料ヲ支払ウ。シカシ彼ガ、手術刀ヲ用イネバナラヌ（meiszlen muesz）ホド人ヲ傷ツケシトキハ一五シリングヲ納ム。マタ、アイゲンマンハ刃物ノ振リ廻シニツキ一五シリングヲ納ム。」[70]とし、刃物を抜き放って人をおびやかす（messerzucken）という同じ行為に対し、アイゲンマンには教会民より重い処罰を課している。かような場合、ゲルマン法的伝統において贖罪金の金額は犯罪行為者の身分に応じて変化があるかあるとすればより高く支払うべきはいずれかは、かの人命金の場合[71]のごとくには明瞭でない。しかし後出の第九条「マタ村ハ次ノ法ヲ有ス。当地ニ居住スル者ハ、彼ガイカナル領主ヲ選ビシカヲ問ワズ（er sie welchs herrn er welle）、彼ガアイゲンマンタルト教会民aタルトヲ問ワズ、当地ニアル限リ他ノ教会民bトヒトシク租税（stür und gewerf）ヲ納ムベシ。」の規定は、前に引用した第七条（当地で追跡領主なしに一年を過した者は教会民となる）からはみ出したひとびとと、言い換えると教会民b（オーストリア皇帝のHartvogtのフォークトマン[72]ではあるが教会民a（バーゼル司教座聖堂首席司祭の）ではないという意味での、他領主の民としてのアイゲンマンの姿を浮び上らせている。すると当領との間に相互自由移動の》recht und gewonheit《をもつ第一一条にいわゆる》marggraff《（Badenのそれらしい）領から来住した》marggraffen lüten《を指す公算が甚だ大であるが、もしそうと仮定すれば、かのより高い罰金は、彼アイゲンマンが教会民より低級あるいは高級な身分に属するからではなくて、二、三の事例も傍証するように[73]、言葉の厳密な意味では彼が「他領民」（uszlut）であったがゆえの差別ではなかったかと思われる。

六　むすび

以上、グリム・ワイステューマーの一部を史料として、十四・十五世紀南西ドイツおよび北スイスに特に濃く分布した農奴階層「教会民」の一側面をさぐって見た。いうまでもなくこの地方は、いわゆる「化石化」型荘園地域と特徴づけられ、旧農奴制の根強い遺制の上にふたたび新しい》Leibeigenschaft《が組立てられてゆく、本来的に陰鬱なドイツ農制史の上でもことに暗い地域でありながら、この二つの農奴制の間隙に、ドイツ封建社会の歴史上もっとも貴重な輝きを一瞬ながら輝かしめた、まさにそのような混沌の土壌なのであった。ここに用いられた判告の時代は、かの光芒――ドイツ農民戦争のまさしく不気味な前夜にあたっている。かかる変動期の問題を明らかにしようとしたこの作業はさらに、「教会民」がその一ヴァリエーションであったところの》eigen leute《,》arme leute《への同様な検討の結果と照合してはじめて総括されるのであるが、ひとまず以上からはおよそ次の二点を指摘することができよう。

第一。「教会民」という呼称は、一連の出生・婚姻条項に見るように依然として出生身分制によって特徴づけられているようであるが、その半面で、「来往」条項が、独自に、また出生、婚姻とからみ合いつつ、次第に重要な意義を帯びはじめてきたことが看取される。このことは、「一年ト一日」規定の厳存にもかかわらず、古典的な移動不自由が事実上かなりの程度に unsachgemäß な問題となっている（頻出する「他ノアイゲントナルヤモ知レヌ地へ去ルベカラズ」条項からの逆推）と同時に、あくまで個別人格的関係であるがゆえに土地保有と必ずしも結びつかない純粋ライプヘルシャフト（「放浪者トシテ居住スル」教会民の存在！）が、地域＝裁判管区把握を土台とした総体的住民支配に座を譲りつつあった、かかる状況を再確認せしめる。

この観点からの出生・婚姻規定を見直すとき、それらは、領主層の主要関心がもはや封建的にモラーリッシュな同格出生制の堅持にではなく、むしろ強く「異ゲノッセ」の自領混入に注がれてゆく過程で、新しい役割を果しつつあったものと考えられよう。

第二。「教会民」なる名称が他のさまざまな従属規定を未分化に含んで単純に聖界領隷属民のみを指したのは、当の聖界領主が土地所有を軸とした、ひとつの統合的ヘルシャフトであった場合であり、本稿に挙げられた諸判告の大多数がそれに属する十四・十五世紀の、諸領主権の混淆・競合下では「教会民」は次第にその内容を限定され、ついに純然たる「ライプアイゲネ」としてのみ意識されるに至る。こうして一個の聖界領民は教会民であるとともに》insesz《であり、》vogtman《であり》underthan《たることとなった。したがって、ある教会民がいかなる教会民であったかは、しばしば、彼がまず「アイゲン」としてそれに所属する教会がおかれた政治的状況に依存することにもなったのである。このすう勢がやがて、ライプヘルシャフト一般の地代源への萎縮化に導く過程はもはや周知の事実である。

「教会民」体制は、それゆえに旧農奴制の一残存形態としてある一方で、来るべき領邦絶対主義の制度的基盤に変質してゆく裁判領主制下の新農奴制の諸特徴をも内にひそめた、本質的に過渡的な隷属関係であったといわねばならない。

本稿は、「教会民」とは聖界所領のアイゲンロイテであるという、それ自体はむしろ常識的な通念に大きくくいちがう結論を期待しての作業ではなく、対象の地域的・時代的特殊性をたえず念頭に置きながら、しかもスペースの許すかぎり史料の語るところを尊重しつつ対象の多面性を、あるがままに描こうとつとめた。「教会民」という特殊な農奴制のあり方の全貌を描き上げるだけにでも、むろんまだ幾多の錯綜した網の目を解きほぐさねばならず、しかもかような作業を経ることなしに、「教会民」体制を含むドイツ農奴制そのものを明らかにすることはできないのである。

（1）拙稿「いわゆる『再版農奴制』の南西ドイツ的特質」（『土地制度史学』一巻四号）。

（2）同「ドイツ『農奴制』の古典型と純粋型」（小林良正博士還暦記念論文集『日本資本主義の諸問題』一九六〇年所収）。

（3）Jacob Grimm, Weistümer, 7Bde, 2. Aufl.（Unveränd. fotomechan. Nachdruck d. 1. Aufl. von 1840）1957.

（4）伊藤栄氏『ドイツ村落共同体の研究』（一九五九年）第一章参照。

（5）GW, I, 192. Fußnote; u. vgl. Vorbericht zu Bd.IV & Vorrede zu Bd.V.

（6）一例。Centgericht zu Reichartshausen（1560）と、Neckargemünd u. Meckesheim の両 Weistum は全一四条のうち、第九・一〇条を除いてまったく同文なので、後二者の当該個所のみを注記している。GW, V, 233, 236.

（7）北村氏「ワイズテューマーにあらわれた後期中世独逸農村社会の自由」（下）、八〇―八四ページ。両者を同質とみれば内容上たしかに氏の推定通り前者の方が古い。だがそれと別に、後者へ編者脚注によれば、前者の年代は一三三四年で、年代差は僅々一二年。GW, IV, 381, Anm.1.

（8）K. S. Bader, Das mittelalterliche Dorf als Friedens- und Rechtsbereich, 1957, S.68f. Steuer 賦課権をもつ領主にとって「村落住民がどのグルントヘルとどんな関係にあるかは、Steuer の徴収のためにはどうでもよいことであった。」Auch vgl. GW, VI, 378; Istein und Huttingen, § 9; Schröder-Künßberg, Lehrbuch der deutschen Rechtsgeschichte, 6. Aufl. 1922, SS.581, 615.

（9）GW, IV, 316, § 3. Öfnung des Twinghofes zu Neerbach（十六世紀初頭）。

（10）ダグメルスエルレン判告とほぼ同時代のフラウミュンスター修道院判告（一三四〇年）第四条は「以下ノ諸教会ハワガ教会ト同ゲノッス関係ニアリ」として、聖フェリクス、アインジーデルン、プフェッファー聖ガレン、ライヘナウ、シャフハウゼン、ゼッキンゲン諸修道院を挙げている。GW, IV, 331. Rechte der Abtei Fraumünster in Zürich über ihre Gotteshausleute（1340）. また Hofrodel von Einsiedeln（十五世紀初頭）、GW, I, 150. および Öfn. von Brütten（年代不詳）、GW, I, 147. もアインジーデルン修道院を含むゲノッセンシャフトに言及しているが、これらもまた裁判領主権によって媒介されている。すなわち、移動通婚が自由なのは、本質的には、あい異なる教会の領民間ではなくて、同一裁判管区民間においてなのであった。

（11）Wittich, Fuchs, Below, M. Weber usw. 最も新しい包括的試みとして、F. Lütge, Deutsche Sozial- und Wirtschaftsgeschichte, S. 96f. 諸田実氏「純粋荘園制の基礎構造」（『西洋経済史講座』第一巻第四章）一五六ページ以下参照。なお氏の、十五世紀ごろを画期とする、純粋荘園制から「半封建的土地所有」への移行という興味ぶかい試論的シェーマをも。

(12) GW, I, 424. W. von Schwarzach. この教会民はまた「聖ペーター民（Sant Peters lüte）ガ捕エラレシトキハ…」とか「聖ペーター民ガ神ニ祝福サルル結婚ヲ求メタルトキハ…」という形でも呼ばれる。

(13) GW, VI, 378. Dorfoefnung von Istein und Huttingen.

(14) GW, IV, 490. Öfnung des Sanct Blasischen Waldamtes（1383）.

(15) GW, IV, 508. Hügelheim. u. GW, IV, 483. Steinen（1413）, §6.

(16) GW, IV, 431. Jura monasterii Petri domus in Taingen（1444）.

(17) GW, I, 369. Sigmonswald（年代不詳）。

(18) GW, I, 63f. Hausbrief des Jahanniterhauses Bubikon（1483）. 第一条「上記ノ館ノアイゲンタル少年ハ、一四才ニナリタルトキ、ワガ領主、騎士団長トソノ一族……、館オヨビ騎士団ニ宣誓スベシ。コハ、彼ラノ館ト騎士団ノ名誉ト便益ヲ高メ、ソレラノ損害ヲ防ギ、シカシテ一箇ノ真正ナルアイゲンマントシテ（als ein recht eigenman）領主ニ服シ……（以下延々一〇行の内容）……トイフ誓約・忠誠・真実ナリ」また Hofrodel von（gotzhus）Einsiedeln（年代不詳）、GW, IV, 348f. 参照。

(19) GW, I, 278. Öf. von Tannegg und Fischingen（1432）. 女性の成人年令については、わが旧民法の自由婚姻年令を想起。なお、同判告第三八項参照。

(20) GW, I, W. von Vimbvch（一四六〇年に別の筆跡での追記がある）。本判告では女の成人年令も一四才であるが、これについて珍らしい規定がある。バーデン地方のヴァイテナウ司教座聖堂領判告によると、「同聖堂首席司祭ハ女ガ一四才ニナリタルトキ一プフントヲ納メテ夫ヲエラブヨウ命ズベシ」という結婚強制権を有するが、男子がその対象となるのは二〇才もしくは一八才であり（第九項）、一方一五才以上の男子は教会に忠誠誓約を行なうべしとされている（第六項）。Vgl. GW, I, 311. Des gotzhuses von Witnowe recht（1344）.

(21) GW, IV, 485. Steinen（1413）.

(22) GW, III, Nachtr. 740. W. aus dem Obernbreisgau（1461）.

(23) Schröder-Künßberg, Lehrbuch, S.502, Anm.153, 155; S.503f.: M. M. Smirin, Deutschland vor der Reformation, 1955, S.94.

(24) Theodor Mayer, Die Entstehung des „modernen" Staates im Mittelalter und die freien Bauern, ZSRG, GA, Bd.57, 1937, S.241. 北村「ワイズテューマーにあらわれた後期中世独逸農村社会の自由」（下）、八八―八九ページ。氏はこれを、原理の係争であると同時に潜在的な労働力争奪戦とされているが、しかし労働力の観点からのみ判断すると、多数の判告に決してめずらしくない

「自由移動」は、たとえ領主間の移動ゲノッセンシャフト内のそれでさえ、およそナンセンスということになる。これは単純に政治的支配領域の拡大をめぐる衝突とのみ解すべきではなかろうか。

(25) O. von Gierke, Das deutsche Genossenschaftsrecht, I, S.162f. 拙稿「ドイツ『農奴制』の古典型と純粋型」四三一―四三三ページ。

(26) GW, IV, 481. Allenbach（1397）.

(27) GW, V, 64. Rechte von Koellikon（十五世紀初頭）。

(28) op.cit. 本条のごとく、異ゲノッス婚から出生した子を支配権から排除し、相続権を認めない場合も極めて稀ながら存在した。

(29) GW, IV, 491, 493. Ö. des Sankt Blasische Waldamtes（1383）.

(30) GW, I, 113.

(31) GW, V, 79, § 20.

(32) GW, IV, 311.

(33) GW, V, 112, § 7. Oe. von Sommeri（1474）.

(34) GW, IV, 425. Eschenz（1296）.

(35) A. Dopsch, Die freien Marken in Deutschland, 1933. のほか、さしあたり Theodor Mayer（hrsg.）, Das Problem der Freiheit in der deutschen und schweizerischen Geschichte（Vorträge und Forschungen, II）, 1955; I. Bog, Dorfgemeinde, Freiheit und Unfreiheit in Franken, 1956. を挙げておく。

(36) GW, IV, 496, § 3.

(37) GW, I, 273, § 4.

(38) Dopsch, Die freie Marken, SS.88, 95. だがブライスガウの Hachberg 村判告における自由移動の件は誤りで、当該個条の少し前に不法行為に際し九シリングを償う教会のアイゲンと、六〇シリングの科料支払いによって区別される「完全自由民」（volgfriman）への言及がある。GW, I, 366f. W. von Hachberg（一三六一年以前）。ヴェラーは、グリムがそこから採録した Tennebach 修道院貢子帳原本からこの »volgfriman« に対して前の »friman« を »Neusiedler« として分けているが、それではテキストが »friman« の不法行為科料に言及していない理由を説明せねばならない。Vgl. K. Weller, Die freien Bauern in Schwaben（ZSRG, GA, Bd.54, 1934）, S.223.

(39) Th. Mayer, Entstehung, S.243.

(40) H. Wopfner, Urkunden zur deutschen Agrargeschichte, 1925, Nr. 255: Th. Mayer, Entstehung, S.240f.

(41) F. V. Wyß, Abhändlungen zur Geschichte des öffentlichen schweizerischen Rechts, S.260; cit. Th. Mayer, Entstehung, S.219.「もと自由民として生れたが、ある教会の保護を受けてその裁判権下に入り、かくして人格的に、また彼らに貸与された土地の代償として通常些少額の地代を納入する義務を負うもので、この地代義務と裁判責任の変化によって、自由民のゲノッセンシャフトから区別される」。

(42) G. Caro, Beiträge zur älteren deutschen Witschafts- und Verfassungsgeschichte, 1905, S.85f. チューリヒ大聖堂修道院の六所領の一、Schwanmendingen 荘判告（一三四六年）から。マイヤーのカーロ批判は、Entstehung, S.220f. を参照。

(43) cit. Th. Mayer, Entstehung, S.245.

(44) GW, V, 122. § 8. Oe. von Sommeri. および Ö. zu Tablatt（GW, I, 225. 1471).

(45) GW, I, 219. Niederbüren; I, 235. Rorschach; IV, 416. Romishorn; V, 176. Schneckenbund.

(46) GW, I, 318. Farnau. 》gotzhus man friger oder eigenman《を「教会民・自由民・アイゲンマン」と読むことは必ずしも不可能ではないが、自由民が序列上この地位にくる例はなく、本判告の他の諸規定が教会民を中心としていてほかに自由民もアイゲンマンも独自には出てこないので、》friger gotzhus man oder gotzhus eigen man《と解した方が自然である。なおドープシュがアイゲンロイテでも》frei aigen gut《を保有できる例証としてこの一節を》gotzhus man, friger oder eigen man《として注しているのは、ギールケの誤引にきびしい彼らしくもないまちがいである。Dopsch, Marken, S.86, Anm.1.

(47) 聖界所領は俗領に比してより非分散的で、より不自由の度が強かった。Vgl. Bruno Mayer, Freiheit und Unfreiheit in der alten Eidgenossenschaft（in: Das Problem), SS.136–138.

(48) GW, I, 139–144. Ö. von Wiesendangen.

(49) op.cit. ここに》das andren lüte《とは、聖トルードベルト修道院領では》ein ungenos《であり、(GW, VI, 385, § 35. Dingrotel von St. Trudbert, 十五世紀)、テュルガウ在ランクスラハト村判告によれば》5 schil. pf. näher den främden lüten《とあるように他領民である（GW, I, 247. Ö. zu Peters hausen und Langslacht. 第三一パラグラフ)。

(50) GW, V, 78. Oe. von Muri; GW, V, 84. Hermetschwil.

(51) GW, I, 121. Ö. von Hege（1396, 1464).

(52) GW, I, 124-128. Ö. von Oberwinterthur（1472）.

(53) 伊藤『ドイツ村落共同体の研究』七九ページ。

(54) GW, VI, 381-387. Dingrotel von St. Trudbert.

(55) GW, IV, 478f. Jura et juristictio prepositi in Tuengen.

(56) GW, I, 657, § 28. Dinghof zu Obermichelbach; I, 663. Fronhof zu Kotzheim（1510）; V, 367, § 28. Lutten und Brunn（1450）; V, 369, § 13. Strut（1585）.

(57) GW, I, 650. Dinghof zu Oberhachenthal; V, 53, § 9.（die recht des hofes zuo）Bubendorf, Hüningen.

(58)「古ヴュルテムベルク土地台帳（一三四四―九二）」を分析された諸田実氏によれば、同期の農民保有地規模は hof—hube—lehen—gut—acker の順に小さい。同「『ドイツ農民戦争』の歴史的前提（一）」（『史学雑誌』六五編二号）七ページ。また Th. クナップによればフーフェは経済的、レーエンは法律的な概念であって、ために同一地片に対し》Lehen und Huobgut《などの語が用いられた。地域によって 1 Hufe = 4 Lehen とする所もあるが逆に二一四モルゲンの Lehen や五モルゲンの Hof もあって、決して一様でない。ders., Die Grundherrschaft im südwestlichen Deutschland vom Ausgang des Mittelalters, ZSRG, GA, Bd.22, 1901, S.52f. u. Anm.4, 5 d. S.53. またこの時期の農民的土地保有とその分化・分解への展望としては寺尾誠氏「ドイツ農民戦争の歴史的意義」（中）（下の一）（『三田学会雑誌』五〇巻六、一二号）参照。

(59) GW, IV, 483f. Steinen（1413）. 第一四条全文。「シカシ、〔死者が――望月〕他ノ領主ノ借地人タリシトキハ、先ズソノライプヘル（der herre vom libe）ガ、次ニ教会ガ租ヲ徴ス。シカシ彼ガ、租ヲ納ムベキイカナル領主ノアイゲンニモアラザルトキハ教会ガ先ズ租ヲ徴ス。」

(60) GW, I, 289. Ö. zu Wagenhausen（1491）.

(61) GW, IV, 320. Ö. von Berg（一五一八年以後）。（二）の》aeter《内に居住して》gueter《を持たぬ者とは、判告の他の個所にも浮んでこない。あるいは》gueter zü B.《でなく》eigen oder erb《の所有者か。

(62) GW, I, 111-116. Ö. von Embrach.

(63) GW, I, 68-69. Hausbrief des Johanniterhauses Bubikon（1483）. 次の、》höff vnd stuck《より小規模な地片（gut）の売却順序を示す第三四条で、このアイゲンロイテ（教会民）が持分仲間（geteilte）であり、その資格においてさらに村仲間（genosse）たることを知る。

(64) GW, IV, Nachtrag zu Band IV, 735.

(65) GW, I, 258. Ö. des Gerichts vnder der Thürlinden. 教会民が》tailgenosse《の下風に立つ例は、Thalrecht von Schönau und Todtnau（GW, IV, 502, §7. 1321）にも見られた。

(66) Vgl. Dopsch, a.a.Ö., S.85ff.; Weller, a.a.O., S.183ff.; H. Dannenbauer, Freigrafschaften und Freigerichte (in: Das Problem), S. 57ff.

(67) GW, I, 245f. Ö. zu Petershausen und Langslacht.

(68) Oberwinterthur（I, 124-128); Wiesendangen（I, 139-144); Thayningen（IV, 427-431); Epfendorf（IV, 331).

(69) コンスタンツ司教領ノイキルヒ村判告（一三三〇年）第四五項によれば、同司教領民と、聖ガレン・ペータースハウゼンを含む一〇教会とが》genossamy hannd《であった。GW, I, 296f.

(70) GW, VI, 377. §4. Dorfoefnung von Istein und Huttingen（年代不詳）。

(71) しかし不自由民の人命金がより低いというかつての原則も身分制と共に変化する。一四六八年の一聖ガレン領判告は、フォークト領主の》aigenman《を殺害した時の贖罪金を五〇プフント・プフェニヒと、フォークトのアイゲンでない裁判管区民殺害のそれを二五プフントと定めている。GW, VI, 162. §48. Oe von Gebhardswil, Uffhofen und Im Ruetlen. 贖罪金もしくは科料についていうと、Hachberg では不法行為（frefeli）に対し、教会のアイゲン九シリング、領主のアイゲン五シリングに対して完全自由民は六〇シリング（GW, I, 366.）。またチューリヒの Knonau では裁判集会遅参（sich daran sumpte）に対し、自由民六シリング、》gnosser《三シリング（GW, IV, 290. §2. 1414）と、いずれも自由民の方が高い。「教会民」に触れたものとしては謝肉祭用鶏納入に当って、それをアイゲンロイテとしてでなく教会民の資格で果すことを望んだボーデン湖畔ザレム修道院領の領民の例がある（Smirin, a.a.O., S.95)。この判告はグリムには採録されていない。

(72) 》vogtleute《たることは》eigen leute《たることを妨げない。チューリヒ湖南岸のエーゲリ村荘法第八条「ワレラガ誓約共同体ノ一員トナリシ以前ニハオーストリアノワガ領主ノアイゲンデハナクテソノフォークトロイテタリシコト、ワレラガ伝承ナリ。シカシテワレラハチューリヒノ聖フェリクス・ウント・レゲルン教会ノアイゲンデアリ……毎年尼僧院長ニ穀物三〇ロッテ（rotte＝穀物乾燥架）ヲ納ムルモノナリ。」GW, I, 160. Hofrecht zu Egeli. 14 Jh und vgl. GW, V, 107. Oe. von Klingenberg（1449）(Wie man einer herschaft zuo Clingenberg schweren sol, eigenlüt und vogtlüt); V, 163ff. Vogtrechte zu Oberueren（1481); V, 193, §2, 7, 9. Oberuzwil（1436).

(73) Vgl. GW, IV, 361, § 5. Hofrecht zu Merlischachen (16 Jh.); IV, 527, § 29. Ingersheim (1484); V, 119, § 8. Oe. von Thundorf (1463). つねに他領民が高いとはきまっていない。

4

近世西ドイツにおける市民地主制の問題

――F・リュトゲの「経済ヘルシャフト」範疇をめぐって――

一

近代イギリスにおける資本制生産様式の成立および発展の過程で、「ジェントリー」とよばれるブルジョア地主層の果した歴史的役割をどう評価するかの問題について、R・H・トーニーの古典的な問題提起の作「ジェントリーの勃興」が発表されてから既に四半世紀をすぎたこんにちなお、われわれは定説らしきものを共有していない。(1) にもかかわらず、この論点を回避しては、絶対王制の性格規定、ブルジョア革命の動因の問題、ブルジョア革命によって成立した政権の構造について正しい表象を得られないという認識だけは常識化してきた、ということができる。特殊イギリス的なジェントリー地主の研究とは別個の系譜において、フランスでも高橋幸八郎氏の開拓者的研究いらい、「ブルジョア的地主」(propriétaire bourgeois) の研究が、かのジェントリー論争を意識する新たな次元で展開されており、ここでも基調は、市民的地主制を「封建的再建」とする定説の再検討に立つ批判の色彩をおびてきている。(2)

しかし、ドイツ史の領域では、こうした近世的市民地主制がイギリス史やフランス史におけるのと同様な問題関心のもとに考察されることは少かった。ここではクナップ学派以来の、西エルベ＝グルントヘルシャフト、東エルベ＝グーツヘルシャフトという二構造分割視点が久しく暗黙の理論的前提をなしており、たとえばフランス史学で用いられる「近世的領主制」といった範疇においてひとは、ほとんど自明的に東エルベの農場領主制を想起するのを常とした。市民——狭い意味でも広い意味でも——による地代収取を目的とする土地所有は、理論的にも実証研究の上でもかつて、一定の問題史的関心をあびることはなかった、と言える。その原因の大きなひとつは、土地制度が東西ともに「ヘルシャフト」というドイツ語に表現されるように、固有の意味で貴族領主の所有形態の地帯差として表象されていることにある。かつてウェーバーはドイツ農業史研究の強い法制度史的偏心を批判して、「市場機会」(Markt-chance)の視角からする「厳密な意味での経済史的研究」を待望したけれども、ウェーバーの問題意識でさえ、東部グーツヘルによる農民の「労働力」としての利用、西部グルントヘルによる農民の「地代源」としての利用、という「二元性」の論理として展開されざるをえなかった。[3]ウェーバーのこの問題提起にふくまれた「より経済史的な研究」の側面は、第二次大戦中はナチスの「血と土」(Blut und Boden)の論理の横行によって無視され、ナチス制覇へ力をかした代償に「世襲農場法」によって保護された農民層の歴史が重んぜられた。G・フランツのすぐれた史料集『ドイツ農民層』をその一部にふくむ新版『ゲルマン諸法叢書』[4]には、ヒトラー親衛隊長官ヒムラーの「一民族は、その過去と民族の祖先の偉大さを意識するかぎり、現在と未来とを幸福に生きる」という緒言が与えられていた。純粋経済史研究の潮流は、ナチス制権の年に出版されたフランスのE・ラヴルースの『十八世紀フランスにおける価格および収入変動の考察』に影響を受けたW・アーベル(現在ゲッチンゲン大学教授)の、人口および農産物価格変動の数量的把握と農業景気循環論の統合を企図した研究、『十三世紀から十五世紀までの中部ヨーロッパにおける農業危機と農業好況』(一九三五年)としてあらわれるが、戦後の本書第二版でアーベルが述懐しているようにかれの労作の理論的核心である「収穫循環」(Erntezyklus)の理論は当時の歴史家理論家によってほとんど注目を受けなかった。[5] 浩翰な、『ドイツ賃金史・価格史』二巻をあらわしたM・J・エルザス[6]がユダヤ系でナチスに忌避されたことも研究をこの方向に向けるのをさまたげたであろう。この潮流は、イギリスにおけるポスタンやケリッジ、アシュトンなどの、アメリカのスペイン史家ハミルトン、フランスのルヴァスールなどの「数量的経済史」ないしは「歴史的計量経済学」(Historische Ökonometrie) 的方法に依拠する多くの史家とともに、戦後ヨーロッパ経済史学界の主流をむしろ形成しつつある。しかし、クナップ学派の制度史的傾向ならびにその理論的背景をなす歴史学派経済学の発展段階史観をするどく批判しつつ、土地制度を非経済的与件としてきりすてる傾きを示すこの価格史学派に対して、ドイツ学界に固有の農制史研究の正統の継承者をもって任ずるリュトゲの学統も依然として健在であり、西独ではむしろこのほうが有力とみるのが一般的であろう。

さてそのリュトゲが、伝統的な東西二元性説に対して独自の「経済領主制」なる範疇を提起したのは、一九六三年に公刊された『ドイツ農制史』においてであった。[7] そのさいかれも予測したように、この聞き慣れぬ用語は学界にただちに容認され共通の財産として定着したわけではない。むしろ、後述の「ゲッチンゲン学会」での討論にもうかがえるように、旧クナップ学派的シェーマはすでに過去のものであるという認識が一般化しつつあり、伝統的な「グーツヘルシャフト」にかわってより機能主義的な「大経営」(Großbebtrieb) という概念が支配的に用いられるようになっている。リュトゲと対蹠的な先記のアーベルは、東部ドイツの農制を徹頭徹尾経済的経営と把握し、その成立契機についても「農民追放」その他の「政治的」要因を否定して自然的条件とともにヨーロッパの穀物需要に決定的原因を求めるばかりか、西部に比すれば「大経営」地域であっても、十九世紀初頭の時点での国際比較では大経営ですらもない、という見解をとっている。[8] グーツヘルシャフトを同様に「大経営」と見るリュトゲが、アーベルの所説を評価しながら、やはり政治的社会的な作用因を重視するのは[9]視角の相違——A・スカールヴァイトの門下として農業政策学を学びテューネン理論にその基本的視座を求めるアーベルに対し、ベロウの影響下に一貫して農制史研究にたずさわってきたリュトゲ——というほかはない。

二

さてリュトゲは、先述の『ドイツ農制史』において、東部におけるグルントヘル的諸関係の存在の指摘[10]を十分に考慮においた上で、やはり、グーツヘルシャフトの形成を東部の農制の「決定的メルクマール」とし、これに対して西部および南部におけるグルントヘルシャフトという伝統的命題を堅持した。そして西部におけるランデスヘルの「カメラリスムス＝重商主義志向的」な農業政策を、西部農制の根源的要因と規定する一方、「グルントヘルの側にその気がなかったこと」(“Nicht-wollen”) の原因として、西部の領主の宮廷＝官僚貴族的性格という通説のほか、新たに十八世紀以来の木材価格騰貴に基く森林収入の増加という興味深い問題提起的な一因を挙げた。

しかし、広義の西部でも自己経営をもつグルントヘルシャフトのグーツヘルシャフトへの漸次的な発展の可能性は全く欠けていたわけではなかった。南部ニーダーザクセン、ハルツ山地北部、テューリンゲン、クーアザクセン、そして部分的ではあるがバイエルンや上部オーストリアにもその萌芽が見出される。リュトゲは、これらの地域のかなりの規模の自己経営地をもつグルントヘルシャフトの特質を、それが一連の領主的諸権利および農民への法的要求権、そしてゲジンデや日雇農業労働者ばかりでなく農民的賦役をさえ動員しうる大きな自己経営地の複合体である点に求めた。「かくして、これらの地域では、純粋な地代グルントヘルシャフトとグーツヘルシャフトの間に立つ、いわば中間形態 (Zwischenform) をなしている。これに対してはアルフレート・ホフマンによって提起された『経済ヘルシャフト』(Wirschaftsherrschaft) という表現を適用し得よう[11]。」伝統的な東西二分法のかわりに三分法――この場合西部がさらに二分されることになる――が構想されるのである。もっとも、経済ヘルシャフト地域の個別研究の不十分さ、それと地代グルントヘルシャフトとのきわめて流動的な諸過渡形態の規定の困難さのゆえに、リュトゲ自身もまだこの用語そのものには、単に問題指摘以上の役割を与えてはいない。しかし、クナップ学派のかなり固定的な二分論に対して戦後強く主張されるようになった、東部のグルントヘルシャフトおよび西部の「グーツヴィルトシャフト」の史実の実証的指摘を吸収しながら、それをクナップ・シェーマの単純な否定論――それらのうちには、後述のように東部の特殊性の全面的否認説も含まれる――におわらせないで、「農民解放」を「近代史のもっとも決定的な事実《ファクトゥム》[12]」と評価する基本的立場からクナップ・シェーマの肯定的な修正を試みたものとして、この概念は重要な意味をもっている。

　ところで、リュトゲがその用語を借りたA・ホフマンにおいては、『経済ヘルシャフト』はどのような内容を与えられているであろうか。一九五六年の第四回オーストリア歴史学者大会で行なった報告をもとにした論文「企業としてのグルントヘルシャフト[13]」において、ホフマンは、アンリ・ピレンヌによって代表されるような古典的グルントヘルシャフト観、すなわち、剰余生産物のための市場の未発展にもとづく自然経済という理念像《イデアールビルト》を批判し、「初期資本主義」とよばれる時代に、グルントヘルたちは貨幣価値下落による固定収入の実質的低下と他方における新しい消費欲求の矛盾にかり立てられて、「企業家的イニシアティヴ」を抱くにいたった、と考える。「これまで創造的企業家層の精神といえば、もっぱら市民的＝都市的資本主義をさしていたが、土地支配権を経済的支配権（Wirtschaftsherrschaften）にきりかえようとする試み、すなわちグルントヘルシャフトの資本化は、市民的＝都市的資本主義の土地支配と平行して進展していく現象形態[14]」であった。グルントヘルシャフトの、このような「経済への意識的な転轍」の大前提のひとつは、所領の空間的分散の整理統合（Arrondierung）、すなわち、「グルントヘルシャフト的領域国家」の形成であり、その国家性を補完するためのラント裁判高権の獲得である。かくしてグルントヘルは、領民に対する種々の強制、冠婚葬祭のさいの会場使用強制（Tafernezwang）、指定酒場への仕入強制（Vorlagezwang）、前買権（Anfeilzwang od. Vorkaufsrecht）、ゲジンデ強制などを行使して領民の消費規制による増収を計る一方で、都市市民と競合あるいは提携しつつ、鉱山業・繊維工業の経営に着手したり、近傍の自治都市内の邸宅を足場に遠隔地商業に参加せんとした。また自己の所領内の市場開催地に各種の、本来ならラント君主が認証するはずの諸特権を与えて領内市場の開発に努力してもいる。ホフマンは、このようなグルントヘルの商品＝貨幣経済への参加を、その「企業家的傾斜」と見、そしてそれを、同時代の「絶対主義と重商主義の時代における領邦君主の努力」と基本的にアナローグな志向であり、ただ両者の行使しえた権力の格差が領邦君主の勝利をもたらした、と結論する。見られるように、ホフマンの「企業」概念は経済学的にも歴史理論的にもきわめてあらけずりな内容のもので、これをそのまま受け容れることはとうてい不可能であるにしても、農民解放までは地代収入水準の維持のみに汲々とした「地代《レンテン》グルントヘルシャフト」の停滞的守旧的構造、という伝統的イメージを打破しようとするその問題意識は、一定の批判的役割を果したものといえるのであり、リュトゲもホフマン論文のそうした意味を汲みとって、新しいドイツ農制史理論をうちだす一つの拠りどころとして援用したものと思われる。

一九六三年に刊行された本書『ドイツ農制史』におけるかような問題提起は、しかし、リュトゲが中部ドイツから開始したその経済史的研究を、次にバイエルンにその対象を移したときから、ネガティヴな形でかれの方法のうちに包蔵されていたのである。彼の最初の農制史研究の成果『中部ドイツのグルントヘルシャフト』（一九三四年[15]）は、クナップ学派によって全く軽視され・フックスやグートマンによって南西ドイツ型＝「ランデスヘルシャフト地域」に含まれていた[16]中部ドイツを、主としてそこでの「体僕制《ライブアイゲンシャフト》」の欠除の観点から特質づけて、広義のグルントヘルシャフト地域のうちの一特殊類型として措定する点に焦点を合わせていたが、大戦中の研究成果である『バイエルンのグルントヘルシャフト』（一九四八年[17]）では、クナップ学派が東部のグーツヘルシャフト（Guts-*herrschaft*）を一義的に経済的な機能と把握しようとする観点を批判した。つまりクナップ学派が対象としているのは、実はグーツヴィルトシャフト（Guts-*wirtschaft*）であるからそれと西部のグルントヘルシャフトとを比較するのは根本的に誤っている。エルベ河以西のグルントヘルシャフトに対比さるべきものは、「領主制組織の社会的事実態」（ein gesellschaftlicher Tatbestand der Herrschaftsorganisation）としてのグーツヘルシャフトである、というのである。『中部ドイツ……』の初版序文でもかれが自らの研究視角を「歴史家としてよりもむしろ社会学者（Sozialwissenschaftler）」と規定したが、この立脚点から二つの著作で、その対象領域における「グーツヴィルトシャフト」の局面の分析を意識的に主題の外においたのであった。しかしこの観点は、のちにかれも述べているように[18]、発表の当時は学界からほとんど関心を払われなかった。にもかかわらず、こうした方法論が逆に、たとえばバイエルンに固有の領主自己経営地たる「ホーフマルク」(Hofmark) をグーツヘルシャフトとするハウスマン説を論駁していく過程で、「グーツ経営《ベトリーブ》をもつグルントヘルシャフト」という新たな論理的表象に想到させ、かくして、このような「過渡形態」のグルントヘルシャフトとしての静態的な本質をくりかえし強調する態度から、おのずと、かかる類型を伝統的な東西二分論のうちにどのように論理的に位置づけうるかという問題にかれを導いたはずである。一九五二年の『ドイツ社会経済史』第一版ではじめてかれ自身の全ドイツの農制的地帯区分を提示したときには、持論の「中部型」を、北西型、西部型、南西型、南東型(バイエルン型)と並立しうる一区分として措定して、ザクセンの一部における農場経営の出現を指摘するにとどまったが[19]、五七年の『中部ドイツのグルントヘルシャフト』第二版では、明瞭に、中部型の特質を、それがいちじるしい度合で、「グーツヴィルトシャフト」と結合している点に求めることとなった。かかる結合は「ほとんど全中部ドイツにとって典型的である」とさえ断定しているのである。グーツヴィルトシャフトがグーツヘルシャフト地域にのみ存在するという通説は、中部ドイツのみならず南部ニーダーザクセン、ブラウンシュヴァイク、アルトマルク等々に見出しうる一方、中部ドイツ内部でも、その最東端、すなわちラウジッツやアンハルト東部でグーツヘルシャフト的構成が優越しているという事実に照らして今や不正確となった。新旧両ドイツ、つまりヘルシャフトの二つの類型の境界線は、エルベ=ザーレ・ラインとは一致しないのである。

しかし中部のグルントヘルシャフトは決して真のグーツヘルシャフトには転化しなかった。領主直営地が農民の賦役業務によって経営されはしてもその賦役は「体僕制」に基くものではなく、しかも直営地は三圃体系に組みこまれて農民地と混淆していた、という経営構造に加えて、ここでは領邦君主の力が強力であったからである[20]。

「グルントヘルによるグーツ経営」というこの新たな問題視角が獲得されたにもかかわらず、一九六〇年に大幅な改訂を経て刊行された『ドイツ社会経済史』第二版におけるグルントヘルシャフトの地帯別類型規定の部分で、この視点がまったく生かされておらず、初版のそれをほぼ踏襲している理由は不可解というほかはない。一方、本書では三十年戦争後に大量に発生した荒廃の復興にさいして領主君主の農業政策を論ずる箇所で、問題の「経済ヘルシャフト」概念が、どう見ても前記のホフマン論文との脈絡なしで――本文には注が全くない――ポッンと出現するのも奇異である。南部および西部ドイツでは、グルントヘルたちが荒廃地を回収し自己経営地に編入しつつ、「地代《レンテン》ヘルシャフトから経済《ヴィルトシャフツ》ヘルシャフトへの転態」をはかったが、それは東部でのような、グーツ経営の顕著な増大をもたらしたわけではない、というのであるが[21]、ホフマンをはじめ、グリュル、トレーメルなどオーストリアの歴史家たちにすでに親しいこの概念が[22]、リュトゲのこの叙述の中に体系的にはめこまれているとは思えないのである。

三

リュトゲが『ドイツ社会経済史』第二版序文を書いた一九五九年一〇月から半年後、一九六〇年三月に、ゲッチンゲンにおいて、「農民史・農業史協会」（Die Gesellschaft für Geschichte des Landvolks und der Landwirtschaft）（代表者ボン大学ハインツ・ハウスホーファ）と、「ゲッチンゲン研究会」（Der Göttinger Arbeitskreis）（代表者ヴォルフ・フォン・ヴランゲル男爵）との共催で「東ドイツ農業史について」というテーマでコロキウムが開かれた。「ゲッチンゲン研究会」というのは、大戦末期に当地に疎開してきた旧ケーニヒスベルク国立文書館や旧ケーニヒスベルク大学の関係者で現在もゲッチンゲンに居住する人々が、大学の東独史や農業史研究者とともに結成しているもので、年刊の『東ドイツ論集』（“Ostdeutsche Beiträge”）を刊行しているほか、メンバーは、一九五一年西独で創刊された「プロイセン州ケーニヒスベルク在アルベルトゥス大学年報[23]』の主要寄稿者となっている、そのような研究会である。

さてこのコロキウム（シンポジウム）が催された契機は――政治史的背景はいま度外視するとして――、一九五五年のワルター・クーン『近世ドイツ東部植民史』第一巻あたりを画期として活発になってきた西独における東ドイツ経済史研究の諸成果をふまえての、「ゲッチンゲン研究会」の指導的メンバーである元ポンメルンのユンカー、ヘニング・フォン・ボルケ＝シュタールゴルト伯爵の論文「グルントヘルシャフト―グーツヴィルトシャフト」[24]であった。

ボルケ＝シュタールゴルト伯（以下ボルケと略記）は冒頭まずダンツィヒからの西欧向け穀物輸出の統計を示す。一六一八年に一一万六〇〇〇ラースト（約二九万トン）のピークに達したダンツィヒ港搬出のライ麦は、一七〇〇～一七〇九年の年平均では僅か一万九五〇〇ラースト（約四万九〇〇〇トン）に激減してしまう。市の人口の増減のカーヴもほぼこれに一致する。このライ麦の相当部分が、ドニェプル河航路をタタール人に襲われて販路を北に転進せしめたポーランドからのものであった。この事実からだけでも、穀物輸出を東部ドイツでのグーツヘルシャフト形成の決定的契機とする通説の信憑性が問題となる。実際ドイツ人農場からの対粗生産物輸出比率は、平均八・八％にすぎず、しかも当時の農業技術では大経営化は生産性の上昇を必ずしも結果しない。如うるに開墾による耕地拡大には施肥能力が追いつかず、かくして全般的にみて、西欧の穀物需要増大、穀物輸出増大、グーツ経営の展開は、相互に不可分的な関連には立たない、と主張した（SS.176-181）。

ボルケによれば、十六世紀以来の賦役増大は、むしろ「経済と人口の相互規定的発展」であった。しかしながら三十年戦争を中心とする十七世紀中葉の荒廃・疫病およびその結果である人口減少はたしかに賦役増課をもたらしはしたが、グーツ経営に必要な労働力の半分以上は、ゲジンデや日雇労働者など、グーツヘルの自家調達による（"aus dem Hofe"）のであって、荒廃後良好な条件で導入された新移住農民の状態をも考慮すると、賦役はむしろ軽減された（プリーグニッツの例）。増大したのは公共賦役の分野で、これも文字どおりの「不定量」ではない。東部農民の法的地位にも誤解がある。「体僕制」は本質的にグルントヘルシャフト的、いいかえればエルベ両岸に共通の現象である。こうしてボルケは、西欧の穀価が急上昇する――一七六〇～六六年の年平均のライ麦価格（ドッペルツェントナー当り）六・八マルクから一八〇〇～〇九年の年平均一五・七マルクへの騰貴（S.198）――、そしてイギリスのノーファク農法が導入される十九世紀初頭まで、東部の農制は西部と同じグルントヘルシャフト的構造を有したのであり、それ以後、はじめて——もちろん少数の例外をのぞく——グルントヘルシャフトによる「グーツヴィルトシャフト」が可能になったのだ、と主張した（SS.211-212）。「したがって、そもそも『グーツヘルシャフト』という概念はこれを避けたほうがよい。この概念は、東部と西部のあいだには深淵のように越えがたい法的差異があるという不正確な印象をはぐくんだばかりではない。それはむしろ意識的にも——クナップやその学派によって——無意識的にも、また概念の変化を見分けもせずに『グーツヴィルトシャフト』と等置されているからである。」（a.a.O.）。

グーツヘルシャフトの独自性の全面的否定論と言えるこの論文は、一方では「グーツヘルシャフト」と「グーツヴィルトシャフト」との概念的峻別というリュトゲが早くから唱えていた、そして戦後しだいに有力になってきた分析視角を受け入れつつも、その峻別を、東西両農制の分析方法としては事実上無内容な方法にしかねない極限にまでおしすすめたという意味で、大戦後の西独で進められたほぼ十年におよぶ東ドイツ経済史研究の成果をこのあたりで総括したいと望む学界、そしてまた地の利を得て着実に史料を掘り起しつつ独自にマルクス主義的な東部農制史研究をつみ重ねている東独の経済史学の進展にいらだつ人々——この論文がかなり率直なユンカー弁護論であることは、何人も否めないであろう——のあいだで強い関心の的となったのである。[25]

農民戦争史家ギュンター・フランツを司会者とした前記のシンポジウムは、[26]ボルケ説の支持者ヨアヒム・フォン・ブラウン男爵（「ゲッチンゲン研究会」事務局長）の報告、そしてボルケ伯の追加報告をめぐる討論で午前の部をおえ、休憩後、東独から亡命して現在シュトウットガルト＝ホーエンハイムのG・フランツの研究所に籍をおくラウジッツ史家ヴィリ・A・ベルケ（Willi A. Boelcke）の激しい東独史学界批判にみちた報告「東独（mitteldeutsche）歴史学におけるグーツヘルシャフト」（SS.57-81）を聴いたのち、自由討論に午後を費やして終了した。

ブラウンは、体僕制《ライブアイゲンシャフト》、穀物輸出問題、大経営の評価などの諸論点で基本的にボルケ説を支持したほか、「農民追放」という概念が一八四〇年代およびそれ以後政治的目的規定に用いられ、その意義が誇張されてきた、と述べた。ボルケのほうは、シェレジェン最高裁判所長でノイマルクの農場領主でもあったベネケンドルフの著書『公経済論』(Oeconomia Forensis) 全八巻（一七七五〜八四年）を材料として、前記の自説を補充している。この史料によれば――とボルケは主張する――、十八世紀には農民間のすべての人格的差別は消滅していた。またグルントヘルが国家に対して負担した重い財政的責任、その財源としてヘルの醸造特権・牧羊特権の役割が強く強調される。ことに、後者を、ボルケは「グルントヘルの、大半ではなくとも主要な収入源」(S.29) と評価している。領主側は、羊や牛などの家畜飼養による施肥能力の増大を利用して、農民地の暴力的取得なしに耕地を維持させ、やがて近代的農法を導入する基盤を作った。ボルケはこうのべて、東西両農制の差異否定論を再度強調した (S.39)。

二人の報告を受けて行なわれた賛否各様の討論の詳細を紹介する機会は別に待たなければならないが、このようなシンポジウムのつねとして個々の命題をめぐって提出される多様な史実による論証と論駁――それはそれとしてきわめて興味ぶかい。たとえば十八世紀中葉での西プリーグニッツの一所領での年間純収入のうち穀物販売は約四分の一牧畜収入が二分の一強というブラウンの指摘(27)――を通観して受ける印象は、なんといっても、久しく支配的でありつづけたクナップ学派の基本的シエーマが、いまやそれへの原理的批判――修正にせよ総体的否認にせよ――からすべての論点開示が出発するという運命を甘受せねばならなくなったということであり、あらためて、伝統志向的な西独経済史学界をしてこうした新たな視点設定を容認せしめるまでに、リュトゲの長く執拗なまでの研究蓄積の果した役割を思うのであるが、しかし今はリュトゲの論理が含む問題の吟味は措いて、シンポジウムにおけるかれの発言をきくこととしよう。

午前中、ブラウンの「農民追放」否定説に対して詳細な史実を列挙してこれを反駁したW・クーンやH・モルテンゼンとともに、ブラウン批判を行う一方、ブラウンの穀物重視説批判には賛同しつつも牧羊ならぬ領主工業経営の対総収入比重への注目を喚起したリュトゲは、午後W・ベルケの報告――少くとも議事録にみるかぎりでは、ベルケの報告は聞き流された、という印象をうける――に続いて、このシンポジウムの主題に関してひとつの重要な問題提起を行なった。かれはいう（S.83f.）。

グーツヘルシャフトは、グルントヘルシャフト同様に法的政治的事実態であり、グーツヴィルトシャフトとは経済的事実態である。この場合「グート（農場）」は、家族外労働力の利用で耕作経営を行なうひとりの領主の手中にある。ところでグルントヘルシャフトには二つの形態があった。ひとつは、グルントヘルが小規模な自己経営地を保持するにとどまるかあるいは地代《チンス》によって生活する「地代《レンテン》グルントヘルシャフト」であり、いまひとつのタイプは、グルントヘルシャフトの枠内で比較的大きなグーツ経営（＝自己経営）を営なむところの「経済グルントヘルシャフト」（Wirtschaftsgrundherrschaft）である。後者は西ドイツに特徴的な存在であって、決して「グーツヘルシャフト」そのものではない。こうした新範疇を定立しておいてリュトゲは、東部――そこではグーツヘルが同時に警察権力を有し高権《ホーハイト》に属する諸権限を、生成しつつある領邦原理の中で、領邦君主の官吏と対等同格の下級行政権者として行使した東部――と、西部――グルントヘルが領邦君主の行政官の下風に立った西部――との本質的差異、つまり法的政治的差異を明らかにしうると論じたのである[28]。グーツヘルシャフトにとって決定的なのはかかる政治的法制度的地位であるから、いかにグーツ経営を営んでも西部のグルントヘルはグーツヘルではありえない。だがすると、グーツ経営を擁するという経済的メルクマールによっては西部のグルントヘルと東部のグーツヘルとを区別できないことになるのか。ブラウンのこうした質問に、リュトゲは必然的に、然り、「経済的形態の上では両者の間に全く相違はない」と答えざるを得ない。この見解は、ニーダーザクセン史家D・ザールフェルト[29]の賛同をえたが、参会者の多数を満足させることはできなかった。法・政治的局面と経済的局面を切断してしまえば、法・政治制度という静態では理論的にうまく整理できても、東西農制の経済的差はいかに生成したのか、というこのシンポジウム参会者たちの目標を逆に曖昧にしてしまうからであって、シュレジンガーが、まさに二つの側の権力の経済的利用のし方こそが問題であると不満を表明し、クーンが、グルントヘルシャフトを第一義的に「人間支配をともなう所有」ととらえてこの上級概念を「地代グルントヘルシャフト」および「グーツヴィルトシャフト」に区別すべきではないか、とリュトゲに逆に提案したのも当然のなりゆきであった。「経済ならびに地代グルントヘルシャフト」（日本語の語感では『経営＝ならびに地代所得志向的』とすべきか）という概念は半経済的半法制的なそれであって、グーツヘルシャフトの対立概念でもなく、ましてグーツヴィルトシャフトのそれでもありえないからである。これらのほかにも何人かの発言者の主張を記録してシンポジウムは閉じられた。論議の展開のし方とフランツの司会ぶりから見てプランメーシッヒであったとは言えそうもないこのシンポジウムを通じて、結局ボルケの問題提起はしりぞけられたとはいえ、ボルケ＝ブラウンの新見解と伝統的見解とを共に説得しうる構造把握的な論理が形づくられたわけでもなかった。しかしまた他方で、結語において、この日の討論の成果のひとつを「東西ドイツのあいだの根本的な相違がくりかえし強調されたこと」に見た保守的なフランツでさえ、「グルントヘルシャフトとグーツヴィルトシャフトの相違を明らかにしたこと」をも成果のひとつとして認めざるをえなかったのも事実であった。形式論理学的な厳密性への信服以外には、およそ経済学理論上の暗黙の形にせよ共通の約束ごとが存在しないという前提を考慮すれば、西独史学界ではこうした次元での共通の認識が生まれるだけでも容易ではなかったのである。二五歳のときにドイツ農業史を書くことを決心[30]してから——ドイツでは概説・通史的著作がきわめて高く評価されるのである——約二五年後に完成した『ドイツ農業史』において、リュトゲが、前記のような、グーツヘルシャフト、地代グルントヘルシャフト、および両者の「中間段階」としての「経済ヘルシャフト」——「経済グルントヘルシャフト」ではない——、という大胆な三分法を提出しておきながら、読者には、研究史の現状ではこの試みをあきらめて在来の二分法（die überkommene Zweiteilung）にとどまるほうをすすめるという、自信と逡巡をないまぜた叙述をあえてした背景に、われわれは、このゲッチンゲン・シンポジウムがリュトゲ説に対して示した微妙な反応を見ることができよう。

四

ところで「経済ヘルシャフト」という概念を提唱したホフマンは、さきの論文でグルントヘルの企業家的転進についてのべる一方、都市の富裕な市民のグルントヘル化、すなわち貴族身分への社会的上昇の志向に論及していた。ホフマンのばあいには、グルントヘルは、ランデスヘルになお吸収されないで残った封建的諸特権を「企業化」の主要な槓杆とするのであるが、一般に土地所有が公権力からノイトラールな「地代源」と化する過程で、市民の「地主《グルントヘル》」化がいわば随伴現象として進行するのは、イギリスのジェントリー層の成立経過に徴して明らかであろう。

さきのシンポジウムでもクーンが、ブレスラウ地方の大都市の市民が村落を買入れ、農民地を「買上げ」（＝追放！）新たに直営地を造作した事実を挙げたほか（S.47）リュトゲもフッガー家の簿記係シュヴァルツが当主に、財産の三分の一は土地所有に投下すべきであると進言している史実、に触れていた（S.43）。

近代史上きわめて重要なこの現象に、従来のドイツ経済史学界は、少くとも一定の問題意識をもって関心を寄せたことはなかった。臆測の域を出ないけれども、その理由を考えれば、第一に、狭義の「市民《ビュルガー》」による市内および周辺の土地所有はすでに中世都市の草創期[31]いらいの常識と化していて、近世における独自の現象はかつての体制の連続とのみ考えられていたこと、第二に量的に大きな比重を占めないこと、そして最後に、外国史との比較という発想が稀薄で、したがって外国での動向（たとえばジェントリー論争）に敏感でないこと、などを挙げ得ようか。

さてリュトゲは例の『ドイツ農制史』における地域類型論のところで狭義の西部ドイツ型グルントヘルシャフトの特徴を「小作」（die Pacht）の普及とし、そこでF・シュタインバッハの研究[32]を利用しつつ、十七・十八世紀ラインラントでは、全農用地面積の三分の一を占める貴族・教会・都市市民の所有地の大部分が小作形態で利用されたことに注目して、そこへ（「まるでイギリスにおける発展を想起させるではないか！」）と書きくわえている。[33] フッパーツのより詳しい研究では、一六六九年のケルン選帝侯領徴税台帳によると、選帝侯領も含めての聖界所領・貴族領・市民所有地・農民所有地の全可耕地中に占める比率は、それぞれ、五・四・一・四であって、農民地をのぞくほとんどが小作に出されていた。こうした傾向は、すでに十二世紀末以来のもので、グルントヘルたちは有利な投資対象を求めていた都市の資本所有者と提携しつつ、土地を買い集め分散地を統合していった。都市近傍では農民追放さえ行なわれている。[34] この「小作制度」(Pachtwesen) は、リュトゲではいわば「地代グルントヘルシャフト」なのであるが、問題はその経営形態である。フッパーツはそれ以上詳しく追及していないが、ニーダーライン在クサンテン修道院領に関するハインリクスの実証的研究は、[35] 同領ウンターアメルン荘について、一二九七年から一五八八年までの全小作人——うち二年分のみ不明——の氏名・身分・小作条件・小作料を調べあげた。その結果をみると、この間の小作人十八名のうち農民は最初と最後に各一名登場するのみで、貴族(騎士を含む)が五名、聖職者が六名であり、職業不明一名をのぞく残りのデュルケン市市民四名が、一四八八年から一五八三年までの約百年間に集中している。二名の農民を除くと、すべての小作人は「中間小作人」(Zwischenpächter) であって、これを折半小作で又小作人 (der Halfe) に貸しつけていた。たとえば一五五九年から八二年に同荘の総小作人 (Schultheiß) であった市民リュトガー・ドワールは年々四五〇ターレルの実収をあげたのに、修道院への小作料は九〇ライン金グルデン(約一一〇ターレル)であった。国際的大交通路ライン河に近く、オランダ・フランスに境を接するこの地域に、社会的分業が早くから発達していたことは論をまたない。ここと隣りあうクレーフェおよびマルク領について、マルガレーテ・ボッシュが二次資料をもってではあるが詳細に十四世紀以後の商品生産と市場関係を明らかにしている。そしてボッシュ女史もベルク領内にあった折半での「又小作」(Unterverleihung) に関する多くの史実に触れている。[36]

イギリスのジェントリー研究が教えているように、イギリスほど近代化の条件がそろったところですら、資産はあるが土地をもたない人々は、ヨーマンをふくめて、ひたすら土地を購入してジェントリ階級に列することを欲し、そしてジェントリーは貴族の風采を模倣しながらほんものの貴族階級に上昇することをねがった。こうした市民・富農層の社会的欲求は、おくれたドイツことに北西部や東部では一層深刻であったと想定される。さきに紹介したザールフェルトの、十六・十七世紀のブラウンシュヴァイク市民の土地所有についての研究によれば、一五四六年のヴォルフェンビュッテル管区の小作地二〇二〇箇所のうち三四％が「市民の小作人」（Bürgermeier）によって耕作されていた。[37]「市民の小作人」はその地主である市民の特権の保護を受けて、ランデスヘルの直営地に対し、通常の農民の半分しか賦役を負担しなくて済み、そのほかの負担も軽かった。同じ地域を研究したオエーアによれば、ヴォルフェンビュッテル管区内の同市市民所有地は、九〇〇フーフェを越え、配下の農民は、半耕蓄農（Halbspänner）、コッターをふくめて三三五名に達したという。[38]市民のこの特権的土地所有は、のち領邦君主の圧迫をうけ、一六七一年の市のブラウンシュヴァイク公への屈伏以後、すべての特権を剥奪された。その後の経過についての研究は、まだ行なわれていないということも、ドイツの学界のこの問題への関心の薄さをものがたる。リュトゲは西エルベのこうした、「市民的地主」（bürgerliche Grundherren）の運命を、かれらはほとんど貴族に叙せられて新しい身分に同化してしまったと観察している。[39]

東部についていえば、典型的なグーツヘルシャフト地域のひとつであるポンメルンにおいては、L・ブレンターノの指摘によると、十八世紀末に全騎士領の六％（八三箇領）を所有した市民身分が、百年後には四五・一％を占有するに至っている。「今日プロイセンの土地の大多数は、騎士領保有者がプロイセン国家を建設したといわれたころには騎士領を保有する地位にまったくなかった家族の手によって占められているのである。[40]」ブレンターノはこう説いて、まさに騎士領保有者のなかの「新興階級」に属する市民出身者が、あたかもプロイセン国家建設の功績を果した貴族の直接の後裔であるかのごとき口説を弄しているのを痛烈に駁論したのであった。プロイセンでは、一七六二年二月一二日いご市民身分もまた騎士領を取得することを認められたが、同月一八日の閣令によって、市民的所有者には従来騎士領と不可分であった家産裁判権、教会保護権、領名称号権（Recht des Bennenung nach dem Gute——例のフォン・某という呼称）、県議会・ラント議会参加権、高低狩猟権は与えられないことになった。[41]主要な貴族特権をほとんど剥奪された貴族領所有者であるからこそ、グーツヘル化した旧市民身分に対するブレンターノの皮肉がいっそうきいているはずなのである。真正の貴族への道を閉ざされていたかれら市民的地主の経済的活動については、ここでもまた容易な解明をゆるさない。「経済ヘルシャフト」というリュトゲの、問題の深め方によってはきわめて興味深い新概念は、ようやく学界に提示されたばかりであって、提起のし方そのものを見ても、十分に練られたものとはいえない。前にものべた「地代ヘルシャフトから経済ヘルシャフト」という命題との照応の問題、地代グルントヘルシャフトと経済ヘルシャフトとは単に平面的なばかりでなく立体的な重畳関係にもあるのではないかという問題などなど、まだまだゆたかに肉付けされてゆかねばならぬものであり、しかも後進的な農業構造を残したままである近代ドイツ社会の形成に旧領主層がどのような特殊ドイツ的対応を示してゆくのか、また都市ブルジョアジーはかかる特殊ドイツ的に自生的な農業再編にどのような役割を果したのか、いわば「ブルジョア地主制形成の二つの道」というこの重大な設問に解答を与える条件はこれから作られてゆくのである。それにしても、問題提起者そのひとリュトゲ教授の、昨年八月の逝去は残念でならない(42)。

なお本稿では、視野を西独に限定したが、本稿での問題意識にふれるかぎりでの東独史学界の新しい動向にひとこと触れておきたい。

これまでの東独の農業史研究が、グーツヘル＝農民関係という生産関係に重点をおいていたことは周知であるが、数年前からG・ハイツ、R・ベルトルト、J・ショルタなどの研究(43)はグーツ経営の生産力的分析に力を注ぎはじめた。こうした潮流に生れたH・ミュラーの『一八〇七年農業改革前のマルク農業(44)』は、こうした問題意識を自覚的に打ち出している。かれは「貴族の自己経営」という伝統的イメージを誤っていると断定する。それは「貴族が農業発展の推進者である」というゲーアリッツ説(45)に通ずる根拠のないイメージであって、事実は騎士領を所有する貴族の半分が不在の寄生地主であり（ゲーアリッツの対象としたクーアマルクの例では、六七一人のうち三二八人）在村貴族も多くが農場を小作に出しているのであるが、こうした小作人の三分の二から四分の三は市民身分から成っているのである。王領地総小作人（Generalpächter）が原則的に市民からえらばれたことはいうまでもない。ミュラーはこうして、封建的生産関係の下で困難と障害を排して農業生産を主導したのは市民階級であったと断じ、また、農業改良に努力した貴族の存在を認めつつ、その系譜をさぐって、そうした貴族の多数が実は市民身分出身者であったことを見出している。その中にはベルリンの倉庫業者、ハノーファーのガラス製造業者などがいた。問題へのアプローチのし方は、リュトゲなどと全く異なるとはいえ、東独のマルクス主義史学のこうした潮流とこれからの成果は、両国学界の有形無形の交流が深まるにつれて、リュトゲ亡きあとの西独史学界に、新しい分析視点を自から育て上げてゆく一定の刺激を与えるにちがいない。そしてまた、この論点のかの地での展開は、わが国における「ブルジョア地主制」研究、かの「地主＝ブルジョア」範疇の問題の理論的具体的深化にとっても、やがて重要な意味をもってくるものと思われる。

（1）R. H. Tawney, The Rise of Gentry, *Economic History Review*, Vol.XI, No.1, 1941. 浜林正夫訳、昭和三二年、未来社。これを契機に行なわれた「ジェントリー論争」については、越智武臣氏『近代英国の起源』（昭和四一年、ミネルヴァ書房）第二章第三節が最新の展望を提供している。

（2）フランス史については、問題点の一指摘として、服部春彦氏「フランス革命における土地変革の基本性格」（桑原武夫編『ブルジョワ革命の比較研究』昭和三九年、筑摩書房に所収）を参照。

（3）Max Weber, Der Streit um den Charakter der altgermanischen Sozialverfassung in der deutschen Literatur des letzten Jahrzehntes, in: *Gesammelte Aufsätze zur Sozial- und Wirtschaftsgeschichte*, Tübingen, 1924, SS.509-511. ウェーバーはここで、ランデスホーハイトの成立から近代資本主義の起源に至るすべての歴史的現象を各段階での「グルントヘルシャフト」の組織形態に求めようとする当時の学界の趨勢を批判し、グルントヘルの地代利用の形態の問題にもまして、農民の「経済的陶冶」およびそれと関連する「局地的交易」＝「農民の生産物の局地的販売機会」の問題の重要性を強調しているのである。

(4) Vgl. z. B. Günther Franz (bearb.), Deutsches Bauerntum, I. u. II.; *Germanenrechte, Neue Folge*, Abteilung Bauerntum, Weimar 1939.

(5) W. Abel, Agrarkrisen und Agrarkonjunktur. Eine Geschichte der Land- und Ernährungswirtschaft Mitteleuropas seit dem hohen Mittelalter, 2. neubearb. Aufl. Hamburg/Berlin 1966, S.23, Anm.30.

(6) M. J. Elsas, Umriß einer Geschichte der Preise und Löhne in Deutschland, I. u. II A, Leiden 1936/40. エルザスはのちイギリスに客死したが、かれが収集したぼう大な価格・賃銀史の資料――戦時中はビヴァリッジの手もとに保管されていた――は、現在、アーベル氏が所長であるゲッチンゲン大学経済史社会史研究所（Institut für Wirtschafts- und Sozialgeschichte）の所蔵するところとなっている。

(7) F. Lütge, Geschichte der deutschen Agrarverfassung vom frühen Mittelalter bis zum 19. Jahrhundert; *Deutsche Agrargeschichte* (hrsg. von G. Franz), Bd.III, Stuttgart 1963, S.144f.

(8) W. Abel, Schichten und Zonen europäischer Agrarverfassung, *Zeitschrift für Agrargeschichte und Agrarsoziologie* (unten; ZAA), Jg. 3. Heft 1, 1955, SS.7-10. 東部のグーツ経営の実体をかれは、「分益経営」(Teilbetrieb)、したがって本質的にグルントヘルシャフト的性格とみる。Ders., Geschichte der deutschen Landwirtschaft vom frühen Mittelalter bis zum 19. Jh.; *Deutsche Agrargeschichte*, Bd.II, Stuttgart 1962, SS.189-190.「分益経営」という用語を、かれは東独のハイツから借用しているが、もちろん問題意識は全く異なる。マルクス主義史学の「封建地代」概念の「封建」性を否定するかれは、それを「農民経営の社会的給付《ゾツィアルライストゥング》」と規定する。Ders., Die drei Epochen der deutschen Agrargeschichte, 2. Aufl, Honnover 1964, S.88f.

(9) F. Lütge, Vergleichende Untersuchungen über die landwirtschaftlichen Großbetriebe seit dem Ausgang des Mittelalters, ZAA, Jg.9, 1961, S.189ff.

(10) F. Lütge, Geschichte d. deut. Agrarverfassung, SS.120, 197-198.

(11) A.a.O., SS.144-145.

(12) A.a.O., Schlußbemerkung, S.238. リュトゲの「農民解放」観を詳細に示すものとして、ders., Über die Auswirkungen der Bauernbefreiung in Deutschland, *Jahrbücher für Nationalökonomie und Statistik*, Bd.157 (1943), SS.353-404. を参照。クナップが「農民解放」を、領主層の利害によって歪曲された過程と見、十九世紀の農業労働者問題の源泉として理解したのに対し、リュトゲはその自由主義的改革としての意義を高く評価する。『ドイツ農制史』では、フランスのように「突発的ではなく、数十年にわたって引きのばされた」ところの、「市民革命」とさえ評価する（S.223)。

(13) Alfred Hoffmann, Die Grundherrschaft als Unternehmen, ZAA, 6. Jg. 1958, SS.123-131. Vgl. auch ders., Wirtschaftsgeschichte des Landes Oberösterreich, Bd.1, 1952.

(14) A. Hoffmann, Die Grundherrschaft, S.124.（引用文中の傍点は望月）

(15) F. Lütge, Die mitteldeutsche Grundherrschaft, 1. Aufl. 1934.

(16) C. J. Fuchs, Artikel "Bauer", im *Wörterbuch der Volkswirtschaft*, 4. Aufl. 1931, Bd.I, S.271f. Franz Gutmann, Artikel "Bauernbefreiung", im *Handwörterbuch der Staatswissenschaften*, 4. Aufl. 1924, Bd.II, S.378f. 研究史については、Lütge, Die mitteldeutsche Grundherrschaft, 2. Aufl. 1957, I. Kapitel を参照。

(17) F. Lütge, Die bayerische Grundherrschaft. 1949, SS.27f., 61.（なお本書の序文の日付は、Leipzig 1944/München 1948 と記されている)。u. Die mitteld. G., 1. Aufl., S.195f.

(18) Lütge, Die mitteld. G., 2. Aufl., S.292, Anm.2.

(19) Ders., Deutsche Sozial- und Wirtschaftsgeschichte, 1. Aufl. 1952, S.97ff, SS.102, 104.

(20) Ders., Die mitteld. G., 2. Aufl., SS.291-298.

(21) Ders., Deut. Soz.- u. Wirtschaftsg., 2. Aufl., S.302.

(22) Vgl. Georg Grüll, Weinberg. Die Entstehung einer Mühlviertler Wirtschaftsherrschaft, *Mitteilungen des oberösterreichischen Landesarchivs*, Bd.4, 1955. Ferdinand Tremel, Der Frühkapitalismus in Innerösterreich, 1954. ホフマンの主著は一九五二年。

(23) *Jahrbuch der Albertus-Universität zu Königsberg/ Preußen*, Bd.I（1951）Würzburg. この『年報』は、年二冊ほどの割で Beiheft を出版しており、経済史の分野では、Hans-Helmut Wächter, Ostpreussische Domänenvorwerke im 16. und 17. Jahrhundert, Beiheft XIX（1958）および Friedrich-Wilhelm Henning, Herrschaft und Bauernuntertänigkeit, Bht. XXV（1964）があり、ともに出色の研究である。二人ともゲッチンゲンのアーベル教授の門下。

(24) Graf Henning von Borcke-Stargordt, Grundherrschaft—Gutswirtschaft. Ein Beitrag zur Agrargeschichte; in, *Jb. d. Albertus-Uni. z. Königsbg./ Pr.*, Bd.10, 1960, SS.176-212.

(25) 拙稿「『再版農奴制』をめぐる諸問題——東独史学界の小論争」（『専修大学論集』第一八号、一九五八年）、および藤瀬浩司『近代ドイツ農業の形成』（昭和四二年、御茶の水書房）一九一—一九五ページ参照。

(26) このシンポジウムは同年刊行された。Zur ostdeutschen Agrargeschichte. Ein Kolloquium, Ostdeutsche Beiträge aus dem Göttinger Arbeitskreis, Bd.XVI, Würzburg 1960. XI + 103S. 参会者二三名のうち主な発言者は、Hermann Aubin（Freiburg), Helmuth Jäger（Göttingen), Walter Kuhn（Hamburg), F. Lütge（München), Hans u. Gertrud Mortensen（Göttingen), Walter Schlesinger（Berlin)。なお招待されたW. Abel（Göttingen), Anneliese Krenzlin（Frankfurt/M.), H.-H. Wächter（Bonn）らは所用・病気のため欠席している。

(27) Kolloquium, S.53. 厳密には穀物販売収入は五分の一である。Vgl. Joachim Sack, Die Herrschaft Stavenow, *Mitteldeutsche Forschungen*, Bd.18, 1959, S.98f.

(28) Kolloquium, S.83. 長年の持論をこうのべたリュトゲに対し、シュレジンガーは「ここは研究史を説明する場ではない」と報いている。

(29) ザールフェルトもアーベルの門下で、しばしば問題になる「南ニーダーザクセン」（ブラウンシュヴァイク公国ヴォルフェンビュッテル管区周辺）の研究者である。かれは討論で、一つの村に四〇人もの「グーツ経営を営むグルントヘル」の存在したことを指摘した。概ね一～二ヘクタールという大農同然の零細所領を東部の「大経営」と質的に等置しうる根拠は彼の著書でも明らかではない。しかし十七～十八世紀の賦役負担は、一日十時間で年一一三日ときわめて重い。Kolloquium, SS.85, 97. u. vgl. Diedrich Saalfeld, Bauernwirtschaft und Gutsbetrieb in der vorindustriellen Zeit; *Quellen und Forschungen zur Agrargeschichte*, Bd. VI, 1960, SS.29-33, 40.

(30) Lütge, Die deutsche Grundherrschaft: Ein Forschungsbericht; in, ZAA, 3. Jg. 1955, S.132. かれはこの決心を「若気のいたりで」と回想しつつ、テューリンゲンとバイエルンという当時の大きな研究史上の空白を埋めようと志した動機を説明したのである。

(31) わが国の文献では、高村象平「市域設定と市民の土地取得——リューベック市についての暫定的考察」（『三田学会雑誌』第三六巻四号、昭和一七年）、同氏『ドイツ中世都市』（昭和三四年、一条書店）第二篇として再録。

(32) Friedrich Steinbach, Die rheinische Agrarverhältnisse; in, Tausend Jahre deutscher Geschichte und Kultur am Rhein（hrsg. von A. Schulte), 1925, S.168.

(33) Lütge, Gesch. d. deut. Agrarverfassung, S.161.

(34) Bartel Huppertz, Räume und Schichten bäuerlicher Kultuformen in Deutschland, 1939, SS.104-105. u. Hermann Aubin, Agrargeschichte: in, Geschichte der Rheinlande von der älteren Zeit bis zum Gegenwart（hrsg. v. H. Aubin), Bd.II. 1922, S.127.

(35) Heinrich M. Heinrichs, Zur ländlichen Wirtschafts- und Verfassungsgeschichte am linken Niederrhein, *Rheinische Vierteljahrsblätter*, Bd.8, 1938, SS.228-231.

(36) Margarethe Bosch, Die wirtschaftliche Bedingungen der Befreiung des Bauernstandes in Herzogtum Kleve und in der Grafschaft Mark in Rahmen der Agrargeschichte Westdeutschlands: *Tübinger staatswiss, Abhandlungen*, Neue Folge, H.21, 1920, SS. 26-29, 31. 37.

(37) D. Saalfeld, a.a.O., S.39f.

(38) Gustav Oehr, Ländliche Verhältnisse in Herzogtum? Braunschweig-Wolfenbüttel im 16. Jahrhundert: *Quellen und Darstellungen zur Geschichte Niedersachsens*, Bd.XXII, 1903, SS.17-18, 65f.

(39) F. Lütge, Gesch. d. deut. Agrarverfassung, S.141. もっともかれはバイエルン史の一研究に依拠して、市民的グルントヘルはある場合には、宮廷や官僚や将校貴族の階級から分れて、土地所有と下級裁判所所有（Grund-und Niedergerichtsbesitz）に復帰した事実にも注意している。Vgl. P. Fried, Herrschaftsgeschichte der altbayerischen Landgerichte Dachau und Kranzberg, 1962, S.236.

(40) Lujo Brentano, Erbrechtspolitik. Alte und neue Feudalität, 1899, S.83, Anm.2. 我妻・四宮訳『プロシャの農民土地相続制度』（昭和三一年、有斐閣）四〇—四一ページ。

(41) Fr.-W. Henning, a.a.O., S.97.

(42) リュトゲ教授の業績を通解したものとして、伊藤栄氏「フリードリッヒ・リュトゲ教授とドイツ社会経済史研究」（『国学院経済学』第一五巻二号、昭和四二年二月）参照。

(43) G. Heitz, Die sozialökonomische Struktur im ritterschaftlichen Bereich Mecklenburgs zu Beginn des 18 Jh.; in *Beiträge zur deutschen Wirtschafts- und Sozialgeschichte des 18. und 19. Jh.* 1962. R. Berthold, Einige Bemerkungen über den Entwicklungsstand des bäuerlichen Ackerbaus vor den Agrarreformen des 19. Jh.; in, obenangeführte *Beiträge*. J. Solta, Die Ertragsentwicklung in der Landwirtschaft des Klosters Marienstern, Bautzen 1958.

(44) Hans-Heinrich Müller, Märkische Landwirtschaft vor den Agrarreform von 1807. *Veröffentlichungen des Bezirksheimatmuseums Potsdam*, Heft 13, 1967, SS.6-8, 110-112, 115, 116-117, 123-124.

(45) W. Görlitz, Die Junker, Adel und Bauer im deutschen Osten, 1956.

5

農業改革以前の東エルベ地主制について

——H.-H. Müller, Märkische Landwirtschaft vor den Agrarreformen von 1807. Entwicklungstendenzen des Ackerbaus in der zweiten Hälfte des 18. Jahrhunderts. Potsdam 1967.[1]——

いわゆる東エルベ農業＝農制史研究は、わが国では特別の意味をもつ。戦後日本資本主義の戦前のそれからの決定的旋回点としての農地改革、これをいかに評価するかの理論的基準として、レーニンの「二つの道」が論ぜられたとき、グーツヘルシャフトならびにユンカートゥムの研究が比較史的視座の中に重くすえおかれた。正常なブルジョア的な発展の死錘としての半封建的な土地所有体制という点に、わが「寄生地主制」との歴史的アナロジーを求める問題意識は現在まで一貫しているといってよい。これに対して、グーツヘルおよびユンカーがわが地主と決定的な相違点としてかれらが「寄生」地主ではなくて地主的農場の有能な経営担当者であったという相貌がことに強調されている。おそらくマルクス『資本論』（第三巻四七章）およびレーニン『一九〇五年農業綱領』を下じきとして描かれたこのイメージは、近くは藤瀬浩司氏『近代ドイツ農業の形成』における、グーツヘルシャフト＝賦役制的地主経営〔封建的形態〕ならびにユンカー＝経営契約雇農制的地主経営〔マルクスの「過渡形態」同書一四九ページ〕という明確な範疇区分が提起されたにもかかわらず、いやむしろかえってそれゆえに、ますます強い光を浴びているようである。最近でも、一九六九年度本学会秋季学術大会における大野英二氏の共通論題報告「ドイツ資本主義の歴史的段階」が提示した半封建的土地所有者としてのユンカートゥム像も、後述するような「自から経営にあたる貴族」(Selbstwirtschaftender Adel) というイメージの点では、そのブルジョア的性格を力説する藤瀬氏の所説（「真の意味での経営主」同上）との間に基本的な一致を見せているのである。

では、改革以前のグーツヘルシャフトに関してはどうか。この問題ではかつて東独の学界で、十八世紀末のグーツヘルシャフトを事実上の利潤プラス地代・範疇でとらえ、ブルジョア的経営体たるユンカー経営へあと一歩の存在とするニヒトヴァイスやルックと、その封建的性質を論者おのおのの力点から強調するクチンスキー、ハイツそれにベルケ（かれはのち西独に亡命）らの論争があった。[2] この論争は、ニヒトヴァイスの早逝によってと、ハイツが指導するロシュトック大学歴史研究所が農業史研究のセンターに指定されることで一応おわりを告げたが、とかく範疇論議に傾斜してゆきがちなこの種の論争への休止符ののちにやってくる反省の期間に、生産諸力展開の具体的分析に意識的に比重をおいた実証的研究が準備されていた。

オーバーラウジッツのマリエンシュテルン修道院所領史料を分析した、一九五八年〔前記論争最後のニヒトヴァイス論文が一九五七年〕公刊のヤン・ショルタの研究[3]の序文で、クチンスキーが同書を十八世紀中葉から十九世紀中葉までの期間の生産力発展の時系列分析としてはまさに「パイオニア的労作」と評したのもゆえないことではなかった。ショルタは、一八三二年のザクセン農民解放までの農民層分解を分析し、解放以後に急速に発展する資本制的農業発展の農民的タイプ（その頂点に「村落ブルジョアジー」が位置する）をさえ生み出したごとき、グーツヘルシャフト下の農民的経営の生産性増大を説いた。すでにグーツヘルはここで「寄生的（parasitär）な封建的搾取者」(S.30) とされている。

ショルタのこの研究を先駆として、その後あの論争の主役のひとりゲルハルト・ハイツも、論争で主張したグーツヘルシャフト下の農民的小作関係の比重やグーツヘル的自己経営の分益経営的性格の強調を、いくつかの実証的モノグラフでかためたし[4]、また、ルドルフ・ベルトルトも、「現在は西独に集まっている旧ユンカーとその弁護人たち」

が主張してやまないユンカー経営の生産技術の担い手としての役割というテーゼを反駁して、農民経営こそが経営的進歩の担い手であったことを論証しようとした。[5] 東エルベにおけるブルジョア的進化の主体を農民的生産者に求めようとするこの動向に、本書の著者H.-H. ミュラーもまた積極的にくみするのである。

東独学界のこのような最近の動向が、あの一九五三～五七年の論争時と性質を異にしているのは、なんといっても、一九五〇年代後半期から次第にさかんになってきた西独における東エルベ農業史研究の発想と方法に対する批判的問題意識であるだろう。西独史学界の東エルベ研究の動向の特徴を、大づかみに言って、第一にグーツヘル＝農民関係の苛酷さを否定しようとするもの[6]、第二にはユンカー経営はむろんグーツヘル経営をも「ヘルシャフト」としてよりは「大経営」（Grossbetrieb）として規定する観点（典型的にはアーベル）、そして第三にユンカー階級の進取的農業経営者としての役割を強調しようとする立場、この三つにしぼることができるとすれば、東独の研究者たちがこのうち特に第三の立場からの研究をはげしい批判の的とすることとなるのは当然といってよい。この立場からするひとつの代表的論文は、ミュラーも本書の中で言及している「ゲッチンゲン研究会」（Göttinger Arbeitskreis）のメンバーである元ポンメルンのユンカー、ヘニング・フォン・ボルケ＝シュタールゴルト伯の「グルントヘルシャフトとグーツヘルシャフト[7]」であって、ここではグーツ経営下の賦役はむしろ軽減されたこと、農民追放は政治的にその意義が誇張されていること、グルントヘル（ボルケは「グーツヘルシャフト」概念を排する）は国家に対し重い負担を果し、その主要財源として穀物耕作よりは牧羊を推進したことが強調される。「体僕制」の名目性をも含めて基本的に東西農制の構造的差異を否認するのである。こうしたいわばユンカー弁護論の一典型としてわれわれも、ワルター・ゲーアリッツの著書『ユンカー』[8]を知っているが、ミュラーの本書は同じくマルクを対象としているだけに、現在の東独史学界の本流に棹さしつつ、ゲーアリッツの所論を中心に貴族経営主体説の誤りを周到な実証をもって明らかにするという問題意識に立っている。

本書は、一八〇七年の農業改革以前のマルク〔クーアマルクとノイマルクからなるブランデンブルクの総称〕をとり扱い、第一編・農業生産の自然的社会的諸基盤、第二編・農業生産の発展、から成っている。

第一編は、本文一六七ページのうち三八ページを占めるにすぎず、いわば第二編の説明的序説であって、行政区分、土壌状態や気象条件などの自然条件、さらに定住様式・人口の変遷を概説したあと、第一編の半分を占める「生産諸関係」で領主権、農民保有権、農民諸階層の簡単な叙述がつづく。この部分ではとくに、十八世紀末の多くの所領で、農民の賦役負担が償却されるとともに土地売買が活潑化してきた事実に注目が払われている。すなわち、農民解放以前に相当な規模で実質的な解放が貴族領で進行しつつあったという側面に光があてられ、グーツヘルの農民搾取を一面的に誇張するマルクス主義史家の通弊を批判しつつ、ではその物質的生産力的基礎如何という形で第二編の主題への橋渡しをするわけである。

第二編は、土地の所有者構成、土地利用システム（農法）、作付状況、労働条件、農器具および収穫量など、いわば生産諸力分析を意図した第一章と、騎士農場、王領地、農民地三者の経営分析を行なう第二章とに分かれる。

所有者構成では、一八〇〇年の統計（都市所有地をも含む）でみると、クーアマルクで騎士領二三・七%、農民地五〇%、ノイマルクでは同じく三二・六%対四二・八%となっており、人口比で前者の四〇%弱すなわち全体の二七%ほどの後者で、農民地の比率は低いけれども、前者のうちでも最も発展したアルトマルクをとると、この比率はほぼ一〇対七三と農民所有地の圧倒的高さを示す。こうした農民地の階層別保有規模分類では、蓄耕可能農家(spannfähige Nahrungen)が、クーアマルクで八八・九%、ノイマルクで八一%もの高率を示す（非蓄耕可能農家はそれぞれ二・一対三・〇、残余はアルメンデ、学校・教会用地）(SS.44-45)。一八〇〇年のクーアマルクの農業人口統計（S.218）によれば全一三万八〇〇〇人余のうち「農民」層は二一%強〔これを一〇〇として、自由農民二・五、完全農民五三・五、半農民一〇・七、コセーテン三三・六〕、これに対してアインリーガーとビュドナーからなる零細保有者は二六%、農業労働者四八%と、農民解放直前の農民層分解が高度に進展していたことを認めうる。

かかる所有構成のもとで十八世紀六〇年代以後、伝統的三圃農法にかわって、改良三圃農法（休閑地廃止）、（四圃農法（穀物―ライグラス―馬鈴薯―クローバ）およびその変形たる「イギリス農法」（カブ―大麦―クローバ・豆科作物―ライ麦・小麦）が王領地および騎士農場を媒介として農民地にも普及しはじめた（SS.50-56）。こうして中世以来の封建的農業を拘束していた肥料不足の悪循環が解決されるとともに、三圃農法と結びついていた耕地混淆制を揚棄する「囲い込み」（Separation）が急速に進行してゆくこととなる。ウッカーマルク（クーアマルクの一地域）のある懸賞論文によれば、一七八九年には同地の全農地が囲い込みを完了した（S.61）。

農民経営にとって、これは、賦役からの解放の進展ばかりでなく、共同地分割による耕地の増加、共同体規制からの解放にともなう改良されたイギリス式農具の自主的導入を可能ならしめるものであった。分離独立した耕地の価格が上昇したことは言うまでもない。オーデルブルッフの一農民地は、囲い込み前は六〇〇ないし二〇〇〇ターレルと評価されていたのに、終了後は九〇〇〇ターレルもの評価を受けることになる。ミュラーは、以上の過程が必ずしも旧体制に無抵抗で迎えられたわけではない事情に慎重に言及しながら、十八世紀最後の三分の一期まで農民を生産技術上の進歩から排除していた諸障害がこの時期以後ようやくとり払われたと述べている。

その結果は端的に収穫量の増加としてあらわれるはずである。穀物種別、地域別の播種対収量比の確定はミュラーの最も努力したところであって、その丹念な史料踏査の積重ねによってかれは、十八世紀を通じてこれまでの三倍にくらべて認めるに足るほどの収量増加はなかったというリーマンやゴルツ以来の通説に対して、もともと気象条件・土壌状態・施行農法の組み合せで多様な濃淡を示す多くの収量比指数から、ほぼ五倍という平均値――これは非常に控え目な結論である――を導き出している（SS.102-107）。作付の改良の点から見ると、この期間に馬鈴薯の作付が飛躍的に増大した――クーアマルクでは一七六五年を一〇〇とすると一八〇五年には一五六七に達する（S.71）――ことが注目に値する。

問題はこのような生産力発展の推進者をいずれに求むべきか、にある。クナップ、ハンセン、マイツェン、ゴルツといった古典的にブルジョア的な研究者が、これを大農場所有者たる貴族——王領地所有者をも含む——に求めたのは、ミュラーにとってなんら異とするに足りない。かれにとって遺憾なのは、マルクス主義的な歴史家までが、「若干の例外を除いて」ほとんどブルジョア史家とこの点で一致することであった。ミュラーはその一例として、かの二ヒトヴァイス、『ドイツ経済史』二巻の著者H・モテックのみならず、H・パウルやE・ランゲリュデッケといった若い研究者たち（引用文献がMS.すなわちタイプ印刷の博士論文である）を挙げる。これらの研究は、むろん封建的搾取に対する農民の果敢な階級闘争を特記しはするが、世紀後半以来の農民的経営にいかなる発展可能性をも見出さずその発展をまさに階級闘争の一形態として見ないとすれば、それは客観的には、東ドイツの歴史は貴族の功績と受難の歴史であったというかの反動的なゲーアリッツ理論と径庭はたしていくばく、というのである。

ゲーアリッツの「エリート理論」の真の意図は東独におけるユンカー解体の基礎作業である土地改革を不法と宣言することにある、と断定した上でミュラーは、ゲーアリッツの所説を実証的に論破してゆく。ゲーアリッツはいう。「一八〇一年のマルクには、八一八の騎士農場があり、それは三〇九人のグーツ所有者と三四名の寡婦および幼年当主に属した」、と。ところがミュラーによれば、この数字は実はクーアマルクのものにすぎず、しかもゲーアリッツが「実践的農業家」と規定した合計三四三名の上記所有者は、その領地に「住んでいた」者の人数にすぎない。クーアマルクの「家臣名簿」によれば一八〇四年現在の騎士領所有者は貴族五一〇名、市民身分八六名の計五九六名、そのほかに相当の教会領主がいたのであるから、貴族所有者の半分近くは少くとも「実践的農業家」ではなかったことになる。かれらは農場に居住しさえもしない「寄生虫的存在」(Schmarotzerdasein) であって (SS.109-111)、その農場はすべて小作に出されていた。残りの在村貴族はそれなら厳密な意味での Selbstwirtschaftender Adel であろうか。この名簿はそれ以上の事を語らないが、ミュラーは多数の史料を駆使して当時の貴族領の小作地化の進行傾向を指摘し、在村貴族でさえしばしば全くの地代収得者と化していたとし、「十八世紀後半には貴族の圧倒的多数が自からを農業家としてではなくグルントヘルと感じていた」と結論した (S.115)。貴族の大規模な「自己経営」(Eigenwirtschaft）は決して「貴族自身が経営を担当したことを意味しない」のである。

では誰が真の「実践的農業家」であったのか。ミュラーは、一七六五〜一八〇〇年の間のクーアマルクにおける、グーツヘル、総小作人（Generalpächter）、管理人および直接小作人（Verwalter und Unterpächter）別の人員統計を作成した。そしてグーツヘルの数がこの間に四五七名から三三四名に減少した一方、第三範疇が八六六名から一四一三名に増加していること、一七七六年ではグーツヘルのうちクーアマルクでは一一％、ノイマルクでは一八・五％が市民身分であること、総小作人の大部分が、産業投資の機会を得られぬままに貴族領総小作に営利機会を見出した市民層であること、これを論証した（SS.116-117）。このような小作関係をかれは「封建制から資本主義への過渡現象」と規定する。

しかし、ここプロイセンではイギリス的に幸福な三分割制が再現するわけではない。グーツヘル層の力は、これら小作地の小作期間を平均六年（！）という短期に圧縮することに成功している。六年間に小作料を回収するには土壌の根本的改良に手を出さぬほうが無難である。しかしこうした封建的生産力阻止要因を排しつつ、折柄の穀価騰貴と七圃農法などの新農法導入によって、ブルジョア的小作人は着々と収益をあげていった。一七八八年の一小作人は、年一七〇〇ターレルの小作料を支払う農場を改善しつつ、六年後には平年作で二八〇〇ターレルの収穫を得ている。こうした状況の中で、十数名から数十名、時には一村全体の農民の共同持分による共同小作さえも出現しているのである。

ミュラーは、しかしながら「自から経営にあたる貴族」の存在を全面的に否定するわけではない。このことは前記のゲーアリッツ批判の箇所でさえ、そうした全称否定を警めている。だがかれによれば、その農場経営を指導し進歩的な生産方法を導入した貴族の多数が、実は市民層出身者（一部には資本制的マニュファクチュア企業家でその功績によって貴族に列せられた者をも含む）であったという。これらの中でも最も傑出していたのは、ベルリンで倉庫業、毛織物製造業、薪炭業を営なんだPh. L. フォン・ヴォルフで、一七八六年に貴族身分に列したが、自己の農場の収益を六倍に高めたという手腕を発揮したばかりでなく、輪作農法（Koppelwirtschaft）導入の経験を一冊の著作にまとめるということまで手がけている。ミュラーは同様な例として、ハノーファーのガラス製造業者エクハルトシュタイン、フランスから亡命してきた富裕な商人フランソワ・マチュウの例を挙げているが、マチュウは、のちヴィルヘルム一世に男爵に叙任されたさい受封した農場二箇所のほか、経済的に入手した九箇所の農場に革新的技術を導入して運営したばかりでなく、亜麻布製造、バルケント織物業、針金・釘・やすりなど金属加工品製造、染料製造など各種のマニュファクチュアに投資する資本家であった。かれの息子は、さらに二農場を購入し、一七五二年には染料原料のアカネ草の大規模な栽培に着手し、翌々年には農民との合意のもとに囲い込みを完了している（S.124）。

こうしたブルジョア出身の経営貴族は、社会的生活態度においては旧貴族のそれに同調化していったが、農場経営においてはその進取の精神を失わなかった。そしてかれらの旧貴族内進歩派への影響力が、狭い意味での「自から経営する貴族」を生み出したのだ、とミュラーは主張する。「ドイツ農業の改革者」（モテック）、かのアルブレヒト・テーアは、こうした文脈の中で評価されるのである。テーアは、ライプアイゲンシャフト廃棄・共同地分割・農民の税負担軽減・市民の農場購入解禁を主張した貴族フォン・ヴェルナー、自己の農場に大胆にイギリス農法を適用したフォン・カメーケ、通念に抗して農民出身の管理人に農法改善を託したフォン・フリードラント、輪作農法の遂行者フォン・ブレドウ等々のひとびとの中から出て、しかも農業を一つの純粋な「営利事業（Profitproduktion）」と規定した点にその独創性が認められる。

貴族農場への資本制的諸関係導入の主要な障壁のひとつは、小作期間が短かいことであったとすれば、総小作人たちの一致した要求のもとで一二年から四〇年（S.137）とそれが長期化していた王領地で、十八世紀後半に「市民出身の農業的企業家群」の行動様式が封建的所有関係の中で「すでに十分に資本家的自覚によって規定されていた」のは当然であるだろう。かれらは自から「事業家」（Entrepreneure）をもって任じており、それゆえ、一二年ないし一八年の小作期間延長のためには一〇％の小作料引上げにも応ずる用意がある、と提言しえた。かかる分析をふまえて、ミュラーは、「十月改革」を「資本家的、すなわちユンカー的・ブルジョア的諸関係の支配への軌道を定置した」「一箇の革命」ととらえるのである。

本書について紹介すべき部分はなお農民地と騎士農場における生産性比較、馬鈴薯栽培による生産構造の変革など、興味深い論点を残すが、紙数の関係上割愛せねばならない。

ミュラーが随所で批判の対象としているような、マルクス主義史家の多くをとらえている偏見、すなわち農民経営における生産力的停滞、およびそれと対比的な貴族経営の主体的な資本制経営への転化という伝来的な図式に、かなり基本的な反省を本書はうながすであろう。あきらかに、あの「プロシア型の道」は、農民型の発展形態の雁行的対抗関係の中で、しかも「プロシア型の道」それ自体がブルジョア的イニシアティヴのもとに推進されていったことを論証した点で、(理論的には、たとえば寄生グルントヘル層と市民的農業家層への両極分解といった整理はこれを欠くにせよ)「プロシア型」が封建的・地主的・生産力阻止停滞的・歴史逆行的と理解されがちなわが学界には、半封建的所有関係のヴェールの奥に「生産力発展の主要な担い手としてのブルジョア的小作人と自営農民」(S.165) を見出したミュラーの視角は、特に貴重な寄与を果すことになろう。東独学界に即していえば、ミュラーは、ニヒトヴァイスなどの生産力停滞説を一方で明示的に批判しつつも、他方暗黙裡には、農業改革後にはじめて局面が反転して資本制的経営が出現するというハイツやクチンスキーにも一定の批判を加えていることになる。[9] 終りになくもがの望蜀の感をつけ加えれば、(一) マルクにおける農民層分解の総体的把握、(二) 総小作人の典型による経営分析的例証、(三) ベルリンという大農産物消費地を擁したマルクの農産物流通構造の鳥瞰、この三点への論及の用意を示してほしかった。だがいまは、これまでメクレンブルクおよびラウジッツの二地方に関して多くの業績をあげてきた東独農業史学界が、ようやくその中枢たるマルク・ブランデンブルクに関心をそそぎはじめ、われわれの久しい渇をいやしてくれたこと、これを率直に歓迎したい。

私信によれば、ミュラーは最近、十八世紀におけるプロイセン科学アカデミーの農産物価格論争をとりあつかった研究を教授資格申請論文として提出したという。ここ数年、価格史・賃金史研究を媒介として東西両ドイツの経済史学界の学問的交流が着実に進められていたようである。西独における当該分野の中心は、ミュラーの研究に早くから注目していたゲッチンゲン大学のW・アーベル教授[10]が主宰する「経済史・社会史研究所」であるが、それを反映してか、ミュラーの本書に対する西独の書評者二人、D・ザールフェルトと、F.-W. ヘニング[11]はともにアーベル教授の門下であるのも興味深く、また東独の『経済史年報』で本書の紹介を行なった上記ベルトルト[12]が、生産関係視点ではともかく、生産力分析の手法としてアーベルおよびその学派の研究に高い評価を与えていることも、将来ますます活潑になるであろう両独学界の交流の展望に関して示唆的であろう。ミュラーの次の労作にさらなる期待を抱くゆえんである。

---

(1) ミュラーには次の論文があり、いずれも本書に組み入れられている。
ditto, Die Bodennutzungssyteme und die Separation in Brandenburg vor den Agrarreform von 1807, *Jahrbuch für Wirtschaftsgeschichte*, 1965, Teil 3. ditto, Domänen und Domänenpächter in Brandenburg-Preußen im 18. Jahrhundert, *JfWg*. 1965, Teil 4. ditto, Entwicklungstendenzen der Viehzucht in Brandenburg vor den Agrarreformen von 1807, *JfWg*. 1966, Teil 2.

(2) 拙稿「『再版農奴制』をめぐる諸問題」(『専修大学論集』第一八号、一九五八年九月)参照。

(3) Jan Solta, Die Ertragsentwicklung in der Landwirtschaft des Klosters Marienstern, Bautzen 1958, ditto, Die Bauern der Lausitz. Eine Untersuchung des Differenzierungsprozessses der Bauernschaft im Kapitalismus, Bautzen 1968.

(4) Gerhard Heitz, Über den Teilbetriebscharakter der gutsherrlichen Eigenwirtschaft in Scharbow (Mecklenburg) im 17. und 18. Jahrhundert, *Wissenschaftl. Zeitschrift d. Univ. Rostock*, 8. Jg. 1958/ 59. *Gesellschafts-u. Sprachwiss. Reihe, Heft* 3.

（5）Rudolf Berthold, Einige Bemerkungen über den Entwicklungsstand des bäuerlichen Ackerbaus vor den Agrarreformen des 19. Jahrhunderts in: *Beiträge zur deutschen Wirtschafts- und Sozialgeschichte des* 18 *und* 19. *Jahrhunderts*, Berlin 1962. なお本書は、前記ハイツの別の論文をも収載している。

（6）たとえばその1例、Joachim Sack, *Die Herrschaft Stavenow*（Mitteldeutsche Forschungen, Bd.18）Köln/ Graz 1959.

（7）Graf Henning von Borcke-Stargordt, Grundherrschaft-Gutsherrschaft. Ein Beitrag zur Agrargeschichte, *Jahrbubh der Albertus-Univ. zu Königberg/ Preussen* Bd.10, 1960, SS.176-212. かれのこの論文に端を発したシンポジウム、Zur ostdeutschen Agrargeschchite. Ein Kolloquium. *Ostdeutsche Beiträge aus dem Göttinger Arbeitkreis*, Bd.XVI, 1960 については拙稿「近世西ドイツにおける市民地主制の問題」（『専修経済学論集』第七号、一九六九年）参照。

（8）Walter Görlitz, Die Junker. Adel und Bauer im deutschen Osten, Glücksburg 1956.

（9）前掲藤瀬氏『近代ドイツ農業の形成』一九一ページ以下参照。

（10）Wilhelm Abel, Geschichte der deutschen Landwirtschaft vom frühen Mittelalter bis zum 19. Jahrhudert, 2. Aufl. Stuttgart 1967, S.324.

（11）Vgl. Diedrich Saalfeld, Besprechung, in: *Jahrbücher für Nationalökonomie und Statistik*, Bd.181, H.5, 1968. Friedrich-Wilhelm Henning, in: *Vierteljahrschrift für Sozial- und Wirtschaftsgeschichte*. Bd.55, H.1, 1968.

（12）R. Belthold, Fortschritt und fortschrittstragende Kräfte in der spätfeudalen Landwirtschaft. Gedanken zu einem Buch von Hans-Heinrich Müller, Märkische Landwirtschaft usw., in: *JfWg*. 1969, Teil 1, SS.399-417. Vgl. besonders 404, 408, 416. この長大な書評は、農民経営の生産性分析の研究史に包括的な概観を与えている点でもことに有益である。

［付記］筆者は一九六六年に西独（当時）ゲッチンゲン大学に留学中、同大学のW・アーベル教授の紹介状を携え、東独（当時）のフンボルト大学にJ・クチンスキー教授を訪ねたさい、門下の新進ミュラー氏に出会った。氏は「いま脱稿間近の著作を日本の学界に紹介してほしい」と言う。帰国後に届いた本書は期待を裏切らない秀篇であった。興味深く読み、要約にいささかの論評を加えたものである。

〈マルクス研究〉

6 『ドイツ・イデオロギー』における二つの共同利害論

一　新メガ版『ドイツ・イデオロギー』について

1　一九七二年の夏、ひさしく待望されていた新しい『マルクス・エンゲルス全集』――以下「新メガ」とよぶ――の試験版（Probeband）が、東独のディーツ社から公刊された。この試験版に収録された『ドイツ・イデオロギー』第一巻第一章「フォイエルバッハ。唯物論的な見方と観念論的な見方との対立」は、こんごの『ドイツ・イデオロギー』研究にとって決定的な意味をもつはずである。これまで長い研究の伝統をもつマルクス主義形成史研究は、『ドイツ・イデオロギー』をもって、たとえば「唯物史観の最初の体系的叙述をおこなった労作」などと高く評価するのをつねとしてきたが、「唯物史観」なり「史的唯物論」なりの伝統的な体系を重んずる研究者ほど、『ドイツ・イデオロギー』固有の問題、すなわちマルクスとエンゲルスの「持分問題」に対してあえていえば鈍感であった。一九六五年における広松渉氏の、世界的にみても画期的と思われる現行版＝アドラツキー＝旧メガ版『ドイツ・イデオロギー』偽書説およびエンゲルス主導説の提唱にもかかわらず、また翌六六年ソ連のバガトゥーリャによるロシア語新版、さらに翌六七年東独のティルハインによるドイツ語新版の公刊をみたのちでさえ、アドラツキー＝旧メガ版およびその複製であるドイツ語版『マルクス・エンゲルス著作集』（MEW）による（邦訳では大月書店版『マルクス・エンゲルス全集』第三巻、岩波文庫および国民文庫による）引用や立論は、つい最近まで、というより現在も一部では依然としてあとをたたない、という状況である。さすがにここ数年のあいだは、ソ連新版の普及的な訳書『新版ドイツ・イデオロギー』（花崎皋平訳、合同新書）による引用が正統派的史的唯物論の唱道者たちのあいだでも見受けるようにはなった。しかしながら広松説および新版が提起している「持分問題」を不問に付したままであるかぎり、引用ページをどのように書きかえたにしてもそこから生産的な討論がおこることはのぞめないであろう。しかし、一歩退いて考えてみると、いくつかの新版それ自体にも一半の責任がなかったわけでもないのである。

　というのは、基本的にエンゲルスによって筆記され、あとからマルクスとエンゲルスによって加筆、抹消、修正された原稿のありさまを比較的忠実に再現していた通称リャザーノフ版（『マルクス・エンゲルス・アルヒーフ（MEA）』第一巻。一九二六年）が、リャザーノフ粛清後の旧メガ（MEGA）第一部第五巻においてアドラツキーおよびD・ヴェラーの手で再判読を加えられたのち発表されたとき（一九三二年）には、綿密きわまりない校訂と異文照合を示した付録と本文とはきりはなされてしまい、いわば丹念にアイロンをかけられた白布のような本文が、つまり原稿の加筆や抹消やそれらの部分的な筆者「持分」をそもそも想起すらさせないような形態で提供されたからである。以後、この本文のほうだけが『ドイツ・イデオロギー』の最終的に科学的な底本とされ、世界中の労働者、マルクス主義者、マルクス主義研究者たちによって読まれてきた。この本文は、広松氏や新版の編集者たちが指摘するように、原稿を四〇あまりの断片にきりきざんで問題別、項目別に再編集したものであって[1]、そこからマルクスなりエンゲルスなり、もちろん「マルクス・エンゲルス」なりの体系的思索をくみとることはとうてい不可能な構造をもっていたにもかかわらず、『ドイツ・イデオロギー』に交錯する思想の総体としての分析・把握をはじめからあきらめていた「マルクス主義」者が、総体の文脈から個々のそれ自体は魅力的な命題を部分的に抽出・引用することをさまたげなかった。諸新版——一九七三年の独仏対訳版（エディシオン・ソシアル社）をふくめて——は、加筆や傍注の重要なものについての筆跡を明らかにする方針をとりはしたけれども、「持分問題」が意識されないかぎりでは事態は基本的に変らなかったとしてよい。そういえば、広松氏が指摘するように、「持分問題」の眼があればそのために最少限必要な、むしろ必要をはるかに上廻る豊富な情報は、すでに旧メガ付録によって提供されていたのであって、[2]問題は諸新版の出現をこの旧メガ付録への着眼のきっかけとなしうる研究の姿勢自体にあったのである。

2　新メガに発表された『ドイツ・イデオロギー』第一章は、旧メガと同様に本文と原稿の状態を再現する付録を別にわけており、その本文も抹消や追記や修正のあとをとどめない校訂ずみ白文の形をとっているけれども、原稿ボーゲン用紙の体裁どおりタテに分けた左欄に校訂ずみの本文を、空白に残した右欄の左欄該当箇所にマルクスとエンゲルスの追記と傍注を、それぞれ配置するという編集をおこなっているのが特徴的である。この形式での再現はまったくはじめてではなく、一九七一年西独コッタ社からP・フルトとH-J・リーバーの編集によってでた、いわゆるコッタ版においてまったく部分的にながら試みられていた。[3]

こうした本文の組み方が、これまで順列的に組まれていた一見一連ふうの論述のなかから追記を浮き立たせることによって、追記とそれが付せられた本文との論理的緊張関係に眼を開かせる契機となるであろうことは容易に想像しうるところである。加えて、新メガのテキスト・クリティークは、旧メガのすでに綿密をきわめた校訂を一歩進めて、基底稿へ加えられた複数回の修正の順序をも一語一語の筆跡を明記しつつ推定する形式をとっている。この点でも、原稿のフォトコピーが全面的に提供されるまでのあいだの研究を大きく刺激するはずであり、これまでの諸新版にはたいして権威を認めようとしなかった守旧派の研究者をも否応なく「持分問題」にひきずりこむだけの力をもっているといって過言ではない。ただし、実際にこの付録の校訂のしかたには、土屋保男氏、広松渉氏も指摘しているように、またその一例をのちに示すように、問題がある。広松氏の指摘する多くの脱漏は別にしても「異文解説のために用いられた略号が多岐にすぎ」（土屋氏）[4]、付録と「本文とを首っぴきで読み比べながら……まるでクイズを解くような作業を経なければ手稿の行文を復元できない」（広松氏）[5]というところが決定的な難点である。本稿が活字になるのとほぼ同時期に、かねて広松氏が提唱していた独自の編集案――論述の構造および手稿復元の両面にわたる――による、巷間に「広松版」とうわささされた画期的な『ドイツ・イデオロギー』が姿を現わすはずである。それを本稿が参照しえないのは残念であるが、いまはそのかわりに、広松理論に党派的な予断をもって接する「マルクス主義」的研究者たちがこの広松新版をどう評価するかという、きわめて興味深い臆測を享受することができる。広松版の欠陥をあげつらうためには、否応なく新メガ版をもち上げざるをえなくなり、結果として「持分問題」にたいする自己の去就を明らかにせねばならなくなるだろう。つまり新メガ版はどのような欠点をもつにせよ、伝統的な教義体系に立つ論者たちの退路を断ったのである。

二　二つの共同利害規定と新メガ版の校訂

1　旧メガの手稿照合を修正した多くの箇所はそれぞれ十分な検討を必要とするものである。くりかえすが、完全な原寸大フォトコピーの利用が誰にも自由ではない現状では、新メガの新校訂は肯定的に、だがおこたりなく批判的に受けとめねばならない。このような立場をはじめに明らかにしておくが、その上でわれわれが本稿の主題に即して特に注目に値すると思うのは、次に示すような一句の位置移動である。やや繁雑にわたるが、重要なので長文の引用をゆるしていただきたい。各版照合はあとまわしとして、さしあたり、マルクスの付した原ページでは第一七―一八ページ、邦訳では花崎訳合同新書版六五―六七ページを参照されたい。

引用Ⅰ「まさにこの特殊利害と共同利害との矛盾から、共同利害は国家として、現実的な、個別的にして総体的である利害から切りはなされて自立した姿勢を〈同時にそれは幻想の共同性 illusorische Gemeinschaftlichkeit の姿をも〉とるのであって、実はいつも、各家族集団および部族集団のうちに現存するもろもろのきずな、たとえば肉と血、言語、比較的大規模な分業と、その他の諸利害といった実在的な土台のうえに立っている。ことに、あとで展開するであろうように、分業によってすでに制約されている諸階級、すなわち各種の人間集団ごとにわかれて、そのうちのひとつが他を支配するような諸階級という、実在的土台のうえに立っているのである。

ここから結論されることは、国家内部のあらゆる闘争、民主制、貴族制、君主制をめぐる闘争、選挙権のための闘争等々は幻想の諸形態{――……――}にほかならないのであって、実際はそのもとで種々の階級間の現実的な闘争が遂行されている、ということであり（それについては、ドイツの理論家たちはまったく感づいていない。『独仏年誌』と『聖家族』のなかで、このことへの示唆を十分かれらにあたえてやったにもかかわらず）、そしてさらに、支配をめざす各階級は、たとえその支配がプロレタリアートの場合にそうであるように、旧社会形態全体《と支配一般と》の廃止をもたらす場合でも、その階級の利害をやはりまた普遍的なもの das Allgemeine として示すためには……まずなによりもさきに政治権力を奪取せねばならない、ということである。」（パラグラフ分けは引用者。〈 〉はエンゲルス筆跡の、《 》はマルクス筆跡の追記。{――……――}の意味は後述[6]）

右の文章は、リャザーノフ版でも旧メガ版でも、また花崎訳の底本たるソ連新版においてもなんらの注記なく本文に組みこまれていたものであるが、このたび新メガで、原稿の右欄空白部に追記されたものと判定されている。したがって引用文中の〈 〉および《 》は、いずれも追記への再追記ということになる。新メガでは基底稿が筆記者エンゲルスの筆跡になるときはことさらの表示をしていないので、右の文章の筆記者もエンゲルスというわけである。

さて新メガの示すごとくには、原稿右欄への右の追記をすぐひきうける形で、こんどはマルクスの筆跡になる一連の追記が続く。実は以下の引用が問題なのである。

引用Ⅱ「諸個人は、〈ただ〉かれらの特殊な利害、かれらにとって、かれらの共同の利害とは一致しない利害を追求するからこそ、{またおよそその普遍的なものというのは、共同的なものの幻想的形態〔die〕illusorische Form des Gemeinschaftlichen であるからこそ}、その普遍的なものは（dieß）、かれらにとって『疎遠な』、かれらから『独立した』もの、それ自体ふたたび特殊な、独自な『普遍』－利害とみなされるのである。あるいは民主制の場合のように、諸個人自身、この分裂のうちで動かざるをえない。

それだから他面では、共同利害および幻想的共同利害にたいして、たえず実際上対立してあらわれる諸特殊利害の実践的闘争は、国家という〈幻想的な〉『普遍』－利害による実践的な介入と制御とを必要とするようになる。」（傍点原文。傍線とパラグラフ分けは引用者。〈 〉はエンゲルスの追記）

2　この文章はリャザーノフ版以来、新版発表のたびごとに手が加えられているまことに厄介な箇所なのである。リャザーノフ版では、まず、右の引用Ⅱ全体（パラグラフ分けは、原文の二つの文 Satz にしたがっている）が、マルクスによって書かれた追記とされた。その校訂をアドラツキー＝旧メガ版とくらべてみると、細かなコンマの使いかたなどを別にすると、次のようなちがいがある。（一）「ただ」（nur）が（イ）エンゲルス筆跡とされず、（ロ）強調形でもなかった。（二）引用文Ⅱ第一行目の形容詞「特殊な」（besondres）が名詞「特殊なもの」（Besonderes）と読まれた。（三）その語の次が、ハイフンでなくコンマと判読され、（四）ソ連新版＝新ドイツ語版が「〔とは〕一致しない zusammenfallendes〔利害〕」としているのを頭文字Zを大文字によんで「一致しないもの」と解した。（五）第一パラグラフ末尾の「動かざるをえない」の中の「動く」（sich bewegen）を、「出合う」（sich begegnen）

と読んでいた（MEA, S.251）。

しかし、もっとも大きな旧メガでの校訂は、右の引用Ⅱ第一パラグラフ中に〔 〕でくくった数語を、ここに挿入したことである（引用では新ドイツ語版と新メガ版の判読にしたがって“des Gemeinschaftlichen”としてあるが、旧メガ版はこれを“der Gemeinschaftlichkeit”と判読）（MEGA, S.23）。この〔またおよその普遍的なものというのは共同的なものの幻想的形態〔であるからこそ〕〕という数語は、どこから配置がえされたのかといえば、それは前掲引用文Ⅰ第二パラグラフに〔――……――〕の形で示した箇所の近くからである（「近く」の意味は後述）。ちなみにリャザーノフ版は、語尾に疑いをのこしながらも(7)、「共同的なもの」を新ドイツ語版および新メガ版と同じに読んでいた。

ソ連新版は、この旧メガ版の位置変更をうけついだ。さきの引用Ⅰ、引用Ⅱは基本的に花崎訳合同新書からのものでその結構を伝えていると思う（「またおよその普遍的なもの」の「また」はソ連新版の訳で、ドイツ語にはない(8)）。ついでにいうと、ソ連新版は、引用文Ⅱのあとに「以上二つのパラグラフ（абзац）は、エンゲルスの筆跡で欄外に書かれている」という注記を付している（訳六七ページ）。邦訳では引用Ⅰと引用Ⅱがそれぞれ独立の一パラグラフを成しているので、この注記では引用Ⅰのほうはともかく、マルクスの筆跡による――そしてリャザーノフが「二つの文 Satz からなる」と注記した――引用Ⅱまでがエンゲルスの筆跡にふくまれてしまうわけであるが、これは明瞭な誤りである。この点は、以下の行論を花崎訳を利用しながら読む読者に混乱をあたえないためにも重要であるので、あえて注意を乞う次第である。

ところで旧メガ版の校訂は、二つの問題をもたらした。すなわち第一は、さきの〔……〕をマルクスの追記の中に組みこみながら、これをはっきりエンゲルスの筆跡としたことである（MEGA, S.572）。このことは、後に節をあらためて述べるが、「共同利害」のエンゲルス的理解とマルクス的理解との判別をいちじるしく困難にした。つまり、形式上、マルクスの追記のなかにあとからまたエンゲルスが重大な再追記をおこなっていることになるからである。

第二には、ここに旧メガ的な挿入をおこなうことで、引用IIで傍線を引いて示しておいた「その普遍的なもの」の原語である代名詞 "dieß"（新メガが示す古形）の指示するものが変ってくる、という問題である。旧メガ版およびそれを踏襲したソ連新版では、邦訳が示すように、｛ ｝のうちの「その普遍的なもの」（das Allgemeine）を指さざるをえない。

3　ところが新ドイツ語版は、前記の｛およそその普遍的なものは、共同的なものの幻想的形態〔である〕｝を、前掲引用Iのエンゲルス筆跡欄外注記の中の｛……｝のところへ、両端をハイフンではさんだ形にしてもどした。新メガ版も一語を別としてこの解読を支持している。しかしもどした場所は、リャザーノフ版と少しちがっている。リャザーノフ版は、「選挙権のための闘争等々」のあとへ、ハイフンでくくらずに入れている。くどい説明より原文で示せば一目瞭然であろう。すなわち——

"Hieraus folgt, daß alle Kampfe innernalb des Staats, der Kampf zwischen Demokratie, Aristokratie und Monarchie, der Kampf um das Wahrrecht etc. etc., überhaupt das Allgemeine illusolische Form des Gemeinschaftl〔ichen〕 nichts als die illusorischen Formen sind, in denen……" (MEA, S.250. 傍線引用者)

この文章は相当に無理である。「形態は諸形態にほかならない」（das……Form sind nichts als die……Formen）という文法上の無理には目をふさいでも、「およそ、共同的なものの・普遍的な幻想的形態」が「国家内部のあらゆる闘争」と同格になっている点もうなづけない。

これにたいして、新ドイツ語版は次のようである。

"Hieraus folgt, daß……, der Kampf um das Wahrrecht etc. etc., nichts als die illusorischen Formen sind——überhaupt das Allgemeine die* illusorische Form des Gemeinschaftlichen——, in denen……" (Reclam, S.29. Dietz, S.34. 新メガ版では＊を付したdieが削られており、またハイフンの後のコンマがない(9))

アムステルダムの社会史国際研究所所蔵の原稿を検討して作製されたコッタ版（一九七一年）がほぼ明らかにし、そして新メガ版がより詳しい説明つきで確認（S.444）しているように、右の「およそ」うんぬんの七語——コッタ版にも＊を付したdieはない（Cotta, S.36, Anm.30）——は、もともとエンゲルスが挿入用の記号もなしに、行と行のあいだに書きこんだものであった。筆者自身の指示がないのだから、これを文中に挿入するのは、たとえ新メガ版の試みのようにわざわざハイフンでくくるという気遣いをもってしても、いたずらな誤解を招きやすいのであって、その点、「原稿におさめられている以上のことも、以下のことをも示さないよう」忠実な再現を目したコッタ版（フルトとリーバーの「編集者あとがき」を参照。Cotta, S.889）の見識と編集は、少くともこの点にかぎっては高く評価されてよかろう。（「この点にかぎっては」などと評価を限定したのは、コッタ版は、一般に本文中の個々の語句の筆跡にはまったく関心をもたないからである。念のために。）

してみれば、エンゲルスによる行間追記のこの「およそ普遍的なもの」がなにを文脈の中で意味するかを、リャザーノフ版や新ドイツ語版が示した文脈などの比較検討からわりだすという作業はあまり意味がないことになる。なぜこの七語を、ほかならぬここへ書きこんだのかという詮索はこれを別個の問題としておいて、この"das Allgemeine"をふくむぶっきらぼうな文形から推しても、この概念はかの挿行箇所より以前に出ているはずであり、その初出箇所の文脈そのものを検討するほうが手続きとして正しいことになろう。事実、コッタ版の組み版からもおおむね想像しえたところだが、新メガ版があらためて精密に注記したように、この挿入追記をふくむ全体としての引用文Iは、邦訳の体裁によれば引用文Iにさきだつパラグラフのうち、『普遍的なもの』（"Allgemeines"）という語の隣りから

――より精確には原稿左欄の行でこの語が“Allgemei-という形で途切れている、その右隣りから――書き足されはじめているのである。そのパラグラフ――原稿では別にパラグラフになっていないが――をここに引用しておこう。念のために言えば、これは基底稿そのままであって、なんらの追記、削除をもふくまない文章である。

引用Ⅲ「さらに分業と同時に、各個人あるいは各家族の利害と、相互に交通しあうすべての諸個人の共同利害とのあいだの矛盾が生ずる。しかもこの共同利害は、ただたんに表象のうちに『普遍的なもの』としてあるのではなくて、何よりもまず現実のうちに、そのもとで労働が分割される諸個人の相互依存性として実在するのである。」(花崎訳六五ページ。Reclam, S.28. Dietz, S.33)

問題は、この持分不明の基底稿の「普遍的なもの」に想を発せしめられて、エンゲルスがどのような共同利害論を展開し、さらにその追記に誘われたマルクスがいかなる共同利害論を並びそえたか、という点にある。かえりみて冗長の気味はあったが、持分問題をふまえての上記の検討は避けることができなかったことを諒とされたい[10]。

三　エンゲルスにおける共同利害と普遍的利害

1　前に触れておいたように新しい校訂は次の二つの問題を提起していた。第一は、〔およその普遍的なものは共同的なものの幻想的形態〕という挿入句をあらためてエンゲルスの見解表明として、エンゲルスの文脈の中でどのように解するかという問題。第二は、それの位置変更によって生ずるマルクスの追記の文脈の変化という問題、これである。

第二の問題からはじめよう。

引用IIを見れば明瞭と思うが、〔およそ……〕の一句がマルクスの追記に挿入されているかぎり、旧メガおよびソ連新訳が正しくそうしたように、その挿入句直後の dieß = dies は、「その普遍的なもの」(das Allgemeine) をあらわさざるをえない。しかし、かの挿入句がとりはずされてしまえば、dieß は当然別の先行名詞なり先行命題なりを意味することになる。原文を掲げておこう。

"Eben weil die Individuen ⟨*nur*⟩ ihr besondres——für sie nicht mit ihrem gemeinschaftlichen Interesse Zusammenfallendes* suchen——〔……〕 wird dieß als ein ihnen „fremdes" u. von ihnen „unabhängiges", als ein selbst wieder besondres u. eigenthümliches „Aiigemein"** Interesse geltend gemacht, od.……" (PB, S.58. Reclam, S.29. Dietz, S.34. ⟨ ⟩ はエンゲルスの追記。＊は後二者では小文字。＊＊のあと、後者には短かいハイフンがある。〔……〕のところに"uberhaupt das Allgemeine illusorische Form des Gemeinschaftlichen"が入っていた)

さて、新しい文脈で dieß がなにをさすか、可能性は二つある。第一は、新ドイツ語版のように zusammenfallendes と小文字に読んでおいて、「かれらの共同利害とは一致しない、かれらの特殊利害」をあとにもってき、そしてその後者=特殊利害として dieß を解するしかた。新メガが Zusammenfallendes と動名詞形に読んだ意図を汲んでも、これは結局、特殊利害の説明なのだから、dieß = 特殊利害と解しうる。しかしもうひとつ、ihr besondres のあとに Interesse を読みこんで、それを前者とし、その前者に対して ihr gemeinschaftliches Interesse のほうを後者と読むみかたも成りたつのではないか。つまり、Eben weil にはじまる副文章に、特殊利害と共同利害の矛盾が端的に表明されており、そのうち語順においてあとに出てくる共同利害のほうを「後者」とみなすわけである。

もし右の副文章全体を特殊利害でくくってしまい、その全体＝特殊利害を受けるものとしてdießを考えるならば、少くとも「後者」の含意は消えるし、内容的にいっても、「諸個人がひたすらかれらの特殊利害を追求するので、その特殊利害がふたたび特殊な『疎遠』な『普遍』利害になる。」というのでは意味が通りそうもない。「共同利害」であるならば、のちの展開を先きどりすることになるが、私的所有下では共同利害が『疎遠な』、諸個人から独立した『普遍』利害として現われる、ということになり、疎外の論理を前提すれば（この点は後に詳述）文章としていちおう首尾はつらぬかれる。

2　以上をさしあたりの仮設としておいて、引用Ⅰの、いわばエンゲルス・パラグラフの共同利害観を検討してみよう。

まず特殊利害と共同利害の矛盾が指摘される。しかしそれがいかなる矛盾かは、欄外追記である引用Ⅰがそれに付されたところの本文——新メガ版以外の諸新版では引用Ⅰの直前に位置するパラグラフ（引用Ⅲ）——を見ても、必ずしも明らかではない。むしろ虚心に対するなら、引用Ⅲでの共同利害は分業しあう諸個人の相互依存性gegenseitige Abhängigkeitとして表象されているのだから、矛盾どころか逆に、特殊利害はこの依存性を媒介として共同利害の一構成要素に対自化されている、いわばポジティヴな連関がえがかれている。これを「矛盾」として理解するには、よほど強靭に、「そのもとで労働が分割される依存性」つまり「分業」をネガティヴな関係ととらえきる視座を堅持せねばならないはずである。念のためにいうと、この引用Ⅲの直前にある、「分業と私的所有とは同じことの別の表現identische Ausdrückeである」うんぬんの一文は、しばしばマルクスの分業観の定式的表現として引用されているものだが、実はこれもしばしば機会あるごとに強調してきたとおり、エンゲルスの筆跡になる追記である。(11)

おそらくはこの分業イコール私的所有という論理をベースとしてエンゲルスは、かの相互依存性を「矛盾」と把握し、そしてこの矛盾からかなり唐突にも、共同利害は（個別かつ全体的利害Einzel- & Gesamtinteressenからきりはなされて）国家として自立的一姿勢をとる、というふうに展開する。国家としての共同利害は、同時に「幻想的に共同的なもの（ゲマインシャフトリヒカイト）」であった。このように国家＝幻想的共同性[12]という姿態をとってあらわれる共同利害は、実はつねに、分業によって制約された諸階級したがって階級支配という実在的土台に立っている、とかれは考える。それゆえに「国家内部のあらゆる闘争」の実体は諸階級間の闘争――いわゆる「階級闘争」とは範囲をやや異にする――であるのだ。なぜなら、〔およそ普遍的なもの〔などと自称しているが、要する国家と〕は共同的なものの幻想的形態〕[13]でしかないからである。すなわち、闘争の実態は、ある階級が掌握し専断している国家〔権力〕を、その国家〔権力〕から排除されている別の階級が、共同性というワク内部からではなくその外部から、闘いを挑んでいるのである。ある階級が政治権力を掌握したときに、自分の階級の特殊利害を「普遍的なもの」＝「共同的なもの」として内外に公言し強制する、それが共同利害の本質なのだ、エンゲルスはこう言うのである。この文脈のなかでは、あの〔およそ普遍的なものは共同的なものの幻想的形態〔である〕〕という挿入句は、実に間然たることなく位置することを了解しうるであろう。

「共同利害」とは一支配階級が自己の特殊利害を対他的に自称することばである、という考え方は『ドイツ・イデオロギー』の諸行間にいくつか見出しうる。

たとえば、「われわれがさきにすでに（　　ページ）、従来の歴史の主要な力のひとつとして見出した分業は、支配階級内部においても精神的労働と物質的労働との分業としてあらわれる」、というふうに、あとから書き入れるつもりでページ数のところを空白に残したまま急ぎ書き進められた一節は、エンゲルスによる二つの「幻想」という語をふくむ追記[14]がほどこされた叙述のなかでこう述べる――

「いかなる新しい階級も、自分に先だって支配していた階級にかわって自己を確立するわけであるから、自己の目的を遂行するためには、〈ぜひとも〉自己の利害を社会の全成員の〈共同利害〉として表現しえなければならない。つまり観念的に表現すれば、自己の思想に普遍性という形式をあたえ、それだけが理性的なもの、〈普遍妥当的なもの〉として表現しえなければならない。

革命を遂行する階級は、つねにある他の階級に対立しているはずなのに、最初から階級をでなく、全社会を代表するものだと称して登場する。その階級は、唯一の支配階級と向きあう場合には、社会の全大衆としてあらわれる。*

＊本文のここの右欄にマルクスは注記している。（普遍性にかなうものは、1・身分にたいしての階級。2・競争、世界交通等々。3・支配階級の人数の多さ。4・共同利害という幻想、ことの始まりにおいてはこの幻想は真実であった。5・イデオロークたちのまやかし、そして分業。）

その階級がそうなしうるのは、その階級の利害が〈これまでの諸関係の圧力のために〉ある特殊な利害として自己を展開できなかったというよりはむしろ、ことの始まりにおいては、その階級の利害が、すべての他の非支配階級の共同利害と結びついているからにほかならない。」（R四六―四七ページ、訳九八―九九ページ。〈 〉はエンゲルスの追記）

「ある特定の階級の支配が、ある種の思想の支配にすぎないかのようなこの仮象全体は、およそ階級の支配が社会秩序の形式であることがなくなるや否や、またそれゆえ、ある特殊利害を｛実践的には万人にとっての利害として、また理論的には｝普遍的利害として、〈もしくは『普遍的なもの』を支配的なものとして〉、あらわすdarstellen 必要がもはやなくなるや否や、もちろんひとりでになくなる。」（R四七ページ、訳一〇〇ページ。｛ ｝は抹消記事。〈 〉はエンゲルスの追記）

長い引用をあえてしたが、それというのも、この一連の叙述――エンゲルスの重要な追記と内容上あい蔽うと思われる本文の叙述――のなかに、おそらくはエンゲルスの思想に属する特殊利害‐共同利害観が別の形で凝縮されていると考えるからである。

すなわち、この叙述の筆者にあっては、「特殊利害」とはつねにある特殊な階級が他の特殊な階級にたいしてもつ固有の特殊な利害であった。「共同利害」という表現は、右にみたように、ある時には旗印としてかかげられるにすぎない、したがって現実にはありもしない幻影であるか、でなければ、多数派をなす諸階級それぞれの諸特殊利害にふくまれる共通項のごとき「共通の利害」[15]か、のいずれかである。この、現実には存在しない――と、当の支配的特殊階級もエンゲルスも考えるところの――「共同利害」が旗印としてスローガンとして表明されたものがまさにつねにカッコつきで用いられるにふさわしい「普遍的なもの」(“das Allgemeine”)つまり「普遍的利害」なのである。もっとも、「共同利害」はつねに、ありもせぬ幻影ではない。つぎのようなばあいにはれっきとした実在なのである。すなわち――

「いままでの展開全体からわかることは、〈ひとつの階級の諸個人がとりむすび、そして〉第三者にたいするかれらの共同利害によって成立せしめられている共同団体的 gemeinschaftlich 関係は、つねにこれら諸個人をたんなる平均的個人として……〈所属させている〉にすぎないような共同団体 Gemeinschaft であった。」(R七二ページ、訳一四二ページ。〈 〉はエンゲルスの追記[16])

いわんとするところは明瞭であろう。ある特殊な階級の特殊利害とは、すなわちその階級に属している諸個人同士の文字どおり「共通の利益」なのであって、それ以外の諸階級にたいしてもっぱら排他的に主張されるごとき、いわば、特殊な共同利害にほかならない。したがってこの用法のばあいには、階級の数だけの共同利害が存立することになる。

以上を要約すればこうなる。社会の変革をめざすある特定の階級が存在する。他の諸階級にたいしてひとつの「特殊」であるこの階級は、それ自身の構成員たちの「共同利害」（Ⅰ）を、他の階級の別の「共同利害」にたいしてもつ。変革をめざす統一戦線ないし同盟軍の諸要求の最低限綱領としての「共同利害」（Ⅱ）を発見し、それを「普遍的利害」「共同利害」（Ⅲ）という形で集約しながら、実は自己の共同利害（Ⅰ）実現を重点的に闘い、勝利の暁には共同利害（Ⅱ）などは弊履のごとくに捨て去って、共同利害（Ⅰ）＝特殊利害を「普遍的利害」と称することさえやめてしまう……。

3　エンゲルスにあっては、したがって「共同利害」（Ⅲ）は、はじめから「幻想」（die Illusion）であり、幻想の上での自称「普遍的利害」と冷酷に措定されている。まえに、共同利害をかなり唐突に「国家」に自立させるエンゲルスと書いたが、これまで見てきたように、国家とはある特殊な支配階級の「特殊利害」の力による貫徹・保証・祝聖の機関とされるかぎり、かれの論理は明快で説得的である。原六一ページにみえるエンゲルスの追記のなかには次のような叙述がある。すなわち、古い時代の利害に特有の交通形態（?）がとっくにより新しい時代の利害に照応する交通形態によっておしのけられているのに、古い時代の利害がなお伝統的な力を保持する、という場合を挙げ、こう述べる。「その伝統的な力となってのこるのは、諸個人にたいして自立した仮象上の共同性 scheinbare Gemeinschaft（国家、法）である」（R七六ページ、訳一四八—一四九ページ）、と。この「仮象上の共同性《ゲマインシャフト》」という用語は、原五六ページでも、「これまでの｛仮象上の｝共同性〈の代用物〉、すなわち国家」・イコール・被支配階級にとっての「幻想的共同性」、という定式が見出される（｛　｝は抹消、〈　〉はエンゲルスの追記[17]）。

もはやくりかえす要もないと思われるが、やはりくりかえしておこう。エンゲルスにおいては——

（一）　分業＝私的所有によって、支配階級と非＝被支配階級との分裂が生ずる。

（二）　両階級は、それぞれ自己の「特殊利害」を抱え、主張しあう。

（三）それぞれの階級に属する「諸個人」たちの「共同利害」がその階級固有の「特殊利害」であるが、支配する階級のほうが、自己の特殊利害を、その時代その社会の「共同利害」として打ち出す。
（四）その仮象上《みせかけ》の共同利害＝いわゆる「普遍的利害」を超階級的に代表しているかのごとくにふるまう機構が「国家」にほかならない。
（五）結論：国家とは幻想共同体《ゲマインシャフト》である。
かくして、この幻想共同体を解体するたたかいは、プロレタリアートの場合には、自己の特殊利害を「やはりまた普遍的なものとして示す――その最初の瞬間にはこれはやむをえない――」必要があり、そのためには「まず何よりも政治権力を奪取せねばならない」（R二九ページ、訳六六ページ）、という要請が第一義的となるのであった。

四　マルクスにおける特殊利害と共同利害

1　部分的には確実に、そして全体としてみてもほぼエンゲルスのものと思われる、上に見てきたような特殊利害－共同利害論にたいして、マルクスのそれはどのような一致と、そしてあるいはくいちがいを示すであろうか。マルクスの追記をもういちどフォローしてみよう。

諸個人は、私的所有のもとではそれぞれの特殊利害をひたすら追求する。これらの諸特殊利害の相互の衝突と調整の結果として、邦訳の体裁ではエンゲルスの二つの欄外追記にはさまれた形になる本文が述べているような、「そのもとで労働が分割されているところの、諸個人の相互依存性」――花崎訳「相互に分業していることによって依存しあっている諸個人の関係」（訳六五ページ）――がおのずから形成される。

もともと、私的所有なきゲマインシャフト的なゲマインヴェーゼン（いわゆる共同体）においては、『経哲〈第三〉

草稿』にいう「人間の個体的生活と類的生活とは、別個のものではない[18]」という命題が蔽われざる形で実存していた。それは、類をささえる共同体内部の自然生的な交通＝分業によって媒介されている。壮年の男子が山野をめぐってもちかえった動物性蛋白質、女子が畑から収穫した植物性澱粉質。それらはいちど共同体財産（コモン・ストック）に譲渡され、必要ならば呪術師の祝福をうけたのち、長老の立ちあいのもとで平等に再分配される。狩りをするという特殊な形式と共同体の秘儀を司どるという普遍的な形式とのちがいは、このゲマインシャフト内交通のなかでひとしく類的生活の一契機となっていた。ゲマインシャフトの利害（das gemeinschaftliche Interesse）すなわち「共同利害」とは、いいかえれば共同体的な物質代謝の反覆の中でかたちづくられる諸個体間の直接的相互依存性としてあったのである。マルクスがのち、『経済学批判要綱』冒頭の一節において、「人格的依存関係」とよんだ構造がここに想起されてよいであろう[19]。

これにたいして、市民的ゲゼルシャフトの段階では、この諸個体間「相互依存性」は疎外のヴェールに蔽われてさだかには見えない。肉眼で確かめうるのは、ただ自己の特殊利害のみを血走った眼で追いもとめる諸個人＝市民的私人の姿だけである。ヘーゲルが「欲求の体系」とよんだ修羅の巷である。

ここではあの相互依存性は空に消えたのであろうか。消えない。諸個体それぞれの人格相互のむすびつきは、私的所有というネガに汚され、その結果、諸人格のむすびつき（Beziehung＝関連）は諸物象のゲゼルシャフト的な価値比較（Verhältnis＝関連）に転倒しながら、しかし局地的狭隘性の枠を破砕して極は全世界におよぶゲゼルシャフト的ひろがりをもつにいたる。世界的交通・イコール・普遍的相互依存性。これが諸個人の私的特殊利害の体系（ネガ）を隠れてささえるところの「諸個人の共同利害」（ポジ）なのである。

それならば市民社会の諸個人はなぜはじめから「かれらの共同利害」を自覚的に追求しないのか。第一には、私的所有の意識と現実的利害とが、かれらにその共同利害の実存の認識をさまたげているからである。第二には、相互に向いあって交通する諸人格のペルソナ＝カオは私的市民社会においては、何時間分かの労働が対象化された諸物（単なる物《ディング》ではなくて人間の対自然関係を体現している関係としての物象《ザッヘ》）の背後にかくれてしまう。私的所有と、それにもとずくこのいわゆる「物象化」された生産＝交通関係が、じつは私的市民社会にも貫徹しているはずの「共同利害」を、諸個人のエゴイズムの闘争の所産としてしか、つまりポスト・フェストゥムにしか現象せしめない。こうした闘争場裡でおのがじし全身を賭けて争っている私的諸個人の鼻先に「普遍的利害」という麗わしいことばをつきつけてみても、「商売の邪魔をしないでくれ」と冷たくあしらわれるのが落ちであろう。旧メガ版がそうしたように、まさにここに例の〔およそその普遍的なものとは共同性の幻想的な形態〕というエンゲルスの追記が挿入されて読者の不審を長くかわなかったのにも、ここだけの文章をとりだすかぎりでは、なにがしかの論脈を見出しえたからであったろう。

2　だが、右のエンゲルス再追記を、マルクス追記に先きだつ一連の叙述に照らすならば、〔およそその普遍的なもの〕が、ただちにマルクスの筆跡による「諸個人の特殊利害とは一致しない共同利害」という把握とは「一致しない」ことは明瞭である。マルクスに先きだつエンゲルスの追記をさきに検討したわれわれは、かれにおける「普遍的なもの」とは、時の支配階級がその成員同士の共同利害を、つまり他の非支配諸階級に対立する支配階級固有の特殊利害を、社会成員総体の共同利害といつわり強弁する——もちろん支配階級自身も信じてはいない——ときのスローガンとして表象されている、ということを知った。

念のためにいえば、支配階級がその階級に独自な利害を普遍的な利害といつわる、という命題そのものがマルクスとくいちがう、などと主張しているのではない。原六八ページの最後からはじまる「国家および法の所有への関係」と題されたところの、おそらくマルクスのものと推定される一節のなかには、「ブルジョアジーは、もはや身分ではなくてひとつの階級なのであるから、もはや局地的にではなく国民的規模で自己を組織せざるをえず、かれらの平均的利害 Durchschnittsinteresse にひとつの普遍的形式をあたえざるをえない。」（Reclam, S.84. Dietz, S.92. 訳一六五ページ）という数行が見出されるし、またこの一節の直後につづいて展開さるべき論点をピック・アップしたマルクス筆跡の覚え書は、「法律において、ブルジョアは、まさに階級として支配するがゆえに自己に普遍的表現をあたえねばならない。」と書きとめている。おそらくこの点は、『ドイツ・イデオロギー』のマルクスとエンゲルスとの共通の了解であったのである。[20]

問題は、マルクスにおいて、実は歴史を貫通して実在するはずと考えられた諸個人の「共同利害」を、エンゲルスによる、支配階級の共同利害＝「普遍的なもの」＝「普遍的利害」＝「共同性の幻想的形態」、という等号関係把握とは位相を異にするものとして理解するか否か、であった。

エンゲルス的共同利害論からは、ごくナチュラルに国家＝共同幻想・論が導き出される。では果してマルクス的共同利害論からは何が導き出されるか。結論を先取していえば、市民社会＝疎外されたゲゼルシャフト関係・論である。さきにわれわれは、旧メガ版で挿入され（ソ連新版に踏襲され・新版邦訳でも採用され）たエンゲルスの再追記を、新メガ版にしたがってエンゲルス自身の追記の行間に移したばあいには、その再追記のなかのことばを受けて「その普遍的なものというのは」と解され訳されていた dieß（dies）は、あらためて「共同利害」と解さるべきだとした。今ここに、この dieß 以下の叙述を、前文との対比において見よう。前文は「諸個人は、自分たちの共同利害を実はもっているのに、それを追求しないで自分個人の特殊利害ばかりを追求している」という趣旨であった。つづいてマルクスは書く。

「この共同利害（dieß）は、諸個人に『疎遠な』、諸個人から『独立な』ものとして、それ自体がふたたび特殊な、独自な『普遍』‐利害とみなされる（geltend gemacht wird）のである。」（傍点引用者）

最後の「みなされる」は、とりあえず花崎氏訳（訳六五ページ）を挙げておいたが、諸訳において見解のわかれるところである。真下信一氏訳（大月書店版『マルクス・エンゲルス全集』第三巻三〇ページ）では上記花崎訳と同じ。古在由重氏訳（岩波文庫四五ページ）は「としておし出される」。ロシア語訳は「としておもてに出てくる（Выступаеткак)」（стр.95)。英訳は「としておしつけられる（will be imposed on them as)」（ibid., p.37)。フランス語訳は「としてあらわれる（est présente comme)」（ibid., p.107)。各訳者ともに、マルクスの真意をはかりかねている様子がよくわかる。「geltend machen される」とは一体どういう意味なのであろうか。

3　主語を旧メガ版の扱いのように「その普遍的なもの」、つまりエンゲルス的内容での支配階級の特殊利害、とはっきり解するかぎりでは、古在訳あるいは英訳がそのニュアンスを比較的よく伝えている。「『普遍』利害」（これはマルクス自身の表記）とは、じつは支配階級の特殊利害にほかならないのだから、それは力でおし出され強要されるほかはない。ロシア語訳とフランス語訳は、「その普遍的なものが」、諸個人の特殊利害追求競争のはてに、おのずと姿を現わしてくる、という解釈であり、エンゲルス的な「その普遍的なもの」をマルクス的な「共同利害」と同一視しているという誤りをおかしているがゆえの好訳ともいえよう。なぜなら、あとにみるように国家は競争に介入してくる動的主体なのであって、競争のはてに「おのずと」出現するものではないのだから。また花崎・真下訳「みなされる」の事実上の主語は自分の特殊利害に血眼の「諸個人」であろうが、この訳では、諸個人が「ふたたび特殊な、独自な『普遍』-利害」と「みなす」ところの「普遍的なもの」を、正しくエンゲルス的な意味（支配階級の特殊利害）に解しているのか、それとも誤って——旧メガに忠実でなく、の意——マルクス的な意味（諸個人の共同利害）に解しているのか。忖度に苦しむ。

以上に紹介したそれぞれ苦心の訳語は、例外なく旧メガ版（ここにかぎってはソ連新版も）に依拠し、主語たるdieß (dies) を、「その普遍的なもの」(das Allgemeine) と解してのものであった。新ドイツ語版および新メガ版によるかぎり、主語が少くとも「その普遍的なもの」ではないことは明らかなのであるから、従来の諸訳はその観点からあらためて検討される必要があるのである。いうまでもなく、その場合にはかの dieß（dies）が何を指すかについて解釈をはっきりさせるだけでなく、この一文がマルクスの持分であることを『ドイツ・イデオロギー』全体の「持分問題」、あるいは最小限この追記が付せられた本文前後数ページの立論における「持分問題」にたいする態度を明確にしてからでなくてはならない。

このように立つべき視座を示しておいて、われわれは、上引の一節を次のように理解する。すなわち、諸個人は近代の市民的なゲゼルシャフト関係のなかでおのれの特殊利害をひたすら追求しあうことによって、本来かれらをささえてきたゲマインシャフトリヒな利害を後景におしやってきた。しかしながら、市場におけるかれらの価値実現のための競争は、かれらの属するゲマインヴェーゼンの物質代謝すなわち使用価値＝生産力の相互補完を市民社会（ゲゼルシャフト）的に実現するための歴史規定的な形態でもあったわけで、そのかぎり、やがては社会（ゲマインヴェーゼン）的物質代謝に制約された客観的調整法則を生み出さざるをえない。それはおそらく価値法則であるだろう。価値法則を、森田桐郎氏にしたがって「人間の必要と欲望に比して生産力が無限ではない段階における人間労働の相互交換の法則[21]」というふうに歴史貫通的に把握するなら、私的なゲゼルシャフトにおいてそれが発現する特殊な形態がいわゆる市場メカニズムであることはいうまでもない。

この市場メカニズムという歴史被規定態を通じて自己を主張する価値法則＝代謝法則は、自分の特殊利害しか念頭にない諸個人には見えないが確実にかれらの市場における活動を制約する。その意味で、かれら私的諸個人にとって『疎遠な《フレムト》』、かれら〔の主観〕から『独立した』」必然的な法則であった。ヘーゲルがいうように「必然性は盲目である」。襲う相手のだれかれをその個体性＝人格性によって区別しはしないだけでなく、この法則を無視するものを見のがさない。盲目であるがゆえに、この法則はまた「普遍的な」強制法則でもあるのである。自己の特殊利害を追求しようとすれば市場メカニズム＝価値法則の発動をのがるべくもないとすれば、市民的ゲゼルシャフトの私的な交換＝分業に参加する諸個人は、この法則がつねに事後的にしか姿をあらわさぬことを次第に了解しつつ、これを諸個人相互間の『普遍』利害」として認知せざるをえなくなるであろう。

しかし、こうして自動調節的な強制力を発揮するようになる『普遍』利害」は、くりかえし述べてきたように、歴史貫通的な人間労働の相互補完＝物質代謝活動（＝共同利害）の、特殊に市民社会的あるいは私的所有適合的な形態にすぎない。人類史をこんご永遠につらぬくという意味でもの時間的に「普遍的なもの」ではけっしてありえない。それだから「ふたたび特殊な」、そしてしかも市民社会段階に「独自な」形態をおび、したがって『普遍』利害」というふうに必ずカッコ付きで用いられねばならぬ性質の、そうした歴史的に制約された「共同利害」なのである。一物一価法則のように、相互に認知しあっているという意味では、これはたしかに「共同利害」ではあるが、しかもこの相互関係が、人格的依存性を諸物象のゲゼルシャフト的関係で蔽いかくしているかぎりでは、これは、いわば疎外されたゲゼルシャフト的交通＝類的活動であり、いいかえればあくまで「幻想の共同利害」にすぎないこと、今は言葉を重ねる必要はあるまい。

われわれはさきに、エンゲルスにおいては「幻想の共同体《ゲマインシャフト》」・イコール・階級国家、であったと論じた。今はマルクスについて推断をくだすべき段どりであるとすれば、われわれは言おう。マルクスにおいて「幻想の共同利害」とは、私的所有にもとずく生産関係をささえる価値と物質代謝の法則、あるいは誤解をおそれずに定言すれば、市民的ゲゼルシャフトの法則である、と。われわれは、かかる立場に立って、問題の「geltend machen される」を「としての力を賦与される」と解したい。

4　かくして、上引の一文につらなるマルクスの叙述の意味もおのずから明らかとなる。「民主制」すなわち市民社会が国家からの制約を蒙ることなしに自由に自己を展開できるゲマインヴェーゼンにおいては、諸個人は特殊利害と、その激烈な競争の過程で相互に了解しあうようになった「幻想の共同利害」＝価値法則との間で、ファウスト的分裂を悩まざるをえない。安く買って高く売りたいという欲望、一挙大量的な供給で市場を支配したい衝動、資本構成を高めて特別剰余価値をえたいという欲求、これらはすべて諸個人自身の、あるいは「『普遍』利害」に痛烈なしっぺ返しをくらうかも知れない、という賭けを含んだ決断に依存するのである。

ところが他方、市民的ゲゼルシャフト関係が十分に成熟していない、たとえばドイツのようなゲマインヴェーゼンにおいてはどうか。ここでは、諸特殊利害相互の衝突が共同に市民的なゲゼルシャフトをつくり上げる方向に働かないので、国家があたかも共同利害を専一に代表するかのごとき面貌を呈しながら幼弱な市民社会を力で「制御」(原語はZugelung, 馬の手綱さばき) すべく上から「介入」してくるのである。いわく——

「それだから〔民主制＝市民社会以外の〕他面では、共同利害および幻想の共同利害にたいして、たえず実際上対立してあらわれる諸特殊利害の実践的闘争は、国家という幻想的な『普遍』利害による実践的な介入と制御を必要とするのである。」

特殊利害と共同利害の矛盾から、ただちにその共同利害——本文では「相互依存症」——の担い手を国家にゆだねてしまうエンゲルスの追記のあとに、マルクスは右のように、民主制＝市民社会と「それ以外のところ」(andersseits) とを分け、国家が『普遍』利害という仮面をかぶって市民社会の手綱さばきにのり出してくる状況を、むしろ特殊な場合とした。市民社会の原理が生きる場でこそ、かれ自身の「特殊利害と共同利害の分裂」に階級がではなくて「諸個人」がうち悩む。このようにマルクスはエンゲルスの追記を修正しようとしたのだとわれわれは考える。

五　むすびにかえて

与えられた紙数も尽きたので、最後に、以上の「共同利害」概念をめぐる持分問題の背後にある、マルクスとエンゲルスの疎外と分業の把握について一言しておきたい。

前引のように、マルクスは追記のなかで、「疎遠な」(fremd) という語をカッコ付きで用いている。『ドイツ・イデオロギー』第一章には、「他人の」という意味の語を除くと、「疎遠な」は、右の語をふくんで七回、「疎遠性」(die Fremdheit) が一回、という数で用いられるが、「疎遠な」は、右のマルクスのカッコ付きの用法以外、すべてカッコが付せられていない。それらカッコなしの六語のうち、ひとつは確実にエンゲルスのものであるが (Reclam, S.71. 訳一四三ページ)、残りも検討したかぎりすべてエンゲルス的文脈と含意において、とくに人間に対立する「疎遠な力」という文形において登場している。そしてこれらの「疎遠な力」とは、エンゲルスにおいては、同時に私的所有でもあるところの「分業」であった。現にこれまでわれわれの対象となったマルクスの追記がそれに付せられた本文 (原一七ページ) では、追記より前のところで (新メガ版、コッタ版以外の新版では、追記のほうが前に来ている)、分業の結果として「人間の自己本来の行為が、かれにとって疎遠な対抗的な力となる」という一句が登場している (Reclam, S.29f. 訳六七ページ)。そしてこのあとにすぐ、例の「朝には狩を、昼には魚とりを、夕べには家畜の世話をし、〈夕食後には批判をする〉」(〈 〉はマルクス追記) という有名な共産主義社会像がえがかれ、さらにそのあとにすぐ、分業によって発展した生産力が、諸個人にとって「なにか疎遠な、かれらの外に立つ強制力としてあらわれる」という、これまたカッコなしの「疎遠な」語が姿を見せる。また、マルクスの共同利害論の前のほうをたどると、「分業と私的所有とは同じことの別の表現」というエンゲルスの追記の直前には、この追記の理論内容の歴史的例証ともいうべき、「最初の所有は、家族内部の潜在的奴隷制である」と述べる、エンゲルス的所有形態史論の一命題があり、この形態は「所有とは他人の（fremd）労働力にたいする指揮権であるという近代の経済学者の定義」と一致すると主張する一句がそれをしめくくる。

つまり、マルクスのカッコ付き「疎遠な」は、前も並びも後もエンゲルスのカッコなしの「疎遠な」に囲まれている。マルクスが疎外という用語を「この『疎外』――哲学者たちにわかる言い方をつづけるならば」という形で長文の追記（原一八ページ）に用いたことに想起していただきたい。カッコ付きの「疎遠な」は用心深い表現で本文の筆記者エンゲルスを傷けずに、しかしエンゲルスの疎外論と分業論を遠まわしに批判していると考えるべきであろう。この点については、すでに詳しく述べる機会をもったのでここに再説は避けるが、マルクス的な共同利害が『疎遠な』、ふたたび特殊な『普遍』利害」としての力を賦与されると説かれるとき、ここの二つのカッコの意味は「持分問題」の視座を自覚的にえらぶ以上、限りなく重いといわねばならない。

国家と市民社会。このいずれを諸個人の共同利害――支配階級の特殊利害＝共通の利害ではなく――とり出すか。この二つの論理の背後には、イギリス政治経済学とその「市民（シヴィル）社会」像をいかに批判的に、かつポジティヴに摂取せねばならないか、の判断がひかえている。この選択はまた、「なによりもまず政治権力を奪取する」と、「生産諸力を革命的に領有する」のと、二つの変革の展望をもたらすのではないか。『ドイツ・イデオロギー』第一章は、まだまだ多くの訓詁学的ともみえる詮索を要求する持分問題をかかえている。そしてこのひとつが、その一点から壮大なマルクス歴史理論を眺望しうる問題を抱蔵しているのである。

（1）以上の経緯については、広松渉『マルクス主義の成立過程』（一九六八年初版、至誠堂）所収の、「『ドイツ・イデオロギー』の編輯について」および「『ドイツ・イデオロギー』編輯の問題点」が必読の文章である。なお拙著『マルクス歴史理論の研究』

（一九七三年、岩波書店）第三章をも参照。

（2）広松渉「『ドイツ・イデオロギー』の文献学的諸問題——新ＭＥＧＡ（試行）版に寄せて」（『情況』一九七四年一月号）一〇ページ。

（3）Hans-Joachim Lieber und Peter Furth（hrsg), Karl Marx Frühe Schrifen, 2. Bd, Cotta-Verlag, Stuttgart 1971, SS.35-41. 以下本文中にページ数とともに略記するときには、Cotta, S.21. のように示す。

（4）土屋保男「マルクス主義深化の最大の武器としての新メガ」（極東書店ニュース別冊『新しいメガ』）三八ページ。

（5）広松、前掲『情況』論文、同上。

（6）MEGA, SS.23, 572; PB, SS.58, 444. 新メガも旧メガとまったく同じ表題なのでことごとしい表記は省き、以下略記するばあいには頭書のように旧メガ第一部第五巻をMEGA、新メガ試験版（Probeband）をPBとする。ついでに、リャザーノフ版も巻数表記をはぶいてMEA。新ドイツ語版は、東独レクラム文庫 Reclams Universal-Bibliothek に収録された Marx/Engels, Über Ludwig Feuerbach, Leipzig 1970 およびディーツ社版「マルクス主義＝レーニン主義小冊子叢書」収録の、Marx/Engels, Feuerbach. Gegensatz von, materialistischer und idealistischer Anschauung, Berlin 1971 の両版を、それぞれ Reclam・Dietz の略記で用いる。

（7）コッタ版も、手稿にあたってこの語を des Gemeinschafli〔chen〕とした。新メガ版ではその点についての注記がない。

（8）1965, 10, стр.95.（……　　……）

（9）さらに細かいことを言えば、新メガ版は、"etc. etc.," を原稿どおり "&c &c" とおこしている（MEGA, S.58. 右欄四、五行目)。エンゲルスは、「そして」（und）の略号としてさかんにこの&cを使うが、マルクスのほうは必ず u.を用いる。持分問題の一判定基準となりうるかどうかは、今後の検討に属する。

（10）ことのついでにフランス語版と英語版について触れておく。一九七二年に出た独仏対訳形式の "L'ideologie allemande" (Classiques du marxisme, édition bilingue), Éditions Sociales, Paris 1972. は、おどろくことに、左偶数ページのドイツ語原文の問題の箇所（ibid., pp.106, 107）は新ドイツ語版を採用しているのに、それに対応する右奇数ページのフランス語訳文には、例の「およそ普遍的なものは共同的なものの幻想的な形態」という一句が入っている。つまり対訳になっていないのだ！　この新版の仏訳部分は、同じエディシオン・ソシアル社から出た旧メガ版による一九六八年（！）の翻訳（Renée Cartelle と Gilbert Badia の共訳）をそのまま組みなおしたものと思われる。

また、一九七三年に出た英訳、"Feuerbach: Opposition of the Materialist and Idealist Outlooks", Lawrence & Wishart, London

1973. は、同年モスクワのプログレス出版所から刊行された英訳本の同じ紙型による複製と思われるが、この訳本もまた、例の箇所ではソ連新版＝花崎訳本の編成にしたがっている！（ibid., p.37）。念のいったことには、「以上、二つのパラグラフはエンゲルスによって欄外に書かれた」という、とっくに訂正された誤りまでそっくり再生されている！
六六年に新ドイツ語版が出てのちも、六八年に旧メガ版でフランス語訳が出され、七二年に新メガ版が出たのちも、七三年にソ連新版にもとづく英訳が出る。もっとも日本でも六六年にソ連新版の邦訳が出ているのに旧メガ版＝MEW版による別の邦訳が依然として版を重ねていたのだから、露独仏英四カ国のマルクス主義理論陣営の混乱ぶりを笑う資格はない。

(11) この「分業と私的所有とは同じことの別の表現」うんぬんの文は、新メガでも左欄の本文に組みこまれているが（PB, S.57）、その付録で明記しているように（ibid., p.443）、もと右欄空白部分に書かれたものである。新メガの時にしめす動揺の一例である。コッタ版は明確に右欄に置いている（Cotta, S.35）。

(12) フォイエルバッハにも「共同幻想」（die gemeinschaftliche Vision）の語がみえる。「心情的であり、ただ自分自身のことしかかんがえず、その上密集している諸個人」のところでは、共同の夢や幻想が生じやすい、とかれは「信仰の秘密」に即して論ずる。船山信一訳『キリスト教の本質（上）』（岩波文庫）二七八ページ。

(13) ここの「共同的なものの」の原語 des Gemeinschaftlichen の語尾を、リャザーノフ版・コッタ版は判読困難として——[ichen] と表示しているが（新メガにはその表記がない）。もし解読が真に手稿において困難であるのだとしたら、前文の叙述に相即して、旧メガ版の der Gemeinschaftlichkeit（MEGA, S.23）のほうが一貫すると言うこともできるかも知れない。

(14) 原三一ページ、訳九七ページ第二行と第五行。ただし新メガではあとのほうは含まれない。

(15) 花崎訳は、この微妙な含意をくみとって「共同利害」と「共通の利害」とに訳しわけている。たとえば訳一〇三ページ注＊＊＊におけるマルクスの傍注中の一句をみよ。本稿では意識的に「共同利害」という訳で一貫させた。

(16) MEGA, SS.64, 582. 新メガ版（PB, S.494）は、前のほうの追記を〈ひとつの階級の〉〈そして〉に限っている。なお〈所属させている〉は厳密にいえばエンゲルスの筆跡による基底稿への修正語の一例であるが、「追記」という前からの表現を用いることとした。

(17) 新メガ版は、この追記〈Surrogaten der〉について言及していない（PB, SS.98, 490）。

(18) 『経済学・哲学草稿』、岩波文庫一三五ページ、国民文庫一五〇ページ。

(19) この「共同体・内・『社会的交通』」については拙著『マルクス歴史理論の研究』第二章二節「『ミル評注』における疎外の理

論と社会把握」とくに一三一ページ以下、および第四章二節「マルクスにおけるゲマインシャフトとゲゼルシャフト」を参照。

(20)『ドイツ・イデオロギー』の「聖マックス」のなかに次のような論述が見える。「個人的利害が諸々の人格に抗していつも階級的利害へ、すなわち個人の人格から独立した共同利害へと発展し、この独立化において普遍的利害のすがたをとり、そのようなものとして現実的な諸個人に対立するように」なる。……「このような人格的利害の階級的利害への独立化のうちに、個人の人格的な関係行為は物象化され疎外されずにはすまないし、また同時に個人から独立した交通によってつくりだされた力として、個人なしにも存立し、社会的諸関係に転化する……。」(邦訳『全集』第三巻二四八ページ)。この部分はまとまってワイデマイヤーの筆跡になる箇所であり、マルクスとエンゲルス両者の追記を全然ふくまないので持分の確定は困難であるが参考のために掲げておく。「物象化され疎外された」個人の人格的関係行為が諸個人の意志から独立した「社会的諸関係」に転化する、という見解はマルクスに近い。

(21) 森田桐郎「社会主義と国際分業」(『思想』一九六九年九月号)二五ページ。なお、森田桐郎・岸本重陳・望月によるシンポジウム「共同体・市民社会・社会主義」(『現代の理論』一九七三年一月号)における岸本、「〈報告6〉商品関係の意味によせて」と、それをめぐる討論、とくに七九—八〇ページを参照。

[付記] 本稿は、経済学史学会第三七回全国大会(一九七三年一一月)における報告「『ドイツ・イデオロギー』における市民社会論」の一部を稿に起したものである。福島市郊外の、燃えるような紅葉にかこまれた会場には、平瀬先生もお元気な姿を見せておられた。学恩に深謝し、こんごのご加餐を切に祈るものである。

7 『ゴータ綱領批判』の思想的座標

一　はじめに

ひろく普及した通称を『ゴータ綱領批判』というマルクスの回状「ドイツ労働者党綱領評注」は、レーニンによる有名な評価このかた、ながく「ドイツ労働者党綱領評注」そのものとしては読まれぬまま今日にいたっている。この『評注』の本来の目的であった「ラサール主義批判をふくむ論争的部分は、その〔評注の〕積極的部分、すなわち共産主義の発展と国家の死滅との関連を、いわばかげにおいやっている」（『国家と革命』）ところの、いわば消極的部分とされて久しくあやしまれなかった。それ以来、『ゴータ綱領批判』は、マルクスの国家論、社会主義‐共産主義二段階論、そして「プロレタリア独裁」論等々の古典としてのみ、学習され、注釈され、研究され、批判されてきた。近年のわが国で下火になったと見えたプロレタリア独裁概念についての論議がふたたびさかんになる気運がみえる半面[1]、マルクス主義における「所有」範疇の復権が唱えられて、『ゴータ綱領批判』はマルクス所有論の一古典として見直される風潮もある。それはそれとして歓迎さるべきことであるとはいえ、この再検討の視野にもかの「消極的部分」は依然としてはいる気配がない。

だが、『評注』をふくむ『ゴータ綱領批判』[2]の全体には、むろんラサール批判を軸として、一八七〇年代のきびしい思想闘争の緊張感がみなぎっているように思われる。それは、同時代のドイツにおける党派闘争をもうひとまわり大きく包みこむ世界から運ばれてくるエネルギーともいえよう。端的に言ってそれらは、プルードンとバクーニンという二人の巨人のもたらすものであり、さらに二人を産み落した一八七〇年代の諸資本主義と諸市民社会のものである。拙訳（岩波文庫、一九七五年）の解説で私が、岸本重陳氏の示唆[3]に学びながら、この『評注』をひとまずレーニン的国家論にとっての古典という役柄から解放し、一八七五年という世界史の一点にすえなおすという方法上の視座を提案してみたゆえんであった。くりかえしておけば、それは「資本主義〔資本家的生産様式が支配的である市民社会〕の七〇年代、労働者運動の七〇年代、そしてマルクス理論の七〇年代、この三層の七〇年代を統一する、しかもつけくわえれば、世界とそのなかのドイツを串ざしにしての把握」、これである。

もとよりこの提案は、もしもこのような視座からの分析がすでにはたされてあれば、『ゴータ綱領批判』から学びうるものは幾倍も豊富なものとなっていたろうに、という、欠けていればこそ渇望の度もまた大きい、一種のないものねだりに属しよう。だが目標は大きいほど人の目をひく。こういう大目標の前にひとつひとつ片づけてゆかねばならぬ中小目標があるとすれば、レーニンによって「かげにおいやられた」ラサール主義批判の部分の思想史的問題性の評価と解明は、確実にひとつの小目標たりうる資格をそなえているのではないだろうか。

のちに再びのべるように、わが国におけるフェルディナント・ラサール研究の蓄積はけっして厚くない。現在入手できる彼の著書の邦訳は、必ずしも主著とはいえない『間接税と労働者階級』の文庫版（大内力訳、岩波文庫）ただ一冊にすぎず、この点、不十分ながら『著作集』や伝記も出されているプルードンとバクーニン、とくに最近綿密な学問的研究の対象とされるようになったプルードン、この二人とはまさに対照的である。

ラサールのヘラクレイトス哲学研究や法哲学の理論が当の学界で高く評価されているとはきかないが、かれの経済理論や労働者戦略も現代に貫通する有効性をもつとはおせじにも言えそうもない。わが国の知的世界がラサールに冷淡なのはむしろ自然な態度だとしてよい。また、研究蓄積の上でこれほど大きなアンバランスがあるのだから、マルクス対プルードン＝バクーニンという三者双極関係のあいだにラサールを割りこませ、四者を時代の座標軸上に公平に配置してみるという発想が生じにくいのも無理はないと言えよう。しかし、ラサールに過不足ない顧慮をはらってのいわば比較思想史的な分析が『ゴータ綱領批判』に加えられなかったのは、前記「三層の七〇年代」の、少くとも「マルクス理論の七〇年代」のトータルな理解にとっては、やはり不幸なことといわねばならない。この課題が短期間のうちに解かれるはずもないが、とりあえず、ラサールという鏡にうつったそれぞれを批判しあうバクーニンとマルクスという関係をかいまみることによって、「ドイツ労働者党綱領評注」研究にわずかなりと新しいふくらみを与えることができれば、というのがここでのささやかな問題提起のねらいである。四人を一堂に会させれば、誰も誰かについてはしろうとたらざるをえないという事情にあまえるわけではないが、思わぬ見当ちがいも多かろう。ご指摘をまちたい。不十分なものであるが拙訳『ゴータ綱領批判』訳者解説も、小稿と相補うはずである。

二 『評注』の背後のバクーニン

1　『評注』に付してブラッケにあてた有名な添え手紙のなかで、マルクスは、来るべきゴータ合同大会では「ドイツ労働者党綱領草案」が本質的な修正をうけることなく採択されるだろうとの予想のもとに、新綱領にわれわれは関知しないという声明を出すはずだ、と述べている（拙訳『ゴータ綱領批判』岩波文庫、一八ページ。以下ページ数のみあげる場合は本書をさす）。その理由としてマルクスが挙げていたのは、ドイツ以外の国ぐにでは、ドイツ社会主義労働者党——いわゆるアイゼナハ派——の運動は一から十までマルクスとエンゲルスがロンドンから遠隔操縦しているのだ、という悪質なデマが飛んでいる、とくにバクーニンなどがその火元だ、ということであった（エンゲルスもまた。八六ページ）。

しかし実をいえば、マルクスはその声明でバクーニンらの執拗な誤解を一掃できるとははじめから期待していなかった。「外交上の沈黙」で彼らを図にのらせるよりはましだという程度の判断であろう。というのは、万が一にもアイゼナハ派の面々が『評注』に発奮して新綱領を多少なりとマルクス路線に引きよせたとしたら、ロンドン黒幕説の信憑性はいっそう強まるであろうが、それなら新綱領が草案のまま、あるいはよりラサール路線にかたむいた形で採択された場合には黒幕説は鳴りをひそめるかといえば、その保証はなにもない。のちに見るように、バクーニン派からすれば、ラサールとマルクスとは一つ穴のむじななのだから、黒幕説を引っこめるいわれはないからである。

本来ならば、あの『評注』もしくはそれに類する詳細なラサール批判を公表すれば一番手っとり早そうであるが、それはラサール派を憤激させて彼らを統一から遠ざけてしまうばかりでなく、何よりもアイゼナハ派内部の雑音を増幅させ、労働者党の敵にむしろ好餌を投げあたえることになる。原則ぬきの合同よりは共闘協定にとどめるべきだったときびしく警告しながらも、マルクスが忘れなかったのは、バクーニン向けの声明と、アイゼナハ党向けの『評注』との、こうした慎重な使い分けであった。

こういうわけで、（一）新綱領決定過程にはわれわれはタッチしていない、（二）また新綱領のラサール主義路線には何らの責任も負えない、という趣旨の声明を出すという二人の態度表明と、綱領草案への『評注』をあくまで一箇の私的回状としてマルクスが書いたことの動機は、ひとまず切り離して考えねばならないことになる。

マルクスとしては、三月二五日の手紙でエンゲルスに「あなたがたの判断を知りたい」と書いてきたブラッケからの要請にこたえるかたわら、同時に、二年前リープクネヒトからよせられたラサール主義批判の一文を草してもらいたいという注文[4]に応ずることとしたのであろう。当時エンゲルスがかわってベーベルに答えたように[5]、マルクスはフランス語版『資本論』の仕上げに忙殺されて、獄中のリープクネヒトの求めに応ずる余裕がなかったからである。

リープクネヒトは、帝国議会でベーベルとともに戦時公債発行に反対する演説を行なっていらいの反戦活動を大逆罪に問われ、七二年三月のライプツィヒ陪審裁判所で要塞禁固二年の判決をうけ、同年六月から七四年四月まで服役していた（ベーベルは七二年七月から七五年四月まで）。この両指導者不在のあいだ、党執行部は、「根っからのラサール派（〔テオドール・〕ヨルクとその一党）」（エンゲルス）[6]に掌握され、その影響が『フォルクスシュタート』の編集にもあらわれた。エンゲルスに長期連載論文『住宅問題』を書かせるきっかけを与えた、プルードン主義者ミュールベルガーの同名の論文『住宅問題』が連載されたのも、ちょうどこの時期にあたる。ラサール派の独裁的会長シュヴァイツァーへの反対派を迎え入れたというアイゼナハ党成立の経緯からして、当然党内に一定の地歩を占めることになったラサール主義、ならびに新たに浸透してきたプルードン主義にたいする理論的鈍感さは、単にリープクネヒトとベーベルの不在中に党に瀰漫した毒素というだけでなく、リープクネヒトら自身も気づかずに備えた体質であること、これをかねてからマルクスは懸念していた。現にベーベルの『われわれの目標』初版（七〇年）でさえ、その巻末に指示してある推薦学習文献四六冊のうち、ラサールの著作が二五冊を占めていた（マルクスは『資本論』と『ルイ・ボナパルトのブリュメール一八日』のみ）[7]。それだから、合同交渉の帰趨いかんにかかわらず、長期的な教育効果をねらって精細な逐条批判の労を惜しまなかったものと考えられる。

だが問題はまだある。批判を展開したマルクスの筆は私的回状という性質もあずかって辛辣をきわめた。一八九一年にやっと公表できる段取りとなってさえ、エンゲルスが幾箇所かを削除せねばならないほどであった。ところがエンゲルスは、『評注』のこの激烈な口調の部分の削除を、実際には、第一にプロイセン警察に弾圧の口実を与えまいとする配慮、第二に党内になお根強いラサール派への配慮にもとづいて行ないながら、こんなふうにマルクスが書いたのも、第一には綱領草案の内容の決定的退歩に怒ってなのであるが、第二には——ここが問題なのだが——、国際労働者協会ハーグ大会（七二年）以後もひきつづいて行なわれていたバクーニンらアナキストたちとの闘争に刺激されたものだ、と弁明している（一二―一三ページ）。

なるほど第一の理由は削除のさいの二つの配慮にむすびつく。しかし、第二の対バクーニン闘争うんぬんのほうは、『評注』の「激烈な口調」とそんな簡単にはむすびつかない。『評注』はなによりも、参考資料提供の形でおこなわれたラサール主義批判、それも実はアイゼナハ党内のラサール主義的傾向への批判であった。バクーニンらから、ゴータ新綱領の「かくれた父親」だというおいわれなき誹謗を浴せられるおそれがあるからといって、ラサールを誅する筆が、いったいなぜ押えがたく激してこなければならないのか。ましてこの『評注』は、バクーニンの目にふれることなど、もとより露ほども予想していない私的回状なのである。

つまり三つの問題がここに生ずる。（一）ラサールを批判するのに、バクーニンの姿を思い浮かべつつ書いたのはなぜか。（二）エンゲルスのいう「激烈な口調」はいったいなぜ対バクーニン闘争などとかかわるのか。（三）故人にかわって理由を弁じたエンゲルスの胸に右のような疑問が全然浮ばなかったのも、彼自身かの激情をマルクスと完全に共有していたからではなかったか。

2　この三つの問題は、マルクスとエンゲルスがことにドイツの労働者運動――この語（Arbeiterbewegung）は日本語の「労働運動」に労働者党の政治活動をプラスした概念である――に注いだ深く熱い関心からだけでは解けない。ドイツの運動を、まさに一八七〇年代の国際的思想闘争・運動史の座標軸上にすえてはじめて、一見特殊ドイツ的案件でしかないように見えるラサール主義批判が、彼らの社会＝歴史認識の全身的表白としてうかび上るのである。そのためにも、ここで、インタナショナル・ハーグ大会前後の情況につき、最小限の経緯を思い出しておきたい。

一八六四年九月に結成をみた国際労働者協会《インタナショナル》は、当初から、オーウェンの弟子とマッツィーニの弟子を包摂しえた寄り合い世帯であり、中でも、イギリスの労働組合主義者とフランスのプルードン派が二大勢力をなしていた。ことにプルードン派は現実政治への働きかけを拒否する態度を固守して、ロンドン＝マルクス派に当初から対立する。六五年九月のロンドン協議会ではポーランド問題で一触即発状態を迎え、六六年ジュネーヴ大会では労働組合運動とくにストライキ闘争推進の方針に、プルードン派は執拗に抵抗した。六七年ローザンヌ大会では労働者の政治参加が争点となった（この大会で、時期を連ねて開かれた平和自由連盟創立大会で常任委員となったバクーニンが、翌年協会に加盟する機縁をつかんだことに留意[8]）。だが六八年ブリュッセル大会、六九年のバーゼル大会を経てプルードン派は次第にマルクス派に論破され、固有の勢力を減じつつあった。

だが、後退をせまられたプルードン派は六九年以降、亡き師とはちがったタイプの精力的なリーダーをバクーニンにおいて発見する。六八年末、国際組織を自称する手兵の社会民主同盟をそっくりインタナショナルに重複加盟させようとして当然拒否された彼は、方針を転換して協会に加盟して以後、加盟地ジュネーヴ支部を足がかりにたちまちスイス全支部を包括するロマン連合を牛耳りはじめた[9]。こうした勢力をバックに、六九年バーゼル大会では、持論の相続権廃止決議を提案し、ロンドンの総評議会＝マルクス派の反対提案をしのぐ勢いをみせる。バクーニン派の原案は、賛成三二票であったのに棄権一三票が反対二二票に加算されたため結局否決されはしたものの、この比率は、国際労働運動におけるマルクスの声威をいちじるしく傷つけた[10]。

七一年五月、短かく燃えさかって消えたパリ・コミューンの残照のなかでマルクスが『フランスの内乱』を執筆し、亡命者の援助に奔走し、九月のロンドン評議会で労働者階級の政治活動強化の方針をかためるのに腐心しているあいだ、バクーニンはスイス西部のジュラ連合をがっちりと掌握した。そして七一年一一月の同連合ソンヴィリエ大会では、公然と「反権威主義」をとなえるソンヴィリエ回章を採択させ、組織をイタリアとスペインにひろげる活動を開始する。

今や決裂は不可避であった。こうして七二年九月ハーグ大会における対立、バクーニン除名への一直線がひかれることとなる。総評議会のニューヨーク移転が決定され、第一インタナショナルは事実上ここに終焉を迎えた。除名されたバクーニンは書きかけの『国家と無政府』（七三年、ジュネーヴ）を公刊し、実質的に運動から退いてゆくが、以後、ロンドンをふくめて各地の協会支部が連鎖的分裂を重ねてゆくのに彼の「反権威主義」がもっとも効果的な起爆剤の役割を果したのであった。

3　ここまできてようやく、われわれは『ゴータ綱領批判』の舞台にたちもどることができる。ここでさしあたり二つのことが想起さるべきである。

第一点は、マルクスが七四年末から翌年はじめにかけて、『国家と無政府』をロシア語原文で読み、その詳しい摘要（『全集』第一八巻）を作ったこと。

かなり露骨な反ユダヤ主義的偏見をかくそうともしないこの書で、バクーニンは、マルクスをエリート独裁を夢みる点ではビスマルク同然の国家共産主義者、空論的革命家、汎ゲルマン主義者ときめつけたばかりでなく、自分をしのいだ直弟子を嫉妬し、実はマルクス自身のものにほかならぬ人民国家論・生産協同組合論・国家権力奪取に立つ少数者独裁論をラサールが剽窃したといってはこぼしている知的破産者である、とまでこきおろした[11]。初版一二〇〇部の大半はロシアに密搬入されたといわれ、しかもロシア語のこの書物のわずかな残部がヨーロッパで広く読まれたはずはないが、焔の弁舌家たる著者は、右の論難に等しいことばを多数の人びとの耳に注ぎまわった。

綱領草案にちりばめられたラサール主義を注意深く剔抉してゆくマルクスの脳裏をこのバクーニンがよぎるとき、われにもあらず彼の筆が激したとしても誰もそれを責められない。彼はいわば不当に挙証責任を負わされていたからである。フェルディナント・ラサールの経済理論、国家論、社会主義革命論がいかに決定的に自己のそれらとへだたり誤っているかを、マルクスは、おのが脳裡のバクーニンにつきつけたのではなかったか。

第二点。ところで、ドイツの運動のなかにバクーニンの姿はちらりとでも影を落していたのだろうか。いた。奇妙な風景だが、専制的権威主義者マルクス博士といっしょくたにされたラサール、そのラサールの心酔者たちは、バクーニン＝プルードン派のインタナショナル分裂策動に遠くから拍手喝采した。七二年五月にベルギー連合が大会をひらいて、九月のハーグ大会に総評議会廃止決議案を提出することを決め、新しい規約草案を用意したとき——のちベルギー連合はハーグ大会の諸決定を無効としソンヴィリエ回章を承認する——、全ドイツ労働者協会（ラサール派）機関紙『ノイアー・ゾツィアルデモクラート』第六八号の論説は、この「規約草案が完全に同紙の見解に一致することを見出して、分離同盟派への合流を約束」した。エンゲルスは書いている。「これはまったく願ってもないことだ。ハッセルマンとハーゼンクレーファーが分離同盟大会に出席すれば、この分離同盟にも筋金が入るというものだ。右にバクーニン、左にハーゼンクレーファー、そしてまん中に、自分のプルードン主義的空文句にひきずりまわされている不運なベルギー人、というわけだ！」、と。(12)

整理しよう。

（一）マルクスは、バクーニンとプルードンを同根の無政府主義と一括する。

（二）そのバクーニンのほうは、マルクスとラサールを国家社会主義者として一体視した。

（三）当面の敵ラサール派はバクーニン＝プルードン主義に親近の意を表している。

（四）そして「わが党」アイゼナハ派の体質もラサール主義とプルードン理論への抵抗素をもっていない。すなわちマルクスは、国際革命運動における不具戴天の敵を、ドイツの二つの労働者党の双方のうちに見出した。それらをともに粉砕せんがためにも、毒素の受け皿ラサール主義にここで壊滅的批判の槌をうちおろしておかねばならなかったのである。

三　バクーニンへの回答としてのラサール批判

ラサールは一八六四年八月、国際労働者協会結成の一月前に死んだ。プルードンは六四年九月、病床に協会結成のニュースを聞き、四箇月後に死んだ。ともに協会に結集する労働運動の国際的求心の動きに触れなかった。発展する国際労働者協会のなかで、マルクスはアングロ＝ゲルマン的世界を代表し、バクーニンはラテン的世界を後背に負ってしのぎを削り、死してのち、今日につらなるマルクス主義労働者運動とアナルコ・サンディカリズムの二大潮流の源となった。だがラサールが体現する国家論は前者の流れにひそんで、そこから現在西ドイツ社会民主党に代表される別流を派生させたし、プルードンの思想はいま蘇生して労働者自主管理の血液をフランス社会主義に注ぎこんでいる。この四巨人の社会主義思想は、その継承者たちの手で微妙にからみ合わされ、現実とのフィード・バックをくりかえしながら、現代に可能なさまざまな未来社会像を競合的に提出している。過去幾度かそれらの原型が生まの形で衝突しあった。その一典型として『ゴータ綱領批判』があるのである。

　この四者の思想的交錯をときほぐすのには、いくつかの方法が考えられようが、ここでは、『ゴータ綱領批判』でマルクスとエンゲルスが大いに気にしていたバクーニンの「人民国家」批判をときほぐしの糸口とし、さしあたり、(一) 革命論、(二) 行動綱領、(三) 過渡期権力観、(四) 未来社会像、この四つの識別軸を用意して四者それぞれの思想的座標をさだめてみたい。もとより随時撤回可能の試論でもあり、機械的図式化のそしりをおそれず、あらかじめ次の図に止目をねがうことで、冗説を多少とも避けたいと思う（MLBPは、それぞれの頭文字。本文中にも使用する）。

1　さて、バクーニンは前出『国家と無政府』のなかで、「ラサールの創建した社会民主労働者党」とか、「ニュルンベルク大会（一八六八年八月）で社会民主党が組織された」とかいった、ドイツの労働者運動にかんするかなりいいかげんな知識を下じきにして、「ラサールとマルクスが労働者たちに勧めている理論、究極の目標ではないにしても少くとも当面のおもな目標である人民の国家」（傍点引用者）とは、一箇の奴隷制度であり、「えせ人民国家は本物や偽者の学者という新しいごく少数の貴族による、人民大衆にたいするひどい専制支配にほかならない[13]」と批判した。

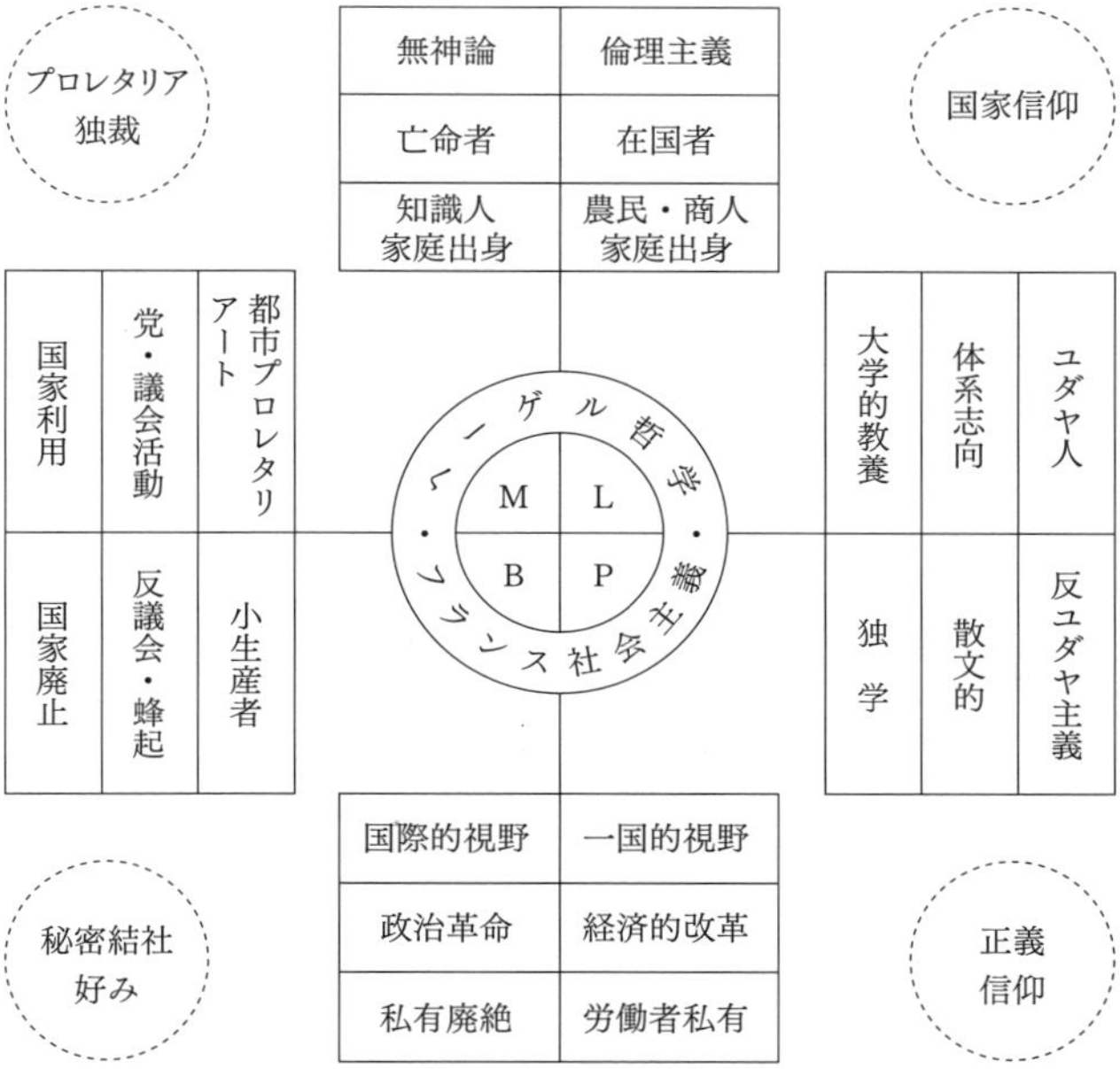

＊　タテ軸はMB、LPの対比を、ヨコ軸はML、BPの対比を、あらわす。たとえばタテ軸でみると、MBはともに亡命者であり、かつ国際的視野のもち主である。
＊　中心のヘーゲル哲学とフランス社会主義は四者を包括する共通項。
＊　各象限の点線の囲みは、各人の特徴的論点・体質
＊　ほとんど唯一のMPおよびLBの共通項として、前者のやや書斎派的傾向、後者の煽動弁舌家的傾向

アイゼナハ派の機関紙が『人民国家（*Volksstaat*）』という名前であるのがまた、公刊未刊の著作の各所でバクーニンの絶好のからかい文句となった。あてこすりでなく、バクーニンは実際アイゼナハ派を「ドイツにおける彼〔マルクス〕の政党」[14]と思っていたようである。

この人民国家ということばは、少くとも政治スローガンとしては、全ドイツ労働者協会のブラウンシュヴァイク綱領（一八六七年）にあらわれたもので（一六九ページ）、バクーニンのいうようにラサールや無論マルクスの発案になる標語ではないが、その二年後、社会民主労働者党はアイゼナハ綱領第一条に「自由な人民国家の樹立」を謳い、機関紙をしかく命名してためらわなかった。同綱領の解説でもあるベーベルの『われわれの目標』（初版、八〇年）も、忠実にこの語の革命的意義を説いたし[15]、現にマルクスとエンゲルス自身この「人民国家」新聞への有力な寄稿家だったのだから、バクーニンの揶揄は内容的には的はずれでも、第三者にはことばの綾がもたらす強い説得力があったのである。

バクーニンは、革命のマルクス＝ラサール路線を要約して「労働者階級の〈第一の〉義務は政治権力を獲得することである」（〈　〉はバクーニンの追加）という国際労働者協会創立宣言を挙げる。だが、そこでバクーニンの考えているML路線とは、まず普選の獲得→議会での多数派形成→議会による人民国家の宣言→労働者生産組合への無制限信用供与→ブルジョア資本制圧→社会の変革、という構図であった[16]。

なるほど、このかぎりではバクーニンはラサール派の政治戦略をかなり的確につかんでいたといえる。ところがバクーニンは、それをそっくりマルクスの革命理論でもあるとした。ラサール派の方針は、たとえ「人民国家」の完全樹立をまたずとも政府ないし議会で有効な——それが実力者との密約によるものでも——影響力を行使できれば、社会政策的に労働者生産協同組合の設立を促進しうるというものであって、またそれだからこそ、シュルツェ＝デーリッチュの自助協同組合論にたいして、それほどは遠くない未来に属する半現実的政策とみえて労働者の心をゆさぶったのであった。この意味で、ラサール路線は空想的であるとはいえ一面では体制蚕食的経済革命、あるいは議会主義的構造改革をめざすものだった。

こうした、大衆的政治運動（たとえば八時間労働法要求）および生産点でのストライキ等々の階級闘争ぬきの議会主義が、マルクスの承認するところでないことはいうまでもない。しかし、労働者に幻想を抱かせる政治参加をしりぞけ人民蜂起を呼号するバクーニンに、ではいったい、ラサール式でなくてどのように「政治権力の獲得」を果すのか、とつめよられても、具体的な革命戦略を示すわけにはゆかない。空前の大恐慌で虚脱状態となったブルジョア政府を労働者階級が占拠するといったような、ありそうもない事態を待機するのでないかぎりは、平凡なようだが各国議会で多数派を形成するというチャンネルを確保するしかないからである。人民蜂起と五一パーセント議会主義のあいだをすりぬけて、『評注』のかれが階級闘争をとことん闘いぬいて「革命的転化」（五三ページ）を現出する、とむしろ空語をつつしんだゆえんであろう。

2　そこで、当面の組織戦術ということになるが、バクーニンは、ML路線が都市プロレタリアートを偏重し、農民や下層窮民をかえりみない、と非難する。それがバクーニンによる単なる批判でなくて非難であったゆえんは、大工業のプロレタリアートのみが革命の動因だとする思想は、下層民をルンペンと侮蔑する学者貴族的心情にもとづいていたばかりでなく、農民革命は本質的にスラヴ的であるがゆえに退歩的、反動的であるとするすぐれて反スラヴ主義＝汎ゲルマン主義に発する、と見られたからである。やがてスラヴ民族は、政権をにぎったドイツのプロレタリアートに奴隷的に従属せしめられるのではないか、とかれはいう(17)。

『摘要』においてマルクスは、この論難の最後の部分をノートしながら「小学生程度のおろかしさ！」とコメントしているが、マルクスには、農民が「これまでフランスでやってきたように、あらゆる労働者革命を妨げ、挫折させ」てきたという、ぬきがたい否定的イメージがあることはたしかであろう。だがそれと同時に、「経済的発展の一定の歴史的条件」したがって工業プロレタリアートの人口中に占める圧倒的優位こそ「徹底した社会革命の前提(18)」であるという、むしろポジティヴな待機主義があった。パリ・コミューンの英雄的闘争におそれず全身的連帯を表明しながらも、やはりそれが栄光の孤立におわった必然性を、いたましくかつ冷厳に凝視する目がここにある。秘密結社員が自然発生的人民（むしろ窮民）蜂起を誘発させそれに介入して国家を打倒＝廃止するというバクーニンの革命論は、この意味でも歴史によって審判ずみである。

しかし、マルクスが工業プロレタリアートの量的成熟を重視するのは、たんに軍事力学的リアリズムによるものではない。ここにいう「徹底した社会革命」とは、政権掌握革命、経済的剰余の分配革命以上のものであろう。労働者ひとりひとりがブルジョアジーから接収した大工業体系を自覚的に統御できるような知的、質的成熟をとげたとき、富と同時に文化も全人民の所有に帰することとなる。ここに、ひとしく労働者党への結集を訴えながら、ラサールとマルクスのちがいが出てくるのである。

ラサールにとっては、国家は人間性を進歩発展させ、自由へ導びいてゆく倫理的本質の全体であった。ブルジョアジーは、本来かくあるべき国家を財産の安全のための「夜警」におとしめているが、労働者階級は、国家の意に反して負わされていたこの強制的役割から国家を解放し、その倫理的本質を満面開花させるのである[19]。こういうヘーゲル『法の哲学』そのままの国家観からすると、労働者は国家権力をブルジョアジーの手から奪ってわがものとすれば、国家によって、いわば逆に浄化されるという徹底したオプティミズムが出てくる。国家制度そのものが人間性と自由の否定であるというバクーニンから見ると、ラサール国家論そのものは論外というほかはないのだが、当面の論敵マルクスやエンゲルスの態度は、考えようによってはいっそう悪質と映る。というのは、この二人は、国家が、政治的独裁それじたいが悪であるとは露おもわない権威主義者であるにもかかわらず、人民に対しては、究極目標は無政府あるいは自由なのであって独裁は好むところではないのだが反革命を抑圧するあいだだけの、「どうしても必要な過渡的手段」としてほんの「一時的で短期間のものであるという考えかたでなだめすかそう」という何重もの詭弁を弄するからである。「どんな独裁も自己を永久化する以外の目的をもちえないし、独裁はそれに甘んずる人民のなかに奴隷制を生み出し、育てることしかできない」というのが、バクーニンの絶対的信条であった。

この難詰にどう答えるべきか。

3　『摘要』のマルクスは、「旧世界の諸階層にたいする労働者の階級支配が存続しうるのは、階級の存在の経済的基礎が廃絶されるまでのこと」だともいい、あるいは「旧社会を転覆するための時期には、……プロレタリアートはまだ彼らの最終的体制に到達しておらず、解放ののちには用いられなくなるような解放のための手段を行使する」のだ、とも反論する。少し前、エンゲルスも「反権威主義者」を批判しつつ書いた。「革命こそは、あらゆるもののなかで最も権威的な事件である。……勝利した党派が自己の闘争をむだに終らせたくないならば、彼らは、その武器が反動家たちにひきおこす恐怖によってこの支配を維持しなければならない。[20]」

微妙なところだが、二人の反論の姿勢はやや異なる。右のエンゲルス論文は七二年一〇月以降の執筆になるが、同年六月『共産党宣言』ドイツ語新版序文に共同署名して、新しく成立したばかりの労働者政権は既存の国家機構を使わないという『フランスの内乱』命題を確認しあったばかりなのに、エンゲルスのほうは、独裁の必然的自己永久化という説にたいし、前半についてだけ、しかも掌握した古い権威的政治機構によるほかに何の手段があるか、と反論している。これに対しマルクスのほうは、基本的には『共産党宣言』の命題のくりかえしだが、ともかく自己永久化という必然論に答えて、独裁とりやめの条件を――気持の上では期限を――切ろうと試みている印象を受ける。けれども、こう答えたところで、プロレタリアートがその最終的体制に到達したと判断するに足るメルクマールを明らかにしなければ、逆に、そこへ達するには百年もかかるという理論の裏付けをすることにもなり、バクーニン説の正しさを承認する結果となってしまう。

『評注』で、共産主義の二段階およびその第一段階へ至る過渡期という未来社会像が、マルクスの労作のなかではじめて具体的に提示された原因は、ここにあった。

一八七五年段階のドイツでは、民主主義的共和制——すなわち君主制打倒＝国体変革！——を要求することにさえ慎重でなければならなかった。そしてマルクス自身「情勢が用心深さをもとめているのでそれは〔その要求を綱領に掲げなかったことは〕賢明といえる」（五四ページ）と評価しているのである（一八九一年の『エルフルト綱領批判』においてさえエンゲルスが、共和制の要求は今のドイツではまだ無理のようだから「全政治権力の人民代表機関への集中」という表現にしたらどうか、と示唆したことを想起せよ）。

とすれば、当のマルクスが、「この綱領は、この後者〔過渡期の国家におけるプロレタリアートの独裁〕について……なにもふれていない」（五三ページ）といって不満を表明するのは、奇妙なことといわなければならない。なかばは啓蒙的宣伝文書である党綱領に、「独裁」という凶《まが》々しい文字を高く掲げよという要求をマルクスがまじめにもちだしたとすれば、今日でならともかく、一八七五年段階のドイツでは、まったく、政治的な盲目としか言えないからである。

マルクスが、七五年の『評注』にそもそも場違いの「プロレタリアートの革命的独裁＝過渡期国家」論をしるしとどめたのは、もしそれがドイツ革命は指呼の間にありといった情勢のひどい読みまちがえによるものでないとしたら、やはり、七三年の『国家と無政府』にたいするひそかなる回答を果したものとみてよい。もしかれが、これに副次的な効果をもたせることを考えていたとすれば、それは、国際労働者協会内部の反権威主義派のアピールに——またそれに支持を表明していたラサール派からの攻撃に——動揺していたかも知れないリープクネヒトらにたいする一種の衝撃療法でありえたろう。

いまだ曖昧であることは避けがたいにせよ、ともかく、この「過渡期の独裁国家」は、資本主義社会と共産主義第一段階（狭義の社会主義）との中間の段階と限定された。第一段階の規定要件をきわめてきびしくとれば、なお独裁の無期延期をはかることはいとやすいが、たとえ政策的宣言にせよ、社会主義の確立を内外に告げようとする権力は、その時点で「過渡的手段」としてのプロレタリア独裁の全面解除をも同時に宣言せねばならない、というタガをマルクスははめたわけであった。これで、七五年までの各所に表明された段階規定の統一がなり、プロレタリア独裁期(過渡期の国家)→社会主義(たんなる管理機能国家)→共産主義(国家の消滅または完全廃止)、という三段階論が完成したことになる。

4　ともかくもこうして、マルクスは自己了解をとげた。それは、プロレタリア実はエリート独裁の永久的自己目的化というバクーニンからの批判に答え、かつはまた、七一年の『フランスの内乱』で表明した「労働者階級はできあいの国家機構をそのまま掌握して、自分自身の目的のために行使することはできない」という命題を具体化し再確認して、アイゼナハ派の領袖たちにラサール派の議会主義的協同組合革命論との闘争ないし絶縁をせまったものであった。

しかし、マルクスの綱領草案批判もむなしく、ゴータ合同大会は「国家補助をうける生産協同組合(Produktivgenossenschaften)」というラサール主義的要求を綱領成文にひきついだ。わずかに「社会主義的」という形容詞を協同組合に付することによって批判はかわされた(一八四ページ、注5)。

『評注』は、この「協同組合《ゲノッセンシャフト》」という綱領の用語をそのまま使いながら、プロレタリア独裁期につづく共産主義第一段階を「生産手段の共有にもとづいた協同組合的な社会」(三五ページ)と規定した。マルクスはこの規定で、「今日の国家[21]」と未来国家の両方にまたがるラサール的生産組合(Produktivassoziation)の要求をしりぞけ、イギリスにおける経験をふまえつつ「今日の国家」内部における協同組合(co-operative society)の一定の役割を評価しながらも、社会主義社会における協同組合との構造上機能上の区別をはっきりさせた。『評注』における、この協同組合の組織と機能についての説明は、むろん『共産党宣言』におけるかなり抽象的な表明いらい、マルクスの諸労作においてはじめて具体的にしるされたものである。『共産党宣言』は「各人の自由な発展が万人の自由な発展の条件であるような一つのアソツィアツィオン(Assoziation)」としか述べていなかった。それが、『評注』における「協同組合」（Genossenschaft）にいたる成熟の道すがらに、やはりプルードンとバクーニンが立っている。

一八四八年の『宣言』で「保守的あるいはブルジョア社会主義者」とこきおろされたプルードンも、この時期（四八年から五〇年）にかけて、新聞論文で「民主的に組織された労働者のアソシアシオンは、社会的共和国という共通の絆の中で結合された経営《コンパニー》や社会《ソシエテ》の巨大な連合（フェデラシオン）の最初の核である[22]」との命題を提起してはいたが、一方で、当時ルイ・ブランの提案に代表されるアソシアシオン論に強く反対し、かれらのそれは平等の名のもとに人を権威の原理に従属させるものと批判していた（『十九世紀における革命の一般理念』五一年）。バクーニンがのちにマルクスをルイ・ブランの直弟子と呼んだことが想起されてよいが、この『一般理念』は、ある意味で『共産党宣言』への回答とみることができよう。

その後マルクスたちはイギリスに渡り、この地でオーウェン主義者たちの精力的な協同組合運動にふかい感銘をおぼえた。「国際労働者協会創立宣言」（六四年）における「資本〔英語版は所有〕の経済学にたいする労働の経済学の偉大な勝利」という、協同組合への讃辞は、たんに協会に参加してきたオーウェン主義者に迎合した外交辞令であったとは思われない。

イギリスにおける実践的な成果をふまえたアソシエイション像の提起は、国際労働者協会《アソシエイション》に結集する労働者にひとつの方向をさししめした。プルードン派の労働者たちの多くがインタナショナルに加盟しはじめると、プルードンは病床で『労働者階級の政治的能力』（六四年、死後公刊）を書き、『一般理念』いらい、『連合の原理』（六三年）にいたる思索でとかく相互救済組合のかげに追いやっていた労働者アソシアシオンの思想に、ふたたび光をあてたのであった。それは、相互主義の理念に立脚する生産者の小集団としてあり、それらが連合の原理によって連繋をたもちつつ社会的生産をになう、という展望である[23]。

こうした交錯を背後にしながら、マルクスは、『資本論』第一巻で「自由人たちの結合《フエルアイン》」という語を一瞬示しつつ、七一年の『フランスの内乱』で「自由な協同（associated）労働」をむねとする「統一された諸協同組合が一つの共同計画にもとづいて全国的な生産を調整する」、そのような新しい経済組織を提示した。[24] 個々の単位は「協同組合(co-operative society)」でそれが全国規模で「統一(unite)」される。プルードンにおける単位アソシアシオンの地域的連合という構想と瓜二つであろう。

プロレタリア独裁の語が『フランスの内乱』に姿を見せないことも手つだって、プルードン＝バクーニン派、たとえばバクーニンの一の弟子ギョームは、マルクスのこの表明を不審として、譲歩かそれとも偽装転向かと疑がった。[25] たしかにマルクスは、これまでどちらかというと、全社会一アソシアシオンと解されうる構想を発表していたから、諸単位組合の全国的連合というイメージは新しい。ここで諸単位としてアソシエイションという、これまでの彼自身には抽象的な、だがフランス的には具体的な用語を避けて「協同組合」を用いたところに、単にイギリスでの知見だけでなく、プルードンの写実的表象への対抗のあとが見える。反権威派は加えてここにマルクス得意の国家が顔を出さないのをあやしんだわけである。

一方、バクーニンはと言えば、パリ・コミューン崩壊と凄惨な報復の報に接しながら、七一年に書いた論文の冒頭で、こう書いている。人間の「平等は、コミューン〔彼の「共同体」〕のなかで自由に設立され連合した生産組合《アソシアシオン》の集団的所有と労働の自発的組織化によってうち建てられるべきであり、国家の後見的な上からの行為によってではなく、同様に自発的なコミューンの連合《フエデラシオン》によって実現されねばならない。[26]」つまり、単位生産組合→その連合（＝コミューン）→コミューン連合、という三重組織となっている点が独自であり、ここに相互主義的連合主義者プルードンと異なる――むしろマルクスに近い――かれの連合主義的「集産主義」(collectivisme)の面目をうかがえる。

この構想は、「国際兄弟革命組織綱領」でも「すべての労働者協同組合が連合的な同盟《アリアンス》をつくり、このひとつの同盟がコミューンを形成する[27]」という形でものべられていたので、ハーグ大会（七二年九月）でバクーニンとギョームを除名するための証拠文書として右の綱領を提出したマルクスにはよく知られていたわけである。ハーグ大会ののち、かれは『資本論』第一巻フランス語版の刊行という仕事にもどる。そうしてふたたび『国家と無政府』と対面したのち、ラサール主義を最終的に葬る文字を書いた。

国家とアソシアシオン。

この二つの軸をめぐって、プルードン・バクーニン・マルクス・ラサールが交わり分れる。国家はプルードンの眼中にない。バクーニンはひたすら国家を即時廃止し、集産主義的アソシアシオン連合をそれにかえよう、とする。このPBからみると、MPはともに権威主義的共産主義者（communiste autoritaire）にほかならない。ラサールは、ビスマルク国家の慈悲にすがってアソツィアツィオンを設立しようとし、マルクスは専制的学者独裁国家の強権で人民をフェルアインに統合することをもくろんでいる。口をはばからぬバクーニンは、ユダヤ人は本質的に中央集権主義者である、なぜならそこに創られる中央銀行こそこれら「寄生虫的ユダヤ民族」の絶好の好餌となるからだ、とさえ口走った。

「ドイツ労働者党綱領評注」は、「道徳的国家」にたいするラサールの「臣民意識」を容赦なく摘発して「狂信的国家崇拝者」の汚名をふりはらった。だが同時に、プロレタリア独裁を断乎うち出すことで、ラサール（とプルードン）の無葛藤移行論を叩きつつ、バクーニンのボヘミアン的窮民一揆論を嘲笑する。『評注』が、四者に共通の――つまりマルクスとラサールにも共通の――アソツィアツィオン語をもってせず「ゲノッセンシャフト」語を用いながら社会主義＝自由な協同組合的ゲゼルシャフトを語ったゆえんもまた、たがいに交錯する――前掲の図を今いちど参照されたい――思想的座標軸上に独自な自己の社会＝歴史認識を定めようとしたためではなかろうか。

四　「マルクス・ラサール問題」の所在

1　これまで『評注』の立役者たるラサールの姿をバクーニンの影から引きだすいとまがなかった。そこで最後に、現代までの「マルクス・ラサール問題」史のいくつかの論点をピック・アップして、ラサールがけっして死んではいないことに注意を喚起しよう。

わが国にラサールをはじめて紹介したのは、片山潜と幸徳秋水であった。片山は明治三〇年『労働者の良友喇撒の伝』（筆者未見）を、幸徳は同三七年に『社会民主党建設者ラサール』（平民文庫）を出している。幸徳の著は、ラサールを吉田松陰に擬したり、日本のシュルツェ＝デーリッチュとして社会政策学会の人びとや大井憲太郎をさすなど、筆に生彩がみちていてラサールへの共感がうかがわれる好著だが、かれは数年足らずしてラサールを捨ててしまう。圧倒的にマルクス主義が後からおいかけてきて、山路愛山など国家社会主義者に与えた影響も運動全体のなかでは、はるかに後景にしりぞいたのであった。(28)

しばらくしてラサールに光をあてたのが、小泉信三、河合栄治郎などマルクス主義にたいするミリタントな批判者たちであるが、これは内在的発掘というよりは、多分にラサールの国ドイツでの風潮を反映したものであった。たとえば小泉は、第一次大戦前後のナショナリズムの上昇気運のなかで、「ラサールに還れ！」という声に耳を傾けるべきだと主張している。(29)その小泉にして、ラサールの理論は、賃金鉄則論、協同組合論、国家論のいずれも独創性を欠き、マルクスの前に光を失うとしか評価していない。また河合も、ラサールの諸業績のうち、議会主義で労働者を覚醒させた実践家としての側面のほかには、かれ一流の自由主義と社会主義の統一といった理念に照応するものとして、ラサールの「理想主義」を評価するにとどまっている。(30)

戦後では多分、猪木正道ひとりにしか指を屈しえないが、猪木のラサール国家論評価は師とは反対に、「民族共同体《コンミュニティー》としての国家の本質」を正しくとらえたがそれを神聖化している点で「ヒットラーのそれを彷彿させる反動的国家観」というものであり、結局はドイツ労働者運動の定礎者という面のみが称揚されるにすぎない。(31)マルクス主義のほうは、ラサールにほとんど関心をはらおうとしない。これは、マルクスによって徹底的に批判された者は浮ばれないというマルクス学界での慣行ばかりではなく、現代日本に、たとえばプルードンやバクーニンへの注目が示すような、生きた「マルクス・ラサール問題」そのものが顕然と存在していないから、と思われる。戦前のファシズム生成期には、国家主義的労働運動の動きもないわけではなかったが、それが労働者をつかんで力となるべくは、あまりにも労働者階級そのものが未成熟であった。

しかし、こうしたラサール冷遇は、故国ドイツをのぞけば、世界中どこも似たようなものなのだろうか。固有の意味でのラサール主義を問題とする状況は、やはりドイツという土壌にしか育たないのであろうか。

2 とりあえずドイツを見よう。かつて一体であったドイツの労働者運動を、「マルクス・ラサール問題」はたえず右に左に大きな振幅でゆさぶりつづけた。

ラサールは、死んで一一年後もなおゴータ合同大会の舵をとったが、その力は四半世紀後も衰えを見せなかった。『評注《フラクツィオン》』の機関誌『ノイエ・ツァイト』への掲載を断行した編集長カウツキーは、事実上の党幹部会として機能した国会議員団にその職を逐われんばかりの問責を受けたばかりでなく、まきおこった党内の動揺をしずめるため、自から筆をとってラサールの不滅の功績をたたえた一文「われわれの綱領」を草せざるをえない破目となった（一二四ページ、注9）。この年（同九一年）が、マルクス主義を全面的に貫いたエルフルト綱領を採択した年だったことは周知のとおりだが、同時に党指導部がラサールの新版『演説・著作全集』[32]出版を決議した年でもあった。

一八九七、同九八年には、ラサールを高く評価したF・メーリングの『ドイツ社会民主党史』が出て物議をかもすのであるが、その余波が消えるのはずっとおそい。マルクス死後三十年目の一九一三年にはラサールをこきおろしたリャザーノフと、それを批判するメーリングと、そして両者の中間に立つカウツキーのあいだで『ノイエ・ツァイト』誌上のラサール評価論争が起きているのである[33]。

マルクス主義がともかくも公認理論となった社会民主党エルフルト大会（一八九一年）、迫りくる戦雲のもとで反戦決議を採択した第二インター・シュトゥットガルト大会（一九〇七年）、同じくバーゼル大会（同一二年）では、ラサール派はじっと鳴りをひそめていた。しかし党が大戦前の各国をおおうナショナリズムの前に反戦の旗を掲げるのをためらいだすのをみて、彼らは地の底から「ラサールに還れ！」(Zurück zu Lassalle!) の声をあげはじめる。かれらの「新ラサール主義」[34]のよりどころは、ラサールの国家概念と国民的理念にほかならない。擡頭したての「ラサール・ルネッサンス」の根底にあったのは「国民的な労働者党はまずその国民の内部で党を存立せしめている諸条件と結びつかねばならぬという認識」(メーリング) であった。

第一次大戦開始とともに、社会民主党は戦時公債案に賛成票を投じ、「城内平和」を結んだ。大戦の長期化にともない党内反戦派が、独立社会民主党として分離 (一九一七年) したのち、主流派はエルフルト綱領から一八〇度転回したゲルリッツ綱領 (同二一年) を採択する。「自由な人民国家」への憧憬がふたたび公然とうたわれただけではない。それは「倫理的共同体」にほかならぬがゆえに、プロレタリア解放をめざす階級闘争もまた、いまや「倫理的要求」の高みにまで引上げられる。

しかし、ゲルリッツ綱領のラサール主義的口吻は、この綱領への批判として『ゴータ綱領批判』を復刊したカール・コルシュによれば、『労働者綱領』のラサールの精神をさえ骨抜きにしたものでしかなかった。社会愛国主義者はラサールを、彼らの反マルクス的国家理論のだしに利用したのだ、とかれは見る。[35]「ラサールに還れ！」というスローガンは、一九二五年国法学者ハンス・ケルゼンが論文「マルクスか、ラサールか」の結語として掲げていらい有名になったものだが、[36]同じ二五年、オーストリア社会民主労働者党幹部カール・レンナーがラサール生誕百年を期して書いた「ラサールの歴史的位置」[37]もまた、彼のマルクス主義理論家としての盛名のゆえに二〇年代におけるラサール復興に力があったものとして知られている。レンナーは、「国家は有産階級の執行委員会である」というマルクス主義の公式がいかに運動に害毒を流したかを嘆じながら、ラサール死後の六〇年間——それはマルクス主義がドイツの運動になんらかの影響を及ぼしはじめてからの六〇年間でもあった——を、まさにラサールの理想が実現されてきた過程ととらえている。国家の目的、国家の本来的な倫理性は「人類を自由にむけて陶冶し発展させることにある」

（ラサール）という命題に拠って、彼は戦後各国の社会民主主義者の政権参加の根拠づけはラサール国家論によってのみ可能であると説き、また、一八七〇年から（ビスマルク！）一九一四年までのあらゆる労働者保護・社会保険等々の社会立法を総じてラサールの「国家補助」原理の正しさを立証する、と主張した。かれはいう、プロレタリアートの単独支配を形成したロシアでさえ、国家と資本は存続しているし、その試行の結果は広汎な社会立法をともなった国家資本主義ではないか。

右のレンナー論文は、同二五年九月に採択されるはずのハイデルベルク綱領における左翼路線復帰への懸念を表明している。さきに分裂した独立社会民主党の右派（カウツキーをふくむ）の復帰＝再合同をきめた同二二年のニュルンベルク合同大会の行動綱領は、すでに「自由な人民国家」なる大看板をとりさげていた。事実、ハイデルベルク綱領はエルフルト綱領の線には遠いとしても、ともかく左へゆれもどったのであり、おそらくはドイツの党の新路線の影響力のもとに、レンナー自身のオーストリア社会民主労働者党もまた、少くとも表面的にはラサール主義的色彩を払拭したリンツ綱領（同二六年）を採択することによって友党に同調した。

3　第二次大戦後に再建された西独社会民主党が、ドイツ共産党との合併にふみきった東独の社会民主党の動向をにらみながら、多くの曲折をへて、マルクス主義との公式の絶縁をバート・ゴーデスベルク綱領（一九五九年）の採択で表明したこと、これは周知の事実であろう。この新綱領は「可能なかぎりで競争を――必要なかぎりで計画を！」という戦後資本主義の「混合経済」路線をいちはやく先どりした基本理念のもとに、国民共同体のあるべき姿として「社会的国家」（Sozialstaat）を掲げた。いうまでもなく生産手段の社会的所有の要求はとりさげられた。その代りに「公共的統御」が謳われてはいるが、かつての「人民国家」とは異なり「社会国家」は、社会的生産における私的企業のイニシアティヴをはっきりと認める立場に立つことになった。

マルクスの影は消えた。ラサールが復活するのであろうか。

新綱領の文面にはラサール主義を思わせる文字はない。だがラサールは復活したのである。

その一例をカルロ・シュミットの論文「フェルディナント・ラサールとドイツ労働者運動の政治化」(38)にみよう。シュミットはテュービンゲン大学等々で政治学を講ずるかたわら、戦後の西独社民党再建にアカデミズムを代表してずっと参加してきた重鎮だから、彼の発言は党主流派の精神をほぼ誤りなく代弁しているものと見てよいだろう。

シュミットは、ドイツ社会民主主義運動史におけるマルクス主義のかつての勝利を「外見上の勝利」とみなす。頭がマルクス主義でしめられていた時代でさえ、足はラサール主義であった。ドイツ社民党は「短期間の動揺のあと、その実践活動のなかでしだいに、自分がやはりラサールの精神の児であって、かれの敵手〔マルクス〕の終末論的・黙示録的歴史観の管理人ではないことを立証した」のであった。ラサールの手ばなしの国家崇拝は今やとうてい受け入れられぬとしながらも、シュミットは、社会主義の立場からする民主主義国家への早くからの肯定《ヤー》が、国家からその倫理的価値を剥奪して捨てようとしたマルクス主義への反対療法として絶大な効能をもったと見る。そして社会民主主義が階級対立という空語と縁を切っていらい、国家へのかたくなな反対態度をすてて国家の中にむしろ自己にふさわしい地位を見出すことができるようになった、と説く。

再版レンナー論文とでもよびたいこの論文によって、保守政党との連立、政権への参加の弁明根拠としてラサールとその国家論が舞台によびもどされた。こうして、「ラサールからバート・ゴーデスベルク綱領へ」という、西独社民党こそドイツ社会民主主義の本流であり、ラサールこそその精神的指導者であった、という連続の論理が成立する。

もっとも東独のD・マリクによると、ドイツ社民党史をなにがなんでもラサール路線の貫徹とする弁護論は一九六三年までであって、それ以後は、マルクスはもちろんふくめて左右両翼いずれをとわずドイツ労働運動史上の有名人をできるかぎり「かれらの親帝国主義的歴史像」にとりこもうと努めており、現在彼らのあいだで脚光を浴びているのがベーベルだ、という(39)。

4　こうした戦後西独社民党の主張をむろん東独の党史家たちが黙過するはずがない。こちらにしてみると、ドイツ労働者運動史をラサールから始めること——シュテファン・ボルンの「労働者友愛会（Arbeiterverbrüderung）」（一八四八年八月）から始めることさえも——自体が我慢のならないことであって[40]、正しくは共産主義者同盟と『共産党宣言』からドイツの運動史の革命的＝マルクス主義的伝統を説きおこさねばならないのである。

共産主義者同盟の評価についてはしばらくおくとして、東独の党史では、西独のこのような潮流を駁論しようとするいきおいのあまりか、ゴータ合同大会以前のアイゼナハ派（社会民主労働者党）の体質をも、そもそもから革命的なものとして描きだす傾きがこのところ強くなっている。この動きは、マリクの前掲論文「西ドイツにおけるベーベル歪曲について」が端的に示しているように、現時点では機関紙『デモクラーティシェス・ヴォッヘンブラット』の紙面や党活動の精密な分析にはまだはいる態勢になく、さしあたり、K・リープクネヒトおよびA・ベーベルという二人の個人の評価に集中しているように見受けられる。

一九六九年はアイゼナハ党創立百年目にあたっていた。これを記念したホルスト・バルテル監修の論文集『マルクス主義とドイツ労働者運動』（一九七〇年[41]）が、党史の正統性を誇ってラサール主義が果した否定的役割を強調するのはある意味で当然であるが、ゴータ綱領の歴史的役割をさえ、それがアイゼナハ党の強みであった「理論と実践の統一」をそこなったとかで、強く否認するに至っている。この日和見主義的綱領は、その誤まった矛盾だらけのテーゼによって労働組合運動活動家に指針を与えるどころか大いに困惑させ、多くの指導的活動家たちを転向させた。「労働者は、本質的な点では、ゴータ綱領と対立しつつ運動を発展させねばならなかった[42]」というのが、基準的評価となっている。

ゴータ合同にこぎつけるのに、リープクネヒトが『評注』を秘匿してまでどんなに積極的に動いたかには疑問の余地はない。彼は自分の行動に自信をもっていた。それは、一八七五年四月二三日のエンゲルスあての手紙で、エンゲルスの批判に反論しつつ「しかし合同をともなうこの欠陥綱領は、合同をともなわない完ぺきな綱領よりも私には千倍も好ましいのです」（九七―九八ページ⑹）と揚言していること、また一八九一年『ノイエ・ツァイト』誌上への『評注』公表にかんして、ゴータ合同当時のマルクス・エンゲルスの判断を政治的に誤っていたと断定した論文「マルクスの綱領書簡」（一二四―一二六ページ）からだけでも明白と思われるのだが、このような言動をほじくりだしてリープクネヒトの革命的マルクス主義者としての名誉を傷つけるようなことはしないことになっているようである。

それよりいっそう興味深いのは、「人民国家の樹立」を掲げたアイゼナハ綱領を擁護するためか、ベーベルの人民国家への信念の弁護のしかたである。ヴェラ・ヴローナは、ゴータ綱領のほうの人民国家は民主主義国家のたんなる言い換えにすぎず、それがプロレタリア独裁建設のためにもっとも有利な戦いの場としてつかまれていなかった、しかもそれがそのまま社会主義国家と混同されていた、と批判する。そういいながら彼女は、ベーベルのほうの人民国家はラサール主義者の人民国家とはまったくちがうものだといい、その論拠としてベーベル『われわれの目標』における「われわれは人民国家を欲する。そしてそののち（dann）特権階級や特権者たちの支配を打破せねばならない」という見解を挙げている[43]。しかしベーベルにそうした明確な段階把握があったかどうかは疑問というほかない。彼は別のところで「国家は階級支配に立脚する国家から人民国家に転化されねばならない[44]」とも述べているからである。こちらの人民国家ははっきりと、階級支配なき社会主義国家を意味していよう。生産協同組合にたいする国家補助というスローガンにしても、ラサールがいうとそれは「既存の国家」による補助であるのに、ベーベルが語った国家補助論のほうは、労働者が権力をにぎった国家による社会的生産の組織化という、国家の当然の任務を論じたものだ、ということにされている。前掲のような人民国家論の二義的認識からしても、ここはケルゼンのように、ベーベルがラサール理論の影響をなお脱しきれていない[45]と見るほうが自然であろう。ヴローナの説はいかにも強引である。

ベーベル（およびリークプネヒト）にたいしての手厚い弁護論とさえいえるこれらの高い評価は、「修正主義者」ベルンシュタインによる評価が西独の「帝国主義的、右翼社会民主主義的」歴史家たちのベーベル奪還のたくらみの原型をなしている、という判断によってもオクターヴが高められているようである。ベーベルには一方で修正主義に理解ある実践的議会主義者、そして他方でマルクス主義的空論家《ドクトリネア》という二面があるとし、前者こそベーベルの本質――しかも党内での役割は左右両翼間の無原則的な調停者――であった、というのがベルンシュタインの観測だからである。(46) たしかに、ベルンシュタインのこの酷評は西独の論者につよい印象を与えているようだから、それに批判を加えて正しいベーベル像を確定する仕事は重要な意味をもつけれども、現代の東独におけるベーベル評価、ひいてはまたラサールの歴史的役割の評価は、少くともゴータ綱領成立史・『評注』公表史にかんするかぎり、史実にたいして冷静に忠実なゆえんではない。ベーベルが『評注』の敵前公表にあからさまに反対の意見をもっていたこと、エンゲルスがいち早くそれを見ぬいて警戒していたこと、これは疑えぬ事実なのであって、「背教者」の証言では教義擁護者の耳に入らぬかも知れないが、カウツキーもまた『評注』公表時におけるベーベルの調停者的役割についてエンゲルスに報告している。マルクス、エンゲルスの私的諸書簡におけるリープクネヒトへのさんざんな酷評――なかには正確に邦訳するのがためらわれるような罵言も見出せる――にたいして然りだが、東独の党史家たちが右のようなベーベルの行動には一言も触れようとしないのは片手おちであろう。これは別にベーベルにかぎってのことではない。

一九七五年三月一五日、東独の「カール・マルクス党大学」主催で『評注』百年を記念するシンポジウムが開催された。(47) そこでのマンフレート・ヘロルトによる主報告のテーマは「諸社会構成にかんするマルクス主義＝レーニン主義理論、および第八回党大会において決定された経済政策の実現にとっての同理論の意義」というものであって、もはや党史そのものは問題にされていない。副報告者と思われる長老エルスナーは、アイゼナハ派路線すなわち社会主義統一党、日和見主義・修正主義路線イコール西独の右翼社民党現指導部、という定式をもって、西独社会民主主義を「純粋ラサール主義」と規定している。

レーニンの烙印に目をつぶってまでベーベルの「人民国家」に対して肯定的評価を強行する意図は、おそらく社会主義国家権力を容易には「死滅」しないまさに「人民」の権力であるということの傍証にあると思うが、マルクス主義国家論の発展的解明のためにもアイゼナハ党それ自身におけるラサール主義がこのように無視されるのは問題であろう。このきめ手が東西両ドイツの党史家たちによってなおきわめられないまま、「マルクス・ラサール問題」がイデオロギー的に処理されているという印象をうけるのである。

ラサール像そのものが茫漠としているために、現代において何が「マルクス・ラサール問題」が判然とは見えにくいと述べた。しかし、なにも戦前ファシズム期における国家主義的労働運動をむりに想起する必要はない。生産点での闘いを放棄（あるいは抑圧）しての議会主義的労働者操作、市民社会における生産力的、知的ヘゲモニー掌握をあとまわしにして権力（自治体・国家）の頂点制覇をのぞむ戦略もまた、広義では「マルクス・ラサール問題」に属するのではなかろうか。

思想家としてのラサールへの冷遇にもかかわらず、市民社会後進国としての日本には、まさにドイツと同様、労働者階級を国家に統合しようとするラサール主義のための土壌はけっして欠けてはいないように思われる。それをこえる思想は、市民社会をとびこして国家直撃をさけぶ負のバクーニン主義ではなくて、独裁的＝国家的権威の疎外を情熱的に告発したバクーニンに正しく学ぶことを怠たらぬマルクスの歴史＝社会理論であるだろう。

（1）長く「モスクワの長女」と自他ともに認めてきたフランス共産党が、一九七六年に開かれた第二二回党大会で「プロレタリア独裁」を放棄することをきめた。一歩先んじたイタリア・スペイン両共産党との連携の進展とともに、内外への影響が注目される。さっそくの好例として、渓内謙「権力について」（『世界』七六年三月号）および藤村信「大いなる分極」（同上）。日本における「独裁→ディクタツーラ→執権」という改訳の問題性もいずれ俎上にのぼろう。

（2）以下、原則としてマルクス「ドイツ労働者党綱領評注」だけをさすときは『評注』と、エンゲルスの綱領批判諸書簡をふくむ通念的範囲をさすときには『ゴータ綱領批判』と略記する。特定の版本を示すときは一々明記して混同をさける。

（3）岸本重陳「『ゴータ綱領批判』」（『マルクス・コメンタールV』一九七三年、現代の理論社）二五三ページ。氏の三層は、世界史―ドイツ史―マルクスの生涯、のそれぞれ七〇年代。

（4）一八七三年五月一六日付けリープクネヒトからマルクスあての手紙。G. Eckert (hrsg.), Wilhelm Liebknecht. Briefwechsel mit Karl Marx und Friedrich Engels, The Hague 1963, S.181.「(『資本論』）フランス語版どうもありがとう！　あとも早く完成しますように。これでフランス人やベルギー人の頭に張ったプルードンのくもの巣はすっかり掃除されるわけです。――ですが、ドイツの学者の脳みそ箱に張っているラサールのくもの巣のほうもお忘れになっては困りますよ。……」

（5）七三年六月二〇日付けエンゲルスのベーベルあての手紙。邦訳『マルクス・エンゲルス全集』（以下『全集』と略記）、第三三巻四八四ページ。

（6）七三年五月三日付けエンゲルスのゾルゲあての手紙。『全集』第三三巻四七五ページ。これがエンゲルスの少々思い過しだったことについては、ベーベル『わが生涯より』第二巻（August Bebel, Aus meinem Leben, Zweiter Teil, Stuttgart 1914, S.292ff.）参照。

（7）August Bebel, *Unsere Ziele*〔1. Aufl.〕, Leipzig 1870. Fotomechanischer Nachdruck mit Nachwort von R. Dlubek u. U. Herrmann, Berlin 1969.

（8）前掲『ゴータ綱領批判』六九ページ、注13をみよ。

（9）マルクス、エンゲルス『インタナショナルのいわゆる分裂』、『全集』第一八巻三―四六ページ参照。

（10）E・H・カー、大沢正道訳『バクーニン』（下）（現代思潮社）四九三ページ。

（11）バクーニン、左近毅訳「国家制度とアナーキー」（『バクーニン著作集6』白水社所収）一九九、二〇五、二一二、二五二ページ。

（12）エンゲルス「インタナショナルから」『全集』第一八巻四六六ページ。このうちハッセルマンは、自身アナキズムに強く傾斜し、のち除名された。

（13）バクーニン、左近毅訳「国家制度とアナーキー」（前掲『著作集6』）二五二、二五四ページ。バクーニンの論述はきわめて奔放に拡散し、枝葉末節にはいりこんでしばしば本題を放棄している。以下の引用および引用ページ表記は参照した箇所のうちの主な部分にかぎらざるをえない。あらかじめ了承を乞う。

（14）バクーニン、外川継男訳「鞭のゲルマン帝国と社会革命」（『著作集3』）四〇六ページ。

（15）A. Bebel, Unsere Ziele, S.11f.

(16) 前掲『著作集6』二五〇―二五一ページ。

(17) バクーニン、外川訳「反マルクス論」(『著作集3』) 三六四ページ。同『著作集6』二一二、四八五ページ。ゲルツェンの影響をうけてバクーニンもロシアの農村共同体を社会革命の根拠地と考えた。前掲カー『バクーニン』(上) 二四五―二四八ページ。マルクスから汎スラヴ主義者と呼ばれる理由はあった。

(18) マルクス、前掲『摘要』、『全集』第一八巻六四二ページ。

(19) 同じ趣旨の国家論を各所でくりかえしているが、代表的には、Das Arbeiterprogramm, in: Ferdinand Lassalle. Gesammelte Reden und Schriften, hrsg. von E. Berntein, Bd.II, Berlin 1919, S.198.ff. 小泉信三訳『労働者綱領』(岩波文庫) 六四ページ以下。

(20) エンゲルス「権威について」『全集』第一八巻三〇五ページ。エンゲルスは、一八九一年の『フランスの内乱』新版序文でようやく、「国家は……勝利したプロレタリアートがひきつぐ一つの害悪であって、その最悪の側面を、プロレタリアートは、……すぐさま、できるだけ切り取るほかはない」といった境地に達する。その間の諸論説については、たとえば柴田高好『マルクス国家論入門』(現代評論社) 一九五―二〇三ページ参照。

(21) ラサールにとって、普通選挙がおこなわれる国家はすでに「今日の国家」ではない(『労働者読本』)。*Lassalle. Ges. Reden und Schriften,* Bd.III, S.245.

(22) 山下正男「プルードンと『正義』」(河野健二編『プルードン研究』一九七四年、岩波書店所収) 二九一ページ以下。

(23) プルードン、三浦精一訳『労働者階級の政治的能力』(アナキズム叢書『プルードンII』三一書房)、たとえば一九八―二〇八ページをみよ。

(24)『フランスにおける内乱』、『全集』第一七巻三一九ページ。Marx/Engels. Selected Works, Vol.2 Moscow 1969, p.223f.

(25) ダニエル・ゲラン、江口幹訳『現代アナキズムの論理』(三一新書) 九六ページ。ゲランによると、現在『バクーニン・アルヒーフ』出版に努力しているアーサー・ミュラー＝レーニングも「『内乱』はきわめて非マルクス主義的である」と述べているらしい。ただし論拠は、ここでは国家死滅論をひっこめているから、というもので厳密とはいえない。

(26) バクーニン「パリ・コミューンと国家の概念」(七八年、死後に発表『著作集6』所収) 一四七ページ。

(27)「社会民主同盟と国際労働者協会。ハーグ国際大会の命によって公表される報告書と記録文書」『全集』第一八巻四五五ページ。また、バクーニン、長縄光男訳「国際革命結社の諸原理と組織」(『著作集5』) 一七四―一七五ページをもみよ。N・M・ピルモーヴァ、佐野努訳『バクーニン伝　下』(三一書房) は、バクーニンの連合主義を、レーニンの「マルクスは中央集権主義者である」うんぬんの引用で断罪するかのようにして、実はバクーニンにあたたかい。たくみな中央集権主義批判とよめて興味深い。

（28）大河内一男『黎明期の日本労働運動』（岩波新書）九〇、一〇三、一三〇ページ。

（29）小泉信三訳『ラッサアル　労働者綱領』（一九二八年、岩波文庫）付録、「『労働者綱領』と『共産党宣言』――ラッサアル主義とマルクス主義――」一三〇ページほか。後にみるように、小泉はハイデルベルク綱領採択（同二五年）直前の声に耳を傾けすぎて、同綱領でふたたび振子が左に戻ったことへの考察を欠く。

（30）河合栄治郎『独逸社会民主党史論』（一九五〇年、日本評論社）七八ページ、および同『社会思想家評伝』（一九六三年、社会思想社）二八一ページ。

（31）猪木正道『新増訂版共産主義の系譜』（一九六四年、角川文庫）一三八ページ。

（32）一九一九〜二〇年刊行のベルンシュタイン編一二巻本（Ferdinand Lassalle. Gesammelte Reden und Schriften）のもとになった三巻本（Ferdinand Lassalle's Reden und Schriften. Neue Gesammt-Ausgabe, Berlin 1892–93.）をさす。編者は同じベルンシュタイン。

（33）この論争にあらわれた三者十篇の題名・順序・『ノイエ・ツァイト』掲載ページについては、F・メーリング、栗原佑訳『マルクス伝(1)』（国民文庫）――底本は東独ディーツ社版――の編集者まえがきおよび編集者注(一)を参照。

（34）Vgl. Hermann Oncken, Lassalle. Eine Politische Biographie, 4. Aufl. Stuttgart 1923, S.526.

（35）コルシュの詳細な解説つきの『評注』（一九二二年）。Vgl. Einleitung, S.11. なお一九二〇年には、チェコ共和国在住ドイツ人労働者党の指導者カール・クライビヒ（Karl Kreibich）が、議会主義批判の立場からするまえがきを付して『評注』を復刊している。クライビヒによれば、『評注』が『ノイエ・ツァイト』に発表されてから三〇年後の本書がはじめての公刊であるという。

（36）Hans Kelsen, Marx oder Lassalle? in: *Archiv für die Geschichte des Sozialismus und der Arbeiterbewegung* (abk. *Grünbergs-Archiv*), 11. Jg. Leipzig 1925, S.298.

（37）Karl Renner, Lassalles geschichtliche Stellung, in: *Die Gesellschaft*, 1925, Bd.1, SS.309–322. 大戦中のレンナーの愛国主義的態度については簡単に、G・リヒトハイム、奥山次良ほか訳『マルクス主義』（一九七四年、みすず書房）二五四ページ以下をみよ。

（38）Carlo Schmid, *Ferdinand Lassalle und die Politisierung der deutschen Arbeiterbewegung*, *Archiv für Sozialgeschichte*, Bd.III, 1963, SS. 5–20.

(39) Dieter Malik, *Zur Bebelfälschung in Westdeutschland, Beiträge zur Geschichte der deutschen Arbciterbewegung*（abk. BzG), 11. Jg., 1969, Heft 4, S.687.

(40) たとえば、Wilhelm Mutall, Werden und Wesen der deutschen Sozialdemokratie, Berlin/Hannover, 1957. これにたいする批判として、Horst Bartel/Wilhelm Wehling, *Ein "neuer" Versuch, die Geschichte der deutschen Arbeiterbewegung zu verfälschen, BzG*, 1959, Heft 1, S.1199f. H. J. Friederici, *Zur Einschätzung Lassalles und des Lassalleanismus in der bürgerlichen und rechtssozial-demokratischen Geschichtsschreibung*, BzG., 1969, Heft 2..

(41) Horst Bartel（hrsg. als Leitung), *Marxismus und deutsche Arbeiterbewegung. Studien zur sozialistischen Bewegung im letzten Drittel des 19. Jahrhunderts*（abk. MdA.), Berlin 1970.

(42) *MdA.*, S.146

(43) Vera Wrona, *Bebels Anteil an der marxistisch-theoretischen Festigung der Partei in der Zeit vom Eisenacher bis zum Stuttgarter Parteitag 1869, i-1870n: MdA.*, SS.418–419.

(44) この命題にたいするレーニンの批判、『国家と革命』（岩波文庫）九六ページ参照。

(45) Hans Kelsen, *Sozialismus und Staat, Grünbergs-Archiv*, 9. Jg., 1921, SS.61–62.

(46) Eduard Bernstein, *August Bebel zu seinem 80. Geburtstag, Vorwärts*（Berlin), 22. Feb. 1920. ベーベルは一九一三年に死去。

(47) Horst Richter（bericht.), *Kritik des Gothaer Programms von hoher Aktualität*, in: *Einheit*, Juni 1975, SS.660–663. なお、さしあたりの記念論文として、Werner Kalweit, *Die Kritik des Gothaer Programms in ihrer Bedeutung fürunsere Zeit*, in: *Einheit*, Apr.-Mai, 1975, SS.472–481.

8

本原的蓄積論の視野と視軸

――『資本論』原蓄章を読む――

一　はじめに――第三世界論と本原的蓄積論

いわゆる従属理論が急速に頭角をあらわにしてきた一九七〇年代前半は、欧米における「マルクス・ルネサンス」の高揚と時期をひとしくしていた。従属理論がラテンアメリカ「開発」を目ざすアメリカの経済戦略に対する対抗戦略‐理論のフレームワークにとどまらず、それ自体が「マルクス・ルネサンス」の一翼をになうことになったのは、問題史的系譜をそれぞれ異にしながら生起してきた諸マルクス学との生産的な交流を心がけてきたからであると思われる。

現代帝国主義と低開発のトータルな構造分析を果そうとする従属理論は、今ここでの関心から言えば、マルクス主義諸科学が争ってきた多様な領域の問題を統一的に解かねばならなかった。否、むしろそれらを自前で解こうとした姿勢のゆえに従属理論は一大革新的パラダイムとして人びとを魅了しえたのだ、と言うべきである。その魅力のひとつに、従属理論に拠る論者たちに共通する強烈な歴史意識がある。実際、現代の低開発を根底的に論じようとするかぎり、ひとは誰も自分の低開発生成史像をもたなければならないからであろう。A・G・フランクの『資本主義と低開発』が広範囲な反響をもって迎えられたのも、十六世紀にまで遡ってヨーロッパを相対化する鮮烈な世界史像を提起したことが一つの理由をなしていたはずである。

乱暴を百も承知でフランクの世界史像を要約すれば「十六世紀から〔単一の〕世界資本主義」ということになる。このテーゼは、ヨーロッパ近代史を基準に作られた「封建制から資本主義への移行」――その解釈は多様として――という認識枠組みそのものに挑戦して多大の共感をかちえたものの、第三世界内外からの研究者たちからは前資本主義的な共同体または伝統社会の把握の粗さを相次いで指摘された。共同体への関心はまた、ラテンアメリカをはじめ第三世界諸社会のそれぞれに固有の非「近代」的政治・社会構造のより精密な分析をうながすこととなった。そのさい選ばれた理論装置が、アルチュセール＝バリバールの『資本論を読む』によって再構成された「生産様式―社会構成体の接合（articulation）[1]」というコンセプションである。こうして資本主義中心部と非ヨーロッパ的周辺部の社会体制をともに説明しきる社会＝歴史理論に人びとの注目が集まり、おのずから「生産様式論争」が活潑化することとはなった。

これを要するに、「帝国主義と低開発」を対象として生成した従属理論は、一方で「資本主義と世界史」の関連を問い続けてきた問題圏に活を入れつつ逆にそこから新しい世界史研究をひき出すと同時に、「生産様式と社会構成体」――理論分野での哲学と実態研究での経済人類学――を主題とした問題圏に問いと素材を投げかけて「史的唯物論」（西欧での通用語）再検討の気運を世界的に刺激した。このようになろう。このような一団の知的星雲を、私は「第三世界から提起された、第三世界を包みこんだ新世界史像探究の論争状況」と要約したいと思う[2]。

このような論争状況の中で、主題的にせよ副次的論及の形においてにせよ、前出の「封建制から資本主義への移行」問題が論者たちによって常に意識されている。もちろん現段階のそれは、一九五〇年代のいわゆるドッブ＝スウィージー論争の蒸し返しではありえない。従属理論出現以後の方向は、西ヨーロッパにおける「移行」＝近代化を完全に世界史――フランク流に言えば世界資本蓄積、I・ウォラスティン流には近代―世界―資本主義―システム――のなかに相対化している。議論は、西ヨーロッパ封建制はそもそも世界史的移行の原タイプとしての資格を有するか、という視点をすでに共有して行われているのである。西欧〔および日本〕封建制を周辺部のプアな貢納制ととらえるS・アミンの試みや、古典古代の遺産とゲルマン的共同体という二つの地殻の特異な衝突・融合（cataclysmic collision and fusion）としてのみ西欧封建制をとらえ、さらには西欧資本主義をも古代奴隷制と特殊な封建制との重層的な連鎖（concatenation）の所産とみなすP・アンダスンのような歴史像[3]は、その代表例といえる。

こうした新視角から「移行」の構造にせまるとしても、避けて通れない関所の一つがマルクスの「本原的蓄積」[4]論であった。かつてのドッブ＝スウィージー論争でも本原的蓄積の問題は一つのテーマ――ただし二次的に――をなしていたが、現段階のマルクス原蓄論のとりあつかいは明確にそれへの批判と批判的再構成という問題意識を打ち出している点に特徴がある。この注目すべき新動向を紹介する機会をさきにもったが[5]、そこでは紹介を主としたため論者たちが自明の了解としていたマルクス原蓄論および論者たち自身の原蓄観、それらが含む問題性については軽く触れるにとどめざるを得なかった。紙幅を与えられて本稿では、上述のごとき諸論争を強く意識しつつマルクス原蓄論の構成にむしろ論点を集中することとする。そこから「世界的規模の現代的原蓄」という新しい命題の意味を再確定するという小作業を通じて「唯物史観の再検討」（傍点筆者）というテーマの一端に加わらせていただきたいと思う。

二　ドッブ原蓄論が示唆するもの

「ドッブ＝スウィージー論争」というなつかしい文字を掲げたついでというわけではないが、本題に入る前に長く念頭を去らなかったドッブ原蓄論に一言触れるのを許されたい。

もともと理論経済学者であるモーリス・ドッブが、のちにスウィージーからの批判を受けるとは予想もせずに問題の書『資本主義発展の研究』を書いた時、彼は特に一節を本原的蓄積に割いて、マルクスが『資本論』第一巻第七篇第二四章「いわゆる本原的蓄積」（フランス語版では「いわゆる」を削除）で必ずしも明示しなかった問題――誰がいつ何を先行的に蓄積するのか――と正面から取組んだ。そのときの彼の脳裡を去来したのは、原蓄章の再検討などというものではなかった。筆の運びから按ずるに、それは「成長と蓄積は手をたずさえて進行する」という近代経済学的に素朴な進化史観を、いかに論理的・説得的に批判するかということであった。それだけに信念的マルクス派が鵜呑みにして通過してしまう難関の、少くとも所在を指摘することができた。

彼はそれとは強く意識することなしに、資産の蓄積と無産労働者群の創出とを範疇的に区別している。中世このかた連綿と続いたこの二つの存在の蓄積そのものを、マルクスがともに原蓄の名で呼んだところに問題を見出すのである。近代経済学者から、このそれらがどうしておのおの「資本」の「本原的」な「蓄積」であるのか、とりわけ中世商人の流動性選好がきわめて低い上に要求払い預金システムも確立していなかった時代に、即時に投資先を変えうるキャッシュでの「資金」蓄積はありえないのではないか、こういう疑問がはねかえってくるだろうことをドッブは鋭く予測した。

そこで彼は、緊急の売却時にも損失を蒙らないような――最初期の産業投資は安全確実な地代収入を犠牲にするにはリスクに満ちていたから――「途方もない安価で仕入れた土地資産」を原蓄資金の固定先として想定した。たとえば修道院解散のあと特別なコネクションで払い下げを受けるとかいった、いわば潜勢的な資本――彼の用語では「富の請求権」（claims to wealth）――の「獲得の局面」を想定しておいて、投資機会が熟するやこの資産を有利な増加価値含みの価格で換金する「実現の局面」までの時間差を埋めようとしたのである。当分は資本主義企業に雇用されるはずもない浮浪プロレタリアの出現をも、彼はこの「獲得の局面」に擬した。(6)

スウィージーはこの立論にほとんど憫笑的な一顧を与えたにとどまる。いったいどんな「階級」がブルジョアジー全体からこの富＝土地を買うのか、と。論争を論評したわが国の学界の中でドッブのこの原蓄論に言及した少数の一人堀江英一氏も、これを「難解であるばかりでなく成立しえない」奇妙な形而上学、と一蹴している(7)。とかくも簡単に黙殺されはしたものの、ドッブが理論的に考えぬこうとした問題は、わがマルクス経済学界およびマルクス主義歴史学界では依然として未決のままである。たとえば任意にある新しい経済史入門の教本における記述を挙げよう（本書は全体としては入念な配慮によって構成された出色の入門書であることをここに明記しておこう）。

「資本主義は……資本関係の形成を条件とする。……しかし資本関係はあたえられたものとして、最初から存在しているわけではない。したがって資本主義が成立するためには、その条件である資本関係そのものが、資本制的蓄積に先行して創出されなければならない。この創出過程こそが本源的蓄積……にほかならない。こうして本源的蓄積は、一方で資本家の創出と他方での賃労働者の創出、という二重の内容をもつこととなる。」

やはりドッブは無駄に思考を重ねたのではなかった。右の一文は、「資本関係の成立に先行して資本関係が創出されなければならない」、「一方に資本家、他方に賃労働者を創出するのが本原的蓄積である」と言っているのだからである。『資本論』原蓄章を意地悪く、しかし丹念に読んだ近代経済学者——ドッブの仮想論敵——からは雨あられのような反論が浴びせられるにちがいない。いわく、資本制的蓄積に先行する資本関係とは、原投資の償却がまだ終っていない（「資本＝賃労働関係＝資本関係」はどうやら成立しているが最初の剰余価値を産む第一循環がまだ閉じていない）という、理論的抽象の上でしか想定できない関係である。いわく、マルクスのいう「生産者と生産手段の歴史的分離」とは、資本家と労働者の同時創出過程ではないのだから原蓄ではないことになる。いわく、マルクスはイギリス東インド会社社員某がそれで数万ポンドをもうけたアヘン取引契約ころがしを原蓄と言っている。某は資本家として自己を創出したのか。

悪名のみ高いドッブの二局面理論──史実はあとから探されている──は、まだ資本（ここでは循環範式中の頭初のGをさす）たりえない資金＝資産、まだ商品化されえない労働力、の創出を本原的蓄積とつかんだ点で正しく、実現の局面を一国的問題として解こうとした点で誤まっていた。彼の問題提起の正しさをひきつぎつつその誤りを正すには、第一に彼が読みぬいたマルクス原蓄論の水準をさらに深め、そして第二には第三世界を包みこんでの原蓄理論を構築してゆかなければならないのである。

三　原蓄章を読む視軸（一）──対象と方法

1　資金原蓄と労働力原蓄

以上を長すぎた前置きとして、以下『資本論』原蓄章の骨格をさぐりに入る。

まず、いったい何が本原的に蓄積されるのか、否もっと直截に、何がどのような状態をとった時にそれを「本原的蓄積」と呼ぶのか、という、自明すぎて誰も問わないであろうような問を立てることから始める。第二四章をそのうちに含む『資本論』第七篇のタイトルは「資本の蓄積過程」であった。とすれば当然「資本の本原的蓄積」ということになるであろうか。だがマルクスは原蓄章をそういう「資本」の想定からは始めていない（この言葉は第七節冒頭に一箇所だけ。ただしブルジョア的通俗的表現として）。

というのも、第七篇のかぎりでの資本とはマルクスにおいて資本関係という社会的人間関係にほかならないからである。こうした社会関係がひとたび想定されたならば、そこではすでに「資本による資本の創出」が始まっている。もう一度言いかえれば、資本の存在すなわち資本の本来的蓄積なのであるから、「資本の本原的蓄積」という命題は、たとえていえば「せっせと資本を貯金している」とか「ある母親が賃労働者を出産した」というのにひとしい表現である。そうだとすれば、第一循環を過程しつつある本源的資本といった理論的スコラ問題はこれを度外視するとして、本原的に「蓄積」されるのは、将来賃労働と合体して厳密な意味での資本に成る可能性をもっているところの、いわば潜勢的不変資本すなわち現金か短期間に換金できる「富の請求権」——以下簡単に「資金」と呼ぶ——と、そしてこれまた将来に資金と合体して賃労働と成る可能性をもつところの、しかし当面は右の資金とは遭遇できずに——商品化されずに——現存するところの(いわば)潜勢的な可変資本、この二つのモメントにほかならない。前提によればそのいずれも何らかの「大量」でなければならない二つのモメントは、原理によってむしろ結合のチャンスを奪われたまま、資金は商業・高利資本の運転資金や在庫さらには土地資産として、他方の労働力は浮浪・被救恤のそれとしてしばし——時には一世紀もの間——滞溜を余儀なくされる。これが厳密な意味における端緒、スミスの用語がなければ「先行的蓄積」——もっともこの単語そのものは『国富論』中の言葉からマルクスが作った造語であるが——という表現がぴったりくる端緒なのである。

資金原蓄と労働力原蓄。[8] まずこの視軸をきちんと設定することが原蓄章理解の第一歩である。二つの原蓄は時期的に一致するとはまったく限らない。労働力原蓄のほうは、「生産者と生産手段の歴史的分離」(第一節)と定義されたのち「農村民からの土地収奪」(第二節)でその開始が顕示されるけれども、資金原蓄のほうは、これという言及がない。中世商業資本の始源にまでさかのぼるのは問題の性質からして無意味である。ドッブの特異な「獲得の局面」の構想はこの難問にとりくむ一つの試みであった。だが始動—加速という視軸をもってすればこうなる。当の資金は蓄積されたその時点で産業資本へ転化するだけの潜勢力を有しているのだから、資金所有者の眼前には極めてリスクの大きい産業的投資対象が横たわっていなくてはならない。すなわちそれは「本来的マニュファクチュア時代」(十六世紀半ばから十八世紀第三・三分期まで)の開幕期であろう。とりあえずここを資金原蓄の歴史的上限としよう。労働力原蓄はただちに翌日から工場に通勤する賃労働者を創出しはしない。原蓄章第三節の読者でもあるはずの論者が意外とこの点を理論的に把握していないのである。この点の確認はまた、第三世界の日常的現実である大都市に蝟集した巨大な失業者群と彼らのスラム、これを原蓄論の有効射程におさめるためにも必要である。

2　始動原蓄と加速原蓄（そして追加原蓄）

前項では労働力原蓄の端緒を、とりあえず「農村民からの土地収奪」すなわち「生産者の生産手段からの分離」と理解しておいた。もってまわった言い方をするのは、論者たちのほとんどが、「いわゆる本原的蓄積とは生産者と生産手段の歴史的分離過程にほかならない」という言葉から原蓄イコール歴史的分離という等式を引き出してそれで足れりとしているからである。論者たちは「いわゆる」を看過している。マルクスはスミスの先行的蓄積論および特にティエールの『所有論』を批判して、「彼らが謂うところの本原的蓄積」――だからこの原蓄語はまだマルクス固有語になっていない――の実態は結局かの歴史的分離にほかならぬ、と述べているだけである。もし別のティエールたちが最初の資本は世界貿易で蓄積されたと揚言したら、マルクスは彼らの「いわゆる原蓄とは奴隷売買・強盗殺人にほかならない」と言ったであろう。

議論をもとへ戻す。『資本論』がカヴァーしている「農村民からの土地収奪」過程は「十五世紀の最後の三分の一期」（にはじまる暴力的第一次エンクロージュア）から一八六六年六月（『資本論』ドイツ語第二版〔一八七二年〕への追記）に及んでいる（第二節）。一方原蓄章第一節は、「農村の生産者すなわち農民からの土地収奪が、この〔＝本原的蓄積の歴史の〕全過程の基礎をなす」と言う。一八六六年といえば、イギリスの産業革命が交通革命と金融制度改革をもふくめて既に一段落を見て二〇年も経っている。大工業がすでに確立しおわっているというのに、マルクスはなぜその後も続いて行われた「土地収奪」にアンバランスとも思われる紙数を費やしたのか。「十五世紀の最後の三分の一期」に連なる収奪の第一段階だけが真の「全過程の基礎」で、あとは事のついでの付け足しなのか。

そうではあるまい。大工業がその途についた重商主義期――この定義は後述――の土地収奪も、資本が完全に本来的蓄積＝自己増殖を開始して日を経た時点での土地収奪も、やはり原蓄史総体にとっての「基礎」なのである。

ただしそう言いうるための基本前提がある。一つは現蓄期が終ったあとに本来的蓄積がはじまるという段階説の完全な払拭であり、今一つは農業の完全な資本主義的機械化は、もし成るとしても大工業確立にかなり遅れるという事実認識である。

ここに労働力の「始動原蓄―加速原蓄」という第二の視軸の設定が必要となる。

先述したような開幕期に原蓄が始動し、資本家的生産様式が一国内に適地をえて自律的蓄積運動を開始したとする。当初の原料は羊毛等々の農産物か鉄鉱石・石炭のような土地生産物であるから、資本はおのれをとりまく非資本家的生産様式圏に積極的に浸透して、そこを資本家的生産様式との「接合」関係におくと同時に、新規労働力の供給地とせざるをえない。資本が国内市場を征服しおわらぬ段階では、展開途上の本来的蓄積にたいして限界労働力を逐次調達してゆく労働力原蓄がぜひとも必要である。第二次＝議会エンクロージュアに代表される労働力原蓄は、始動を開始した局地的な本来的蓄積と雁行しつつ、前者をいっそう加速するための本原的蓄積だったといえよう。

現実の歴史では、資本家的生産様式が一国をすみずみまで支配しつくすということはありえない。国内市場征服は資本家にとっては何もマニフェスト・デスティニーではなく単純にコストの問題なのであって、より近距離に有利な外国市場があればより遠距離の国内周辺部に進出しはしない。一八六六年という、イギリス――ここでは大ブリテンを指す――中心部で産業革命が一段落を遂げ資本がむしろ自由貿易の旗を掲げて海外市場に目を注いでいる時点で、国内周辺部になお原蓄適地が残存していたことに何の不思議もない。その最後の原蓄適地――問題のサザランドシャーはスコットランド最北部の僻地――に資本が襲いかかったのが一八六〇年代であったのである。

だが一八六〇年代は、少くとも国内中心部では本来的蓄積がすでに運動中である。そこへ労働力およびその他の資源――サザランドシャーはその後イングランドおよびスコットランド工業地帯（後者はいわば地域内中心部）への羊毛・羊肉供給地となった(9)――を供給するという関係を、「始動した本来的蓄積を加速する本原的蓄積」と呼ぶのは適当ではない。本来的蓄積のほうは、すでに巡航速度に達してギアをトップに入れているからである。

そこで、広義ではたしかに加速原蓄に属してはいるが後者には別個の名称が与えらるべきである。平凡だが当面それを「追加原蓄」と呼ぶことにしよう。原蓄章第二節は、労働力原蓄史をつらぬく始動‐加速‐追加の重層を残りなく視野におさめて「全過程の基礎」としたのであった（もっともこの段階では「全過程」の全相貌は示せないのであるが）。

完熟の域に達した資本にとって、国内周辺部はローザの言う通り国外の非資本主義領域と等価である。しかし、逆に言えば国内中心部で資本が完熟した時点でなお周辺部がそれとして留まったのは征服コストが収奪ベネフィットを補えなかったからであり、それゆえに追加原蓄は主として国外に対して、あるいは国外において発揮されるであろう。これこそ厳密な意味で「本来的蓄積のための本原的蓄積」である。

さて、始動‐加速という原蓄分析の視軸は、むろん資金原蓄の局面にも適用可能である。始動の上限については前述した。ここでは、商業・高利資本形態の資金のほかに本来的マニュ時代を生産力的に支えた農村の小生産者層のところでの始動‐資金原蓄の広範な潜勢力を指摘しておけば足りる（後述「静かなる原蓄」を参照）。他方、資金の加速原蓄段階としては、ひとまず市民革命から産業革命のあいだ、「固有の重商主義」時代を考えるのが妥当であろう（後述「体系原蓄」参照）。

「十五世紀の最後の三分の一期」さらには「アメリカにおける金銀産地の発見」（一四九二年）から『資本論』第一巻ドイツ語第二版の時点で「まだ続行されている」（第六節）国際商業戦まで、四百年になんなんとするこの長期間を一言で「原蓄過程」とよんでなお無概念におちいらぬためには、どうしても始動原蓄‐加速原蓄（そして追加原蓄）という視軸を必要とするのである。

3　暴力原蓄と静かなる原蓄

さて、労働力原蓄ときけばただちにひとは「暴力」の契機に思いをいたす。

原蓄章全篇が暴力の言葉で点綴されていると言っても過言ではないが、特に注目に値するのは次の四つであろう。すなわち、(一) 大貴族私兵団の解体、修道院解散をもともないつつ自営農民をプロレタリア化する過程（牧羊エンクロージュア）の「突然かつ暴力的」な性質の指摘、(二) 輪作の高度化などと呼応しつつ進んだ農業革命（議会エンクロージュア）の「暴力的槓杆」の叙述（以上第二節）、(三) 血の諸立法から一八七一年六月の「暴力・脅迫等に関する刑法改正条例」――労働運動抑圧法――までの労働力陶冶を担いつづけた「国家的暴力」の強調、およびそれを「原蓄の本質的一契機」とした規定（第三節）、(四) 最後に、植民制度・国債制度・近代的租税制度・保護制度等の背後にひかえた「社会の集中的で組織的な暴力である国家権力」の暴露。そしてその直後にあまりにも有名な命題がくる。いわく「暴力は、新たな一社会をはらんでいるあらゆる旧社会の産科医〔ドイツ語各版。フランス語版は助産婦〕である。暴力はそれ自体が一つの経済的潜勢力である。」（第六節）[10]

そもそもの端緒から一八七一年六月まで、いいかえればマルクス自身も、最後の部分は目撃しえた全原蓄史を貫通して推進力となった「暴力」が残りなく剔抉されている。一見して議論の余地はまったくないように見える。

だが、始動―加速という視軸上にこれを据えると事はいささか異なって見えてくる。前記四段のうち、(三) と (四) とで光をあてられているのはもっぱら国家的暴力である。しかも (三) の労働力陶冶は厳密には――後述する理由で――名誉革命を境に前段階（絶対王制期）と後段階（固有の重商主義期とそれ以後）とに分けて考えねばならない。そこでいま焦点を (一)、(二) に絞ろう。

始動原蓄が自営農民からの土地収奪（牧羊および議会的エンクロージュア）を素材として語られる分には、そこで働いた暴力的契機の存在は明白である。だが「収奪」(ex-propriation) は暴力でのみ進行したわけではない。フランス語版は前出の「突然かつ暴力的」を（さらに「無一物のプロレタリアとして」も）慎重にも削除していたし、また十八・十九世紀の農業革命の展開をみるに当ってもマルクスは、そこでの「純粋に経済的な原動力」すなわち商品経済の論理にもとづく脱農民化のプロセスは、これを「度外視」していたのであった。労働力の始動原蓄においても、「突然かつ暴力的」ではない・自然成長的な農民層分解の過程の実存を『資本論』は言葉少なに語っていた。

では資金の始動原蓄についてはどうか。『資本論』はいう、「個個の商品生産者たちの手におけるある程度の資本の蓄積が、固有に資本家的な生産様式の前提をなしている。……それを本原的蓄積と呼ぶことができる。なぜならそれは固有の資本家的生産の歴史的な結果ではなくて、それの歴史的な基礎だからである。……とにかくそれが出発点である」（第二三章第二節。傍点引用者）。この「本源的資本」つまり原蓄資金によって、たとえいかにカタツムリ的または亀的歩みにおいてであれ自営的小手工業者は――賃労働者さえもが――小資本家へ、さらには「文句なしの資本家」に転化したのである（第六節）。

そこでこう言える。産業資本すなわち固有の意味での資本‐賃労働関係の原初的系譜を追うかぎり、われわれは原蓄史を暴力一色でぬりつぶしてしまうのでなく、自然成長的な、あるいはむしろ「静かなる原蓄」を発見し、それを過程全体の中に正当に位置づけなければならない、と。事実、農村民からの土地収奪を最終的に完成したのは大工業であった。大工業は一方で資本家的経営に農業機械を供給して小規模自営農業を打ちまかさせ、他方ではみずから巨大な紡績および織布産業を興して自営農業の不可欠の支柱である家内工業を解体し、彼らをプロレタリア化してしまう（第五節）。明らかなように、労働力原蓄の仕上げの局面で稼動していたのはむき出しの暴力ではなくてむしろ市場での価格競争なのであり、その結末は商品経済の論理の前に敗北した「農民経営の段階的（progressiv）な破滅」（同上）にほかならない。

ことわるまでもないことであるが、原蓄史を縫って見え隠れするこうした「静かなる原蓄」もしくは価値法則原蓄の契機を発見同定することは、この怒濤の過渡期を平和な「牧歌的」風景に描きなおすことでは全然ない。大工業の挑戦をうけた「農民経営の段階的破滅」が比較的短期に結末をみたから暴力的で、自営小生産者層の分化・分解が比較的長期にわたって進行したがゆえに牧歌的だった、ということにはならない。そのいずれの過程もが非暴力的でしかも非牧歌的なのである。「資本は、頭から爪先にいたるまであらゆる毛穴から血と汚物をしたたらせつつ、この世に生れる」という原罪指弾の言葉を百パーセント認めたうえで、始動期と加速期の資本の運動を綿密に追跡してゆく努力が要請されるのである。全原蓄史をひたすら暴力原蓄の突進過程とみなす見解ほど、この過程を狭くかぎって嵐のあとにそれこそ「牧歌的」な価値法則全面貫徹の世界を描きがちである、ということもこのさい指摘しておくべきであろう。現代の新植民地主義的な中心部‐周辺部関係が、いわゆる自由貿易帝国主義段階さらには古典的帝国主義段階とは異なって、公然露骨の暴力支配には依存していないということも、そしてこの関係をこそ現代版原蓄ととらえようとする貴重な示唆に学ぶべきであるということをもつけ加えておく。

四　原蓄章を読む視軸(二)——主体と舞台

4　国家原蓄と民間原蓄

暴力原蓄といえばひとがまず想起するのは、民間のそれではなく、むしろ国家が権力を行使して遂行するそれのほうであろう。第三節「血の立法」における、浮浪者に加えられた鞭打ち・耳切り・烙印・死刑の処罰の執拗なまでの列挙、第六節におけるオランダ植民当局による人間掠奪制度、北米の反逆植民者たちにイギリス議会がさしむけた人狩り犬と頭の皮剥ぎ人（給料で雇ったインディアン）の話等々、からあたえられる印象はことに強烈である。まことに、かかる国家暴力をよそに原蓄史を語ることはできない。

だがここでは、そうした暴力の直接的行使形態にはこれ以上触れず、国家の歴史的性格が原蓄へのかかわり方にいかに関連するかについてのみ述べよう。後述のようにマルクスは、一六八八年の名誉革命を、絶対王制期とその後の

「地主的および資本家的利殖家たち」（第二節）を支配階級とした「重商主義」国家（『資本論』第三巻第四七章）とを分つ画期としている。後者の下限はひとまず「穀物法が廃止され、綿花その他の原料にたいする輸入関税が撤廃され、自由貿易が立法上の導きの星と宣言された」一八四六～四七年であろうか。マルクスはこの両年間を「イギリスの経済史で時代を画した」時点とする（『資本論』第一巻第八章第六節）。

穀物法は突然に廃止されたわけではなく、産業革命の展開と歩みをともにしての階級的勢力バランスの変動過程を背景にもつわけであるが、少くとも原蓄章には重商主義体制の全面的揚棄を明示する文章はみえない。それどころか、第三節の労賃・労働者運動取締りにかんする箇所では、一八七一年に国家が労働組合の承認をする見返りとして同時に公布した「暴力・脅迫・妨害に関する刑法改正条例」を、ドイツ語第二版でわざわざ追記しているくらいである。しかし一応問題の範囲を、絶対主義国家の原蓄ビヘイビアと重商主義的初期ブルジョア国家のそれに分けて異同を確かめよう。だが当然のことながら、後者の原蓄政策がブルジョアジーの蓄積衝動と原則的に相反するものであるはずがない。重商主義期のイギリス政治史は土地利害集団と貨幣利害集団とのおそろしく複雑な葛藤でいろどられて、一筋縄でくることはきわめて困難であるにしても、である。

とすれば問題はおのずから、絶対王権が時代の資金‐労働力原蓄にどうかかわったか、という点に絞られてくる。絶対主義権力は原蓄遂行主体たりうるかという問題については、戦後まもなく基本的に否定的な堀江英一氏といずれかといえば肯定的な河野健二氏との論争がある。[11] ここは軽々に判定を下しうる場所ではないが、原蓄章の叙述そのものに即するかぎり、マルクスは絶対主義を、一方では私兵団解体・修道院解散という形での、比重としては比較的軽い国家権力原蓄の積極的主体としながら、他方では民間原蓄へのおおむね消極的な追認者とみなしていたようである。事実、第二節に顔を見せる二代のヘンリー王は、「新貴族」すなわちジェントリー層主体の農民追放に対しては絶対主義の確立者にふさわしい実効ある対策をなんら打ち出していない。研究史も彼らのエンクロージュア禁圧策が形式的なものに終始したことを実証している。血の立法をもってする労働力陶冶の諸方策も、本質的には民間原蓄の所産への消極的な事後処置的対応とみるのが妥当であろう。

ところで、『資本論』にイギリスの絶対君主たちがひき出されるのは、もっぱら労働力原蓄の局面だけであった。そこで彼らが資金原蓄の局面でどうふるまったかを一瞥しておくと、海軍力を動員してのスペイン銀船隊の掠奪とか海賊的探険隊への投資といった国家‐資金原蓄――絶対王制期に限ると「国庫原蓄」のほうが適切である――に積極的にコミットしている。王室収入はいずれ何らかの水路を通って民間の蓄積プールへと漏出してゆくのであるが、国外からのいわば「純収入」である掠奪は特に国庫＝国家原蓄の名にふさわしい。貿易特権カンパニーの設立承認は国庫原蓄と民間原蓄双方にプラスの効果（それからFree traders排除による負の原蓄をマイナス）をもったが、反面で、体制の末期的シンドロームとは言えオールダマン・コケインの企画の無思慮な採用――目的はコケインの新会社からの特許料収入――や寵臣への収益独占権の乱発など、民間資金原蓄に敵対的ともいえる姿勢をみせている。絶対王制の原蓄暴力が「価値法則の完全な貫徹をさまたげる方向に」はたらく、といわれるゆえんである。

イギリスに即しては、形成期の絶対王制は原蓄に好意的、完成期には一転して反原蓄的という有力説がある[12]。だがここで通時的に二分されているのは民間資金原蓄にたいする国家の対応の仕方であって、国庫原蓄が無視されている。もし、ともに始動期に属するこの両段階を、資金‐労働力、国庫‐民間という二つの視軸からむしろ共時的にとらえかえすなら、絶対主義国家は、民間原蓄に対してはそれが国庫収入に連動する場合を除いて一般に消極的であった一方、国庫原蓄には一貫して積極的態度をとった、というシェーマも立てうるのである。

問題を単にイギリス絶対王制の歴史的性格の理解にかぎれば前掲の有力説でよいかもしれない。ここにあえて二つの視軸の設定を言うのは、マルクスの見たかぎりでの世界的規模の原蓄、具体的には前コロンブス期アメリカのイベリア化過程でスペイン・ポルトガル絶対王制が果した役割をも解きうるような原蓄史論を求めるからである。ここから暫定的に、イギリスでは国庫原蓄のありかたにもかかわらず民間原蓄が独自の地歩を進め、ついには擬似原蓄国家を解体して民間原蓄に奉仕するシステムを創りだしたのに対して、スペインでは民間原蓄が幼弱な段階で国家原蓄が自律的に強行されたがゆえに、すくなくとも本国では民間原蓄は停滞を強いられ重金主義政策のなかで衰弱していった、と見たい。

5　体系原蓄―散発原蓄

以上の論点はおのずから、初期の資本主義が始動原蓄期を脱して、国家を動員しつつ目的意識的な、すなわち政策として定立された加速原蓄を開始するのはいつからか、という問題にひとを導く。原蓄章の主役であるイギリスについては、マルクスが明確な答を用意している。

「本原的蓄積のさまざまな契機は、多少のずれはあれ時代順に出現してくるが、それらを順次に受けもったのが特にスペイン、ポルトガル、オランダ、フランスそしてイギリスであった。イギリスではこれらの諸契機が、十七世紀末に、植民制度、国債制度、近代的租税制度および保護制度という形で、体系的に総括された（systematisch zusammengefaßt）。」（第六章）

「原蓄のさまざまな諸契機」という言葉が具体的に何なにとして列挙されうるのか、あまり明確ではない。農業―土地制度や、労働者取締り制度も歴史的任務が終ったとはとうてい言えないのにこの総括体系にははいっていない。「体系的総括」という言葉も自明のこととしてか具体的説明なしに用いられている。そうした曖昧さを含みながら、画期の認識はきわめて明確でまぎれようがない。「十七世紀末」とは、一六八八年の名誉革命およびそれの所産たる一連の変革を指す。「総括」の主体は、地主階級と大貿易商人層との重商主義的「連帯保護」政権であった。大塚久雄氏の命名によれば「正確な意味での原始蓄積国家」である。

マルクスは重商主義を規定して言う。

「それは結局、封建的農耕社会の産業社会への転化にさいして、またそれに照応する世界市場での諸国民の産業戦争にあたって、いわゆる自然の途をとおってでなく強制手段によって達成されるべき資本の加速的な発展のことである。……重商主義の代弁者たちは、口では、われわれはひたすら国民の富裕とそれを助ける国策だけを考えているのだといいながら、実際には資本家階級の利益と、そして金もうけ一般とを窮極の国家目的と宣言しているのである。」(『資本論』第三巻第四七章)

ここに「体系的総括」の根拠がある。キリスト教的聖性でも王権的秩序でもなく、ひたすらなる致富が窮極的国家目的とされるがゆえに、一社会構成体に接合された諸生産様式相互間に固有の対立をはらみながらも、一切の部分政策がこの政策目標を基準にすり合され淘汰される。個々の部分政策たとえば植民制度(Kolonialsystem)等々の総体がおのずからにして一箇の「体系」(ein System)に融合するのである。重商主義が「商業の体系」(the system of commerce)と呼ばれるゆえんはそこにあった。それというのもイギリスでは、本来なら旧体制の基盤である土地所有がブルジョア化され、これまた前期的であるべき商業資本がマニュ段階の初期産業資本の生産物の輸出媒体であったからである。根本のところで三階層の利害が致富という一点に収斂しえたからこそ、多様な利害につらなるさまざまな原蓄諸契機が一体系に集約されることになったわけである。

いいかえれば、この画期を経てはじめて、民間加速原蓄をいっそうスピード・アップするべき国家原蓄がいまや政策体系として重連的推進力としてはたらくことになった。しかもこの体系的政策原蓄は、植民制度においてもっとも露わな形態をとって、資本に潜在する暴力を公然と――軍事的に――代執行することになろう。誤解のないよう付言しておけば、民間資本が国家に委託したのはそれこそ物理的な、鉄と火薬をもってする暴力なのであって、民間加速原蓄のほうもまたおのがじし資本の本性たる「暴力」を発揮した。第六章「産業資本家の創生記」のイギリス重商主義体系の項目別説明についで書き加えられた、大工業――十九世紀初頭から三〇年代までの――における児童労働の酷使、そして黒人奴隷貿易の叙述は、まさにそれに当てられた文章である。かかる資本の「暴力」と呼応して構築された国家原蓄の特質を顕示するために、しばらく「体系原蓄」の名をもって呼ぶこととしよう。

イギリス以外の諸国で立案実施された諸経済政策がすべて近視眼的な恣意によっていたわけではない。スペイン等々の植民制度、オランダの信用・租税制度、フランスの産業貿易保護制度（コルベルティスム）なども、その一つ一つをとってみれば、おのおの独自の目標と実行プログラムをもっていたはずである。しかしそれらは、絶対王制的（スペイン・フランス）もしくは巨商寡頭制的（オランダ）な社会構成を基礎として展開されたところの、本質的に民間原蓄の価値法則要求をおさえる方向をとった国家－資金－原蓄政策にほかならなかった。民間原蓄と国家原蓄とのあいだにおよそ「体系」的な同利害性が欠けていたのである。市民革命をイギリスがいちはやく達成した十七世紀末という同一時点で測ってみれば当然ではあるが、今「体系原蓄」の名に値するのはひとりイギリス重商主義体制あるのみである。強いて他国と対比するとすれば、まったく形式的に「体系―散発」ということになろうか。爾余の諸国の散発原蓄を散発始動のままに長くとどめおいたのが、一にかかってそれら諸国での民間原蓄の伸長度、同じことではあるが当該民間原蓄の国庫原蓄への対抗力に存したことは付け加えるまでもない。

6　国内原蓄―対外原蓄（および世界原蓄）

さて最後に、次節とのブリッジという意味では最も重要な問題を処理せねばならない。それは、これまで必要のかぎりで示唆しておいた対外原蓄ないし世界原蓄という視軸である。有名な叙述を一度確認しておこう。

「アメリカにおける金銀産地の発見、土着民の絶滅・奴隷化・および鉱山への埋め込み、東インドにおける征服と掠奪の開始、アフリカの商業的黒人狩り場への転化、……これらの牧歌的諸過程が本原的蓄積の主要諸契機である。それらの後に続いて起ったのが、地球を舞台とするヨーロッパ諸国民間の商業戦争であり、それは……

中国に対するアヘン戦争等々の形で今なお続行されている。」（第六章）

これまでも、イギリスにおいては原蓄がなお進行中であることを示唆する叙述はあった。ここではじめて、少くとも地球的規模での商業戦争にエントリーしている諸国については、一八七二年の「今日にいたるまで」（フランス語版、jusqu'à nos jours. およびドイツ語第二版）なお現在進行形としてあることが明言される。

さきにも一言したが、個々の国家については特に、資金原蓄が「いつから」始動しはじめるかを定めるのは困難があった。そこでとりあえず投資対象との関連で本来的マニュファクチュア時代の上限とそれを一致させた次第であるが、ここにいたってその困難は、西ヨーロッパ近代の原蓄史を一国ごとに記述しようとすることにゆえんしたことがはっきりしてくる。

したがって、ここで叙上の諸視軸に加えてさらに、「国内原蓄 - 対外原蓄」（対外原蓄の絡み合いとしては世界ないし国際原蓄）という視軸の新設定が要請されることになる。この視軸によってかの文章をみれば、それがスペインからはじめてフランスやイギリス各国の個々の対外原蓄の始動を列挙したのではなくて、まさに「ヨーロッパ諸国民」すなわち中心部総体の対外＝世界原蓄の「曙光」を告知したものであったこと、明瞭であろう。個々の国々での「国内—対外原蓄」を逐一おさえる前に、まず世界原蓄をトータルに、地球的連鎖として把握すべきことをマルクスは言外に語っている。たとえばアメリカ大陸に向けて始動したスペインの対外 - 国家 - 資金原蓄が、結果としてネーデルランド商業資本の民間原蓄に連動し、やがてはイギリス毛織物工業の発展をうながすというふうな連鎖において。この観点から世界原蓄の開始期が「アメリカにおける金銀産地の発見」（コロンブスのアメリカ到着、一四九二年）とはじめて確定されるのである。

世界原蓄の「いつからいままで」がこのように確定されてみると、〔西〕ヨーロッパ諸国民の一見自律的とみえる国内原蓄が、そのそもそもの始動期から、もちろん加速の全期間をも貫通して、非ヨーロッパ世界の国家—暴力的収奪としての対外原蓄と不可分に補完しあっている、ということが読めてくる。重商主義政策体系に定位されたイギリスの植民制度についての第六節での叙述は、最も組織的な一国的対外加速原蓄のモデル分析であった。叙述の弁証法的上昇につれてというか、原蓄章は「国内‐対外」の相互補完の視軸をここに定めておいて、実は重商主義的加速原蓄以前の段階ですでに、イギリスは――もちろん他の諸中心部国も――国家・民間双方の対外原蓄を展開していたことをあらためて強調する。一六〇〇年に設立されたイギリス東インド会社はここで初めて登場させられる。名誉革命までの始動原蓄期に、商業・高利資本による巨額のそれと並んで、インド等々で「直接に掠奪、奴隷化、強盗殺人で獲得された財宝が母国へ還流し、そこで資本に転化した」(第六節) という事実を原蓄章はここでようやく明らかにした。この「財宝」がその後も不断に、ますます巨大にふくれ上りながら加速原蓄・追加原蓄の機能を果したことはいうまでもない。マルクスは、一七五七年から同六七年までにイギリス東インド会社と社員たちがインドから収奪した潜勢的資本を六百万ポンドと計算した。同社員サリヴァン某がアヘン引渡し契約の権利を転売しただけで得た四万ポンド (第六節) という額は、一七六〇年代のイギリスえりぬき富豪 (大地主) 一〇人の年平均所得のなんと二倍におよぶのである。ちなみに同じころマニュファクチュア資本家の圧倒的多数の年平均所得は四〇ポンドであった⑬。

五　むすび――マルクス原蓄論の現代的活性化

実を言うと、本稿ははじめ右のサリヴァン某の「錬金術」的エピソードを冒頭にもってきて、そこにしるされた「莫大な財産がまるでキノコのように一日で生えてきた。本原的蓄積が一シリングの投資もなしに進んだのだ」というマルクスの言葉から筆を起すつもりでいた。ここにいう本原的蓄積とは、(一)「生産者の生産手段からの分離」では全然なく、(二) 労働力の商品化でもなく、(三) 牧羊エンクロージュア最盛期から二百年もあとの話で、(四) むろんイギリス本国の例ではなく、(五)サリヴァン某は商人資本家でもマニュ資本家でもなければ、(六)いささかの「暴力」もふるった形跡がない。マルクス経済学者やマルクス主義史家は、原蓄といえば誰もが想起するきまり命題を復唱するだけでなく、右の条件一切を満たしうる原蓄理論を共同で開発しなければならない、そうでなければ原蓄章の歴史理論は現代に活きない。そのように問題を提起する予定であった。

叙法を変更して、右の問題に答えるべくとりあえず六つの分析視軸なるものをまず開陳した次第であるが、マルクス原蓄論の現代的活性化のためにまず果さるべき原蓄章再検討の出発点は一連のきまり命題にではなくこのエピソードにある、という仮説的着想にはいささかの変更もない。

この着想を与えてくれたのが、現代の第三世界研究者たちであった。マルクス原蓄論を現状分析の有力な武器として駆使しようという熾烈な問題意識があればこそ、彼らはマルクスに批判を浴せ、そうすることで現代的原蓄分析の理論を構築しようと努めているからである。

その代表者の一人アミンはいう、「資本主義的生産様式の前史としての本原的蓄積……は世界的規模における資本主義の発展を通じていまだ継続している。本来的蓄積のメカニズムに平行して本原的蓄積のメカニズム〔不等価交換のこと――引用者〕が機能しつづけて」いるのであって、〈低開発〉という現象は、「中心部に有利な本原的蓄積現象の執拗な存続の結果にすぎない。[14]」、と。こうした鮮烈なテーゼの力もあずかってであろう、原蓄は歴史上に「一回だけ生じて一切完了(a once and for all)という現象ではな〔く[15]〕」、本来的蓄積に平行して同時に進行する、という理解は半ば定説の地位を確保しつつあるといってよい。

しかも注目すべきことには、現在の原蓄存続説はアミン・テーゼに安易に依拠することなく、P.-フィリップ・レイやクロード・メイヤスーの試みのように、資本家的生産様式はその生誕の瞬間から前(および非)資本家的な諸生産様式と「接合」を遂げ、後者を破壊しつつそこからの価値移転を強行する、という一般理論を定立して、まさにこの価値移転=収奪のしかたを本原的蓄積と命名するという方法をとっていることである。

だからアミンが必ずしも原蓄貫通説の根拠を示さずに、マルクスは「終りかけている重商主義タイプの中心部に有利な原蓄メカニズムだけをとらえ」たにすぎなかったとして、マルクス原蓄論の歴史的限界を強調するのにたいし、メイヤスーのほうはより強く、マルクス原蓄論の理論的部分性への批判に傾く[16]。メイヤスーによれば、マルクスの誤りは原蓄が終ったあとに理論モデルと完全に一致する、すなわち他の生産様式に依存することなく自存的な、資本主義経済が成立すると考えた点にある。資本主義はその拡大成長過程で不断に他の生産様式を破壊的に統合してきただけでなく、ほかならぬ現代の帝国主義的原蓄の特徴は家族制生産様式を温存して従属させ、そこから特有の形態で剰余を搾取する、と彼は主張した。後者を彼は「本原的蓄積のより完成したもう一つの形態」という[17]。

中心部による周辺部収奪の構造を原蓄論の視座からとらえる時の難問のひとつが、現代にも継続している原蓄は必ずしも無産の自由なプロレタリアートを創出せず、一方では奴隷・農奴・債務小作人など多様な非賃金労働者、他方では独立の小家族経営が有効な労働力として機能させられる点にある、ということはT・K・ホプキンスも指摘するところである[18]。すでに見たように被接合サイドで遊離された潜勢的労働力はただちに労働力商品化するわけではなく、原蓄章は彼らがSの焼印を押されて売買可能な奴隷とされたり、サザランドシャーでのように極零細小作人として再緊縛されたりという例も見逃さず摘記していたとは言え、大筋ではメイヤスー的な批判――「家族制生産様式」の一面的な力説は措くとしても――は一つの生産的な批判と評価しうる。この点、賃金労働力の創出に世界原蓄の鍵をゆだねず、アシエンダ的農奴やプランテーション奴隷をも周辺部に固有の「労働力商品」とみなすウォラスティンの説も率直に耳を傾けるに値しよう。

しかし、アミンやメイヤスーの努力を高く評価しながらも、それに刺激をうけて原蓄章を上記のような諸視軸のもとに読み進んでくると、マルクスは中心部資本主義の一回的成立史としてしか本原的蓄積を見ていない、という彼らのマルクス批判は多くの点で根拠を失うと言わざるをえない。第三世界の側から世界史をとらえかえそうとする彼らの営みと、マルクス原蓄論そのものへの常識的で平板な理解＝批判とは、いちじるしいコントラストをなしている。

すでに見たようにマルクスは、原蓄の歴史的使命が始動と加速の段階で終ったなどとは露ほども考えていなかった。始動と加速に直接つらなる「追加原蓄」という視軸を一度でも立ててみたら安易なマルクス批判はできなかったであろう。またマルクスが中心部の自存的な蓄積構造達成のための原蓄のみを考えていたという批判も、原蓄章に厳として内存する「国家‐対外原蓄」＝「世界原蓄」的視点を看過したものである。現に第六節は「総じてヨーロッパにおける賃労働者のヴェールをかぶせられた奴隷制度は、新世界におけるヴェールなしの奴隷制度を踏台として必要とした」と明記していた。ヤン・ロクスバラも、二つの相異なる生産様式間の価値移転という原蓄理解の「最も首尾一貫した取扱い」としてマルクスの原蓄論を評価し、それを「所与の一社会構成体内部での本原的蓄積は封建的農業セクターから資本主義的セクターへの価値移転の形をとり、相異なる社会構成体のあいだでは、本原的蓄積は掠奪および原始的形態の植民地主義という形をとる。[19]」と翻訳している。

原蓄章には一切が黙示されている、といった盲目的弁護論を展開するつもりは毛ほどもない。事実、マルクス原蓄論は、とくに加速・国家・対外原蓄に象徴されるような中心部資本の潜勢的暴力性を暴露することを第一義的主題としたと思われ、ために強行的に接合されるサイドの内的接合破壊（internal disarticulation）の分析にまでは筆を及ぼさなかった。筆を及ぼさなかったのか、それとも普遍的分業の完成の彼岸に世界革命をみるというローザ的ヴィジヨンのゆえに筆を及ぼせなかったのか、という問題は、今後も生産的検討を重ねてゆく必要がある。それはおそらく、原蓄章体系を超えた新たな世界‐平行原蓄論の構築のためにも回避をゆるされぬ課題であろう。

さて、このようにして『資本論』原蓄章から、そこに示唆としてちりばめられていた世界共時的な原蓄の持続期間と連鎖関係、そして始動‐加速‐追加という原蓄動力の重連性等々を検出したのであるが、最後に残る問題に一応の答えを出しておかねばならない。それは、原蓄章が中心部の原蓄様式を正しく世界原蓄の文脈の上に一度は定位しながら、他方「収奪者の収奪」につらなる市民社会史の起点になぜふたたび（第七節「資本家的蓄積の歴史的傾向」）個体的私有とその解体を据えたか、ということである。これを複眼ならぬ視座分裂とみればマルクス原蓄論はやはり中心部中心史観ということになろう。その危うさを認めつつも私見は、後者をむしろ中心部固有の歴史的与件をふまえた最適未来像のポジティヴな理論的提示と見たい。いま最も望まれるのは、後者を世界史の中できちんと相対化しつつ第三世界諸社会を正当に包摂しうる原蓄理論なのである。

だがそのためにもマルクス原蓄論の厳密なる理解は不可欠である。というのは、周辺部の被接合社会がたとえ従属的な形態にせよ資本家的生産様式を内存した接合体ととらえられるかぎりでは、ロクスバラも指摘するように、そこに再び独自の原蓄が始動してゆく蓋然性が大きいからであり、その時ひとはあらためてマルクス原蓄論と対峙することになろうからである。『資本論』原蓄章から学びうる最大限のものを——本稿では触れえなかった所有論をふくめて——引き出す作業は、世界的に見てもまだその緒についたばかりといえよう。

（1）'articulation' の概念については拙稿「生産様式接合の理論」（『経済評論』一九八一年七月号）を参照。［本書第一二章］

（2）不十分ではあるが論争状況を鳥瞰した拙稿「第三世界を包みこむ世界史像」（『経済評論』一九八一年四月号）およびその図示の試みとして、拙稿「第三世界から提起された新世界史論争」高橋彰ほか編『第三世界と経済学』（一九八二年、東大出版会）一三三ページ。

（3）Perry Anderson, Passages from Antiquity to Feudalism, London 1974, p.110., Anderson, Lineages of the Absolute State, London 1974, p.417.

（4）一つの試みとして「本原的」という表記を使う。「本源的」は不動の略語「原蓄」と照応しないし、「原始的」という語にともなう語感上のバイアスを避けてである。引用文もこれで統一する。ご了承をえたい。

（5）拙稿「第三世界研究と本原的蓄積論」（『経済評論』一九八一年一二月号）。

（6）M・ドッブ、京大近代史研究会訳『資本主義発展の研究Ｉ』（岩波書店）二六〇ページ以下。

(7) P・スウィージー、岡稔訳「モーリス・ドッブ氏への批判」(『経済研究』第二巻第一号、一九五一年)五一ページ。堀江英一「資本主義発展の研究におけるマルクス主義」(『思想』第三三五号、一九五一年七月)四六―四八ページ。

(8) 資金原蓄と労働力原蓄という区別のヒントは、日高普『経済原論』(時潮社)五八ページから得た。

(9) S. G. Lythe & J. Butt, An Economic History of Scotland 1100-1939, p.114f.

(10) ドイツ語各版はすべて der Geburtshelfer と男性名詞になっている。Gewalt が女性名詞だから奇妙な対照感を与える。フランス語では女性名詞同士で美しい。

(11) この論争をふくむ原蓄研究史の簡単な概観として、拙稿「本源的蓄積——ブルジョア的所有弁護論への批判」佐藤金三郎ほか編『資本論を学ぶⅡ』(一九七七年、有斐閣)を参照。

(12) 大塚久雄「資本主義の発達・総説」大塚久雄ほか編『西洋経済史講座Ⅱ』(岩波書店)四九ページ。大塚学派に属する岡田与好「原始的蓄積と経済政策」野田稔ほか編『経済政策講座2』(一九六四年、有斐閣所収)、は「一貫して〔原蓄過程に——ここではエンクロージュア〕抑制政策をとった」と、また同じ関口尚志「重商主義の政策論」(同上所収)は「原始蓄積の阻止という絶対主義的政策理念」という。

(13) E. J. Hobsbaum, Industry and Empire, London 1968, pp.16-18.

(14) S・アミン、野口佑ほか訳『世界資本蓄積論』(一九七九年、柘植書房)四一、六七、九九ページほか。同、野口佑・原田金一郎訳『周辺資本主義構成体論』(一九七九年、柘植書房)二三〇―二三一ページ。

(15) P. S. Neale, Property, Law and the Transition from Feudalism to Capitalism, in: E. Kamenka & R. S. Neale (eds.), Feudalism, Capitalism and Beyond, London 1975, p.21. フランクの新しい原蓄貫通説(Frank, World Accumulation 1492-1789, London 1978)については、前掲注5の拙稿参照。

(16) 基本的にアミンは、国際特化と不等価交換による現代的原蓄を、中心部資本主義の価値実現にとって補完的なものと位置づける。「発展した諸地域が全体として世界システムの周辺部ととりむすぶ外面的関係は、中心部内部のフローとは対照的に量的にはマージナルなものにとどまる。加うるにこれらの関係は、本原的資本蓄積から生ずるのであって拡大再生産から生ずるのではない。」(S. Amin, 'The Theoretical Model of Capital Accumulation', I. D. E. P. reproduction No.271 [1971], mimeo.: cit. A. Foster-Carter, Marxism and the "Fact of Conquest", in: *The African Review*, Vol.6, No.1, p.27)。このかぎりではアミンの現代原蓄概念の中心部内部の本来的蓄積と共生関係になく、「世界的規模の原蓄」という言葉も、紙一重で「南北」貿易のたんなるイデオロギー的修飾語となりかねない。

これに対してメイヤスーは、原蓄を資本主義したがって現代帝国主義のいわば必然的運命とみなすから、周辺部から動員しうる低賃金労働力の枯渇が資本主義の死命を扼すると見なすことになる（C・メイヤスー、川田順造・原口武彦訳『家族制共同体の理論』筑摩書房、二三七ページ）。

（17）メイヤスー、前掲書、一六五―一六八、一八五、二一三ページ。メイヤスー説への明快な論評として、伊予谷登士翁「世界経済の史的認識」小野一一郎編『南北問題の経済学』（一九八一年、同文館）を参照。

（18）T. K. Hopkins, The Study of the Capitalist World-Economy. Some Introductory Considerations, in: W. L. Goldfrank（ed.）, The World-System of Capitalism. Past and Present, Beverly Hills 1979, p.29f.

（19）I. Roxborough, Theories of Underdevelopment, London 1979, p.64.

9

宇野経済学をささえた宇野史学
――大塚資本主義論との対比において――

一　私の「二人の宇野さん」

宇野弘蔵氏の著作にふれはじめたころ、宇野理論を論ずるいろいろな立場の人びとが「二人の宇野さん」と語っているのを読んでなるほどと膝をたたくことが多かった。この巨匠の逝去にさいして、何人もの直門の人びとが「先生はきっとあの世でマルクスと討論なさっておいでででしょう」という趣旨の永別の辞を公けにしていた。それを楽しみにしていた宇野氏（『経済学の効用』二五八ページほか）はまた、「どうもあの世はなさそうだから、マルクスにもう話す機会はないでしょう」（『資本論に学ぶ』六〇ページ）と達観もする宇野氏であった。人間宇野と弁証法的唯物論者宇野の、どちらもの真情であろう。有名な「ぼくの価値尺度論はノーベル賞もの」というジョークにしても、そう胸をはる一人のほかに、「ノーベル賞か……いや、それはいかん。やっぱりこれはマルクスからはじめて教わったんだ」（『資本論五十年（下）』七九五ページ）とへりくだる二人目がいたのである。

非宇野的マルクス経済学の素養を下地に長いあいだ大塚＝高橋史学の思考法になじんだ私にとって、宇野弘蔵の名はブレンターノ、ゾムバルトの別名でしかなかった。機会をえて著作にふれてみた宇野氏は、大塚史学が単なる「商品経済史観」ではない程度に単なるブレンターノではなかったが、それにしても、一方で形式論理の鬼としてあらわれるかと思えば、「いろんなこと知ってるとかえってピントがぼやける」などと人をはぐらかす、はなはだとらえにくい存在であった。形式論理のほうもけっしてやさしくはないが、そこへくると突然ピントのぼやけた映像に接する思いがしていらだつのは、私のばあい、宇野氏が歴史を語る場面である。純粋資本主義の論理を展開する途中で、「ところが古代、中世の社会では」などと転調されると、もういけない。「共同体と共同体の間」という言葉に何十回ふれて、何十度そのイメージを計りあぐんだことか。

宇野氏の理論は直門の人びとにとってさえ「含蓄経済学」[1]と恐れられているようだが、門外漢にとっては、よく嚙み砕けば味もでてくる含蓄どころではない。近経学者辻村江太郎氏は、さきごろ『資本論』を読みすすむにおよんで「頭を万力ではさまれてねじられるような苦痛を味わった」[2]そうであるが、私の宇野理論への入門も、ほぼそれに似た苦痛をともなった。そういう箇所にかぎって『資本論』に参照を求めることはあらかじめ封じられているから救いがない。

氏の逝去を機会に、多くの理論家たちが宇野経済学の功績とそれが残した課題を語った。ここでは、それらとはやや異なった視点、宇野氏はどう歴史をとらえたかという視点から、若干の用語やその用法を手がかりに、いわば含蓄の構造というものに触れてみたい。多くの対談にうかがえる濶達な氏の人柄を、遠くから敬愛した一読者の、これはそれなりの追悼の一文である。[3]

二　宇野史学における共同体と社会

1　非宇野的世界でマルクスを読んできた者には当然の話だが、宇野経済学固有のパラダイムやタームにはなかなかなじめない。有名な「間に出たものが中身をつかむ」というパラダイム、「流通形態」「商品経済」というタームあるいは「商品経済は間の関係」といったターミノロジーがそうで、こうした宇野哲学、宇野語法はそれ自体としてまともから解説した箇所がなく、きまって対談とか講演とか、いわば非公式的なルートで洩らされるようである。それだけに、曰く言い難し、以心伝心の「含蓄経済学」に近づくのがむずかしい。ことに、そうした特殊な装置のなかに、社会科学の共有語である「社会」とか「共同体」などがこれまた独自の意味を与えられて組合わされた場合、難解の度はいっそう強まる。

宇野氏はいう。商品経済あるいは「商品形態は、共同体と共同体との間に発生して、共同体の内部に滲透していって、それらの共同体を一社会に結合しつつ社会的実体を把握することになるのであって、形態自身はいわば外から実体を包摂し、収容する」（『宇野弘蔵著作集』九巻二一三ページ。以下同様）。

これは、宇野氏の社会認識というか、またはいわば宇野史学の基本命題として知られた文章で、一言にしてよくその要諦をつくしたものといえる。だが、この基本命題を素朴に信じこむとしばしば肩すかしを食わされるのであって、宇野史学の真の内実は、「或る場合にはより大きい社会に統一することもあれば、或る場合はそうはならないで、旧来の社会関係を単に破壊するに留まることもあ」る（九巻三六〇ページ）という、これという原則もなさそうな二元論のほうである。現に宇野氏の史観では、本源的共同体の解体から奴隷制、農奴制への移行の時期にテコとなったのは、貿易（商品経済）ではなくて戦争（征服）であった（『経済学の効用』四七ページ）。

諸共同体を一社会に結合して社会的実体を把握するということは、生産過程が商品経済を媒介として営まれるようになるということであろう。実際宇野氏は、商品経済を「いわば生産過程と生産過程との間に発生した交換関係に特有なる形態をもって、漸次に生産過程に影響し、滲透し、これを把握する」（新『原論』一六ページ）もの、と述べる。原論ではたしかにこうなっているのだが歴史的事実はちがう。「商品経済は古代なり中世にもあって、そして商人なり金貸の資本はでてくるのですが、そういう資本は……直接生産過程へ入れない」（別巻三六〇ページ）。なぜなら古代、中世の社会関係は、「形式的には個人的に自由平等な関係」である商品経済とまったく異質なのだから（同上）。かくして「古代、中世の社会における商品経済はその当時の基本的な生産関係に対しては当然外部的な」（『価値論の問題点』一九ページ）、「第二次的社会関係」（四巻九ページ）あるいは「社会外の社会」（五巻一四ページ）にとどまる。これを要するに、商品経済は、『方法論』上や『原論』上のタテマエはともかく現実には、共同体や社会に、その社会的実体である生産過程に滲透するくらいがせいぜいで、これを把握・包摂・収容することなど到底できないというのである。

これでは、流通（形態）が生産（実体)をつかむ、という「流通浸透視角」（大島雄一氏の命名）の名が泣く。せめて流通が旧来の生産＝社会関係の土台をゆるがすぐらいのことは断言してほしい。宇野氏は答える。「もちろん商品経済は旧社会を破壊する」（『経済学の方法』一〇六ページ）、「例えば中世ならば領主と農民の関係を多かれ少かれ破壊せずにはいなかったのである」（五巻一四ページ）、と。だがこれにも、「多かれ少かれ」という枠がキチンとはめられている。根底的に破壊したとあれば、宇野史学自体が「商品経済史観」になってしまうからである。

それでは一体、社会発展の動力は何に求められるべきか。与えられた旧社会の生産関係と商品経済とは矛盾の関係にたたない。なぜなら商品経済は本質的な解体促迫力をもたないのだから。たとえば封建社会の矛盾を「封建的な生産関係と商品経済との矛盾とすると、生産力の増進によってその変革の行われる点が解明できないことになる」（『経済学の方法』一〇六ページ）。問題は流通＝形態＝商品経済じしんにあるのではなく、「旧社会の生産力がその生産関係に対してどの程度に発展しているかが決定的に重要になる」（同上、一〇七ページ）。封建社会はそれを崩すような生産力の発展を「封建社会自身の中で持たなきゃだめ」(『資本論五十年(下)』六九八ページ)なのである。宇野氏のこの言明が、『資本論』における次の命題の忠実な再現であること、今は明瞭であろう。「どこでも商業は、既存の生産組織にたいしては……、多かれ少かれ分解的に作用する。しかしどの程度まで商業が古い生産様式の分解をひき起すかは、まず第一にその生産様式の堅固さと内部構成とにかかっている。また、この分解過程がどこに行き着くか……は、商業によってでなく、古い生産様式そのものの性格によって定まる」(三巻二〇章)。

以上にみた宇野史学の基本骨格のひとつからして、私は、佐藤金三郎氏のように宇野氏の理論を「商品流通史観」の名にふさわしいとしたり[4]、そしてまた、大塚久雄氏のように宇野理論を目して「商業資本の生産部面への滲透、そうした形での社会の商業化をもって資本主義の発達を説明しようとする」「マルクス派経済学」(『大塚久雄著作集』四巻二〇四ページ)とよぶことに、ある種のためらいを覚える。なるほど宇野原理論では、タテマエ上「形態(流通)が実体(生産部面)を包摂する」。だが宇野史学のホンネはまるきり反対で、商品経済は側面的な分解作用しかもたず、「決定的に重要」なのは旧社会内部の生産力だとしており、イニシアティヴはあくまで生産=実体のほうにある。タテマエとホンネという表現がまずければ、宇野氏が商人資本形式論で「形式的には等価交換で、実質的には不等価交換」(『資本論研究Ⅰ』三二五ページ)としている説明にちなんで、形式と実質といいかえてもよかろう。この実質的宇野史学を看過してはなるまい。この両者が矛盾するか否か、矛盾をどう純化するかはむろん宇野学派の人びとの問題で、私の関知するところではない。

2　宇野氏は「共同体と共同体の間」という言葉を好んだ。著作や対談のなかの使用頻度はたいへんな数にのぼろう。それほどの頻度ではないにしても「社会と社会の間」という形も多い。「労働生産過程と労働生産過程の間」も散見し、ほかに「商品経済は『国際的関係』として発生した」(九巻四三ページ)といういいかたもある。宇野学派の一人はこれを「民族と民族、国家と国家の間」というふうにも解説している[5]。

労働生産過程と共同体と社会と国家、これらはいったいどのような関係にあるのだろうか。当面の主題である「共同体」と「社会」についていえば、両者がまったく同義と解釈される場合と、共同体から社会へと段階をなしていると読める場合と、大きく二つある。いずれが宇野氏の真意かは、まったく計りがたい。説明らしい説明がないので、ケース・バイ・ケースで臆断することを強要される。宇野氏には右の二つのタームを使い分けようとする発想じたいが欠けているともいえそうだし、一箇同一の文章の中で右の二つの解釈が二つとも成り立つようにも見えるケースもあるのである。

よく知られた例を二つあげよう。

A「商品形態は、共同体と共同体の間に発生して、共同体の内部に浸透していって、それらの共同体を一社会に結合」する（『経済学方法論』）。

B「それ〔商品交換〕は……社会と社会との接するところに生じ、それが社会の内部に滲透するにしたがって、そういう諸社会を一つのより大きな社会に結合」する（『恐慌論』）。

こういう文章を見くらべて少しも抵抗を覚えずスラッと読み通してゆけるものだけが、宇野経済学の奥儀を極めうるのだと思うと、私は一種の羨望感をさえ抱かずにはいられない。

共同体と社会の等置。これはわからなくもない。マルクスのいうように商品交換は「自然発生的な」「諸ゲマインヴェーゼンが果てるところで」始まった（『資本論』第一巻第二章、『経済学批判』岩波文庫五五ページ）。例外なしに「共同体」と訳されるこの「ゲマインヴェーゼン」とは、狭義の共同体（ゲマインシャフト）と同じく狭義の社会（ゲゼルシャフト）とを二つの種差として包む上位概念だからである。いわゆる原始的共同体は、ゲマインシャフト的に結合した共住体《ゲマインデ》（これも例外なく共同体と訳される）で、しばしばそれ自体が一箇のゲマインヴェーゼン（共同生活組織・共同団体。かりに訳して共存体）だった。マルクスは、このような了解において「共存体と共存体の間」と述べたのだった。

日本語の「社会《しゃかい》」も一筋縄ではいかないが、これに一番ぴったりするのは、ゲゼルシャフトではなくて、ゲマインヴェーゼンのほうである。[6]「人類はその誕生いらい社会をなして生活してきた」とか、「人間は社会的動物である」という場合の社会。自由な諸個人の主体的な共同行為としてのゲゼルシャフト（原意は会合、団体。→株式会社《ゲゼルシャフト》）を近代史に体験しなかった日本。その日本の社会科学者の一人が「共同社会」（四巻一一ページ）、「『共同体』社会」（九巻一四ページ）と書くのには何も無理はないのである。

さて宇野氏は、共同体も社会もともに共存体《ゲマインヴェーゼン》の下位概念だということを意識して、筆の勢いのままに時には共同体といい、時には社会と書いたのであろうか。それとも、全然無意識に、「共同体もまた社会《しゃかい》ではないか」というつもりで、いいかえると社会をより広い概念として互換的に二つを用いたのだろうか。

すると次の例はなにをものがたるか。

C「〔商品交換は〕それが社会の内部に滲透するにしたがって、そういう諸社会を一つのより大きな社会に結合し、一社会を形成してゆくという性格をもっている。いわゆるゲマインシャフトとゲマインシャフトがゲゼルシャフトとして結合される――それが商品社会である」（『恐慌論』）。

スペースに限りがあるので式は省いて答だけ出す。宇野氏においては、共同体はゲマインシャフトだが、共同体または（共同体という）社会という対応関係ではゲマインヴェーゼン（＝「社会」）であり、他方ではゲゼルシャフトは社会でなく、氏のよくいう「間の関係」（『経済学の効用』一二ページ）なのである。もう一つ付記すれば、宇野氏は「古代、中世の社会」とは書くが「古代、中世の共同体」とは絶対に書かない。「古代、中世の」という信号が発せれると瞬時に回路が切り変わって「社会」は世界史上の「基本的社会体制」（四巻九ページ）の意味になり、それと対応する「共同体」は脳裡にあって原始共同体の相を与えられるのである。[7]

その時々で宇野氏のいいたいことがわかればいいではないか、それが「含蓄経済学」の妙味というものだ、という議論もあろうが、含蓄であしらわれるほうの身にもなってみるべきだ。局地的市場圏を評して宇野氏は「それは社会なのかな。それは部分的社会じゃないの」（『資本論研究Ⅰ』二二三ページ）とあしらった。あしらわれた側はどう答えればよいのだろうか。

宇野氏は、本源的ゲマインヴェーゼンの間での商品交換発生を「マルクスはエライものを発見した」（『資本論五十年（下）』七二二ページ）と大いにもちあげておいて、本源的という時代規定をとりはずし、共同体を社会といいかえることで、結果としてあらゆる歴史段階に適用可能とみえる命題に改作した。現に宇野学派の一高弟は、十四世紀イギリス農村内部の商品交換を紹介した大塚学派のひとりの報告にたいして、その議論は「商品は共同体の接触するところにあらわれるという理解とは真向から抵触する」と批判している[8]。マルクスを引き合いに出しさえしなければ、それはそれで宇野史学なのだから文句をいう筋合いはないようなものだが、宇野学派をもふくめて世間一般はどうもそうは思っていないらしい。批判者の口吻にも、このマルクスの命題にはさすがの大塚史学も恐れ入るだろうとの気配がうかがわれる。純粋宇野理論でなら商品は「生産過程と生産過程の間」にも発生しうるのだから、頂門の一針とはならない。だからこその「マルクスの命題」だったろう。

3

「共同体と共同体の間での商品経済の発生」という命題は、もともと宇野氏においては歴史それ自体を認識するものとして力説されるわけではない。宇野氏がこれに注目するのは、この命題が氏の価値論をもっともよく補強する論理だったからである。「初めに交換があって」こそ形態が実体を収容しうる、「商品形態が社会的実体そのものから出てくるというのは、共同体の間に出たというマルクスの規定に反することになる」（『価値論の問題点』五三ページ）。宇野氏がその批判者たちに「マルクスの規定に反する」といって反論する図はおかしいが、それだけこの命題をたよりにしていることがわかる。だから歴史的事実は宇野氏の関心をひかない。この「間」に商品や貨幣が「実際はどういうふうに出てくるかをぼくは知らないのです」（『経済学の効用』一一八ページ）、と宇野氏はあけっぴろげに語っている。

この点を百も承知して宇野共同体論にかかずらってきたのは、第一に、そういいながらも宇野氏や学派の人びとがこの命題を実体論化して「商品経済史観」批判に利用してきたからであったが、特に第二には、ここでの宇野「共同体」論が実は宇野氏の近代「社会」認識の原点をなしていると考えるからである。

商品経済を宇野氏は、少なくとも「形式的には個人的に自由平等な関係」と規定していた。これを、奴隷の生産した商品も農奴のそれも形態的には資本家的商品と同一という流通形態論とかみ合せてみると、奴隷はもちろん宇野的には農奴も商品交換の当時主体たりえない以上、自由平等な「個人」とは、本源的共同体の成員をのぞけば奴隷主・封建領主、そして彼らと取引する商人――奴隷商人も当然ふくまれる――にほかなるまい。ここに少なくとも「形式的には等価交換」を見出すのは、前資本主義的商業資本のモラルを「詐偽と瞞着」に見出した「マルクスの規定に反することになる」。宇野史学は、他人労働の収奪者、その権力に寄生する商人と、近代社会生成期に固有な、「労働と所有の同一性」を私的に体現する独立の生産者とを、ひとしなみに「個人」として処遇することによって、逆に後者を奴隷商人の群の背後に追いやった。「社会がつきるところ」で商品取引を独占する者と、「社会の内部で」剰余をつくり出す生産力の担い手たちの関係は、かくて「商品経済」の中に水平に溶融してしまう。一部の門下の不評をよそに「歴史上の単純商品」をとりこんだ流通形態論の、絶大な効用がここに発揮されているのを、われわれは見る。

ひるがえって大塚久雄氏のばあいには、共同体間交換の発生の問題それ自体より、その交換（商品となる剰余）を生んだ構造の探究に目を注ぐ。大前提としての「社会的〔正しくは共存体的〕分業」の展開、その生産力を土台としての「共同体に固有の二元性」（共同所有と萌芽的私有の矛盾）の発生。これを前提としてのみ共同体間交換は、共同体内部に滲透することができ、やがて共同体を解体に導く「有毒な要素」、すなわち「共同体成員相互間の私的な、ゲゼルシャフト的な関係」（『大塚』七巻一一三ページ以下）を発生させることになる。それゆえ、内部に私有をはらまないアジアの共同体の多くのばあいには、しばしば共同体間交換は、逆に伝統的な構造を骨化し温存する（七巻一八八ページ）。前期的商業資本がこの骨化を助長する立役者であることはいうまでもない。「間に出たものが中身をつかむ」宇野史学に対して、大塚史学はいわば「内部から・自生的に・自己分解として」を不動の視座としているといえよう。

なお大塚的「社会」把握にも一言。大塚氏は共同体的構成の存否を公準として、世界史を二大区分する史論を提起した（『共同体の基礎理論』）。階級関係を支える生産力編制の質に注目してである。ところが、この共同体に対し正しく「商品生産および流通」が対置されたのに、後者は資本主義的生産様式に直結されている。二大区分は結果として資本主義以前と以後という図式になった。この区分ではマルクスの「前史の終り」把握がまるきり生きてこない(9)。商品生産＝流通に対応するのは市民的「社会（ゲゼルシャフト）」でなければなるまい。「共同体から市民社会へ」という視座は、もともと大塚氏の歴史理論に内在していたはずである。だが大塚氏と大塚学派は、それを経済理論として打ち出せぬまま、これをゲルマン的「共同体から資本主義へ」（封建制から資本主義への移行）の幅に縮尺してしまったといえよう。いま大塚史学は、いわゆる正統派のそれとは別途に、自前のマルクス経済学をあらためて開発すべき段階にあるのではないか。

三　「古代・中世の社会」の「部分的社会」

1

理論の領域ではあれほどのリゴリスト宇野氏が、いったん歴史を扱うと信じがたいほどルースな用語で事たれりとするのを見てきた。「商品経済史観」という独自の批判語もおそろしく多義的であって、使うほうはさぞかし便利であろう。

資本主義に先行したあらゆる社会の商品経済を、宇野氏は部分的商品経済とか部分的社会とよぶ。そのより具体的な概念としての「単純商品（生産）社会」を、宇野氏は次のように規定する。「全社会のあらゆる人々が」「たがいに独立の生産者として」「それぞれ自己の労働によって生産したものを自己の私有物として交換に提供する社会」（三巻二〇九ページ）。こういう「資本家も労働者もいない小生産者の社会」（一巻五五ページ）を理論的に想定して、そこで労働価値説を論証しうるとする立場、ならびに封建制解体期における小生産者の地位に注目しその両極分解から資本主義が発生したとする経済史学、この二つをひっくるめたものがいわゆる「商品経済史観」であった。つまり、（一）独立小生産者だけから成る一社会、（二）自己労働にもとづく私有、（三）単純商品による労働価値説、（四）原蓄暴力ぬきの資本主義成立史論、この四つをそなえていれば絵に描いたような商品経済史観だが、たいていの場合、どれか一つでも主張していればこのラベルを貼られてしまう。最近ではその適用範囲は、鈴木＝岩田理論にまで及んでいる。

　このラベルを最初に貼られたのは、四条件を全部満たしていた宮川実氏であった。価値形態の展開をそのまま貨幣発生史と重ねる宮川説は、遊部久蔵氏すらこれを「『商品経済史観』と批評されるのも当然」としたものであるが、その遊部説も「歴史上の単純商品」に上向動力を認める点でこの汚名を免れえなかった（『経済学の方法』一〇一ページ）。後述との関連でいえば、「古代、中世の当時」の商品経済が当該社会のなかで「一小部分社会」、「局地的小宇宙」をなすと想定して、その内部でエンゲルス的価値法則が支配したとする遊部説にも問題がある。「歴史上の単純商品」を中世にまでならともかく古代（理論的には原始共同体まで）にまで遡らせては、商品論の意義はまったく見失われる。宇野学派の人びとにさえ、古代の商品流通と封建社会解体期のそれとの「質的な区別を積極的にしていってもいい」（『経済学の方法』一〇九ページ）という歴史感覚はあったというのに（もっとも宇野氏はそれに批判的）。

　ところで商品経済史観を批判する宇野氏の論法は、おおむね次の三段構えをとっているように思われる。（一）全成員が小生産者から成る社会は歴史上実在しない、（二）少なくともそれは「歴史的に一社会をなすものではない」、（三）少なくともそれは一時期の社会を「全面的」に支配しえず、「部分的社会」をなしたにすぎない、という陣形である。この陣形は実にたくみにできている。第一段の小生産者オンリー社会否定論など、純粋に理論的想定への批判なのに、そうした一社会を歴史上に認める論者など絶無であることを承知で強いトーンでくりかえすので、現実には、小生産者が封建社会の解体にはたした役割をも「歴史的に虚構」といった印象で霧づつみにしてしまう効果をはたしている。第二段では、原始共同体から資本主義へという、例の四段階発展説を侵害してその間に新段階を挿入する試みは許さぬというわけで、唯物史観の守り手の座を確保している。この四段階説に手をふれなければ過渡期に「単純商品生産様式」(大島雄一氏[10]のようなものを設定してもかまわない。「そりゃ、あったという事実があれば、それはそれでいいわけだがね」(『資本論研究Ⅰ』二二二ページ)と、すこぶる寛容である。第三段の「部分的」への寛容さも、部分的とはネグリジブルの意味と知れば了解もつこう。そして最後にもう一つ、最強不抜の砦が構えられている。前節で、「形態が実体を収容する」という原理論上の形式論理のほかに、それとはうらはらの実質的歴史認識がある、とした。商品経済はいくら滲透しても基本的な社会関係を収容してこれを変革することができず、それを部分的に補足するにとどまる、という命題である。この後者こそ実は、前記の三段構えを最後的に「補足」するのであって、独立の小生産者が商品経済を積極的に収容してどんなに生産力を増進させようとも、商品経済の論理そのものからして旧社会を根本的に解体できないことになる。ほかの三社会間移行はいざしらず、封建社会の崩壊だけは「商品経済の発展に解消されてはならない」(『資本論五十年(下)』八三二ページ)、これが宇野史学のミソなのである。

2　問題を資本主義成立史論にかぎれば、上記三段構えのうち、ひっかかるのは第三段目の「部分的＝可無視的社会」という批判だけである。その論理の当否を検するまえに、まず対象となる時代の幅を確定しておかなくてはならない。当然それはイギリス封建社会(宇野氏の「中世社会」)の解体期である。

宇野氏は、イギリス絶対主義国家の出現(ヘンリ七世即位は一四八六年)を「近世統一国家」の成立と見る(七巻六三ページ)。すなわち「中世→近世」の画期は十五世紀末葉となるが、他方、「労働力の商品化」の社会的成立という視点から、指標を牧羊エンクロージュア(ほぼ一四五〇〜一六〇〇年)にとり、たぶんその最盛期をえらんで「十六世紀後半以降の資本主義時代となしうる時期」(九巻三六六ページ)という。「近世」に入ってほぼ一世紀後に資本主義時代がスタートするというわけである。

大塚氏のばあいには例の中産的生産者層の両極分解がきめ手となる。その前提をなす局地的市場圏の出現が十五世紀中葉(『大塚』五巻二二ページ)、両極分解(マニュファクチュアの成立・展開)の時期は、ほぼ十五世紀末葉から十六世紀半ばごろ(『大塚』四巻二二八ページ)とされた。見られるように、資本主義の生誕という一点ではそれほどズレはない。ズレてくるのは段階規定で、宇野氏がその時期をすでに「近世」に編入しているのに、十七世紀後半の市民革命によって「近代ブルジョア社会が生誕する」(四巻二六七ページ)と見る大塚氏では、十六世紀後半はまだ封建社会に属する。まず「近世」的国家権力が成立してそれが外部から労働力商品化への道を清掃するという宇野重商主義論と、封建社会の内部に体制変革の主体が自生したとする大塚市民革命論、このちがいを反映した二つの段階認識である。

だがこう確定してみると、今ひとつ微妙なズレが出てくる。宇野氏の「中世」の始まりはともかく、その終りはギリギリのところ十五世紀末葉で、大塚的市場圏出現の十五世紀中葉とは、最大限五〇年位しか重ならない。宇野氏がそんなギリギリの半世紀ほどを選んで「中世では商品経済は部分的」なる命題を定立したとはまさか思えない。つまり、かの命題は大塚的資本主義成立史論の主要舞台からは故意に目をそらしており、論争は始めからかみ合わないことになる。なるほど大塚氏も局地的市場圏の史料としてしばしば一三八一年の人頭税徴収報告書を用いるから(四巻一〇六ページほか)、十四世紀を論争舞台に指定されても文句はつけにくいのであるが、宇野氏のねらいはそこにはない。いったん十五世紀より少しでも以前の「中世社会」を語りはじめれば、あとは論敵をずるずると「古代、中世の社会」に誘いこめる。氏得意の論法はしかるのち「古代ギリシャの商品経済は資本主義を生まなかったではないか」という大段平で一挙に過渡期の問題も斬りすてる、という論法なのである。冒頭商品は「歴史上の単純商品」でもあるとした遊部氏も、みずから「古代、中世」に舞台を拡げたばかりに、みごとにこの一刀で両断されてしまった。

奴隷や農奴や小生産者の生産した単純商品、「それを代表するものとして、独立の小商品生産者の商品というのだろうが、全く勝手な『歴史』だ」(『経済学の方法』一〇〇ページ)、という次第であった。

このように論証舞台に大きなズレがあることを確認しておいて、「部分的‐全社会的」という対比主題の問題性をみよう。このばあい対比のしかたは相互にからみあっているが二様である。商品経済は資本主義では「全社会的」に貫徹するのに古代・中世では部分的以上になれないという通時的な対比と、古代・中世では(たとえば中世なら領主＝農奴関係という)その社会の「基本社会関係」が「全社会的」に支配していて商品経済は部分的だったという共時的対比、これである。

通時的対比のばあい、はっきりしているのは商品経済の「全社会的」貫徹というほうは、原理論に要請される論理的想定だということである。だが実像、理論的根拠としての十九世紀中葉イギリスは、純粋資本主義とはほど遠いのであり――労働者階級の最大グループは僕婢階級だった(『資本論』第一巻第一三章)――、このへだたりに目を蔽うくらいなら宇野理論の修正もいとわぬという一派も出るくらい、それほど抽象度は高い。ところが一方の「部分的」のイメージは極度に茫漠たるものである。原理論的に部分的とするほかないのだから、この対比はトートロジーに近い。

他方、共時的対比のほうになると今度は「全社会的」さえ曖昧になってくる。「古代、中世の社会」において「部分的」と対比される「全社会的」とはどの範囲をいうのか。これはあくまで臆断の域を出ないが、宇野氏は、純粋資本主義に与えられた国民経済という枠組みを、そのままたとえば中世イングランド王国とかフランス王国といった領土空間(11)にあてはめ、その王国の国境のすみずみまでを、「全社会的」と考えているのではなかろうか。だとすると答えは二つあるのであって、第一には、そういう統一的な中世経済圏を想定するのは、「近世統一国家」の出現ではじめて「地方的経済」(七巻四九ページ)の分立が止揚されたとみる宇野氏自身の史論と背反する、ということである。経済的には、「部分的社会」と共時的に対立するのは、地方的な、それ自体部分的なゲマインヴェーゼンである。それゆえ問題は部分的という点にあるのではなくなる。第二には、古代・中世それぞれの社会の「基本的」社会関係というものを一極に置けば他極は自動的に非基本的・部分的・補足的という地位をうけとることになり、これも有意的な対比ではない、ということである。読者もいち早く気づいているであろうが、さきの「古代、中世それぞれの社会で」というところで論証場面はもはや宇野氏のそれに移ってしまっているのである。何が「全社会的」で何が「基本的」かを論ずること自体、すでに宇野氏薬籠中の論争になるのであった。「部分的社会じゃないの」との批判に答えようとするなら、焦点は当初から、封建社会解体期に定めて不動でなければならないのである。

くりかえしておけば、単純商品生産「社会」（私自身はこのタームを採らない）は、それが「部分的」か否かを問題とすべきではない。その社会《しゃかい》空間が自由な私的諸個体の構成するゲゼルシャフト的分業を基本的社会《しゃかい》関係とする一ゲマインヴェーゼンであったか否か、そして、そこで営まれている社会的物質代謝＝自由な「商品経済」が、旧生産関係の土台をすでに実質的に形骸化しているかどうか、これが問題の核心であったはずである。こうした構造を重層として把握しうる点で大塚史学は、宇野史学の単層社会観に数等まさってはいるが、ひとはば歩を進めて「貨幣地代の国民的成立＝人格的依存関係止揚＝市民社会の勝利」（『経済学批判』原初稿断片[12]）というマルクスの絶対王制期把握を消化し、「封建社会のなかの市民社会」という論理をその体系に組みこむことを考えてよいと思われる。当然その作業は大塚史学の市民革命把握に一定の検討課題を提起するであろうが。

四　局地的市場圏は部分的社会か

1　つぎに「部分的社会」の内部をのぞこう。例によって宇野氏の論法は複雑だが、散在している批判点をまとめると、次のような四段構えと見える。（一）「お百姓が自分の土地をもっていたなんていうのは封建制を無視したことになる」（『経済学を語る』一九〇ページ）、小生産者には土地と土地生産物私有権がない、(二) だが取引がはじまれば私有権を認めてもよい、(三) それも生産物だけで土地売買権はだめ、(四) 多少土地所有もありはしたが部分的、こういう陣形をとり、状況次第でどれかを持ち出す。

宇野氏は、『資本論』原蓄章が冒頭に設定した「自分の労働にもとづく私有」を極力否定する[13]（八巻八五ページ）。けだし「自分の土地で、自分の労働手段で労働して初めて」（一〇巻三五〇ページ）生産物を所有する資格をもつのであって、法律的には農奴でしかない小生産者は、せいぜいのところ生産手段しか持っていない（一巻一〇二ページ）。まして商品経済の論理からして「所有権の根拠は買うというところ」にしかなく、勝手に自然に働きかけて果実をえても「自然は証文をよこさない」（『経済学を語る』一九二ページ）。しかし宇野氏があまり法や権利や裁判所に執着すると、農村にはいってきた商人は贓物売買に加担したことになってしまう。そこで農民に、商人の所有権を認めさせ、「そのことで自分の所有権を認めさせる、これが商品経済的な所有権」（『資本論五十年（下）』七二三ページ）だという解決を示す。対領主的無所有がするりと対外来者的所有権にすり変わっているが、まあよい。こうして、土地売買の不自由こそ封建制の本質だと形式的に強調しておきつつ（『資本論研究Ⅰ』二三二ページ）、実質的には、部分的＝ネグリジブルという枠をはめてこれを認める、「そういう関係〔農民の土地所有〕がイギリスにあったとしても多少の問題でしかない」という一線まで。

所有権がそもそも二重に存立する封建法に近代ブルジョア的私有の観念を投影している、というふうなことはいわない。また宇野氏はマルクスの「労働と所有の同一性」という所有理論を理解していない、などと反論してもはじまらないから、これもいわない。とにかく宇野的にも、小生産者に所有権を認めないと商品経済がそもそも「滲透」できないのだから、はた目にもしぶしぶという態度でなく、思い切って小生産者私有権を公認したほうがよい。やれ裁判だ、やれ証文だなどといい出すと、商人の商品所有権さえ（領主のはいわずもがな）根源のところでは怪しくなるのだから。

こうして結局、私有権を承認した上で「部分的社会」の価値法則が論じられる段になる。この問題はしかし、『宇野理論の解明』の著者でさえ、学派の別の論者からみると「必ずしもその解読に成功して」いない[14]というほど難解なものである。あまり自信はないが、とにかく「解読」してみよう。

商品経済が共同体に滲透すると「古代でも中世でも」(『経済学を語る』一八三ページ)、その内部で商品交換が生まれ、「何年もやっているとだいたい一定の市場価値関係ができる」(『社会科学と弁証法』五三ページ)。こうしてやがては「一つ物を生産するに要する労働時間によって価値が決定され」(二巻二五六ページ)るようになり、「市場にはいわゆる《一物一価の法則》が成りた」つ(演習講座『新訂経済原論』五四ページ)。かくして商品の等価交換を介し社会的労働配分も達成されることになろう。敵(商品経済史観)に塩を送るような師の言説に困惑した学派の人びとの消極説[15]にも、これを「否定するのはゆきすぎ」として宇野氏は一向に動じない。資本形式論と労働力商品化のあいだの断絶をむしろ自から認めて「論理は歴史の前ではどうしようもないものだ」(『資本論五十年(下)』八三二ページ)と、宇野氏は述懐した。氏の心底にひそむこうした歴史感覚はやはり十分評価さるべきものである。

もっとも宇野氏が鷹揚なのは、価値法則はたしかに存在したが論証はできない、という確信をもつからであった。小生産者は自分の一二時間労働の生産物と相手の六時間労働の生産物との交換を「くりかえし行いうる」(一巻一〇二ページ)という不等価交換説、社会的平均労働時間の未成立(九巻一六五ページ)、労働の同質性の未確立(新『原論』六一ページ)、等々がその根拠をなしている。これらは価値法則など事実上は成立しえないという説の根拠でもあるわけで、宇野学派の人びとはもっぱら後の面を「純化」することになる。むろん私は前のほう、「単純なる小生産者に……商品経済を全面的に想定することができないわけではない」(一巻、同前)というほうの「宇野さん」をとる。ついでだが、右の小生産者不等価交換説の説明は宇野理論的にみても難があるように思われる。物物交換的表象は度外視するとしても、交換が持続的に反復されるという条件下では、使用価値を異にする二物間で、各一物への個別的投下労働時間が異なっていても等価交換であろう。こういう例証のさい宇野氏はつい遠く古代にまで思いをはせるものだから、こんな不等労働量交換に甘んずるくらいなら六時間労働ですむ生産部面に移ろう、という自由な小生産者の職業転換に思いが及ばないのであろう。この点、後述の大塚的局地市場圏では労働力移動の障害がない。両者のイメージに差がでてくる一因である。

2　大塚氏の「局地的市場圏」論はあまりにも周知であろう。イングランドではすでに十四世紀末葉から、独立小生産者たちが商品交換による社会的分業に編成されていた。大きくみれば自給自足的な傾向すら示したところの、「すでに基本的に小ブルジョア的な商品生産の基礎の上に立つ独自な局地的再生産圏」、これである。十五世紀中葉までには、こうした再生産＝市場圏が「いわば数珠つなぎに連なり」（四巻二一五ページ）あっていた。これこそ「産業資本の培養基」、もっと広くいえば「資本主義の歴史的起点」（五巻一九ページ）にほかならない、と大塚氏はいう。

この圏域において価値法則が成立したということを大塚氏が力説するのは、価値法則が両極分解の引き金としての役割をはたしたからである。この市場圏には領主的もしくは共同体的規制ははたらいていない。前期的商人が介入する余地もすでにない。長期でみると生産費に即した、「つまり《labour and expense》に密着した」（四巻、同前）平均価格を基準とする一市場一価格、あるいは「一物一価」の原則が支配したから。

ここで描かれている小市場社会像は、時代規定のズレを別にすると宇野氏のそれと、そうちがわない。《labour and expense》とは資本主義語でいえばVプラスCのことである。宇野氏も「いわゆる単純なる商品生産の社会では、生産者は生産に前払いした労働手段、労働材料〔以上C〕および労賃〔V〕に相当する価値を回収するに足る商品量を売ればよい」と述べていた（『宇野』三巻一四三ページ）。もっとも宇野氏の力点は「売ればよい」にあって、その価格で売れなければ「生産手段を計上しない」（一巻一〇二ページ）価格まで下げて「売ればよい」というのであるが。

大塚説が、前出の遊部説とは異なり、紀元前から単純な等投下労働時間交換というエンゲルス（『資本論』第三巻補遺）的な価値法則には依拠していない、ということに注意したい。まず一物一価という市場価格関係の成立を説き、その価格の中心すなわち「平均価格」がくりかえしての交換を通し結局VプラスCという価値に近づいてゆく、のである。投下労働→価値→価格ではなくて、個別価格→市場価格→価値、という論理であった。大塚氏の「等価交換」とは、そのつどの市場価格を基準とする交換が権力や詐偽瞞着や人格的依存関係に攪乱されることなく保たれる、という意味である。当然、大塚氏の視野には「古代、中世の社会」一般は影すらも落としていない。この点でも、無概念的な「歴史上の単純商品」説と異なる。

大塚氏はマルクス（『資本論』第三巻第一〇章）や大島雄一氏⑯とちがって、ここでの価値に剰余価値Mをふくめない（だから大塚氏が「ほぼその価格どおりの販売」という言葉を『資本論』から引用して使ったのは誤り）。ではVプラスCの費用価格の等価交換から、いかにして両極分解が生ずるか。一物一価が確立すれば、優良な生産条件（技術、労働力能その他）の所有者は、個別的生産費と市場価格の差である「余剰」を獲得する。他方劣悪条件での生産者は損失を重ねてゆき結局その生産手段を手ばなさざるをえない。こうして貧富両層への分化の極、富裕層は貧窮層から手に入れた生産手段に、今や労働者として雇用した貧窮層を結合させる。補足しておけば、イギリスでは十二世紀以来、領主直営地に賃金労働が充用されていた。労働力商品化の経験はたっぷり蓄積されていたのである。

宇野氏と大塚氏の今ひとつ大きな違いは、同じ小生産者の価値法則実現でも、宇野氏の「部分的社会」内部には、対内対外的流通の担当者の姿が見えず、商人はやはりその外部にいるらしいのに対して、大塚氏の市場圏が、農民層分解から生まれ仲間の商品を局地外にさえ売り歩く小商人をあらかじめ内蔵している（四巻一〇六ページほか）点である。そうした自前の流通（産業に従属する商業）担当者をもふくんで、この市場圏が一箇の「ゲマインヴェーゼン」をなしている、という把握に大塚理論の一核心を見出しうるのである。

こうした大塚的価値法則論もそれはそれでいくつかの未決問題を残す。なによりもまず、大塚氏が自己の価値論を『資本論』研究史上のいずこに位置づけるのか、この点が明確でない。戦後いち早く、内田義彦氏は大塚史学の方法を、「教授にあっては、経済史は『理論』経済史として、価値論の具体的展開として行われている」[17]と特徴づけた。大塚氏をもっともよく理解する一人の言である。多分この指摘は大塚氏の真意をうがったものであろう。そうだとすれば余計に、大塚氏はその「中産的生産者層」＝おそらく「相互に独立して営まれる私的諸労働〔の担い手〕」(「安部隆一『「価値論」研究』を読む」九巻二四八ページ。原文マルクス)を端緒範疇とする「商品世界」論を明確にしておく必要があろう(「商品世界」に積極的にとりくんだ論文も、「歴史学的な接近」〔五巻五〇ページ〕にとどまっている)。そうでないと『社会科学の方法』における価値形態論には「交換過程」論全面擁護のトーンが強いだけに、形態I以後の展開を宮川氏流に貨幣発生史と重ねあわせる理解をおいているのではないか、との疑念を払拭しきれまい[18]。

局地的市場圏については、大塚氏はこれを自足的ゲマインヴェーゼンとよく動態的にとらえた反面、空間的にクローズトな「圏」としての性格を強調しすぎるきらいなしとしない。均質な成員のみからなる部分的社会、との非難には全く根拠がないわけではない。近代に固有なゲゼルシャフト関係とは共同体から独立した私的諸個人相互の依存関係である、ということを第一義的に定めてはじめて、彼らが一定の「圏」に集住しているということの意味が生きてくる。この点にも、大塚氏の資本主義把握に市民的ゲゼルシャフトの論理が有効に組みこまれていないことの一証左を見るのである。

五　静かなる原蓄と暴力原蓄

1　さて、宇野＝大塚論争の天王山は、ほかでもなく資本の原始的蓄積(私自身は本源的のほうを好むが二人の用法に従う)をいかに自己の体系に位置づけるか、であった。大塚氏の局地的市場圏論に、宮川＝遊部説同然という意味での「商品経済史観」の名を冠せられぬとすれば、宇野氏と宇野学派の大塚史学批判の最後のことばは、それが「原蓄ぬきの経済史」（『資本論研究Ⅰ』三一四ページ）だということである。残り少ないスペースで、二人の原蓄観のポイントを要約的に示そう。

宇野氏にとって、『資本論』原蓄章は両刃の剣である。それは、資本主義的生産関係が「商品経済の内部的発展とはなしえない」（九巻三七七ページ）ゆえんを歴史的に明らかにしたものとして、「商品経済史観」批判の最強の支柱であったと同時に、まったく同じ理由で、自身の流通形態論を純論理的に説かしめえないトゲであった。いうまでもなく、資本形式論における商人および金貸資本形式と産業資本形式とのあいだに横たわる論理的断絶の問題である。原蓄すなわち労働力商品化は、原理論そのものから出てこない。それなら前の二つの資本形式も純論理的な形態にすればよい、ここで「はたして歴史性の強調がいるかどうか」（『資本論研究Ⅰ』三二二ページ）、という内部批判がでてくる。しかし、なんとも晦渋な説明をくりひろげながら宇野氏は頑として、ここでは「歴史的展開を考えながら論理的展開をやらざるをえない」と自説を固守するのである。むろん宇野氏は、ここが「宇野経済学のアキレス腱[19]」だという佐藤金三郎氏の指摘は十分承知していて、である。宇野氏の説明が学派の人びとをも十分満足させず、そこで「はじめに切り捨てたもの〔資本家的生産〕は内的に展開しようがなく、外からつぎ足す以外にない[20]」という岩田氏の批判的理解から、「〔宇野〕氏が冗談のようにいう『なわとびのなかへスッとはいる』とでもいったことでいいのではないか[21]」という清水正徳氏の弁護的理解まで、さまざまの議論をよぶことになった。議論をよびながらも、しかし宇野氏もがんばるし、批判者も徹底的には追及しない。なぜなら流通形態論を純粋資本家的商品からはじめてしまったのでは、そもそも形態論から説く意味がなくなり、「共同体と共同体の間」という商品経済論の護符が使えなくなり、そしてなによりも原理論から「原始的蓄積」の語（もともと項目はない）が消えてしまうからであろう。労働力の商品化が宇野経済学において然りであったのと対応して、原蓄論は宇野史学のナムアミダブツなのであった。

ところで原蓄過程をとらえる宇野史学の具体的な視点はどうか。宇野氏の原蓄論をみていて気づくのは、（一）ほとんどもっぱら牧羊エンクロージュア（農民の暴力的追いたて）を論材としてのみ労働力商品化を語ること、（二）エンクロージュアの推進力を「封建的権力」（九巻三六八ページ）とする、つまり原蓄主体を封建領主階級に定めていること、この二点である。

宇野氏は、学派の人びととちがって、意外なほどわずかしか原蓄の「暴力」性を語らない。労働力を歴史上さいしょに商品化しうるのは商品経済ではありえない――労働力の商品化は「社会から発生する」（『資本論五十年（下）』八一七ページ）――ということを反面から強調するために原蓄を語るのだからであり、氏の着眼点はむしろ、発生期の資本主義は人口法則を展開しえないから労働人口の自然的限度を除去するには「強力手段」（マルクス）しかなかった（九巻四六ページ）、という点にある。こうして大量の無産労働者が創出され、資本主義が出発すればあとは資本主義自体が旧封建遺制を解体してゆくから、エンクロージュア以降の、マルクスによればむしろそれ以後「体系的に総動員」されるような原蓄政策には特に触れる必要はないのであろう。それにしてもエンクロージュアの推進主体の説明はいかにも苦しい。絶対王制はすでに「近世」的国家権力、「近代的国家」（九巻七二ページ）であるのに、農民からの土地収奪は「多分に封建的権力をもって行った」（九巻三六八ページ）というのであるから。なるほど『資本論』にも「王権や議会に頑強に対抗した大封建領主」は出てきたが、少しあとを読めば彼らの実体が「新貴族」であったことは明瞭であるのに、宇野史学では、この新貴族、つまり経済史学でいうジェントリーを主体とするわけにはゆかない。なぜなら、富農の上層部（および平民化した下級貴族）から誕生したジェントリーは、いわば暴力原蓄より以前に、土地を買い集めて中小地主となった階級だからである。こんな階級を認めたら小生産者に土地販売権を認めたことになり、原蓄なしに「封建制はすでに崩壊していることになる」（『資本論研究Ⅱ』一九二ページ）。そこでどうしても、封建領主自身が、しかも土地取引でなく暴力的収奪で、生産者と生産手段の分離を推進せねばならないのである。宇野経済学の論理的要請にこたえざるをえなかった宇野史学の苦しさである。

要するに、原蓄論のばあいにも宇野氏は、経済生活の外部（国家・領主権力）から、等価交換（商品経済的に）でなくやってきた力が、旧社会関係を解体しなければならない。宇野氏自身は、この点を明らかにして商品経済史観を批判できればよいとするが、それでは大塚史学の「牧歌性」を叩けないというわけであろう、宇野学派の人びとは宇野氏よりずっと強いトーンで暴力原蓄を語る傾きがあり、一般に牧羊エンクロージュアによる一挙・大量・劇的な労働者創出というイメージを共有しているようである（実際の土地喪失農民は、約一五〇年間に三万四〇〇〇人または五万人であった。単純平均では一年に二～三〇〇人というところか）。

2　これに対し大塚氏は、牧羊エンクロージュアで土地を追われた農民がただちに近代プロレタリアートに転化したと考えるのは「まったくの誤り」（五巻二七五ページ）、とした。彼らは一時的な失職状態ののちやがて、当時繁栄の道を歩んでいた農村工業に吸収され、中産的生産者層の隊伍に同化された。この生産者層は、半農半工生活の基盤として独自に「小綜画地」（綜画＝囲いこみ＝エンクロージュア）を作っていた。したがって牧羊エンクロージュアで放逐された農民は、自生的な小エンクロージュアに吸収されたことになる。

大塚氏の原蓄把握の基礎視点がここにある。原蓄とは、「資本の」原始的＝本源的蓄積であり、換言すれば産業資本の原始的形成（五巻一六〇ページ）にほかならない。そして、その生誕のための「原蓄の中心的ないし基礎的局面」は、やがて「産業資本家たるべき人々」つまり中産的生産者層のうちの富裕な部分の手中への資金の集積であり、かつ無産労働者の創出である。この局面は、かの牧羊エンクロージュアのテンポと同様に比較的ゆっくりしたテンポで進まざるをえず、したがって一挙大量である必要は少しもない、というのが大塚氏の本音であろう。他方、大塚氏も暴力原蓄を否定するわけではない。暴力的資金創出（スペイン銀船隊の略奪）も行なわれたし、暴力的労働力創出も無視はしない。それらは初期産業資本の経済的利害と一致した。しかしそれらは、あくまで「中心的局面」を補足する「経済外的局面」にすぎない。それらは「結果として」、また「意図せずして」産業資本に利したのである（四巻二四九ページ）。しかもこの「経済外的局面」でさえ、原蓄史の全過程をみとおすかぎり、より大規模な暴力的資金創出を体系的にはたしたのは名誉革命以後の初期ブルジョア国家による重商主義政策であり、より本格的に労働力を創出した過程も、右の段階での議会エンクロージュアに求めなくてはならない。かような次第だから、大塚氏の口ぶりをまねれば、大塚史学が「原蓄ぬきの経済史」だというような、「流布された誤解はこのさい一掃していただきたい」ということになろう。

これほど相反する原蓄理解がでてくるのにはマルクスも一役買っている。原蓄章の一つ前、第二三章（二節）に登場する、原蓄のさいしょの説明はこうであった。「個々の商品生産者の手におけるある程度の資本の蓄積が、独自的、資本家的な生産様式の前提になる。だからこそわれわれは、手工業から資本家的経営への移行にさいしてかかる蓄積を想定せねばならなかった。それは原始的蓄積とよばれてもよい」、「とにかくそれが出発点である」。暴力原蓄と対比的に名づければ、静かなる原蓄とでもいえよう。さらにマルクスは原蓄章（二節）でエンクロージュア史を叙述する前にこう書いている、「ここでは農業革命の純粋に経済的な原動力は見ないことにする。ここでは農業革命の暴力的槓杆を問題にするのである」、と。つまり原蓄は「生産者と生産者の歴史的分離過程」であればよく[22]、過程そのものは暴力的であることを要しない、という理解がここから引き出せる。他方、「実際には原始的蓄積の諸方法は、他の一切のものではあっても、牧歌的なものでだけはなかったのである」という文章にこめられた激しい断罪、ドイツ語版の標題「いわゆる原始的蓄積」に付せられた「いわゆる」（フランス語版では削除）にこめられたブルジョア経済学の「先行的蓄積」論への痛烈な批判、これから、暴力過程こそ原蓄の本質にほかならない、というマルクス理解も――否、だけが――出てくるのは自然といえよう。その意味で、大塚氏と宇野氏は「二人のマルクス」の一面ずつを代表していると見ることができよう。「純経済的原動力」と「暴力的槓杆」、この二つの理論＝史論のトータルな止揚への道はまだ遠くけわしいといわねばならない[23]。

宇野弘蔵氏の歴史＝社会認識のなかに、われわれは市民社会的個人の姿をついに見出すことができなかった。その一貫した否認は、市民社会をイデオロギー的虚構として排した氏の強固な「唯物史観」の所産であると同時に、また、マルクスが明らかにした客観的法則の前では「個人的な『精神』はどんなに発達しても無力なのです」（『社会科学の根本問題』〔一九六六〕一〇巻二七ページ）という、徹底した物象化構造として資本主義をとらえる理論の大前提をもなしていたのである。宇野経済学は、その緻密で壮大な論理の殿堂を、以上にみたような宇野史学の土台の上に構築してきた、としてよい。この史学がふくむ二面の含蓄は、まぎれもなく、理論的エレガンシーの前に犠牲としてそれを捧げておきながら、なおかつ「歴史の科学としての『資本論』」をもとめつづけて苦闘した「二人の宇野さん」のものであった。

偶然であろうが『社会科学の根本問題』公刊の同じ一九六六年大塚氏は『資本論』から人間をきり捨て「疎外現象のなかを動きまわっているだけの経済学」、これこそ『資本論』の副題「経済学批判」の対象物であったと批判している（『社会科学の方法』）。疎外の構造の内部に創造的変革の主体を発見しようとする歴史意識のめずらしくも激しい表白であった。すさまじいまでのこの相剋からわれわれは目をそらすことなく、だが当面は、大塚史学が今後いかに「共同体から資本主義への移行」的マルクス理解を止揚し市民社会の論理を内化してゆくか、そして近代の単純商品生産者を「古代、中世の社会」に拡散した宇野史学の負債を宇野氏なきあとの宇野経済学がいかに支払ってゆくか、をみつめつづけてゆきたいと思う。

（1）馬場宏二「宇野理論の含蓄」（『宇野弘蔵著作集』第九巻月報）。
（2）辻村江太郎「マルクスを読む」（『経済セミナー』一九七七年四月号）。
（3）以下、本文に宇野氏を引用するときは、文脈上明瞭なばあい『著作集』の巻数とページ数を（一一巻二五ページ）のように略記する。『大塚久雄著作集』も同じ。両著作集がいりまじるばあいに限り（『宇野（大塚）』一一巻二五ページ）のようにする。特に注意をもとめたいばあい、原論文名を記す。全書、新書は著作集によらなかった。煩を避けて各書とも出版年、出版社を一々付記しない。

（4）佐藤金三郎『「資本論」と宇野経済学』二三六ページ。

（5）永谷清『科学としての資本論』九二ページ。

（6）森田桐郎・望月清司『社会認識と歴史理論』（講座マルクス経済学・第一巻）六二、一八一ページ。

（7）吉沢英成氏は、宇野理論によるかぎり共同体等々の「社会一般としての社会」とは別に「商品経済という社会関係、あるいはそのかぎりでの社会」（資本家的な社会）の概念を明確にすべきだとし、マルクス同様に宇野氏も右の二つを一箇の漠たる「社会」にとかしこみ、これを内的にホモジニアスで有機的な自己完結体とみなす誤りにおちいっていると述べている。宇野学派内部で宇野的「社会」把握に論及した数少ない論文と思われる。同氏「資本制経済の形態論的展開の意義について」『経済学論集（東大）』三七巻四号。

（8）宇沢弘文ほか編『経済学と現代』三二八ページ。関口尚志氏の報告に対する馬場宏二氏の質問。

（9）「人間的ゲゼルシャフトの前史の終り」のネガ・ポジ両面把握については内田義彦『資本論の世界』参照。

（10）遊部氏も引用する（『商品論の構造』一二五ページ）この大島論文は、同氏『価格と資本の理論』に収録のさい大幅に修正されている。同書では「単純商品生産様式」という用語は削除された。

（11）宇野的（宇野氏の、でない）原理論は、そのなかに「国土、領土の確立」を内包しうるとする鎌倉孝夫『経済学方法論序説』九四ページ。この点をめぐる論争として、鎌倉「資本主義と国家」『国家論研究』第八号にたいする降旗節雄「マルクス国家論の構造」、同誌第一二号を参照。

（12）高木幸二郎監訳『経済学批判要綱』第五分冊九九〇―九九一ページ。望月『マルクス歴史理論の研究』四九八ページ以下。

（13）「地租改正の研究・上巻」発表当時（一九五七年）には自己労働にもとづく所有を「一般にあらゆる社会の私的所有の基礎をなすもの」（同一一ページ）としていた。

（14）春田素夫「価値法則の論証」鈴木鴻一郎編著『マルクス経済学』（セミナー経済学教室・1）所収。同書一五四ページ。

（15）大内秀明『価値論の形成』四二〇ページ、鎌倉孝夫『資本論体系の方法』二二四ページ、小林弥六『流通形態論の研究』二四一ページ。

(16) 大島雄一『価格と資本の理論』二五三ページ。大島氏は、「単純商品生産段階」においては「価値価格の法則」により、価格 p は投入生産財価格 c と、販売による所得＝付加価値 y できまる、とする。y は、労働力再生産費 y_v と「剰余＝純所得」y_m の合計。この「剰余」をあらかじめ想定しておかないと、労働者を雇用しても剰余価値が発生しないのではないか。大塚氏の再考をのぞむ。

(17) 内田義彦「大塚久雄教授著『近代資本主義の系譜』評」(『季刊大学』第二号、一九四七年)。

(18) 大塚氏の価値形態論についていうと、氏は形態Ⅲから貨幣形態への移行のところで「なぜ金なのか」が説明されていないということから、「交換過程」論が「貨幣の必然性」を解明したものとする。だがその前に貨幣形態にすぐ金を置いたマルクスの方法に疑問を呈しておく必要があろう。この点、日高普『経済原論』の解釈が示唆をあたえる。

(19) 佐藤・大島雄一・伊東光晴「対談・経済思想——マルクス経済学(二)」(『エコノミスト』一九七五年六月一七日号)。

(20) 岩田弘『マルクス経済学(上)』一〇五ページ。

(21) 清水正徳「宇野経済学と哲学」清水ほか共著『宇野弘蔵をどうとらえるか』八〇ページ。宇野氏の発言は、『社会科学と弁証法』六二ページ参照。

(22) 鈴木鴻一郎氏も『原動力』を重視する。同氏「本源的蓄積」同氏編『マルクス経済学の研究(上)』所収。

(23) 宇野原蓄論の欠陥は別として、大塚氏の資本主義把握には、生成期の国家暴力、および「強制としての資本」の本質を軽く見る傾きがあることは指摘しておかねばならない。内田義彦『経済学の生誕』を参照。また平田清明『経済学と歴史認識』第五章参照。

10

スコットランドの女伯爵とは誰か
——『資本論』原蓄章における一人物の同定——

一

『資本論』第一巻第二四章「いわゆる本原的蓄積」[1]は、いうまでもなく資本家的生産様式が歴史的に誕生するのに必須の要件である資金と労働力の大量創出が、いかに政府および民間の暴力的な諸手段を介して行なわれたか——そして『資本論』刊行当時の現在も行なわれつつあるか——を暴露した文章である。それは、『資本論』第一巻の経済理論に必ずしも通暁していない読者や、あるいはたとえばガルブレイスのような歴史感覚を有する近代経済学者ものを「心臓をハンマーで乱打」する（『不確実性の時代』）情熱的な叙述に満ちている。

この章は歴史的事例がふんだんに引証されているだけに、ことさら史実による検証が必要な章であるが、マルクスの専門家たちによるこの章の訳文の中には、いささか首をひねらざるを得ない箇所も散見する。重箱の隅をつつくような指摘は好むものではないが、まじめな読者を混乱させるようであれば、その訂正にもいささかの意味はあろう。

二、三の例を挙げて、読者の参考に供したい。

第二四章のなかでは、第二節「農村民からの土地の収奪」がもっとも大きなスペースを占め、わかりやすい事例のゆえもあろうか、読者に強いインパクトを与える。マルクス自身も第一節で「いわゆる本原的蓄積とは、生産者と生産手段との歴史的分離過程以外のなにものでもない」、また「農民からの土地収奪が、この過程全体の基礎をなす」と、述べていた。せっかくの原蓄史総過程をわざわざ矮小化しているとも言える。したがって読者に誤解を与えかねないこの総括のゆえに、たいていの読者も、原蓄と言えばもっぱらこの第二節を——学派によってはこの第二節だけを——想起するのを常とする。その場合も、この土地収奪への考察が一八六六年すなわち『資本論』第一巻初版刊行の一年前にまで視野を広げている、という明白な事実に想いをいたす読者は比較的少ない。マルクスは、原蓄を資本家的生産様式の生誕の一時期にのみ限って見ていたわけではなく、実にイギリス産業革命が終了してさえなお、資本の本国で、すでに進行しつつある本来的蓄積と平行しつつ展開する「平行／加速原蓄」[2]として把握していたのである。

農村民からの土地収奪の歴史は、おおむね三つの時期に区分される。第一段階がいわゆる、「牧羊エンクロージュア」（十五〜十七世紀）、第二段階が「議会エンクロージュア」（十八〜十九世紀）、そして最後の第三段階が主としてスコットランドで出現した「土地の清掃」（Clearing of Estates）である。

ここにいう「土地の清掃」は、長谷部訳（日本評論社）と向坂訳（岩波文庫）『資本論』の訳語である。もともと、貴族の「所領・領地」の管理をするほうの観念から生まれた語だから、普通の読者にはピンと来なくても当然である。いまは庶民の感覚からして「解雇、首切り」とほとんど同義になった「リストラ」という語と似ている。解雇するほうにとっては、企業の「再建」（リストラチュアリング）であっても、失業して路頭に迷うほうにとっては「再建」どころではない。それはともかく、岡崎訳（国民文庫・『全集』）と資本論翻訳委員会訳（新日本出版社——以下委員会訳と略記）の「地所の清掃」は、「土地」よりは何らかの私有権の及ぶ範囲を示唆していて、少しはましと言えるが、一般の読者にこの語を示してイメージするところを語ってもらうなら、地上げされて上物を撤去された空き地で廃材や廃コンクリートを片づけている風景でもあろうか。みみっちく、せせこましい。

「清掃」をあとまわしにすれば、「estates」はどうしても「領地」または「所領」でなくてはならない。イギリスの上流社会で「エステート」と言ったら、チマチマした庶民の猫の額のような所有地など眼に入らない。原型であるフランス語の「état」は国家である。国土にみまがうほどの、とまでは言わないが、「エステート」のイメージの根源はそこにある。マルクスは、英語を示したうえに、同じパラグラフの中で「清掃」を"Lichten"とも独訳している。"Lichten"(フランス語版では"éclaircissment")とは、地面に太陽の光(Licht)をあてること、つまり密生した森林の間伐または間引きを意味するが、ここでマルクスは、その林野に住んでいる人間の間引きというニュアンスをこめながら、間伐の極限、つまり文字どおり「根こそぎ、一掃」という意味をさえ示唆している。

「土地の・地所の清掃」という訳では「清掃」の対象となる被害者たちの姿がまるで見えてこず、土地を、地所を「整地」してきれいにするというイメージしか湧かないが、これは当然で「清掃する」ほうの立場・視点からすれば、ロクに収入を生まない、昔ながらの乱雑な農地区画や、汚らしい農家・家畜小屋などをきれいさっぱりと掃除して、そこを広々とした牧羊場向きに整地することが、本来の目的であり未来図なのである。そこで一掃した後の土地整理の方を重視すれば「土地・地所の清掃」になるが、問題は農業経営学的な管理ではない。人間を根こそぎ土地から切り離すという暴力的行為こそ、ここでの問題の焦点であった。こう見てくれば、訳語はむしろ、清掃する側の勝手をより浮かび上がらせる美辞麗句のほうがよい。バブル時代に荒れ地を買ってゴルフ場やリゾート地に変えたディベロッパー諸氏に教えを乞えば名訳が出てくるかもしれない。

問題は「根こそぎ、一掃」の主体とその範囲である。マルクスは、スコットランドの「サザーランド女公」(長谷部・向坂・岡崎訳)を引き合いに出して次のように書いている。

「この〔経済的に訓練された〕人物は、〔公位につくや否や〕経済的根本治療を行なって、従来の同じような過程により住民がすでに一万五千に減っていた〔全州〕を牧羊場に転化しようと決心した。一八一四年から一八二〇年までに、これら一万五千の住民、約三千の家族が組織的に狩り立てられて、根こぎにされた」（とりあえず長谷部訳。〔　〕は筆者による）

二

まず問題は「女公」（die Herzogin）である。長谷部、向坂、岡崎の三訳とも、ごく単純に「公爵夫人」とはしないで、彼女自身が、あたかも王国における女王のごとき当主であることを表そうとした苦心のよってきたるところは後で述べる。委員会訳は「公爵夫人」としているが、同委員会はどうやら「公位につく」とは「公爵夫人になる」ことだと解釈しているようだ。ラ・シャトル版フランス語訳『資本論』の編訳者、林直道氏が「公妃」（フランス語訳は“la duchesse”）としているのは、フランス語版では、そのあとに「公位につく」という言葉がなく、その代わりに「経営の手綱をにぎる」とつづくので、とりあえずはこれで筋が通ることになっている。（林直道編訳『マルクス資本論第一巻フランス語版』大月書店、一五一ページ）。

では、この「女公」「公爵夫人」「公妃」の正体はいったいどんな人物か。（以下、The Dictionary of National Biography, Vol.XI, Oxford UP, London 1950 (Rep.) による。煩を避けていちいち原綴を表記しない）

この彼女は、名をエリザベス・サザランド（一七六五〜一八三九）という。一七八五年に、初代スタッフォード侯(Marquis) レヴソン＝ゴウアーの長男ジョージ・グランヴィルと結婚した。ジョージは、のちヨークシャーのスティットナム男爵として上院議員となり（一七九八）、昇爵してゴウアー伯爵となってから一七九〇〜一七九二年には、フランス大革命のさなか駐仏大使という重要な役職を務め、一八〇三年に父の死とともにスタッフォード侯を襲爵した人物である。二人の間に四人の子が生まれたが、一人だけ生き残った息子ウィリアム・ゴードンに地位を譲った。この息子が、父を継いで第二代サザランド公爵（後述）、母を継いで第一七代のサザランド伯爵となる。

ここで重要なのは、エリザベスは、ジョージ・グランヴィルという名門貴族と結婚したことで「女公」になった、のではないということである。

彼女は結婚する前から、サザランド州にあるサザランド伯爵家の当主、つまり女伯爵（Countess in her own right. Countess は Earl「伯爵」の女性形）であったと同時に、ストラトネイヴァーの女男爵（Baroness. Baron の女性形）でもあった。男子継承者がいなかったがゆえに当主の地位を継いだ、いわゆる「有爵婦人」または「婦人貴族」なのであって、この地位・称号は、ジョージと結婚しても変らない。すなわち、彼女は結婚後、女伯爵にしてかつ女男爵のまま、夫の称号の変化につれてスティットナム男爵夫人、やがてはゴウアー伯爵夫人となり、一八〇三年にはスタッフォード侯爵夫人ともなってゆくのである。

ややこしいことには、ジョージは国王から、この結婚へのおそすぎた祝いとして死の半年前（一八三三年一月一四日）、サザランド公爵（Duke）という、まったく儀礼的な称号を授与されている。なぜ「儀礼的」かといえば、彼は別に「サザランド公爵領」という実質的な領地を与えられたわけではない、そもそもそんな領地は現実に存在しないからである。幕藩体制下で、諸大名が実質的にその土地とは何の関係もないのに与えられた「伊豆守」とか「備前守」などと似ていよう。つまりエリザベスが「サザランド公爵夫人」を名乗れた時期は、夫の死（一八三三年七月一九日）までのわずか半年間に限られる。その後は息子が第二代のサザランド公爵を継いだから、その時点で「公爵夫人」（Duchess）の称号は彼女から息子の妻に移った。

右に記した年代に注意してほしいが、『資本論』原蓄章に登場する勇ましいエリザベスは、このサザランド公爵夫人時代に蛮勇を振るったのではない。彼女は、一八一四年〜二〇年の「大清掃」の時期に登場するのだから、その時の称号は、サザランド女伯爵にしてかつスタッフォード侯爵夫人であった。

しかも彼女が「大清掃」を行なったのは、スタッフォード侯領ではなく、自分が女伯爵として実権をもって支配していた、自分の所領である。行政上の区画であるサザランド州は、ブリテン島の最北部西側にある。『資本論』のドラマの舞台であるサザランド伯爵領とは、そのサザランド州の面積のじつに約三分の二（文献によっては「そのほとんど全部」）を占めた巨大な所領であった。結婚の当初、約八〇万エーカー（約三二万ヘクタール）ほどだった領地を、近隣地主から次第に買い集めて、一八二〇年代には一二五万エーカー（約五〇万ヘクタール）に達したといわれる。一方、夫ジョージとともに住んだスタッフォード侯領は、スコットランド最北のエリザベス家からは遠く南下したイングランド中部にあった。スタッフォード家も豊かな土地の巨大な地主だったが、それればかりではなく、侯は母方の叔父からブリッジウォーター運河を相続した上に、父侯爵の死で、スタッフォード州のトレンタム、シュロップ州のウルヴァーハンプトン在の巨大領地をも相続した。夫人は水彩画でプロはだしの技を持っていたが、その夫人の影響を受けて絵画の収集もはじめた。ロンドンのナショナル・ギャラリーにあるルーベンスの絵は彼が寄贈したものである。当時ある人は侯を「富のレヴァイアサン」と呼んでいたほどであって、夫妻が所有した資産の総額は想像を絶するものがある。

さて、この女伯爵を、三つの邦訳がそろって「女公」と訳したのは、なぜであろうか。最もわかりやすい理由は、マルクスが英語の Duchess のドイツ語訳として用いた Herzogin が Herzog の女性形で、わが国の独和辞典のすべてが Herzog に「公爵」という訳語を当てているからであろう。わからないのは、Herzogin つまり Duchess には「女公（爵）」という意味と「公爵夫人」という意味の両方があるのに、どうして前者を選んだかである。サザランド伯爵家の系譜を詳しく知っての選択ではないことはたしかだろう。というのは三つの訳とも、またそろって少しあとの注218に出てくるサザランド公爵夫人を「現・女公」としているからである。こちらの方は当主としての「女公」ではない。エリザベスの息子ウィリアム・ゴードンとの結婚（一八三六年）によって「公爵夫人」となったハリエット（後出）を指す。彼女自身は爵位を持った当主ではないのだから、「現」にもなにも「女公」ではない。委員会訳が彼女を「公爵夫人」としたのは唯一正しいが、その代わり前の方も注記なしに「サザランド公爵夫人」とした。

要するに、どの訳も背景の事実を把握していない。前の方は「女伯爵」エリザベス、後の方が「公爵夫人」ハリエットなのである。
混乱のもとは、マルクスがエリザベスの方をHerzoginと呼んだことにある。ここらで、ドイツの貴族称号について略説しておかねばなるまい。

早くから中央集権的な王制が確立して、貴族の爵位も「公（Duke）・侯（Marquess／Marquis）・伯（Earl／Count）・子（Viscount）・男（Baron）・准男爵（Baronet）・ナイト（Knight）」——後の二者は一代貴族——という序列ができていたイギリスと異なり、ドイツは近代に入るまで極度に地方分権的であった。各地の貴族は、HerzogとかFürstとかGrafとか名乗ってはいたが、これらは特に序列を示すものではない。カール（シャルルマーニュ）大帝の以前も以後も、錯綜をきわめた中世ドイツ政治史のなかの時々に、もっぱら役職名——それもしばしば名誉職的な——として賦与されてきたものが、次第に世襲的に固定され、実質的に支配している所領と結びつけられてきた称号であった。

たとえば、ヘルツォーク（Herzog）。これは、もともと軍団（Heer）を引き連れる（ziehen→Zug→Zog）指揮官であった。原初的なゲルマン部族体制と結びついた地方豪族は「大公」（Herzog）と号して、とかく帝権と対抗する態度を示した。これを牽制する意図で、カロリング朝は豪族らの支配圏とは別次元で全国をいくつかの「グラーフ管区」に分け、そこに行政官であるGrafを任命・派遣して政治的統合を図った。グラーフもまた、もと数・集団を意味する原語（gerava←rova）が示すように軍の指導者を意味する。この官吏が任地に定着し、次第に土地を獲得し、かつその役職を世襲してゆくにつれて、「グラーフ」（通常の邦訳で「伯爵」。たとえばツェッペリン伯など）という称号が自立してゆくわけである。帝国官職であるグラーフに対して、ヘルツォークはもともと土着権力だから、両者の実質的な関係は、その土地固有の力のバランスによる。おおざっぱに言えば、北部・中部ではグラーフが強く、南部ではヘルツォークが旧来の力を保ってグラーフを臣下とした。このほか、ふつう「侯爵」と訳されるFürstも、古ゲルマン時代の部族首長に由来する高い地位だったが、中世後期になって帝国内にラント（領邦）が三〇〇も乱立し、その君主（ランデスヘル）のうち、いわば貧乏旗本クラスのミニ君主も好んでFürstを自称したから、その呼称の相対的品位は落ちた。「男爵」とふつう邦訳される「フライヘル（Freiherr）」などの地位も、決して確固たる貴族階級秩序のなかに位置づけられたわけではなかった。ちなみに一部の独和・和独辞典には「子爵」（Vicomte）が載っているが、この称号はドイツにはない。多分、ドイツ語の本に英仏の子爵などが登場した時のためのものであろう。

このようにドイツ貴族の称号は、イギリスの「公・侯・伯・子・男」に対応させて理解できるような性質のものではない。明治維新後に制定されたわが国の華族制度は、おそらく英仏貴族制度を参照しながら中国の古典に範を求めて、あたかも律令制を思わせるキチンとした序列を構成した。実はこれすらイギリスのそれとは正確に対応しているわけではない。たとえば「プリンス・オヴ・ウェールズ」の「プリンス」も普通は、「ウェールズの皇太子」ではなく「ウェールズ公」と訳される。かれこれおもんみるに、『資本論』の諸訳者を含め、われわれ日本人が、日英の華族制度をイメージしながらドイツ語の貴族名を考えると必ず齟齬が生じてくるのである。

ドイツ語人マルクスもしかり。本来Countess（女伯爵）であるエリザベスをたった半年間の称号でHerzoginと呼んだとき、彼は、イギリスよりはるかに家父長的なドイツには「有爵婦人」なるものがいなかった、という点に注意を払うべきであった。

ここで、筆者が一九六〇年代に西ドイツのゲッティンゲン大学に滞在したときに耳にはさんだジョークを思い出す。筆者の属したヴィルヘルム・アーベル教授のゼミナールにも当然女子学生はいたが、彼女らのあいだでか、口さがない男子学生のあいだでか、「ドクター論文を仕上げるのに時間をとられて、オールドミスの"Frau Professor"（女性教授）になるより、若い有望な助手をつかまえていつか"Frau Professor"（教授夫人）になるほうが楽だ」というジョークが流れていたよしである。ドイツ語では、「女教授」と「教授夫人」はまったく同形だからこそ生まれたジョークである。もちろん、現在こんなジョークを女子学生に面と向かって放ったら即「セクハラ」ものであろうけれど。

要約する。サザランドの女伯爵をHerzoginとだけ独訳したマルクスは不用意であった。それを「女公」と訳した邦訳はその不用意を二乗した。委員会訳の「公爵夫人」、林訳の「公妃」についてこれ以上うんぬんする必要はないであろう。

三

視点をちょっと変える。

中世ドイツのGrafに同時代的に対応するとされているのは、中世フランスにおけるcommesである。この語は、ローマ時代のガリアで、ローマ人文官のもとに配されたゴート人武官comesを語源とする。その役職名がcomteである。

さて、後世ノルマンディ公国では、公ducのもとに直臣のcomes、その従臣である騎士という階層秩序が成立しつつあったが、公は自己の配下で次第に相対的自立の気配を示してゆくコメスの権力を牽制すべく、公法上の権能を有する直属官ウィケコメス（vice-comes. 副／准コメス）という職位を設け、これを長とする「州」（comitatus）に全国を分割した。表向きこそ「コメスの補佐役」だとはいえ、派遣されてきた新任の官吏を土着したコメスは当然ふくれっ面で迎えたであろうが、公をないがしろにした態度へのしっぺ返しを受けたのであって、しかたがない。コメスとウィケコメスの間の関係は、想像されるように、前述のヘルツォークとグラーフの関係にそっくりである。両者のあいだには、いわば依人的支配から依法的支配への過渡期に生ずる微妙な政治的緊張が生ずるが、これまた派遣された官吏の土着、官職の世襲化を生んだことはドイツとひとしい。コメスはのちに「コーント」（Comte）、ウィケコメスは「ヴィコーント」（Vicomte）と呼ばれる。

さて、周知の「ノルマン征服」によってイングランド王国が成立すると、アングロ・サクソン時代の地方区分シャイア（Shire）の名は引き続き使われるが、公式の名称はかのcomitatusになぞらえて「カウンティ（county）」とされた。ウェセックス王国時代にシャイアに派遣されていた国王の代官シェリフ(Sheriff)は公的性格を喪失して下級役人の称に落ちる一方、辺境諸州の代官の名称だったアール(Earl)の地位が高まり、名称にも高位の感触がついてくる。

めんどうだから、もう一度整理しよう。

ノルマンのコメスすなわちコーント(Comte. ふつう「伯爵」と訳される)が、ブリテン島に乗り込んできて英語のカウント(Count. これもふつう「伯爵」)になる。これはやがて古語アール(Earl)にとって代わられたが、どうしたことか女性形のCountessだけが残る。一方、ウィケコメスすなわちヴィコーントは、英語でヴァイカウント(Viscount. ふつう「子爵」と訳される)となるが、ノルマン時代と同様、彼のほうが王直属の行政管区である「カウンティ」(Count-y)を管理・支配する。カウンティのボスはカウントではなく、ヴァイカウントのほうである。実権のないカウントという名称が次第に嫌われ、伝統に裏づけられてより高位感をただよわすアールが選ばれてゆくのも自然の勢いであろう。

くどくどと英仏独の貴族制とその名称の変遷について述べてきたが、ここまできてようやく『資本論』に戻れる。前述のように、邦訳三種は、おしなべて「サザランド女公が全州の清掃を行なった」というふうに訳していた。たしかに彼女はサザランド州の面積の三分の二を占める所領の所有者ではあったが、同州の専権的な行政官でも、専一的な土地私有者でもない。「全州」という公的な空間の「清掃」などできるわけもないのである。

マルクスの原文では、ここが"die ganze Grafschaft"となっていた。とりたててドイツ法制史の、あるいはイギリス法制史の知識がなくても、単純にドイツ語辞書でGrafschaftを引いて単純に「伯爵領全体」と訳しておけば何の問題も生じなかったのに、なぜわざわざ誤訳をあえてしたのか、一見しただけでは理由がわからない。

どんなドイツ語辞書を見ても、Grafschaftの訳として「イギリスの州(カウンティ)」という訳語は載っていない。当然であって、いちいち外国語の相当語を載せていた日には、いくらスペースがあっても足りなくなる。たとえば、日本の国語辞典で「県」という見出しに「英国の county、フランスの departement、スイスの Kanton 等々に当たる」などという説明が付された例は見ないであろう。内容が違うものを無理に当てても意味がないからであるし、だいいちきりがない。

なぜ四つの訳本の訳者たちが何を苦しんで"die ganze Grafschaft"を「全 - 州」と訳したか、その心中を類推してみる。

訳者諸氏――なかでも先頭バッターであった長谷部氏――は、「女公がどうして伯爵領を清掃できたのか」、矛盾に苦しんでいるうちに、該当個所の少しあとに出てくる同じスコットランドの「パース州」に注目した。マルクスはこのパース州（Perthshire）も"die Grafschaft Perth"と独訳している（注220末尾。第二版への追記）。この州は「シャイア」つまりカウンティである。

彼が「自分で訳したのと等しい」と自称したラ・シャトル版フランス語訳『資本論』でも、「全州」は"tout le comté"、「パース州」は"comté Perth"とされている。つまり「伯爵領」と「州」がまったくインターチェンジャブルにされてしまっているのである。訳者諸氏も二つの"comté"を別に訳し分けるのをためらったにちがいない。なにしろ「マルクス本人もそうしているのだから」と立派な弁明の辞が用意されている、というわけである。

かくのごとくにして、サザランド女伯爵エリザベスは、自分の領地ではない、州内の他人の領地にまで手をのばして勝手に「清掃」したこととされてしまった。

「パース州」の「州」をマルクスが誤って Grafschaft と、しかもご丁寧なことにフランス語版でも誤って comté と訳しさえしなければ、訳者諸氏は安んじて「伯爵領全体」と訳せたかも知れない。が、その時はふたたび撞着に陥る。Herzogin（女公爵）が「自分の Grafschaft（伯爵領）全体」を清掃した、というワケのワカらない翻訳をすることになってしまう。やっぱり Grafschaft は「州」だということにしておこう……。

ところで、『資本論』のこの部分の記事のもとは、マルクスが『ニューヨーク・デイリー・トリビューン』紙に送稿した「選挙―金融の雲行き悪化―サザランド公爵夫人と奴隷制」である（『マルクス・エンゲルス全集』第八巻四九〇ページ）。そこではマルクスは「サザランドの Gräfin またの名をスタッフォードの Marquise」と書いていた。ここまでの読者にはすでに明らかであろう。この彼女は「サザランドの女伯爵にしてかつスタッフォード侯爵夫人」であるエリザベスを指している。『マルクス・エンゲルス全集』訳はこの前者を「伯爵夫人」とした。この訳の誤りもいまは透明に明らかであろう。彼女の夫が「サザランド伯爵」であったことはないのだから。

この論稿は、日本風にいえば彼女エリザベスの嫁（関西ふうの「嫁はん」でなく、東日本での嫁）、つまり息子第二代サザランド公爵の妻ハリエット＝エリザベス＝ジョージアナ（一八〇六～一八六八）が、奴隷解放運動に博愛主義的同情心からかかわっているのを辛辣にからかう目的で書かれたものである。第六代カーリスル伯爵の三女ハリエットは結婚によってその呼び名を得た文句なしの「公爵夫人」であるから、マルクスが、姑のエリザベスと区別する意味で「現 Herzogin」としたのは親切のようであるが、これも邦訳者に誤訳の上塗りをさせた不用意な言葉であって、ハリエットは「公爵の夫人」でこそあれ、「女公＝女公爵」ではない。

ちなみにマルクスは、この元原稿を『資本論』に引き写すとき、「Gräfin（女伯爵または伯爵夫人）にしてかつ Marquise（女侯爵または侯爵夫人）」をなぜか Herzogin と書き直している。

ここまでの結論。「サザランド全州」と訳した諸氏の責任は、マルクスの不用意な用語に沿源する。しかし諸氏はマルクスに責任のすべてを転嫁できるわけではない。

四

ここまでくれば、『資本論』の前述箇所で、サザランドのエリザベスが「公位につくやいなや」(bei ihrem Regierungsantritt) という訳語に問題があるということも自ずと明瞭になる。彼女自身はあくまで女伯爵兼女男爵のままでであって、夫が死んだあともサザランドの「女公爵」(実質的には旧スタッフォード侯領の当主)にはならなかった。というわけで、エリザベスが「公という位に即いた」という事実はまったくない。それに、そもそもスタッフォード侯領は夫の在地イングランドにある。女公爵になろうがなるまいが、それはスコットランドでの「清掃」とはなんの関係もないのである。しかも前述のとおり、夫ジョージが単なる名誉称号としてのサザランド公爵に叙せられた一八三三年には、すでに、「清掃」事業の大半はおわってしまっている。ここに至ってはじめて、三つの邦訳がHerzoginを「公爵夫人」でなく「女公」とした理由がわかる。「公位に即いた」以上は、もはや夫唱におとなしく婦随する夫人ではなく、専権を握る女主人でなくてはならないからであった。いまはこの邦訳の問題は明白となった。

では、“Regierungsantritt”(通常の訳語は「即位」)という言葉をどう解釈したら事態適合的になるだろうか。

一八一四年の前の時点で、爵位の変動があったのは、一八〇三年に夫ジョージがスタッフォード侯爵の称号を襲ったことだけである。フランス語訳は、ここを“à peine pris les rênes de l'administration que..”(「経営の実権を握るやいなや」)、林直道編訳では「経営の手綱を握るやいなや」としている。こちらのほうが「公位に即く」よりずっと実態を反映していそうである。これはロワの意訳の功か、マルクスによる「校閲」の功か。

だがこの仏訳でも問題が残る。彼女はもともと自分の所領についての強大な実権者であった。夫から見れば、サザランド領は妻の財産なのである。その経営に助言以上の口を差しはさめる立場にない。ちなみに、ジョージは幼少のころから病弱気味で、フランス革命時代の駐仏大使という神経を使う重職から退いたあとは、アイルランド総督という人も羨むポストを政府から打診されても、「視力が弱ったので」という理由でこれを謝絶したくらいである。一八二二年には重い中風に侵され、これが死病となった。詳しくは後述するが、こうした状況の中でおそらく一八一〇年代のはじめには、夫人の手に旧スタッフォード侯領をも含めた両家の家計の全責任が移ったものであろうか。

だとすると、ドイツ語原文の“Regierung”(統治すること)とは公的な権力を、それへの「就任Antritt」は何らかの位に即くことを意味するものではなく、フランス語訳のように「家計の実権を握ること」を意味したものと解する方が自然ではある。だが、この類推が正しいとしても、なお疑念は残る。エリザベスはもともとスコットランドの自領については全的に、かつもとから実権を握っていたのであって、イングランドにある夫の所領についても併せて実権を握るに至ったとしても、そのことが、スコットランドでの「清掃」に乗り出す理由には少しもならないからである。

とすれば、ここもやはり、ドイツ語原文でのあいまいな言い方——というより事態認識——に問題があった。ひょっとするとマルクスは、夫ジョージの生存中、エリザベスは自分の財産についても夫の言いなりの良妻賢母だったと思っていたのかも知れない。

五

この疑いは次の問題、すなわちサザランドのエリザベスを、なぜマルクスが「経済的に訓練された人物」(長谷部訳)と呼んだか、という問題とかかわるのである。

訳語について論点を先取しておくと、ここの原文 "die ökonomisch geschulte Person" を、向坂訳が「経済的素養のある人物」と、岡崎訳・委員会訳が「経済に通じていた人物」としているのは、どれも見当違いである。長谷部氏が背後の事情に通暁していたかどうかはわからないが、ここは長谷部訳だけが直訳的にも正しい。

この時代にオックスブリッジで経済学または経営学を学べたはずのない彼女は、「誰か」に経済観念なるものを、学校(Schule)で教わるようにして「教え込まれた geschult」のである。教えたのは誰か。

この経緯については、ブルース・レンマンの『近代スコットランド経済史』(Bruce Lenman, An Economic History of Modern Scotland 1660-1970, London 1977)に好適な記事があるので、これを紹介しよう。

前記のとおり、サザランド家は女当主の結婚のあと次第に土地を買い増し、富を増やした。なかでも一八一二年から一五年にかけての増加率が大きいが、その労を実質的に執ったのは、スタッフォード侯爵家で「メッテルニッヒ」というあだ名で呼ばれていたエディンバラの法律家ジェイムズ・ロック（James Loch）――スコットランド読みでは「ロッホ」――である。彼は、それこそ経済学にも深い素養を有した人物であり、とくに大所領管理の専門家であった。このロックが、サザランドの女主人に、イングランドでの産業革命のすさまじい進展の情報と、スコットランド啓蒙思想を注入したものと見られている。スタッフォード家は、リヴァプールとマンチェスターの間に敷かれた鉄道にも投資しており（原資の約二〇％）、またリヴァプール・バーミンガム運河会社の株の最大所有者でもあった。運河の建設でイギリス産業革命史上有名なのは第二代ブリッジウォーター公爵であるが、スタッフォード侯爵も積極的な産業投資を行った貴族の一人であり、そのコンサルタントがロックであった。

サザランドの所領に関するロックの経営戦略の基本は、羊毛と羊肉の巨大な消費市場として膨張しつつあるイングランドをターゲットとはっきり見定めることにある。これまで、伝統的で非能率的な小作農民から、これまた伝統的に少額の地代――家族当たり年に数シリング、家禽数羽、および数日間の賦役労働――を取り立てるだけの惰性的経営を抜本的にリストラすること、これこそロックの方針である。地代依存の旧式経営を、イングランド市場で歓迎されるチェビオット種の羊の大規模飼養に転換すること、これが当面の目標となる。

レンマンはこのロックを、必ずしも酷薄非情な「清掃屋」としてではなく、主観的には「温情主義的なプランナー」と評している。ロックは借地農民の全員を根こそぎ放逐するつもりはなく、海岸に定住させた住民、ヘルムスデールの工場所在地に移住させる住民をのぞいた農民を、新しく統合された農場に新しく家屋も建てて住まわせるつもりではいたらしい。しかし、この計画は難渋した。ヘルムスデールの紡績・織布工場の経営は必ずしも順調でなかったし、海岸に移住させた人々に資金を与えて発足させたニシン漁業は、地元の既存漁師たちのはげしい抵抗に遭遇した。そうした難局を打開すべく強行されたのが例の「土地の清掃」で、当時は「サザランド・クリアランス」という「悪名」で呼ばれた。

レンマンはこの点でもロックに温かく、強行の直接的責任をむしろ、一八〇九年以来エリザベスに取り入って信任を得つつあったモレイシャーの資本家、ウィリアム・ヤングとパトリック・セラーの二人、特に後者に負わせている。この二人はすでに、サザランドシャーの東のモレイシャーを舞台に「クリアランス」で成功をおさめていたという実績があった。

十八世紀後半にはイングランドの牛肉需要が高まり、牧牛経営が非常に有利になった時期がある（S. G. Lythe & J. Butt, An Economic History of Scotland 1100-1939, p.114ff.）。しかし、一八一五年以降は牛の価格が下落の一途をたどる一方、スコットランド工業諸都市における羊肉需要が日を追って増大し、牧羊経営の方がプロフィタブルになる。一八三一年には、サザランドの一州から四万頭の羊、一八万頭分のフリース（羊毛塊）がイングランドへ輸出されている。一八五六年のスコットランド全体の飼養羊頭数は五八一万七〇〇〇頭、一八六八年では七一一万二〇〇〇頭（この年の牛の数は約一〇〇万頭、豚が一四万頭である）に達した。

かのロック氏は国際的知名人でもあって、その農民追放は、フランスの経済学者シスモンディにも注目されたほどであった。いわく「スタッフォード侯爵夫人がおこなったような改良は、……ドイツの最も専制的な君主でさえ試みることができなかったものだ。」[3]と。

そこでロックはシスモンディを駁すべく、『スタッフォード州およびシュロップ州のスタッフォード侯爵領ならびにサザランド領における経営改善の報告』（ロンドン、一八二〇年）なる一書を公刊している。マルクスの引用する一節は、先記のレンマンによるロックびいきとは正反対に、「どうして、この場合にかぎって地主の絶対的権利が公共の利害の犠牲にされなければならないのか？」という、ロックの見事な開き直りぶりを皮肉っている。

女伯爵は、このような国際的知名と筆力をも備えたコンサルタントから、経済的にものを考えるよう仕込まれた（ökonomisch geschult）のであった。繰り返すが、『資本論』のこの箇所は、ほとんど例の『ニューヨーク・デイリー・トリビューン』の寄稿をそっくり写したものである。後者でマルクスは、サザランド領の「改善 Improvement」

を実際に運営し、そのプランをエリザベスに教え込んだのがロックであることを知っている。だからこその"geschult"なのである。

ちなみにフランス語訳は"dressé de bonne main"（しかるべき人／やり手に仕込まれた）である。エリザベスが生まれながらに経済観念に長けていた女性であるかのごとく解した向坂訳・岡崎訳・委員会訳の誤りは明らかだろう。林編訳は「おしこみのよいこの女性」（一五一ページ）。「お仕込みのよい女性」とは理解に窮する。

筆者の推定はこうである。エリザベスは、夫の病が進む前は、そしてロックに教育される前は、どちらかといえばサザランド伯爵領の経営にそれほど関心を向けなかった。単位当たりの貢納がわずかでも、なにしろ領地の規模が巨大だから、昔ながらのやり方で費いきれないほどの総収入があったのであろう。その彼女に、一八一二年ごろから一五年にかけて、スタッフォード家の「メッテルニッヒ」が懇々と時代の趨勢を説いた。賢明な生徒であった彼女はここから、ブリテンの経済と所領の経営にがぜん目覚めたのである。その最初の成果が、サザランド領の隣接地の貪欲なほどの買い増しであった。所領管理が面白くなってきたエリザベスがロックの助言のもとに次ぎに乗り出すのが「サザランド・クリアランス」なのである。そして、そのきっかけは、夫の病ともに彼女の双肩にかかってきた両家の経営責任であった。

ドイツ語原文の"bei ihrem Regierungsantritt"の"bei"には「するや否や」「するとすぐさま」という切迫の語感はない。「公位につくや否や」は、ドイツ語の「即位」にフランス語版の"à peine ..que"を都合よく接合してのものであろう。「や否や」という訳では、まるで、夫ジョージが元気なうちは歯をくいしばって忍従していた妻が、夫が無気力になったのを見すまして突如仮面をぬいだように聞こえるではないか。そうではあるまい。何年何月何日のある事件を境に突然、というのではなく、年ごとに深まってゆく夫の病状、それを憂えたロックの「教育」、彼女自身のうちに次第に芽生えた危機意識。こうした諸条件の醸成のなかで、いつしか「家計の責任を引き受けることとなって」というのが、"bei ihrem Regierungsantritt"の実態ではなかったろうか。

六

一時期、フランス語版『資本論』の独自的な意義を強調する議論があった。その重要な根拠の一つにマルクス自身がこの版にどんと押した太鼓判がある。彼は「フランス語版の表題の上に『原著者によって完全に校閲された』とあるのは、決してただのきまり文句ではありません」と、A・ゾルゲ宛の手紙に書いている（『マルクス・エンゲルス全集』第三三巻三九九ページ）が、これは必ずしも額面どおりには受け取れない。

とりあえず、問題の第二節の前掲記事以降にかぎってみても、たとえば注36（ラ・シャトル版三二四ページ左欄。ドイツ語版では注220）だけで二箇所も誤訳がある。

一つは、「土地の清掃は……ドイツでは三〇年戦争後にも行われたのであって、一七九〇年に至ってもなおザクセン選帝侯国において農民一揆を引き起こした」という文章の、「ザクセン選帝侯国（Kursachsen）」をフランス語で「la Hesse-Electorale」（ヘッセン選帝侯国）と訳している[4]。

世界史の教科書のようで恐縮であるが、一応事実をたしかめておかねばなるまい。神聖ローマ帝国皇帝の選挙権者は、一三五六年、次の七名と定められた（わが国の通例では、この七人はそれらの地位・称号と関わりなくすべて「選帝侯」と言い慣わされる）。すなわち、ケルン、マインツ、トリアーの各大司教（計三名）、ライン宮中伯（Pfalzgraf）、ザクセン大公（Herzog）、ブランデンブルク辺境伯（Markgraf）およびベーメン王の面々である。時とともに次の三名、すなわちプファルツ選帝侯（Kurfürst、一六四七年）、ハノーファー選帝侯（一六九二年）、そして問題のヘッセン＝カッセル選帝侯（一八〇三年）が加わって一〇名となった。この年以後、もともとヘッセン州伯の四人の男子が分割相続したヘッセン四国のうち、ここだけがヘッセン選帝侯国（Kurhessen）と呼ばれるようになる。

明らかなように、マルクスが述べている一七九〇年には、ヘッセン選帝侯国なるものはまだ存在していない。いかなる偶然か、この一七九〇年の前年にはヘッセンでも農民戦争が起きている（Günther Franz, Geschichte des Bauernstandes, Stuttgart 1970, S.243.）。だからといって、原文（ザクセン）を勝手に書き換えて、当時未生誕の国（ヘッセン）におきかえていいわけではない。かりにロワがドイツ農民戦争史の専門家だったとしても、である。まして彼はその方面での知識があったとは思えない。明白なミスである。マルクスも「校閲」においてこれを見落とした。かの太鼓判を必ずしも信用できない一例である。

もう一つは、同じ注の少しあとで、ドイツ語版が「フリードリヒ二世の賛美者たるミラボー」と書いているのを、ロワ訳がご丁寧にも「大ミラボー」(le grand Mirabeau) とわざわざ誤訳しているところ。「大ミラボー」とされるヴィクトル・リケッティ（ミラボー侯）は重農主義者として有名ではあったが、『資本論』に引用されている『プロイセン王国論』（一七八八年）の著者ではない。これを書いたのは「小ミラボー」、つまり「大」の息子オノレ・ガブリエルのほうである。彼は宰相ネッケルを批判した科で逮捕されそうになり、隣国プロイセンに逃れた。そこでの見聞をまとめたのが前記の著書である。大革命後に帰国して一七九〇年にはジャコバン・クラブの会長、九一年には国民会議議長をも務めた人物であった。まさかロワは、このような輝かしい経歴を讃えて「かの偉大なミラボー」(le grand Mirabeau) としたわけでもあるまい。フランス人らしからぬ、これはもうケアレスな誤訳と言うほかない。

ほんのついでにもう一つ。同じ注（ドイツ語版、注220への第二版追記。フランス語版ではこれが本文に組みこまれている。ラ・シャトル版三二三ページ右欄）で、サザランド州での最良の牧羊場の一つの借地料が、ドイツ語版では年一二〇〇ポンドとなっているところを、フランス語版では一二〇万ポンドと、三ケタも間違えている。一二〇〇ポンドでは安すぎる、マルクスは万の単位を落としたに違いないとでも思って、勝手にふくらませたのか。

ついでのついでにもう一つ。ドイツ語版の注214（初版・再版も）でマルクスはジェイムズ・ステュアートの文章を引用しつつ、その中で彼がスコットランドの氏族員たち（"taskmen"）。初版・再版とも。フランス語版ではこの部分はカットされている）が氏族長に納める貢納に「地代」という経済学的カテゴリーを当てはめている、といってステュアートを批判している。

これは正しくは"tacksmen"（ドイツ語版『全集』では"taksmen"となっている）である。これは、スコットランドの氏族制度のなかで、氏族首長（レアード laird）に直属する臣下の呼び名であって、レアードから氏族共有地（"tack"または"tak"）を分配されたところから、この呼称が生まれた。日本評論社版の長谷部訳は、"task-men"という誤った文字面から、ご丁寧にもこれを「労役者」と訳していた（角川文庫の新訳では「臣民」と訂正したが、これも適訳とは言えない。向坂訳の「隷民」は輪を掛けた誤訳。岡崎訳・委員会訳は難を避けて「タクスメン」と原語のまま表記しており、岡崎訳は訳者注を付している）。マルクスは、そしてエンゲルスもとうとうこの誤りに気づかずじまいだった。長谷部訳旧版の底本だったインスティトゥート版でも直っていなかった。訂正されたのはやっと戦後になってドイツ語版『マルクス・エンゲルス全集』（MEW）からである。

このタックスマンは、氏族（クラン）の首長に従うジェントリー・クラスの家臣であって、氏族長にはそう重くない貢納を支払い、耕作はサブテナント（又借人）である農民に行わせて地代を徴収した。いわば「中間地主」である。労役者でも臣民でも隷民でもない。

七

本稿の性質上、これといった特別の結論を用意しているわけではない。利用した資料もごく平凡なものばかりである。ここでは、『資本論』の論理体系に通じていると自負している理論家といえども、マルクスの歴史的叙述の翻訳や解釈にあたっては、別段の慎重さが必要になる、という平凡な事実を指摘したかったにすぎない。この領域では、彼自身、時には「うろおぼえ」の史実を挙げたこともあることを自認しているからである。

「(ラサールがよくやる)私の著作からの厚顔きわまる剽窃では毎度のことなのですが…こっけいなのは、――彼が私の文献的‐歴史的な『見誤り』――私が現物を調べないで記憶のなかから引用していることがあるからですが――までもそのまま引き写しているということです。」(クーゲルマン宛ての手紙。一八六六年一〇月一三日付け)

(1) 通常使われる「本源的蓄積」という訳語は、「原始的蓄積」よりは正確な訳語であるが、「原蓄」という広く定着した略語には短縮できない難点を持つ。正規の表現と略語とをマッチさせるため、あえて「本原的蓄積」という言葉を造語してみた。同調者を募りたい。

(2) 「平行/加速原蓄」については、拙稿「本原的蓄積の視野と視軸」(『思想』一九八二年五月号)を参照。

(3) マルクス「選挙――金融の雲行き悪化――サザランド公爵夫人と奴隷制度」(『ニューヨーク・デイリー・トリビューン』一八五三年二月九日付け。『マルクス・エンゲルス全集』第八巻四九〇ページ)。マルクスはシスモンディの『経済学研究』第一巻、一八三七年から引用している。ただし『社会的研究』と書名を誤引。前記のとおり、このタイトルにおける「公爵夫人」は、サザランド女伯爵兼スタッフォード侯爵夫人のエリザベスではなく、彼女の息子の夫人ハリエットである。

(4) 林直道編訳『フランス語版資本論』は、これに「ヘッセ・エレクトラレ」という珍妙きわまる訳語を当てている。一五六ページ。

〈第三世界論〉

11

第三世界を包みこむ世界史像
——新世界史論争と再版農奴制——

一　はじめに——フランクの歴史感覚

A・G・フランクの問題作『資本主義と低開発』（一九六七年）の刊行を境として、いわゆる第三世界のマルクス主義「従属理論」は大きな転機を迎えたといわれる。帝国主義中枢部（メトロポリス）の後進国「開発」政策は後者に「低開発の発展」をもたらすにとどまる、という周知のフランク・テーゼは、第三世界の現実をむしろ「従属的資本主義」（ドス・サントス）または「従属的発展」（E・カルドーソ）ととらえるべきだという第三世界内部からの批判に直面し、かなりの自己修正を余儀なくされた。衛星部（サテライト）から中枢部への経済余剰の漏出という一線で構造をくくった以前のフランクが「ルンペン的発展」または「従属的蓄積」を重視する姿勢をとるにいたった経過は、すでにわが国でも紹介ずみである。初期の問題開示の尖鋭さが失われて「まるくなった」というような軽い不満を洩らされているようであるが、しかしフランクの初期のそれなりに単純明快な諸テーゼは、狭義の低開発経済論ないしもう少し広くとって現代世界経済論の枠組みの外で、彼自身の変貌とは相対的に独立に、独自に波紋をひろげつつある。その波紋はとくに、現代の分析に有効なマルクス主義的近代史の構築をめざす人びとのあいだで著しい。

いうまでもないことであるが、現代の第三世界の社会的政治的経済的な情況について語るためには、ひとは必ずや現代に先行した諸社会についての一定の認識を表明せざるをえない。中心部からのりこんできた新古典派開発経済学の第三世界の原構造への認識が「未開発」であったとすれば、それに対抗して生れたＥＣＬＡ（国連ラテンアメリカ経済委員会）のそれは、先進資本主義セクターと前近代的諸セクターとにまっぷたつに分裂した二重構造（split-in-the-middle duality）であった。この二重構造論は、論文「ブラジル農業における資本主義と封建制の神話」[1]でフランクがことさらターゲットとしたように、ラテンアメリカのマルクス主義者の社会分析の基礎ともなっている。この論文でフランクは、二重構造論を構成する諸テーゼとして、（一）封建制が資本主義に先行する、（二）封建制が資本主義と共存する、（三）封建制に資本主義が浸透［し近代化］する、の三つを挙げたのち実証研究例をも駆使しながら各個撃破につとめているが、そうした批判の根本的背景をなしているのは実証的な諸事実というよりむしろフランクの歴史感覚であるように見える。すなわち、チリにおける資本主義の発展を論じた前掲書所収の別の論文で、セルヒオ・バグーの古典的業績（一九四九年）に依拠して明示したように、重商資本主義期の「スペイン、ポルトガルという両メトロポリスが［ラテンアメリカで］組織した経済の類型は……封建制ではなくて植民地的資本主義であった[2]」という十六世紀ラテンアメリカ史像にほかならない。

以後の論争はこの一点から波紋をひろげてゆくのである。

二　フランク＝ラクラウ論争

フランク理論の背景をなすこうした封建制と資本主義理解に照準をあわせて、いち早く体系的な批判の矢をはなったのが当時チリ在住——現在イギリスに亡命中——のエルネスト・ラクラウであったことはよく知られている。彼の論文「ラテンアメリカにおける封建制と資本主義」（一九七一年）は、発表誌『ニュー・レフト・レビュー』の流通性にも恵まれて、わが国でもつとに高い評価を受け、すでに湯浅赳男、吾郷健二、原田金一郎氏らの紹介および翻訳もされているので、後述の段階でもその要旨を略記するにとどめることができる。しかし私はさきにも示唆したが、ラクラウ論文の意義は、これがせまく従属理論——新・従属理論とよぶべきか——内部での第三世界把握専用のポレミックとして出色であった以上に、生産様式と経済システムについての彼の主張にもうかがえるように、マルクス主義歴史理論の根幹にふれる問題を逆提起した点に求めたい。資本主義や封建制の定義問題もさることながら、それをこえて一見抽象的ながら基礎範疇への言及を怠らなかったからこそ、ラクラウ論文はおそらく筆者自身が予想した以上に、広汎かつ多面的な反響をよんだのであった。

行論の必要上、ここでラクラウ論文の骨子を摘記しておかねばならない。

論文は、次の四節から成る（番号は引用者）。すなわち、Ⅰ・フランクの理論的シェーマ、Ⅱ・二重構造理論の批判、Ⅲ・フランク説の理論的誤謬、Ⅳ・従属の諸段階。

論文の冒頭でラクラウは、ラテンアメリカの左翼内部の二つの対立的戦略——一段革命か二段革命か——のいずれもが封建制と資本主義の把握を生産様式の観点から果たしていないと批判しつつ、フランクのシェーマを分析し、それを三点に要約する（第Ⅰ節）。それは、（一）ラテンアメリカは最初から市場経済であり、（二）また最初から資本主義的であった。（三）この地の低開発の原因は、資本主義世界市場への強制編入の従属的性格にある、というものである。多くの実証研究が明らかにしたようにラテンアメリカの最もおくれた農村地帯もまた国内市場を介して世界市場につらなっているという事実に徴して、二重構造（二重経済）論を批判したフランクの第一シェーマは正しい。だが、市場につらなっているからその経済が資本主義的であるわけではない。フランクの第二シェーマの誤りは、封建制を完全自給的な閉鎖経済と見、また資本主義を、①非直接生産者が、②利潤動機で、③市場のために生産するシステム、と定義する彼の理論的したがってまた歴史的認識に起因する。資本主義とは自由な労働力売買を基本的生産関係とするすぐれて一つの生産様式である、とするラクラウからすれば、ラテンアメリカの従属の真因を資本主義的――この形容詞からして問題だが――世界市場への編入、経済余剰の中心部への「不等価交換」的移転という流通構造に求めるフランクの第三命題も当然誤っていることになろう。

このように見てラクラウは、従属の三段階区分を提起する。第一の、ヨーロッパ重商主義期にはたしかに不等価交換にもとづく周辺部従属化が進んだ。この点にかぎればフランクは正しい。しかしそれも、あくまで生産の領域で中枢部の諸勢力が経済外的強力を行使した結果なのであり、封建的農奴制の創出・強化をともなっていた。第二段階の自由競争的資本主義の膨脹期における従属についてはフランクは何もあきらかにしていないし、将来の研究課題であるが、少なくも純理論モデルとしては次のことがいえる。すなわち、中枢部での資本の有機的構成高度化したがって利潤率低下が周辺部への進出、そしてそこでの前近代的生産関係の維持、の原因である、と。現代すなわち第三段階にあっては中枢部資本は、前近代的労働力の過剰搾取を槓杆とする利潤蓄積よりは、むしろ周辺部に存在する戦略物資の確保のための投資に傾いている。これは従来の「従属」概念ではカバーしえない全く異なる型の従属と見るべきである（第Ⅳ節）。

従属の三段階という認識モデルを導出するための理論的序説として、彼は「諸生産様式と諸経済システム」と題する第Ⅲ節をおいている。この節は短いものでラクラウ説の基本構想をうかがうには展開不足のうらみはあるが、以後の論争でもしばしば論及される重要な部分であり、上記三氏の紹介ではおおむね割愛されてもいることを考慮して、ここに若干の紙幅を割きたいと思う。[3]

まず彼は、「生産様式」を、一定の生産手段所有形態とリンクした社会的な生産諸力と生産諸関係の統合的複合体（integrated complex）と定義し、いくつもの生産諸関係の総体《アンサンブル》のなかでは生産手段所有とリンクした生産諸関係を基本的なものと解する。この基本諸関係が経済余剰の配分形態と分業の効率を、さらには生産諸力の拡張能力の基礎を決定する。

かくて生産様式とは、一定の（一）生産手段の所有形態、（二）経済余剰の領有形態、（三）分業の発展度、（四）生産諸力の発展レベル、この四要素の「論理的な、相互等格的な接合」（logical and mutually co-ordinated articulation）にほかならない。相互等格といっても、最終的に決定的なのは（一）の生産手段の所有形態である。

次に「経済システム」とは、「地域的、国民的または世界的という規模のいかんを問わず当該経済のあい異なった諸セクター間、あい異なった生産単位間の相互関係」を謂う。したがって当然「ある一個の経済システムは、その構成諸要素としてあい異なる諸生産様式をふくみうる」のである。こうきくと人は、吾郷氏がそうしたようにレーニンの「ウクラード」概念を想起するであろう。[4] しかしラクラウの発想は、一つの国民的な社会構成のなかに支配的な生産様式と、従属的な――片や遺制として片や萌芽として――いくつかの生産様式が各ウクラードとして併存するというレーニン的図式とはかなり肌合いを異にする。第一に、ラクラウ的システムはある帝国主義中枢国とそれに従属する植民地周辺国の相互関係をふくみ、第二にレーニン的構成をも意味し、しかし第三には一国内部のある地域的な経済圏（ゲマインヴェーゼン）において農業・牧畜・工業等々を営む諸単位間の交通をもふくみうるからである。問題はラクラウが産業セクター間の相互関係をも経済システムと考える点で、これではせっかく植民地化過程で資本主義的生産の発展と封建農奴制の強化の雁行を統一的視点でとらえようとしたメリットにも傷がつこうというものである。

たとえば彼は、『資本論』は資本主義的生産様式を分析すると称していながら実際には蓄積論では第Ⅰ部門と第Ⅱ部門の交換関係という経済システムをとりあつかっている、と言う。だがこの両部門はどうみても生産様式ではなくまして生産単位ではない。つまりラクラウは、せっかく経済余剰の交換を生産手段の所有者の懐を介することで生産様式間システムを構想しておきながら、他方で、素材＝使用価値の形態での経済余剰の交換も諸セクター間関係という形で経済システムにふくめてしまった。

そうした問題性をふくみながらも、ラクラウ論文はその鋭い歴史感覚でフランクのやや平面的な中枢－衛星国間従属関係の欠陥をつき、このあと論争を世界的に喚起する多くの重要な問題を提起したものといえよう。こうしたラクラウ論文への肯定的評価とは逆の評価もありうる。たとえば湯浅赳男氏の論評がそれであって、要約すればこうなる。ラクラウは結局問題を一九五〇年代のドッブ＝スウィージー論争の水準にひきもどしたにすぎない、しかも国際商業の発展のかなたにストレートな資本主義的近代化を見たスウィージーに反して、対照的にもフランクは低開発の発展を見出したのだから、フランクをスウィージーと同一視したラクラウは、フランク理論の本質を見誤ったばかりかその理論総体の革新的な意義をついに理解できなかった、と。

氏の評価はラクラウに苛酷であると思う。現に湯浅氏は、フランクとスウィージーとの落差を強調しようとして、経済余剰の流出というフランク的視点を欠いたスウィージーはドッブにオスト・エルベの「再版農奴制」（second serfdom）の問題を問われながら「その意味をほとんど理解できなかった」[5]としている。だが、ラテンアメリカ――すなわちイベリア化されて以後の中南米――を世界資本主義体制に組みこんだ中枢－衛星関係は「いかに封建的な、あるいは一見人格〔従属〕的な外観をそなえようと、その本質的性格は商業的である」[6]とかたづけたフランクに対して、重商主義的従属段階における世界的に普遍的現象としての「周辺部諸地域における封建的再編（refeudalization）、エンゲルスの言う『再版農奴制』」を指摘したのはラクラウのほうだったのである。[7]

問題はフランク説とラクラウ説のいずれに軍配をあげるかということではない。またそのような判定は軽々に下せはしない。とりあえずここでいえるのは、十六世紀このかたアンデスの山奥まで資本主義だという、二重経済論批判としてそれなりにショック療法的意義をもつフランク説を、ラクラウがマルクス主義用語に翻訳してみせたということであろう。彼のたくみな翻訳を介してひとは、フランク理論がマルクス主義の理論からいかに逸脱しているかという列挙条項よりむしろ、D・ブースのごときシニカルな意味では決してなしにフランク理論を「知的サンドバッグ」(8)として、現代のマルクス主義が自ら埋めるべき空白のありかを悟らされたのである。

三 ラクラウ論文の共鳴盤

このように位置づけたうえで、ラクラウ論文が以後の新世界史論争あるいは「生産様式論争」(A・フォスター＝カーター)に提起した諸問題と、ひとをしてそれらに共鳴せしめた知的背景とを概観しておこう。順序は必ずしも事の軽重を反映しているわけではない。

第一はやはり、新たな時点で「封建制から資本主義への移行」論争を喚起したことである。一九五〇年代のドッブ＝スウィージー＝タカハシ論争のひとつの主題が、資本主義の産出要因を内なる小生産力に求めるか外からの大商業のインパクトに求めるかであったとすれば、その結着が今日もついていない以上、新論争は旧論争と連続する一面をもたざるをえない。と同時に、新論争がおびている旧論争との断絶の側面もまた今では明白である。第一に現時点では、資本主義の起源問題は、その語にどのようなニュアンスをこめてであれ「世界資本主義」の起源問題として考察されねばならないという認識の共有である。第二に現時点の論争参加者にとって、いずれがマルクスに忠実であるかというなかば倫理的な基準は存在しないという思想的状況である。むしろパーソンズ社会学的な諸概念と概念構成を自在に駆使しながら、マルクスの「精神」の継承者をもって任ずる後出のウォラスティンなどその好例であろう。彼はフランクを擁護しつつ、ラクラウは、「論争を語義解釈《セマンティクス》の問題に矮少化した」(9)、「マルクスの主張の文字面《づら》からみるとラクラウは正しいが、その精神を理解してはいない」(10)と揚言する。つけくわえておけば、旧論争を収録した論集

『封建制から資本主義への移行』（一九五四年）に四つの論文を追加した新版が一九七五年に刊行されたが、そのうちのひとつJ・メリントンの論文（一九七五年[11]）は、論争の新段階を明らかに反映している。続編を期待しながら新版を再読するか九分の一しか新段階を反映していないと見るかは、新論争の評価しだいであろう。

第二は、右の問題の一系論であるが、例の「再版農奴制」をめぐる論争である。これは後に主題としてとりあげたい。

第三には、複数の生産様式をうちに包摂するひとつの経済システム、という着想がもたらした反応である。さきにラクラウの「生産様式と経済システム」論を紹介したさい、諸要素のアーティキュレーション〔接合〕として生産様式を考える彼の主張に光をあてた、この提言は、あるいはラクラウの本意に反して「一個の社会構成（social formation）内部での複数の生産様式のアーティキュレーション」という論理を提案したものとして受けとられ、ラクラウの大きな寄与と解されている（たとえばノーマン・ロングの評価をみよ[12]）。

読者がラクラウ説をそのように改釈した背景には、『資本論を読む』の共著者L・アルチュセールとE・バリバールの articulation 概念の含蓄とその構造主義的用法がひろく市民権をえていたという事実があろう。だが忘れてならないことはフォスター＝カーターも指摘するようにアルチュセールは（そしてバリバールも）「諸生産様式の接合」という発想をもっていないのだから、読者たちはもうひとつ別の新知識を共有していたにちがいない。サミール・アミンの社会構成〔体〕概念がそれである。ひょっとしたら無意識にであるかもしれぬ読者たちのこの二つの改釈によって、ラクラウの提言は彼自身の思惑をはるかに越えて、一社会内部の精密な構造分析をうながすことになったといえようか。諸生産様式の接合という論理の普及に関しては、山崎カヲル氏による的確な紹介によって知らされるようになった、フランスのピエール＝フィリップ・レイの著書『階級同盟』（一九七三年[13]）の意義を逸してはなるまい。ただし同書は英語圏ではそれほど広く流通していないうえに、レイの接合論は山崎氏およびB・ブラッドビーの紹介によるかぎり、社会構成内部の水平的重層的接合構造の分析によりは資本主義への移行過程の解明のトゥールという印象を強く受ける。原本を入手していないので紹介の要約になって恐縮だが、レイは中心部での移行を三つの局面に分けている。第一局面で資本主義は必要な労働力と食料を供給する封建制の庇護を享受する（地主と資本家の階級同盟）。第二局面では資本家が優位に立つが、なお地主は追加的労働力の放出に協力する。第三の確立局面で自立した資本家はさらなる追加的労働力・資源を求めて周辺部へ進出し、現地の地主と新たな同盟を結ぶ。つまり全局面にわたって、資本主義的生産様式と地主的＝封建的生産様式との接合が見られる。レイのこの図式が「封建制から資本主義への移行」問題と、世界資本主義的従属構造の分析とをおのずから見事に「接合」している点に注目したい。レイの接合理論とアミン的接合理論との統合が、今後の重要な課題になることは疑いをいれない[14]。

ところで、生産様式接合の理論が社会構成〔体〕概念の精緻化活性化の試みと不可分であるということは付言するまでもないことであろう。その動向は当然、アルチュセール学派の史的唯物論理解の有効性を世界史・地域史への適用ではかるという試みを生む。イギリスの歴史家ペリー・アンダスンの二大著作『古代から封建制への道』、『絶対主義国家の系譜』（ともに一九七四年）はその試みの代表的所産である。

第四に、名前が出たついでにといってはなんだが、S・アミンの問題作『世界的規模での蓄積』（仏語原書一九七〇年、英訳七四年）をめぐっては、中枢部による周辺部の収奪を不等価交換にしてかつ・あるいは（and／or）原始的蓄積とみるアミン説に、フランスの経済人類学者C・メイヤスーが『家族制共同体の理論』（邦訳名。一九七五年）において独自の原蓄像を対置してアミン説を批判している、という問題を付記しておきたい。アミンがマルクスを批判しつつ、本来的蓄積と原始的蓄積とは現代にいたるまで雁行的に展開したとするのに対して、メイヤスーは「他の生産様式を破壊しつつそこでの価値を自らの生産様式に移行することから生ずる蓄積」という独自の原蓄規定をもちだす。メイヤスーの主張を整合すると、本来的蓄積は中心部にのみ妥当する理論概念であり歴史的には右の意味での原蓄しかおこなわれなかった、ということになる。なおメイヤスーの著書と同じ年に発表された前記ブラッドビーの論文「自然経済の破壊」[15]が、原蓄概念の精密化のためにローザ蓄積論の再認識を主張したことも興味深い。それぞれに将来の原蓄論争の土壌を耕したものと見てよいであろう。

アミンの主張にあって不思議とも思えるのは、彼が「接合」(articulation) 概念に関する自説を積極的に展開することなしに、その否定形'disarticulation'(邦訳「脱臼」。意訳すれば接合破壊または用法によっては従属的迂回接合) のほうをさかんに駆使してその周辺部資本主義像を描くことである。このディスアーティキュレーションなる概念を、植民期インドの社会分析に適用しているのがインドのハムザ・アラヴィである。彼は「植民地的生産様式」というJ・バナジ創案——バナジはその後これを放棄——になる新用語をもって植民地経済の「内的接合の喪失」(internal disarticulation) という特質を説明しようとした。[16] この主張は、「緑の革命」以後に生れたインドの大規模農業の性格をめぐる「インドの農業生産様式論争」——これにはフランクも一枚加わっている(一九七三年)——のなかで展開されたものである。

これで最後とするが、アミンが『世界的規模での蓄積』でスケッチしその後の著作で理論的にリファインした、原始共同体→貢納制→重商主義的中心部プラス周辺部資本主義→……という新機軸の世界史区分について。この区分は斬新にすぎて今のところ追随者は見当らないが、構想の説明にあたって「アジア的生産様式」概念の不適切性を力説したことも一機縁をなして、一九六〇年代のアジア的生産様式論争のこれまた新段階での再燃をうながしたようである。アミンの「貢納制」(tributary mode) 自体、ラテンアメリカにおける先行諸社会研究のなかでアジア的生産様式にかわる語として用いはじめられたという趨勢とおそらく無縁ではないし、貢納制のアフリカ型という規定は、はっきりと六〇年代論争で登場したC・コクリ＝ヴィドロヴィッチの「アフリカ的生産様式」概念に示唆を受けたもの[17]である。現状はまったく流動的であって、P・アンダスンのようにこの概念の「叮重な埋葬」を説く者もいれば、「貢納的専制主義」というふうに表現を変えてラテンアメリカに適用しようとする者(E・セーモ)、あるいはオスマン・トルコのような新境地でアジア的生産様式を実証しようとする者(C・カイダー)等々さまざまであるが、いずれにせよアフリカとラテンアメリカを視野におさめずにはこの用語を拡大することも修正することもできないという認識ではほぼ一致している、というのが七〇年代以降の明白な特徴であろう。とすれば当該地の「アジア的」生産様式の運命を、再編強化にせよ解体にせよ常に世界資本主義内部への編入＝周辺部化の過程と統一的に把握するという方法意識（とくにカイダーを見よ）[18]が強まってくるのは当然の流れというべきであろうか。

やや傍道にそれた感もあるが、以上のような一瞥のみをもってしても、マルクス主義的な歴史理論と世界史像の革新の気運が高まりつつあることを予感しうる。フランク批判にのりだした時点のラクラウがこのような諸潮流をどれほど意識的に見据えていたかは推測するよしもないが、articulation という語の使用ひとつとってみても彼の見解はいくつかの共鳴盤からの反響をうけとるに価するものであったことは確かであろう。

四　ウォラスティン＝ブレンナー論争

ラクラウ論文のメリットを大いに顕揚しはしたものの、彼がフランクの眼をラテンアメリカ自体の諸生産様式の特質に向けさせようとしたあまり、世界的な余剰収奪‐専有の構造の検討をわきにおいた、という消極面も忘れずに指摘しておかねばならない。ラクラウの批判に対してフランクの側に立ち、争点をふたたび世界資本主義の場にひきもどしたのが、ウォラスティンである。[19]パーソンズ社会学はもとよりポラニー人類学やＦ・ブローデル社会史学をもとりこんで――そして毛沢東主義の気配を感じさせる――までの手法を駆使する彼は、ラクラウのフランク批判をドッブのスウィージー批判に擬した上、分析単位としてもろもろの国民国家にでなく「世界システム」を選んだ点にスウィージー・フランク・毛の分析の優位を見る。ウォラスティンは世界史を、ミニ・システム（互酬性を原理とする小社会）群立期→世界システムとに二大区分し、後者を再分配原理に立ついくつかの世界帝国（集中的政治権力と多元的分業）への分裂→交換原理が支配する単一の世界経済（分散的政治権力と一元的分業）、の二段階に小区分した。

互酬→再分配→交換とはことわるまでもなくK・ポラニーの経済史分析のメルクマールであった。世界経済とはもちろん資本主義世界経済であるが、最初から世界大的であったわけではない。この世界システムは、「幅をもった十六世紀」すなわち一四五〇年～一六四〇年の間に、まず西ヨーロッパ世界経済として出現する。そこでは歴史的なめぐり合せによる封建制からの一回的な「転化」(transformation)を通じ、農業資本主義が成立する(彼は「マルクスの商人資本主義」という語を不幸な用語法という)。この農業資本主義という用語法によって、資本主義といえば賃労働の普遍化とする誤った考え方を正すことができると彼はいうのであるが、十七世紀半ば以降それは世界各地をその工業化過程に「組み入れ」(incorporation)し、さらに「労働のプロレタリア化・土地の商品化(commercialization)」を押しすすめることによって(一六五〇～一七三〇年が第二段階＝重商主義)、中核部(core)、半周辺部、周辺部の三地帯からなる単一世界資本主義システム(＝第三段階・工業資本主義)を完成した、というのである。

この三地帯は一社会における支配階級、中産階級、下層大衆にも比定される力学的層序であるというのが彼の面目躍如たるところであるが、それは別としてこの三地帯にはそれぞれ最適の労働統御システムがある。すなわち中核部では賃金労働および分益小作制、半周辺部では分益小作制、そして周辺部では奴隷制および「強制的換金作物労働(coerced cash cropping labor)」別名「再版封建制」。つまり彼によれば伝統的マルクス主義者が資本主義の絶対的メルクマールと信じて疑わぬ労働力の商品化は、中核部にのみ固有な労働統御システムにすぎない。彼の移行論における三つのモメントの定立の味噌はそこにある。つまり、封建制の解体による自由な労働力の創出は中核部に特殊な「転化」の所産にほかならず、中核部以外の半・純周辺部では「転化」をまったく経過せずに世界システムへの「組み入れ」、「労働のプロレタリア化」が進行するという論理である。ウォラスティンにとっては奴隷も立派なプロレタリアであるのである。

眩惑的なまでに饒舌なウォラスティン理論をこのような骨組みに単純化してしまっては異論も出ようが、とまれこうした世界資本主義論にたいしてこれをスウィージー＝フランク的資本主義把握の必然的帰結とみ、三者をひっくるめて、分業・市場の発展と資本主義とを同一視する「ネオ・スミス的マルクス主義」と烙印したのがロバート・ブレンナー[20]であった。

ブレンナーの批判点もまた多岐にわたる。なかでも彼は、ウォラスティンが中核部‐半周辺部‐周辺部への分岐を、「一連の偶然による」世界市場向け農産物特化――それは資本と熟練労働の存否に依存し、後者はまた地理的・人口的要因に依存する――に、さらに三地帯間の不等価交換の累積にもとめた点をとらえ、これを「地理‐人口‐技術決定論」ときめつけた。ウォラスティンにはさらに、商品経済の発展を当該地帯の国家の強弱に、そして国家の強弱をふたたび地帯構造に帰するという奇妙な循環論法があり、M・ジャノウィッツによって「国民国家のゲオポリティーク[21]」と評されるのであるが、ブレンナーもまたポーランドを例にとって論敵の弱点にせまってゆく。ポーランドを半周辺部にしたのは西欧世界経済への穀物輸出であるとしたウォラスティンに対して、ブレンナーは「再版農奴制」という階級対立構造にこれを帰する。中央権力だけ見るとポーランドは弱国であるが現実に政治権力を行使したのは地方の強力な農奴主貴族であって、相対的に弱い闘争力しかもてなかった農民の過剰搾取が生産力の破滅的低下、そして国内市場の狭隘化を招いた、とブレンナーは分析した。対照的に中心部イギリスにおいて農奴制を解体し資本主義を興隆させたのは小農民の階級闘争だった、というわけである。

ちなみにブレンナーは、このウォラスティン批判論文の前年に、「前資本主義期ヨーロッパにおける農民の階級闘争と経済発展」という、それ以降に続くシンポジウムの発題論文で、西欧経済史学の主流となりつつある数量経済史学、人口史学的方法をそれぞれ「ネオ・リカード主義」「ネオ・マルサス主義」と命名してマルクス主義歴史学の立場を鮮明にうちだしたばかりであった。それだけにウォラスティン理論は、ドッブの『資本主義発展の研究』（一九四六年）いらい方法論的には目ぼしい労作を生まなかったマルクス主義史学の再興のゆくてをはばむ主敵の一つと見えたのであろう。

階級構造という意味での生産関係、そして階級闘争をいたるところで強調したブレンナーに対し、ウォラスティンの応答はきまっている。「ある特定の国家の階級的諸矛盾や政治的闘争を理解するには、まずその国を世界経済の中に位置づけなければならない」、なぜなら諸グループの対立は世界経済の中でのおのおのの利害ポジションを守ったり変えたりする努力なのだから、というのである。だがこの階級闘争観は彼の国家論と同様、単一世界システムを絶対の前提とした論点先取で、厳密さに欠ける。決定的なのは、やはり生産力を軽く見る点であって、弟子からも「とくに重要な技術的決定因を外生要因とする」(M・ヘクター)と批判されるゆえんである。ブレンナー論文があまりに正統的にすぎて新味にとぼしいと評価される(B・ファイン)反面で、西ドイツなどでは、英語圏ではもっとも洗練されたフランク批判だと好感される(D・ゼンクハース)遠因も右の点にあろう。もともと植民地収奪の比重が英仏にくらべてずっと小さかったドイツでは、フランク理論は中心部内部で自己蓄積を可能にした発展のデュナーミックを不当に軽視している(U・メンツェル)と映る。資本主義とは、「イノベーションへの強制がシステムの中に必然的に植えこまれている生産様式」なのだから。(22)

ウォラスティン＝ブレンナー論争は、ある意味でフランク＝ラクラウ論争の両極への純化の所産とみることも可能である。低開発の惨状を凝視するフランクのパッションはウォラスティンにはうかがうべくもない。世界システム論の理論的完成という知的ゲームを楽しんでいる雰囲気すら見える。他方ブレンナーには、ラクラウにおいて貴重だったマルクス主義革新の胚芽への関心はきわめて稀薄である。そうした印象を与えながらこの論争をフォローしてきたのは、彼らの主観的意図にかかわらず「再版農奴制」に関してそれぞれが看過しえない論点を提出しているからなのである。

五　新段階の再版農奴制論争

前述したように、ラテンアメリカに遍在するアシェンダ的大土地所有、およびそのもとでの準封建的「農奴」制的支配構造に、「再版農奴制」の語をあてたのはラクラウであった。彼はアシェンダの封建的支配と剰余極大化への欲求を強化したのが世界市場における一次産品需要の増大であったとして、これを、外国市場の拡大が封建制を強化するという一般的な歴史的経験の一例とした。これはフランク自身すら、チリにおけるインキリナーへ inquilinaje（雇役小作制度）の分析の過程で確認している事実なのである。十七世紀このかた小麦輸出の増加とインキリーノの強制労働の賦課増大とは歩みをともにしてきたのであった。

ラテンアメリカの農村部で封建的生産関係の存在を強調すると、ひとは——特にフランクは——これをただちに例の「二重構造」論だときめつける傾向があるが、それは当らないとラクラウはいう。なぜなら二重構造論は近代的動態的セクターと伝統的閉鎖的セクターとをきっぱりと分けて、相互間に交渉がないと見なす（そして開発政策を動員して伝統的セクターを近代化すべきだし近代化しうると見なす）のに対して、ラクラウでは「一部門の近代性は他部門の後進性の関数」なのである。この言葉は事実上「低開発の発展」と同義であろう。関数という認識がさきにのべた「接合」理論に裏打ちされていることはいうまでもない。ひとしい事実認識に立っていれば、これを世界資本主義の一環と定義するかラテンアメリカ固有の歴史的特質をもった体制とみなすか、はどうでもよいことのように思われるがそうではない。その理論的認識の差はただちに実践的戦略の差としてあらわれるからである。ラクラウは、二重社会論批判の点でフランクに賛意を表しつつも、封建制をひどく古典的に表象する点では二重社会論もフランクも変わらないとする。単純かつあるいは明快な一段革命論を彼が表明しないゆえんであった。

資本主義の世界性を力説するウォラスティンは当然ラクラウ説に反対する。東エルベの再版農奴制は誕生の時から資本主義的であった。いったん世界経済システムに編入された以上、その内部にあって封建的関係に形式的に類似した諸関係も資本主義システムのタームで規定し直されなければならない、とウォラスティンはいう。その再規定が彼においては、前記したように、周辺部に適合的な労働統御システムとしての「強制的換金作物労働」なのであった。「奴隷制もいわゆる『再版農奴制』も資本主義システムの内部の変則現象とみなすべきではない。十六世紀世界経済の中で、ポーランドにおけるいわゆる農奴や、ヌエバ・エスパーニャにおけるスペイン人所有のエンコミエンダで労働するインディアンたちは、換金作物生産への対価として彼らに〈報酬を支払った〉（もっともこれは婉曲語法であるが）地主のために労働しているのである。これは、労働力が商品である関係である」[23]。エンコミエンダとは本来は土着被征服農民に対する貢納・賦役徴収権であったが、ほとんど当初から有償労働化されていた[24]。この僅かな共同体単位への報酬を、ウォラスティンは資本主義的賃金とみなすわけである。

　ブレンナーがこれを見のがすわけがない。前掲論文の紙幅のかなりを割き、とくにポーランド経済史家たちの研究成果を利用しながらウォラスティン説を反駁した。

　東ヨーロッパの農業経済はフランクやウォラスティンが力説するほど西欧の工業経済の食料不足を助けたわけではない。ポーランドの穀物輸出は全生産の五ないし七パーセントにすぎず、しかも主要輸入先のアムステルダム商人は東欧から輸入した穀物の四分の三を南欧に再輸出していた。こうした史実を列挙してブレンナーは、ポーランドは弱国であったがゆえに西欧中核部から不等価交換を強要され剰余を収奪された結果として低開発化したという説は根拠がない、とした。もしウォラスティンがいうように、ここでの農場領主《グーツヘル》体制が資本主義的だったのだとすれば、資本主義的精神をもつ領主たちは穀価騰貴に即応して農奴制よりもずっと効率的な「相対的剰余労働」（ブレンナーの数少ない造語）のシステムを選択したはずである。しかるにグーツヘルは「絶対的剰余労働」に依存する単純再生産あるいはごく僅かな拡大再生産ですっかり満足し、経済剰余を蓄積＝再投資せず西ヨーロッパ産奢侈品の輸入にあてていたのである、と。

東欧の穀物生産・輸出が西欧経済に必然的構造的に組みこまれていたというイメージは容易に払拭しがたいものと見えて、フランクは一九七八年の新著『世界的蓄積。一四九二年から一八七九年まで』においても再説しているのであるが、ウォラスティンによる穀物輸出の過大評価に反対する論者にV・ハントがいる。(25) 彼は再版農奴制の起源を十四世紀から十五世紀における西欧の長期の不況に求め、西欧では生産力の減退が農奴制の没落を早めたのに東欧ではゆるやかな農奴制的封建化の過程をたどった、という。これは基本的にブレンナーの見解と一致する。十六世紀以前からの再版農奴制が生産力システムのダイナミズムの点ではむしろ中世封建制よりずっと劣る、というのがハントの主張の特色である。

もっとも史実に即してとはいっても、白黒はそうはっきりしているわけではない。現にヨーロッパ比較農業史家B・H・スリッヘル・ファン・バートは、(26) 学界の代表的異説として九タイプの主張を挙げているくらいである。その中でも比較的有力なのが伝統的な市場説と近年有力となってきた大所領自給説——もちろん両説は対立する——であるが、その市場説の最大の難点はひとしく再版農奴制を経験したロシア・ハンガリー・ボヘミアが穀物輸出をまったくおこなっていないという事実である。この矛盾を解こうとすると海外市場ならぬ国内市場向け穀物生産説を打ちださざるをえなくなる。大所領自給説には穀物価格騰貴原因説と、逆に下落原因説とがならび立つ。前者は穀価騰貴で苦しくなった領主が自給を開始する→直営地拡大という論証をとり、後者は価格下落による収入減退分を埋め合わせるべく直営地拡大→再版農奴制というわけである。バート自身は基本的に東欧の穀物生産性が西欧に比してはるかに低かったという生産力説をとるらしい。

問題は史実ではない、などという乱暴なことをいうつもりではさらさらないが、ブレンナーの階級闘争還元論的な再版農奴制観からは、結局伝統的な「封建的反動」のイメージがでてくるだけで実際理論的な刺激を与えてくれないうらみが残る。

その点インドのジャイラス・バナジの見解(27)は現代インド農業の現実をふまえているだけに、論旨への賛否は別としても興味をそそる。彼はこれまでのマルクス主義的分析は例外なく生産関係と搾取形態とを短絡させてきたと論難する。ここから、封建制と商品生産との内在的結びつき、農奴的隷属制（bondage）と資本主義との内在的結びつきを拒否する態度が生ずる。バナジは封建的所領経営はその最も初期の時代を除いて一般に合理的であり、機会費用計算のメカニズムが働いていた、という。十三世紀イギリスでの「賦役の復活」は市場の動向への領主の側のビジネスライクな対応であった。つまり再版農奴制は必ずしも東欧や周辺部の特殊現象ではない。この意味で「商品封建制」(commodity feudalism)こそ封建制の発展した・成熟した・純粋な形態なのである、と彼はいいきる。ラテンアメリカのアシェンダもこの例外ではない。ラテンアメリカに侵入してきたのは「封建制の最高の段階としてのスペイン帝国主義」（ヴィラール）だったのだから。

　商品経済が封建制と両立するように――バナジでは両立ではなく必然的な相互補完関係にあるのだが――、資本主義的「生産関係」は前近代的とみえる労働「搾取形態」と両立する。彼によれば、ラテンアメリカの大部分と東南アジアのいくつかの部分に支配的なのは、世界的商品交換のネットワークに統合された所領における封建的企業経営であり、他方西インド、アフリカの大部分とアジアの各地では「資本主義企業が低水準の技術しかもたないアルカイックな労働組織を通じて操業する形態」が支配的である。

　バナジが一見奇矯な再版農奴制論を展開してまで言いたかったらしいことは、第一に、搾取形態にまどわされて「企業形態」つまり生産関係を見誤ってはならないということであり、第二に、第三世界とか植民地とか周辺部といった用語で第三世界全体を一つのセクターと単純に一括するべきではないという点であろう。それではバナジはこうした分析視角でいかにインドを処理するか。

　植民地時代インドにひろく存在した地主制はイギリスを介して世界とリンクする商品生産を営んでいた。しかしその生産関係はまぎれもなく封建的であった。一方、独立後のインドでは、本来過渡的な生産様式である農民的単純商品生産が、ほとんど強制的な搾取形態を媒介として「準商業的資本主義企業」に結合させられるという特殊な生産関係が支配的となった。バナジは、ここに見られる搾取形態のゆえにこの生産関係を封建的ないし半封建的とみなす見解——政治的にはインド共産党。バナジは論文のエピグラフとしてトロツキーの文章を掲げている——に反対するのである。

前にも触れたところだが、このバナジはインドの生産様式を「植民地的生産様式」と規定したのちその用語を放棄した。前掲論文の方法に立脚すればそのような過渡的両性的生産関係の成立する余地はないからである。これに対し、右の用語を継承したアラヴィは、封建的生産様式をより常識的に「一地方に限局された生産と領有、そして単純再生産」という条件で定義する。[28] とすれば商品生産の一般化と封建制は両立しない。世界商業とリンクした地主のもとでのインド的分益小作制も、アシェンダ的労働制度とひとしくもはや封建制とはいえない。このような観点からすると、右のような過渡期の形態すなわち再版農奴制は「内部的接合を破壊された原・植民地的生産様式」ということになるのである。結果としてアラヴィ説は、バナジの純粋封建制説とウォラスティンの資本主義説の中間にある。植民地的生産様式の規定がいまひとつ透明度に欠けるきらいはあるが、世界市場を十分に視野におさめた上で、再版農奴制がやがてたどる道をも考慮した点、説得力に富む論旨と思われる。同じ中間・過渡説にA・リチャーズによる東エルベ・十九〜二十世紀のチリとエジプトの比較研究があるが、[29] そこから大所領・弱体な地方国家・市場向け生産という三つの共通条件を引き出したにとどまる。しかしこの研究で再版農奴制の適用場面にアフリカ（というより中近東）が加えられたわけで、その意味で再版農奴制の空間的時間的一般化という刺激をそれなりに果したという点を評価したい。

以上のような瞥見によってだけでも、五〇年代の論争との問題意識およびスケールの差は明瞭ではないだろうか。かつての再版農奴制問題は、強いていえば東エルベ史の研究者によって囲いこまれた専門テーマにとどまっていた。新論争はそれを世界的に解放した。ただに空間的に適用範囲がひろげられたばかりではない。バナジがかなり粗野な形で提案したように、またレイが大まかな図式で暗示したように、再版農奴制は一個の新型地主制でもあるものとして近代市民社会の成立過程で、従来のわれわれの盲点にはいっていた役割を果たしていたのではないか。この予感ははずれるかもしれないが十分に検討に値する問題であろう。ことはイギリスのジェントリーにかぎらない。わが寄生地主制もその射程におさまっている。[30] 示唆はかぎりなく深いといえよう。

六　おわりに

以上、再版農奴制論争へとしぼりこむような形でフランクとラクラウの問題提起いらい胎動しはじめた新世界史論争のほんの一端をかいま見てきた。ここでまったく触れることができなかった共同体論や不等価交換理論、そしてペリー・アンダスンの特異な西ヨーロッパ史観をふくめて、マルクス主義世界史の新しいすがたはまだ濃い霧のかなたに漠とした輪郭を示しはじめたにすぎない。とりあえず今確認できることは、具体的史実の渉猟・多角的な実態調査のつみ重ねを言わずもがなの前提とした上で、いわば総合的社会科学としての世界史把握が求められているという事実である。このことは、たとえばアルチュセールの重層的決定という概念がただちに個別史の分析や叙述に生かされつつあるという事実、生産様式の接合という視点が『資本論』体系の理解に鍵を提供したりするという関連に照らして思い半ばに過ぎるものがあろう。そしてまた『資本論』の、『経済学批判要綱』の精密な了解はたとえば商品論ないしは原蓄論の再検討といった作業を鏡として再び世界史の総体的解明のトゥールとなりうるのである。世界史に視野をひろげっぱなしでいる必要はない。中枢部・対・周辺部という構造の視座は、たとえばメリントンが試みの一端を示したように個別資本主義史内部の支配と従属のダイナミズムの解明に役立ちうるはずである。新たな世界史論争が第三世界の側から中心部へ向けて提起されたということの意味を、われわれは今後くりかえし内省せねばならないであろう。

(1) A. G. Frank, Capitalism and the myth of feudalism in Brazilian agriculture (orig. 1964), in: Capitalism and underdevelopment in Latin America, 1967, Chap.IV (pp.221-277). 大崎正治ほか訳、日本語版『世界資本主義と低開発』(一九七九年、柘植書房)では削除されている。

(2) 前掲書、四七ページ。「メトロポリス」という用語に注意。

(3) Ernesto Laclau, Feudalism and Capitalism in Latin America, *New Left Review*, No.67, May-June, 1971, pp.34-35.

(4) 吾郷健二「低開発性と資本主義――修正されたフランク命題」(『西南学院大学経済学論集』第九巻二・三号、一九七五年一月)一八八ページ。高橋満氏もアミンの社会構成体論に同じ感想を抱いている。同「第三世界のマルクス経済学」(『経済評論』一九七八年一一月号)一一五ページ。

(5) 湯浅赳男『第三世界の経済構造』(一九七六年、新評論)七〇ページ。

(6) フランク『世界資本主義と低開発』四五ページ。訳文は変更。

(7) Laclau, p.31.

(8) David Booth, André Gunder Frank: an introduction and appreciation, in: I. Oxaal (ed.), Beyond the sociology of development, 1975, p.70 & 52.

(9) Immanuel Wallerstein, Rise and future demise of capitalism (orig. 1974), in: ditto, The capitalist world-economy, 1979, p.8.

(10) Wallerstein, The modern world-system, 1974, p.126.

(11) John Merrington, Town and Country in the transition to capitalism, in: R.Hilton (ed.), The transition from feudalism to capitalism, 1978, pp.170-195. メリントンは、都市＝商業と農村＝農業の二元論(二重経済論!)をしりぞけて、両者の内的共存(接合!)を説き、そのかたわらフランクとウォラスティンを批判している。

(12) Norman Long, Structural dependency, modes of production and economic brokerage in rural Peru, in: Oxaal (ed.), Beyond……, p.265.

(13) P.-Philip Rey, Les alliances de classes, 1973. 山崎カヲル「生産様式の節合と帝国主義の理論――ピエル＝フィリップ・レーの見解について」(『季刊クライシス』第五号、一九八〇年)。"articulation"の邦訳には、このほか、分節化、分節接合、関節化などがある。本書第一二章参照。

(14) なお毛利健三『自由貿易帝国主義』九〇―九一ページ参照。

(15) Barbara Bradby, The destruction of natural economy, in: *Economy and Society*, Vol.4, No.2, May 1975.

(16) Hamza Alavi, India and the colonial mode of production, *Socialist, Register*, 1975（orig. in: *Economic and Political Weekly*, Vol.X. Special Number, 1975. 8), p.187. 高橋満「インド農業をめぐる生産様式論争」（『農業綜合研究』三〇巻三号、一九七六年）一九四ページ。

(17) ロヘル・バルトラ、原田金一郎・青木芳夫訳「アステカ社会における貢納と土地占取」（『歴史評論』三四三号、一九七八年一一月号）七八ページ。

(18) Caglar Keyder, The dissolution of the Asiatic mode of production, *Economy and Society*, Vol.5, No.2, 1976.

(19) 以下のウォラスティン説の要約は、前掲の 'The modern world-system', 'Rise and future demise of capitalism' のほか次の諸論文によった。'A world-system perspective in the social science', "From feudalism to capitalism. Transition or transitions?"

(20) Robert Brenner, The origins of capitalist development: A Critique of Neo-Smithian Marxism, *New Left Review*, No.104, July-August, 1977.

(21) Morris Janowitz, A sociological perspective on Wallerstein, *American Journal of Sociology*, Vol.82, No.5, 1977. これと並んで、Theda Skocpol と Joan Thirsk による書評がある。

(22) Dieter Senghaas, Vorwort zur "Kapitalistische Weltökonomie"〔D. Senghaas hrsg.〕, 1979, SS.46, 49.

(23) Wallerstein, Rise and future, in: CWE, p.17.

(24) 原田金一郎「メキシコにおけるアシェンダの形成」（『歴史学研究』四六六号、一九七九年三月）六ページ。

(25) Verl F. Hunt, The rise of feudalism in Eastern Europe: A critical appraisal of the Wallerstein's "World-system" thesis, *Science and Society*, Vol.42, No.1, 1978.

(26) The Cambridge Economic History, Vol.V, chap.II（by B. H. Slicher van Bath), pp.114-122.

(27) Jairus Baraji, Modes of production in a materialist conception of history, *Capital and Class*, No.3, 1977.

(28) Alavi, *Ibid.*, p.195, fn. 24.

(29) Alan Richards, The political economy of Gutswirtschaft, *Comparative Studies in Society and History*, Vol.21, No.4, 1979.

(30) 飯沼二郎氏による「地主王政」範疇の提唱が想起さるべきである。

12

生産様式接合の理論
――第三世界の歴史と現代への鍵――

一　はじめに――一一の訳語

これまで未知だった学問上のタームがこの国に導入されるとき、望ましいのは最初の紹介者がそれに的確な邦訳語を与え、以後ほぼ共通の内容理解とともに流通するということであろう。このばあい問題は内容への共通理解のほうであって、訳語のほうは明らかな見当違いでさえなければ結構流通してしまうものである。「唯物論」とか「過剰流動性」とかはそのよい例であろう。かつてなんらかの事情で惑星でなく遊星が、民主主義のかわりに民本主義が主流を占めたとしても、今日のわれわれは何の違和感もなく後者の語を使っていると思う。困るのは過渡期で、広義の欧米にすでに学際的に流通しているタームを使った諸業績が、この国へ多元的なルートで入ってくる。

だがそれにしても、一個同一のタームに（管見のかぎりでは）一一もの異なった訳語が与えられ、そのすべてが現在流通中という例も少ないのではないか。拙稿「第三世界を包みこむ世界史像」（本書第一一章）のなかで触れた

「生産様式の接合」論争に登場する'articulation'というタームがそれであって、試みに以下、たまたま筆者の目に入ったものを、「訳語」(訳者――翻訳または論及した著作の原著者。この語を著書論文で使った著者)という形で列挙してみる[1](中黒は共訳者、読点は別訳者を示す。順序は不同)。

①「接合」(野口祐・原田金一郎氏――S・アミン。今村仁司氏――E・バリバール。伊豫谷登士翁氏――H・ウォルプ。毛利健三氏)
②「節合」(山崎カヲル氏――P.-Ph・レイ。原田氏――E・ラクラウ)
③「分節接合」(権寧氏――L・アルチュセール)
④「分節」「分節化」(権氏――アルチュセール。神戸仁彦氏――バリバール。今村氏)
⑤「関節作用」(田口富久治氏――N・プーランツァス、E・ラクラウ)
⑥「関節化」(同右)
⑦「連節」「連節化」(山内昶氏――M・ゴドリエ)
⑧「連接」(大枝秀一――M・ゴドリエほか)
⑨「連結」(川田順造・原口武彦氏――C・メイヤスー)
⑩「結合」(湯浅赳男氏――N・ロング)
⑪「結合関係」(本多健吉氏――A・フォスター=カーター)

これほど多彩な訳語がたがいにきそいあうに至った根本的理由ははっきりしている。'articulation'という語形からそのラテン語出自をただちに感得できるような世界で、それが少なくとも人文・社会科学の領域ではすでに学際的市民権を獲得しおわっている、という事態への共通了解がわれわれに欠けていたからである。

この共通了解が成立しにくかった事情は、たぶん二つある。まず、右に挙げた原執筆者のほとんどが、また彼ら以外の多くの論者が、われわれにとってなじみのないこの言葉を一切説明ぬきで駆使していることである。ひとによっては、S・アミン『世界的規模における蓄積』を通じてこの語の否定形 'disarticulation'(邦訳「非接合性」)のほうから学んだ場合も多かろう。そのアミンにも注釈はまったくないのである。次に考えられるのは、この問題的タームを使った、しかも多面的な領域にわたる諸労作が比較的短かい期間にいっせいに紹介されはじめた、という事情である。政治学研究者はそれが経済人類学ではいかに、経済学者は哲学畑でそれがいかに訳され了解されているかを確かめ合うチャンスをもてなかった。音声学・言語学的なコンセプトを有する「分節化」にたいして解剖学的イメージを喚起する「関節化」という、感覚的には正反対のヴェクトルに立つ訳語が並び立つゆえんである。

だが、もしも「結合」といった平凡な解釈でそれなりに意味がくみとれるなら、なにもアーティキュレーションとは何かなどと構える必要はない。ちょっと気どった流行語かもしれないからだ。実際その面はあるらしく、皮肉屋のフォスター＝カーターも次のようにいう。「この用語はこれまで盛んにもてはやされているが、自分の使う概念は全部厳密に〈考えぬいた〉ものだと自慢する連中もふくめて、ひとがもてはやしているのはこの用語のインプリケーションのうちどうでもよい部分か、でなければ本来それにふくまれていない意味かどちらかのようである(2)」。

こういわれるといささか出端を挫かれる思いではあるが、現在のわれわれは、毛利、山崎両氏による的確な説明に依存することができ、そのかぎりでかの皮肉をまともに浴びないですむはずである。毛利氏はいう。

「フランクとは対照的に……低開発——かれ〔アミン〕の周辺部資本主義——の発展〔を〕中心部資本主義の所産のみでなく、これと前資本主義的生産様式との相互作用の所産」としてとらえた「アミンのばあい、あきらかに……『フランス経済人類学派』の研究成果が……その背景をなしている。いまわれわれの観点からとくに注目しておきたいこの学派の成果は、いわゆる『接合理論』théorie des articulations の開発である。ここでは『接合理論』を、かりに、異なる生産諸様式の共存と相互の働きかけの態様、および、そこから生じる独特の緊張関係と変容を構造的に解明する仮説と理解しておきたい(3)」。

また山崎氏はいう。

「〔ピエル＝フイリップ・レーの見解を追うにあたって〕まず前提とされるのは、社会（編成体）と生産様式との区別である。Ｅ・バリバール以来おなじみの両者の関係は、ここで述べる余裕を持たないが、ごく簡単に、ある所与の社会は複数の生産様式によって構成されており、その生産様式のひとつが支配的なものとして、他のものを下属させている、とだけ言っておく。これら生産様式はそれゆえ、支配的なものを中軸として関係し合っており、その関係を節合（articulation, Gliederung）と呼ぶ。つまり、社会という実在は、諸生産様式の節合からなる」[4]。

この上なく簡潔明瞭な両氏の定義をあわせ読むことによって、われわれは「接合」――山崎氏には失礼――についてのごく大まかな感触をうることができる。ただし、われわれはまだ、この語がまさに学際語としてこの地歩をえた背景を、したがってその根源的なインプリケーションには達していない。そこへ達していたら、一一の訳語も三つぐらいには絞られたはずなのである。

二　フォスター＝カーターの「本義註解」

さて、本書第一一章では「接合」という概念のＥ・ラクラウのフランク批判論文（一九七一年）による使われかたに注目したのであるが、この日付けはかなり微妙な意味をもつ。いうまでもなく、'articulation' を現代マルクス主義理論のヴォキャブラリーに採用したのはアルチュセールとバリバールの共著『資本論を読む』（一九六五年初版。六八年改訂版）であった。そしてこの語を具体的な社会分析の用具としていち早く駆使したのが、いま知られている限りでは、ジョルジュ・デュプレとピエール＝フィリップ・レイの共同論文「交換の歴史の理論の妥当性にかんする考察[5]」（フランス語原文発表一九六八年。英訳一九七三年）であったとされる。そのレイが問題の「諸生産様式の接合について」を雑誌『計画化の諸問題』に発表したのは一九六九年であった。フォスター＝カーターによるとこの論文は謄写印刷されてかなりひろく流通していたというが、例の 'disarticulation' なる新造語をものしたアミンの『世界的規模における蓄積』（一九七〇年）の文献目録にまだレイはのっていない。レイの業績を二番目に、しかし体系的に英語圏読者に紹介したのがフォスター＝カーターであった。その彼自身、一九七二年に書いた論壇展望的論文「開発と低開発にたいするネオ・マルクス主義の諸アプローチ[6]」では「接合」問題はまだ登場させられてはいないのである（articulate という動詞が一回使われてはいるが）。したがって、「諸生産様式の接合」という定形がマルクス主義経済人類学や社会学、経済学のなかで流布してゆくのは、デュプレとレイの七三年英訳論文以後と推定してよいと思う。'articulation' をもっぱら「諸生産様式の」接合という意味で用い、分析上の有効性を積極的に評価した最初の論文集、I・オクザール、T・バーネット、D・ブース共編『開発の社会学を超えて』（Beyond the sociology of development, London）が出るのが一九七五年であった。

こう確かめてくると、一九七一年のラクラウが 'articulation' を生産様式の四要素の接合という意味でしか使わなかった背景も、いくらかはっきりする。この種の用法から見てラクラウは、接合概念を直接にアルチュセールとバリバールから――あるいは『資本論を読む』を肯定的にうけとったラテンアメリカの論壇の空気から――学びとったのであろう。とすれば彼の当時の「接合」理解は、基本的には特にバリバールに即しておりこそすれ、見当はずれでは決してなかったのである。

先述したように、レイによる諸生産様式の接合理論を、前記論文を収めた著作『階級同盟』（Les alliance de classes, Paris, 1976）によって体系的に英語圏に紹介したのはA・フォスター＝カーターであった。彼の論文「生産様式論争」（一九七八年）を「われわれは『接合』を接合できるか？」と改題して収録した論文集『新しい経済人類学』の編者J・クラマーはいう。「フォスター＝カーターの論文は……諸生産様式の接合のアプローチと『従属』理論派との相違に関心を注いでいる。……レイは『接合』理論派のなかでの理論的最高峰だが、彼の業績は英語で読むことはほとんどできない。だからこそフォスター＝カーターのレイに関する記述は、解説としても論評としても貴重であるだけでなく、接合概念についての幅広いサーヴェイならびにこの概念にたいする批判としても、また、一般的には開発理論にとって特殊的には経済人類学にとってこの概念がもつインプリケーションを明らかにしたものとして貴重である[7]」。

レイの接合理論を英語圏に紹介したのは、実はフォスター＝カーターが初めてではない。すでに一九七五年にB・ブラッドビーが論文「自然経済の破壊」でおこなっていた。ブラッドビーは、資本主義的生産様式が他の前資本主義的諸様式との「接合」にのりだしてゆく内的動因を説明する代表的見解として、利潤率低下から資本輸出ドライブを説くレーニン、低賃金労働力への資本の要求から説明するメイヤスーのほか、特にローザとレイの理論に注目した。ここでは詳しく紹介する余裕はないが、ブラッドビーは、ローザの「有名なテーゼ」（実現不可能説）でなくむしろ「目立たぬテーゼ」（原料、労働力自給不可能→非資本主義領域の自然経済の暴力的解体）に注目する。そして、その論理的矛盾を指摘するとともに、ペルーにおける商品経済による「自然経済の平和的破壊[8]」の事実を挙げて、ローザを超える理論をレイの生産様式接合論に求めたのであった。

だが、レイに着目したブラッドビーの慧眼は慧眼として、彼女もまた「接合」とは何かを語っていない。レイ理論の解説者としては二番手であるとしても、フォスター＝カーター論文の価値をクラマーとともに強調したいのは、この隔靴掻痒の感のゆえにである。

くりかえしてきたように、'articulation' という言葉をマルクス主義にもちこんだのは『資本論を読む』であった。そのよき英訳者B・ブリュースターは巻末にゆきとどいた用語集を付しているが、この訳者にして問題の語は用語集に収録しなかった。他の用語の略解にはそれを用いているのに、である。

さて、フォスター＝カーターの言に聴こう。

「アルチュセールとバリバールが『接合』を基本的には、あい異なる『諸審級』あるいは諸水準の連環（the linking of different 'instances' or levels）の意味で使っているということは確かである。……だがその連環とはある特別な種類の、すなわち効果作用（effectivity）というよりむしろ『表現賦与』（'expressiveness'）を特徴とするような連環を意味していると思われる節《ふし》がある。……『接合』をマルクス主義の概念として発明したのはアルチュセールだといわれたら、彼はきっとそれは自分ではないと打ち消すにちがいない。というのは、彼はこの概念をマルクスのグリーデルング（Gliederung）の同義語として使っているからである（そこで彼は「接合された結合《コンビネゾン》」、「接合された位階編成《イエラルシ》」などと訳している）。この概念の語源はラテン語のartus、すなわち――マルクスの原語がドイツ語の手足《てあし》（Glied）からきているのとそっくり同様――手足（limb）である。つまりこの語は、身体《ボディ》に対して手足《リム》が構造化されている連環を示唆しており、そのイメージは解剖学的なのである。マルクスがはたしてどれほど精密にこの比喩を適用するつもりだったかには議論の余地があるにしても……明らかにアルチュセールはこの比喩をきわめて正確に生かしている。彼はこの語を一度ならず諸水準の連環をあらわす他の諸用語と組みあわせて使っているが、その連環の含みこそ異なれ意味はやはり解剖学的だからである。たとえば、あい異なる〔水準ごとに固有な〕「諸時間」は「接合」「ずれ〔脱臼〕」「転移」「よじれ」などの関係によって互いに接《つな》ぎあわされている[9]、という風に[10]」。

フォスター＝カーターはこのあたりで「アルチュセール的イメージの本義註解」をうちきってバリバールに目を移す。

三　アルチュセールが読んだ「接合」

しかし、これでは少々もの足りない。直接にアルチュセールに即いてみよう。

マルクスの歴史理論を象徴的にしめす有名な「人間の解剖が猿の解剖の鍵である」という言葉を、アルチュセールはこう解する。「マルクスはわれわれに、……先行する諸形態したがってもっとも原始的な諸形態を理解できるようになるために解明しなければならないのは、現在の社会の《グリーデルング》(接合され、位階編成された体系的な結合)〔《Gliederung》(la combinaison articulée, hiérarchisée, systématique)〕についての認識であると語っている[11]」と。マルクスは現在の社会を歴史的結果として理解するが、その理解のしかたは決してヘーゲル的な構想ではない。アルチュセールは好んで次のマルクスの言葉を引用する。

「問題なのは、経済的諸関係が種々さまざまな社会形態の継起のうちに歴史的にしめる関係ではない。……問題は近代ブルジョア社会のなかでの、それら経済的諸関係の接合された位階編成(グリーデルング)なのである」(『経済学批判序説』。力点部分がグリーデルングのアルチュセール訳。邦訳『経済学批判要綱Ⅰ』では、ただの「仕組み」)。

だがプルードンは社会をそうは見ない。

「(彼は)社会システムの諸肢体〔仏—les membres、独—die Glieder、英—limbs、手足、首、頭〕を脱臼させてしまう。彼は社会のさまざまな諸肢体を、それと同じ数の別々の社会にすりかえる。しかもその諸社会は次々と現われてくるのだ。すべての諸関係がその中で同時共存し互いに支えあっている社会体（le corps de la société）を、運動、継起つまりは時間という論理的公式ひとつで説明することなど、どうしてできようか？」（『哲学の貧困』。原文フランス語。邦訳『マルクス・エンゲルス全集』一三五ページ。「諸肢体を脱臼させる」の邦訳は「構成部分を分解する」[12]）。

アルチュセール独自の転用語と思われたこの言葉の源はマルクスにあった。わが国では「社会の諸構成部分の編制（または仕組み）」と、無雑作に訳されてそれだけの文の中に、アルチュセールは、「社会という一個の身体における諸肢体の関節‐接合」をイメージしたマルクスを「読んだ」のである。

『プチ・ロベール辞典』によると'articulation'という言葉は、通常の用法では——ただし専門用語であることが知られていて一種の知的印象を与える用法として——ある言葉の音素をくっきりと発音する行為、である。「分節化」という訳はここからくる。けれどもそれより古い本来の意味は「二つ以上の隣接する骨をつなげる硬軟両様の部分の全体」という解剖学上のそれであった。機械の可動ジョイントなどはその転用である。したがってこの語に音声学的メタファーを見て、一体化している諸部分をまず明確に区分けすること（分‐節化）と解するのは必ずしも誤りではない。だがアルチュセールの力点は分割よりはその認識上の再‐編制のほうにある。ブリュースターの英訳は、マルクス‐アルチュセールの身体《コール》‐肢体《マンブル》構造という社会把握をただしくボディ‐リム構造という英語に置きかえた。これにも助けられて解剖学的メタファーが広く普及したのである。英訳用語集は'articulation'——英仏同形——を収め忘れたのではなくて、そもそも収める必要を認めなかったのであろう。

こうしてわれわれは、二つの骨（土台と上部構造、中心部と周辺部）が靱帯によってしっかりとつながり血管と神経によって一体化するというイメージを「接合」語から受けとることができる。さらにわれわれはイメージをふくらませて、この接合によって血液が相互に通じ合い、かくして双方の、すなわち能動‐接合サイドもの体質変化をひきおこすという事態まで思い浮かべるべきであろう。

ところが、フォスター＝カーターが自信をもって断言していたように、またその指摘を知らなくとも『資本論を読む』の熱心な読者は、そこに複数の生産様式の同時空間的——垂直的であれ水平的であれ——「接合」を論じた文章をついに発見できない。もっともこういいうるためには、そもそも共時的に接合可能な生産様式なる概念が問題なのであるが、ことにアルチュセールの場合、その定義自体に「生産力と生産関係の結合」といった狭い定義と、後述するような広い定義とが区別されることなく並存しているばかりでなく、広義の生産様式と社会構成体との論理的な関連にかんする極めて数少ない言及は、その黙示的としかいいようのない叙述体にもかかわらず意外と古典的である。古典的というのは、『経済学批判』序文における例の「定式」のごく正統的——つまり常識的——な解釈のとおり、生産様式の広い概念をいわば体制概念としてとらえる仕方である。たとえば彼は言う。「経済的生産過程は……経済的構造という種差的な〔特殊〕諸規定のなかで進行するとはいえ、その過程は自然との必然的な関係を意味すると同時に、全体としてとらえれば一生産様式に属する一社会構成体の全体的構造を構成しているところの、他の諸構造（法的‐政治的構造とイデオロギー的構造）をまきこんで進行する[13]」。あるいはいう。「経済なるものを識別するには……生産様式の構造（そのさまざまな諸水準およびその諸水準の種差的な接合）についての概念が必要となる[14]」、と。すなわち彼において〔広義のほうの〕生産様式とは、支配的な水準＝審級である経済的下部構造と、それにたいして下属的ではあるが強い自律性をもつ二つの水準＝審級つまり法的‐政治的上部構造ならびにイデオロギー的上部構造との、いわば重層的な「接合」構造である。そして、この理念的＝静態的な高次の構造がそっくりそのまま社会構成体と重なり合うわけである。このかぎりではアルチュセールに諸生産様式の接合理論はほとんど期待すべくもない。

ここでアルチュセールのために弁じておけば、彼は『資本論を読む』における分担を意識してか、生産様式についての具体的な展開はこれを最初から「バリバールの説明にゆずる」つもりであったらしい。つけくわえておきたいのは、そのアルチュセールも複数の生産様式の接合にかんする問題意識だけはもっていた、ということである。人類学者エマニュエル・テレーが自著の中で紹介したアルチュセールの未公表手稿（題名不詳）は、「他のいかなる社会構成体と同様、原始的社会構成体の構造も、少なくとも二つのあい異なる生産様式の結合（combinaison）――そのうち一つが支配的、その他は下属的な生産様式――の結果である[15]」と述べていた。もっとも、ここで「結合」した複数の生産様式は全体として一つの社会構成体のなかにおさまっているのではあるが。

四　バリバール的概念の含み

それではバリバールのほうに問題への解答が見出されるであろうか。そのものズバリ『諸生産様式の接合』（一九八〇年）というタイトルの共著を編んだH・ウォルプは、その長大な学説整理的序文――あまり視野は広くない――でバリバールを「『資本論を読む』への彼の寄稿は接合概念の豊富化に重要な役割をはたした[16]」と賞讃したが、そのバリバールはたしかにマルクスに対するエンゲルスよろしく、師アルチュセールの晦渋きわまる着想を整理し多くの点で接合概念を明快に定式化した。けれども、ウォルプのバリバール評価はやや見当はずれというべきであった。バリバールの「生産様式」概念の精緻化をもち上げはしてもウォルプ自身その編著のタイトルに選んだ生産様式の「接合」についてのバリバールの沈黙には触れずじまいなのだから。

フォスター＝カーター論文を読んだ形跡のないウォルプは、それゆえバリバールには基本的に生産様式接合について本格的に取り組んだ叙述がまったくないことも、さらに重要なことには、にもかかわらずバリバールが問題意識旺盛な――フォスター＝カーターのような――読者の目にはとまる二、三の示唆を行間に散らしておいたことにも気付いていない。その一つ、目立たぬ注の中でバリバールが洩らした小さな決意表明を最初にわがものとしたのは一体だれであったろうか。彼は書いている。「資本主義的生産様式についての抽象理論を展開する『資本論』は、一般的にはいくつかの相異なる生産様式をふくむ具体的に諸社会構成（体）の分析には取り組んでいない。したがってそれら諸生産様式の共存と位階編成（coexistence et hiérarchie）の諸法則は、われわれがこれを研究せねばならないのである[17]」（傍点原文）。

右の「社会構成体」にアルチュセール的定義を与えたら再び混乱が生ずるのは必至であろう。そこでバリバールは（必ずしも首尾一貫してはいないが）、いわゆる土台―上部構造関係に対しては「社会構造」（la structure sociale）の語をあて、前記のような具体的な諸生産様式の共存システムのほうを「社会構成体」（la formation sociale）と呼んだのである。これは、いわばレーニン的用法といえよう。注意しておきたいのは、そのバリバールでさえ、「社会構造における相異なる諸実践〔彼においては三つの諸水準、諸審級と同義――引用者〕の接合」とはいうが、「社会構成体における諸生産様式の接合」とは表記しなかったことである。『資本論を読む』末尾で彼は、封建制から資本主義への移行期における「二つの生産様式の共存」、レーニンの指摘による革命期ロシアでの「五つの生産様式の共存」に論及している。ここでなぜバリバールが、後続の研究者たちがそうしたようにこの「共存」を「接合」というまさにぴったりのタームで表現しなかったのか、その根拠は今のところわからない。

このように見てくれば、後続の人びとがアルチュセールとバリバールから、いやバリバールだけからでも「〔歴史実在的な〕社会構成体内部で二つ以上の生産様式の接合」という新しい合成概念をひねりだすのは易々たることであったろう。一九六五年の初版『資本論を読む』および『マルクスのために』（邦訳名『甦えるマルクス』Ⅰ・Ⅱ）の刊行以来、フランスのマルクス主義理論世界には大きな波紋がひろがっており――『ラ・パンセ』誌一九六七年九、一〇月合併号での「構造主義とマルクス主義」総特集はそのひとつ――、マルクス主義経済人類学の先達ともいうべきM・ゴドリエもこのころからアルチュセールの強い影響をうけるようになる。ちなみに、一九六五年に発表された彼の処女作「経済人類学の対象と方法」はまだ「諸〈構造〉の総体としての社会システム」といったパーソンズ的コンセプションを分析用具としていて、もちろん「接合」概念は影すらも落ちていない[18]。そのゴドリエが一九七一年一〇月の『ラ・パンセ』誌の経済的社会構成体論争特集号の時点では、一定の時代の社会の特質を明らかにする科学的手続きとして挙げたのが次のようなものであった。すなわち、ある社会における「諸生産様式の接合と結合の正確な形態と内容とを規定すること」、それら異なった生産様式にそれぞれ照応し「それら諸生産様式が接合される仕方」に応じて組みあわされている上部構造とイデオロギーの固有の諸機能を規定すること[19]。

それゆえ、デュプレとレイの共同論文が一九六八年に、その序説部分でまったくさりげなく、「ここ数年のあいだにルイ・アルチュセールの諸労作のおかげで前よりずっと理解しやすくなったマルクスの問題設定《プロブレマティク》によって、アフリカの経済的政治的な現在と未来を解明するための、資本主義的生産様式と『伝統的』生産様式との接合という問題を提起することができるようになった」と書いているのに接しても、いまさら彼らの発想源を探索する必要はないように思われる。ついでにいえば、レイの『階級同盟』（一九七六年。雑誌発表は一九六九年）も、いっさい定義づけらしいことをせず「接合」語を使いはじめており、苦心の末にバリバールの文章から発掘したという形跡は存在しないのである。じっさい、前述したレーニンの「五つの経済制度の共存」は一九七一年になって社会構成体論争の参加者の何人かが言及したのであるが、このいわゆる諸ウクラード並立論を知るには何も『レーニン全集』をひもといて『人民の友とは何か』、『現物税について』、『左翼小児病』等々を比較検討するまでもない。気のきいた史的唯物論入門のたぐいならどれにも載っていることであって、これに今や反アルチュセール論者でさえうっかり口にしてしまう（たとえばギイ・ドクヮ論文[20]を見よ）ほどの'articulation'をまさに接合しさえすれば済むことなのである。

五　生産様式接合理論への反応

アーティキュレーションという用語にこだわって思わぬスペースを割いてしまった。この概念――すべてのそれの運命同様に形骸化されてゆく危険をはらむ——を分析用具として具体的に生かそうとする動向に多くを費やせなくなったのは残念であるが、一一もの訳語が用いられ、同一訳者でさえ二つ三つの訳語のあいだで動揺しているのが現状とすれば、まずこの程度の吟味も最小限として了解していただかなくてはならない。

さて、以上のような経過をたどってみると生れるべくして生れてきたような「諸生産様式の接合」という問題視角が、どこよりもまず、第三世界諸社会の具体的分析に従事してきた研究者たちによって歓迎されたという事実は留意に値する。もちろんそれは別に第三世界専用などではなく、資本主義工業国の内的構造の解明にも有効なはずなのであって、実際にレイは、近代的土地所有を二つの生産様式の接合とみる視角から『資本論』の地代論を分析しており、また原蓄過程をも一つの接合のプロセスとして理解している。[21]

とはいえ、この関節‐接合が文化の質をいちじるしく異にするゲマインヴェーゼン（共存体）間で成立したとき、双方が経験する体質変化はとくに受動接合サイドで否定的に激烈たらざるをえない。アフリカ人アミンがここで生ずる事態をまず「脱臼」と直観したのはゆえないことではなかった。

生産様式接合の理論がそうした問題意識を共存する研究者たちにあたえた触発作用をふりかえって、ここにいくつかの反応をピックアップしておくこととする。

まず当初の適用期。一九六〇年代後半から七〇年代はじめにかけて経済人類学では前出のデュプレとレイ、テレー、メイヤスー、経済学者ではアミン、そしてラクラウ。

デュプレとレイは前記共同論文で、アメリカの実体主義的（山崎氏によればむしろ生計維持〔論〕的）経済人類学者P・ボハナン、G・ドルトンそして彼らの師K・ポラニーの所説をとりあげ、彼らの非市場経済（互酬・再分配）と市場経済（交換）というディコトミーが根本において新古典派的市場一元論に通底する、と批判した。彼らの視点では二つのシステム間の〔とくに移行局面での〕妥協や共存をとらええない。[22]レイらは、サハラ以南のアフリカの「リネージ的生産様式」とヨーロッパの資本主義的生産様式との接合過程を、①交易時代、②植民地化時代、③新植民地主義時代のそれぞれにおいて実証しようとした。それ自体まことに興味ある分析は前掲山崎論文の参照を願うとして、ここでは彼らがおそらく意図することなく提起した「あい異なる社会構成体の接合」というシェーマに注目したい。かの交易時代には、資本主義がリネージ的生産様式（経済的審級）に直接的に働きかけることができず、まず首長権力（政治的審級）と接合せねばならなかった。この接合構造では西欧の商品は首長層の「威信財」として流通し、かくてリネージ的生産様式を再強化する役割を果たした。生産様式接合の前提としてまず社会構成体接合が成立せねばならない。理論的にはかなり散慢なデュプレとレイはこの点を定式化しなかったが、必要な示唆は残した。別の観点からフォスター＝カーターも、経済以外の諸審級を無視した研究の結末は不可避的にも「経済主義と〔生産様式〕物神化」に陥る、と指摘している。

一方、アミンには中心部‐周辺部関係を「接合」ととらえる視点はない。従属理論の深化をはかる彼にとってこの関係は「統合‐従属」であり、その結果が周辺部社会構成体内部における「関節‐脱臼」、または「構造喪失」(astructuration) という卓越した視座であった。フランクの二重構造理論批判には共鳴しつつも、アミンは周辺部諸社会の内的構造を世界資本主義一色でぬりつぶすことには肯んじえない。内部の歪曲された接合、それが問題であり、それは多様な生産様式の「異種混合性」(heterogeneity) である。これはいかなる意味でも「二重構造」論ではない。ラクラウが「経済システム」というやや粗雑な概念で事実上、国家間接合、システム内生産様式接合を思いうかべていたことは前掲拙稿ですでに述べたからくり返さない。またメイヤスーがレイ『階級同盟』に示唆を受けつつ、帝国主義と周辺部「家族制生産様式」の接合（→低賃金労働力源としての後者の「温存」的破壊）[23]という視座を提起したことも、今では周知であろう。メイヤスーの邦訳が「連結」となっていたので、接合理論の一潮流としてとらえられなかっただけである。

次の反応は、フランク理論の批判的止揚への利用である。

世界資本主義による低開発の開発、という視角からするA・G・フランクの二重構造論批判は、帝国主義開発理論批判としては一定の役割を果たした。だが周辺部諸社会の内部には、明らかに非資本主義的な諸々の生産‐交通様式が存在するのであって、アンデスの山奥でコカ・コーラが飲まれているからといってそこが世界資本主義の一環ということにはならない。

こうして、ラテンアメリカはもちろんアフリカなどをフィールドとする社会学者、経済人類学者たちが、フランク理論批判の有力な一助として接合理論に着目することになる。ここでは、前掲『開発の社会学を超えて』（一九七五年）に寄稿したN・ロング、J・クラマー、そしてT・バーネットらの名を挙げておこう。

彼らはフランクと従属理論への全面的反対者などではない。編者オクザールの言葉をかりれば、「フランク・モデルと経済人類学の結婚」の仲人たろうとしているのである。そして実をいえば構造的従属の論理を認めながらラテンアメリカ内部の前期的支配関係とを整合的に理解しようとする問題意識は、早くから芽生えていた。ロングはその例として、ホセ・マトス・マール編『ペルー農村における支配と変化』（一九六九年）を挙げ、とくにフェンサリダとアルベルティ（Fuenzalida y Alberti）の共同論文がペルーを「前工業的タイプの支配の執拗な存続を特徴とする、特殊な接合様式」をもつ複合社会と規定して、二重社会論者が唱える「内的 disarticulation」説を批判していることに、強い関心を払っている。[24] ロングが接合理論を高く評価する理由も、その中で非資本主義的諸様式がしぶとく生き残るところの「多層構造」こそが、逆にメトロポリスによる経済余剰の収奪を支えていると認識するからであった。彼は、そうした多層構造の底辺を水平的に結びあわせる「経済的ブローカー」の戦略的役割を詳細に報告している。

接合過程での具体的担い手（human actors）の意義をロング同様に重視したバーネットは、フランク・モデルをラテンアメリカ的従属の一般化だと反論する。そして低開発地域を、入植者型、南アフリカ型、管理社会型（大多数がこれに属する）に分け、第三の型であるスーダンの英国への「カプセル封入」（encapsulation）を分析した。[25] そこでも接合深化をおしすすめたのは土着の商人的＝官僚的階層（ゲラバ）であった。メトロポリス‐サテライト・モデルの中に諸生産様式の共存・接合の視点を組みこまねばならぬ、と主張したJ・クラマーは、のちに『新しい経済人類学』（前掲）を企画してそこにフォスター＝カーター論文を編み入れた。

さて、こうした接合理論にたいする批判のほうはどうか。十五世紀半ばこのかた、世界を単一の「世界‐資本主義‐システム」とみなすI・ウォラスティンが諸生産様式の接合理論を認めるはずがないことは当然予想できよう。だが接合理論への批判は公然たる反論という形はとるまい。なぜなら接合を論ずるとすればその前に、生産様式とは何かというすぐれて理論的な問題――これをめぐる論争は別個のとりくみを必要とする――にたいする態度表明が求められるからである。そしてその極北は、ウォラスティン学派のA・バーグセンが大胆に披瀝したように一個の「世界的生産様式」[26]把握ということになろう。そのほかの批判としては、抜群の文献踏査能力を誇るフォスター＝カーターも、インド（およびパキスタン）の植民地生産様式論争のプロセスで洩れてくる声しか渉猟しえなかったようである。

しかしもはやそれに論及する余裕はない。

六　おわりに――いくつかの課題

これまで「生産様式接合理論」という言葉をたびたび使ってきた。しかし、これまで述べてきたことから明らかなように、この意味での接合「理論」をそのものとして多少とも体系的に説いたものはだれもいないのである。それはまだ、これから理論的な彫琢をほどこされるべき未完成の「仮説」（毛利健三氏）にすぎず、少なくとも現状ではクラマーや本多健吉氏が期待するほどには「従属学派」に対して、一個の「接合学派」をなしうるようなものではない。問題は学派の形成ではなくて、複雑きわまりない世界史的現実にゆたかに迫りうる唯物論的社会・歴史理論の構築である。

それはおそろしく長い道程をたどる。接合を語る前に多分われわれは、ウォルプが嘆じたように「生産様式概念のインフレーション」をかいくぐらねばならない。そうした諸困難をのりこえた先の話ではあるが、今はたとえば次のような問題群が考察を待っている、といった指摘にとどめざるをえない。(一) 理論的に、(a) 一つの社会構成体内の「諸審級の接合」のより精密な理論(上部構造の反作用などと片づけずに)、(b) 諸審級の発展のずれが構成体の全体にいかなる歪みをもたらすかという問題。この歴史的諸時間の接合をかりに異相接合とでも呼んでおきたい。もっとも、この発想じたい生産様式を土台あるいは経済的審級に限定するという一つの立場を選ぶのであるが。(二) 具体的に、(c) 一構成体内部での諸生産様式の識別とそれらの水平接合‐垂直接合のあり方、(d) 複数の構成体間の全審級間の水平‐垂直接合(かりに交錯接合)、(e) 複数の構成体相互の接合深化を左右する双方の諸生産様式間の接合。これら具体的レベルの接合はすべてその陰画としての disarticulation をともなうこと、付言するまでもない。

第三世界の歴史と現実にいかに正面からとりくむかという問いは、ここでもまたマルクス社会‐歴史理論の活性化と脱皮をうながす力となるやにみえるのである。

---

(1) 以下一括して、列挙順に出所を示す。

①アミン、野口祐・原田金一郎訳『世界資本蓄積論』柘植書房、三五ページ。ほか原著後半部の訳『周辺資本主義構成体論』の随所。伊豫谷登士翁「ウォルプ『諸生産様式の接合』——発展途上国論の新潮流」東外大海外事情研究所編『アジア・太平洋地域における近代化と文化の変容』所収。毛利健三『自由貿易帝国主義論』東大出版会、九一ページ。

②山崎カヲル「生産様式の節合と帝国主義の理論」『季刊クライシス』第五号。

③④アルチュセール、バリバール共著、権寧、神戸仁彦共訳『資本論を読む』合同出版。

④今村仁司『歴史と認識』新評論、一〇〇ページ。

⑤田口富久治『マルクス主義国家論の新展開』青木書店、九二ページ。

⑥同右、一一一ページ。
⑦ゴドリエ、山内昶訳『人類学の地平と針路』紀伊國屋書店、三二、五一ページ。
⑧パンセ編集委員会、大枝秀一訳『史的唯物論と社会構成体論争』大月書店、一六四ページ。大枝氏は「接合」（一〇九ページ）、「分節」（二一三ページ）とも訳する。このほか同書には「分化」（一一八ページ）という訳語も見える。
⑨メイヤスー、川田順造・原口武彦訳『家族制共同体の理論』筑摩書房、一六六ページ。
⑩湯浅赳男『第三世界の経済構造』新評論、二一三ページ。
⑪大阪市大経済研究所編『第三世界と国家資本主義』東大出版会（第二章本多健吉氏執筆）、九二ページ。

（2）Aidan Foster-Carter,'The modes of production controversy'*New Left Review*, No.107, Jan.-Feb., 1978, p.51. なおこの論文は若干の補訂ののち、John Clammer（ed.), The New Economic Anthropology, London 1978. に、'Can we articulate "Articulation"?' と改題して収録。

（3）毛利健三、前掲個所。なおこの部分をふくむ長文の注は、原発表文（『思想』一九七七年二月号）ではカットされている。

（4）山崎カヲル、前掲論文、一一八ページ。

（5）G. Dupre & P.-Ph. Rey, Reflections on the pertinence of a theory of the history of exchange, *Economy and Society*, Vol.2, No.2, 1973. この論文は、David Seddon（ed.), Relations of production. Marxist approaches to economic anthropology, London, 1978. にも別訳で収録。山崎カヲル編訳『マルクス主義と経済人類学』（一九八〇年、柘植書房）七一―九八ページ。

（6）A. Foster-Garter, 'Neo-Marxist approaches to development and underdevelopment', *Journal of Contemporary Asia*, Vol.3, No.2, 1973.

（7）John Clammer（ed.), The new economic anthropology, London 1978. Editor's introduction, p.X.

（8）Barbara Bradby, 'The destruction of natural economy', *Economy and Society*, Vol.4, No.2, 1975, p.142.

（9）前掲『資本論を読む』一五一、一六二ページ。本訳書では 'articulation' は五種類に訳しわけられているのに注意。以下訳文はすべて変更。Lire le Capital, I, petite collection maspéro, pp.125, 136; Reading Capital, pp.100, 108.

（10）A. Foster-Carter, ibid., p.53.

（11）『資本論を読む』八二ページ。Lire, I, p.78.

（12）『資本論を読む』一四七―一四八ページ。Lire, I, p.122.前の引用文の 'Gliederung' をアルチュセールは別の個所では「接合された結合」（combinaison articulee）とも訳する。Lire, I, p.79.『読む』八三ページ。

(13)『資本論を読む』五三ページ。Lire, I, p.48; Reading, p.42.

(14)『資本論を読む』二六四ページ。Lire, II, p.57; Reading, p.183.

(15) Emmanuel Terray, Marxism and "primitive" societies, NY & London, 1972（orig. French, 1969), p.178.

(16) Harold Wolpe（ed.), The articulation of modes of production, London, 1980, p.7. 彼の編著者序文は、じっさいには「接合」についてほとんど述べるところがない。

(17)『資本論を読む』二九八ページ。Lire, II, pp.57-58; *Reading*, p.207.

(18) M・ゴドリエ、今村仁司訳『経済人類学序説』（一九八〇年、日本ブリタニカ）二三ページ。

(19) 前掲『史的唯物論と社会構成体論争』一六四ページ。また前掲『人類学の地平と針路』一一二ページ。

(20)『史的唯物論と社会構成体論争』一〇五ページ以下。

(21) P.-Ph. Rey, Les alliances de classes, Paris, 1976, p.74f.

(22) Dupré & Rey, ibid., p.144. 論文のこの部分「A．一つの観念論」におけるポラニー批判は、前掲の山崎氏編著では省略。

(23) メイヤスー、前掲訳書、一六五―一六八ページ。

(24) Norman Long, Structural dependency, modes of production and economic brokerage in rural Peru, in: I. Oxaal et al.（ed.), *Beyond*…, p.225f.

(25) Tony Barnett, The Gezira scheme, in: *Beyond*…, p.184.

(26) Albert Bergesen（ed.), Studies of the modern world-system, NY, 1980, Chap.I, p.11.

13

生産様式の接合について・再考

一　はじめに

いわゆる従属理論――A・G・フランクの自己定義によれば「新従属理論」が狭い意味での専門分野をはるかに越えて多くの人びとの心をとらえたのは、それが単にアメリカ的開発経済学へのカウンター・セオリーであるにとどまらず、十六世紀以来のヨーロッパ対第三世界の支配＝従属史に関するまったく新たなパラダイムを提供したからであろう。そのするどい批判の刃は、単に、ロストウ派の超単系的な発展段階説に立って「発展途上国」――フランクはヴェクトルを逆にとって「低開発途上国」という――の工業化を即それ自体で善なる「近代化」とした開発至上経済学を斬ったばかりでない。むしろその主目標は、理論的実践的破綻をすでに露呈していた「経済発展論」ではなくて、その破綻を実は共有していた伝統的なマルクス主義歴史理論に定められていたのである。その壮大な世界史的視座は、I・ウォラスティン『近代世界システム』に代表されるような、十六世紀このかたの世界を単一の資本主義システムとする歴史把握に純化される一方で、第三世界の諸社会の多元性・重層性の分析のための方法を求める人びとの批判を浴びることとなった。地球上には、農奴制的な諸関係はおろか原始共同体まで「発展段階」のほとんどの段階をひととおり抱えこんだ諸社会があり、第三世界の具体的分析にしたがうかぎり、それら非資本主義的な諸生活体系をすべてひとしなみに「世界資本主義の一環」として処理してしまうのは、論理的には爽快であるにしてもやや単純にすぎる。分析者たちの眼前に存在するのは、商品経済で世界市場とつながっているがまぎれもなく地主＝小作関係や局地的需要を満たす小手工業生産様式等々なのである。ウォラスティンは、「世界諸システムが現実の社会諸システムである」という断言的命題のあとに「(ただし、まったく孤立した生計維持経済は別として)[1]」という留保を付していた。だが「まったく」の孤立的ミニ・システムの限界を一歩でもふみ出せばそこはただちに完ぺきな世界システムの領域であるというほど事態は単純ではない。「まったく」は、「ほとんど」、「やや」、「半ば」、「どちらかといえば」等々といった無限の濃淡をつらねた連鎖のはてにようやく世界システムに包摂されてゆくのだからである。

一〇〇パーセント守旧的な批判者を論外として、フランク＝ウォラスティン的な世界システム論に胸の底では共感を覚えながらなお具体的に有効な分析用具を求めていた人びと、彼らにそれを与えたのがアルチュセールとバリバールの共著『資本論を読む』における「生産様式の〔における〕接合」理論であった。この理論に即く論者たちの試みをきわめて巧みに整理したA・フォスター＝カーターは、その試みを従属理論への全面批判として受けとっている節があるが、[2]必ずしもそうとはいえない。「諸生産様式の接合」の視点は第三世界分析にとって必須の重要性をもつとみなすI・オクザールがその編著『開発社会学を超えて』の序文でいうように、フランク・モデルと〔接合理論を採用した〕経済人類学との結婚を構想する人びともいるのである。そうした人びとのうち、ノーマン・ロング、トニー・バーネットらの所説についてはさきに簡単に触れる機会があった。[3]

他方では、「世界システム」という用語をフランク＝ウォラスティンの独占物とせずに、エルネスト・マンデルの見解を「(前者と) 対等に並ぶ第二の世界システム・モデル」とした上で、後者にうかがえる接合理論のモメントを重要視する者もいる。エレン・K・トリムベルガーは、「資本主義世界経済は、資本主義的・半資本主義的・前資本主義的な諸生産関係が接合されたシステムであり」、各国民社会を複数の生産様式から成る種差的な結合体とするマンデルの見解をむしろ高く評価している。つまり、「世界システム」をフランクの専売特許としなければ、生産様式接合構造の上に一箇の世界システムが成立するというヴィジョンを描くこともまた可能なのである。トリムベルガーはその立場から、アミンの世界資本主義システム論も、フランク＝ウォラスティンよりはマンデル的な「結合された不均等発展モデル」(the model of combined and uneven development) に親近的とみている。[4] 事のついでにいえば、多くの批判を浴びたフランクは、『従属的蓄積と低開発』(一九七八年) を公刊するにあたってその草稿をあらかじめアミンに渡して所見を乞い、資本主義発展の諸段階区分に問題ありとの批判を受けいれた。そして、アミンの、(一) 重商主義、(二) 発達した資本主義、(三) 帝国主義という平凡といえば平凡な段階区分の内容を、マンデルの、(一) 等しくない価値にもとづく不等価交換、(二) 等しい価値にもとづく等価交換、(三) 等しい価値にもとづく不等価交換という段階論で埋めている。フランクとマンデルの両「世界システム」がこのように段階区分の基準で一致しつつあるとすれば、ごく一般的な「フランク＝ウォラスティン・モデル」というような連結語法は安易に使うべきではないということになろう。

それはともかくとして、生産様式接合の理論はこんごも第三世界研究の領域でより大きな影響力をもってくることが十分予想されるばかりでなく、ピエール＝フィリップ・レイの所説に先駆的表明を見出せるところだが、「封建制から資本主義への移行」論にも適用しうる歴史の一般理論としてさえ機能する可能性を秘めているのであって、決してE・カルドーソのいうような「一過性の流行」ではありえない。筆者はさきに小論「生産様式接合の理論」(『経済評論』一九八一年七月号所収) でこの動向を紹介してその問題点を指摘する機会があったが、紙幅にはばまれてなお言葉不足のうらみを残した。その後の知見をも加えて本稿でそれをいささか補い、自らのための覚書としたい。

二　「接合」という訳語について

「接合」という語は、英語・フランス語同形の'articulation'という言葉の邦訳であるが、この訳語はまだ定着したものではない。前掲拙稿では、これに一一の訳があるということを報告しておいたが、その後の調べで――といってもたまたまの読書中に目にふれたものを摘記しておくという程度であるが――、さらに別の訳語を発見しており、現在のところ合計で一七の訳語があることになる。その各語も訳者において決して定まっていないことは前述の通りで、部分的に重複するがここで一瞥しておこう。

① 野口佑氏・毛利健三氏……接合
② 山崎カヲル氏……節合
③ 原田金一郎氏……接合・節合〔現在は節合が定訳とされる〕
④ 権寧氏……分節接合・分節・分節化・連接・接合
⑤ 神戸仁彦氏……分節・分節化
⑥ 今村仁司氏……分節・分節化・接合・接合＝編成
⑦ 田口富久治氏……関節化・関節作用
⑧ 山内昶氏……連節・連節化
⑨ 大枝秀一氏……連接・接合・分節・分化
⑩ 川田順造・原口武彦氏……連結
⑪ 湯浅赳男氏……結合
⑫ 本多健吉氏……結合関係

⑬ 河野健二・田村俶氏……関節・脈絡⑸

前掲拙稿でも『プチ・ロベール辞典』を参照しながらかんたんに触れたように、"articulation"という言葉は、げんざい言語学と解剖学というまったく異なった学問領域でそれぞれ独自の意味で使われている。語幹のラテン語原形"artus"は「関節」を意味するから、時代的には解剖学のほうが古く、それからすぐ動物学に転用されて「節足動物の外殻のキチン質が薄くなっている、それによって各外殻をつないでいる部分」、さらに植物学の「節（ふし）」を意味する語となる。この一群の用法の拡がりは、それ自体自然科学の発達につれているのであって近代の動植物学と歩みをともにして発達する機械学にもさらにおよぶ。回転運動を異角度に伝える継手ジョイントとか、列車やバスの「連結」にもこの語が使われるようになる。

他方、音声学的にはもともと「唇と舌を使ってある言語の種々な音声をくっきりと発音する行為」、あるいはそうした発音器官の全体を意味するのであるが、現在の言語学では、元来ひとつながりの音の連続として発音または表現される言葉（＝記号表現 signifiant）を語彙（記号素）に分けることを第一次アルティキュラシオン、さらに個々の語を音素単位として弁別することを第二次のそれ、というようである。もちろん記号体系を記号素に、それをさらに音素へというふうに一方下向的に「分節」してゆくことだけが問題なのではない。識別されたそれらの要素の意味あるシステムとして言説を対自的にとらえかえすことを意味するのであって、その点、「分節」ないし「分節化」という語を選ぶひとは、それにあたかも「分業」（division of labour）と同一のイメージを仮託しているのであろう。「分業」におけるポイントは労働の分割それじたいにではなく、分割された部分労働の意味ある再結合にこそあるからである。

だが、「分業」のほうは、かつて高田保馬氏が使われた「分労」という訳語ともあいまって、ともかく「分れて・業に就く」という労働ないし収斂的なニュアンスを有するのにたいして、「分節」のほうには、どうしても「節を分ける」という分断ないし拡散的ニュアンスが濃くなる。列車の連結されている状態を「分節化された列車」といいあらわすのは相当に無理があろう。しかし、ただ連なっているというだけでは「結合」でよい。連結器という「関節」を介して連なるのでなければならない。その点、山崎カヲル氏の工夫になる「節合」という新造の訳語は「関節接合」の原形を思い浮べさせる名訳の一つであると思う。ただ日本語で二つ漢字を組合せて動作をあらわす語を造る場合には、ふつうは「結（び）・合（せる）」のように両方とも動詞の語幹か、でなければ返り点を打つ漢文の影響で動作の対象は下にくる。たとえば「航海」とか「革命」というふうに。その点で「節合」という語は視覚的に不安である。もっとも「骨折」の例もあるから「接合」という野口・毛利氏の訳に固執するつもりはさらにない。「節合」派が増えてきたらいつでものりかえる用意がある。

アルチュセールは、'articulation' という語を現代フランスの構造主義言語学から借用してきたとは明言していない。その蓋然性がきわめて高いとしても、彼は『資本論を読む』においてはこの言葉を目的意識的にマルクスのグリーデルング（Gliederung）の対応語として用いたということは明瞭なのである以上、むりに借用先を訪ねて言語学的連想をさそうような訳語はこのさい不適切であるということだけは言える。「重層的決定」（surdétermination）という有名な用語については彼はこれを精神分析学からの借用語であるとはっきりことわっている[6]。のみならず、社会における支配的生産構造が従属的諸生産構造をいかに規定するかという「構造的因果性」を表現するのに必然的な借用であったとさえ述べているが、それはあくまで着想の段階までであろう。

三　諸審級のやわらかな接合

ところで、アルチュセールの他称「構造主義」哲学の理論的実践的意義については彼の属したフランス共産党内でのシンポジウムをはじめとして多くの議論が重ねられているが、私は卒直にいって哲学の領域における彼の功罪について論評する資格をもたない。小稿で問題にするのは、マルクス歴史理論の現代的な再活性化にたいしてアルチュセールのおこなったいくつかの寄与にかぎられる。

難解な彼の所説にアプローチするには、立場次第でいくつもの方法的視点がありうるが、私は彼の功の部分を、「接合」概念の発掘を除いて次の二つに見出したい。

第一は、『経済学批判』序言で示されたあの「土台と上部建築」という建築学的なメタファーの決定的修正。このメタファーを教條的に理解するかぎり、いわゆる基底体制還元主義は必然となる。一階が経済的土台なら、その上に二階と三階はいっしょには建たない。そこでマルクスが述べた順序どおりに二階が法律的および政治的上部構造、その上の三階に「宗教的・芸術的・哲学的、つまりイデオロギー的」上部構造が積み重なることになる。一階のない二階・三階はありえないし、建築デザイン上のとくべつの冒険的な試み――たとえば八王子の大学セミナーハウスの大地に打ちこまれたくさびを象徴した本館のような――を別とすれば一般に一階よりも大きな面積を二階・三階が占めることはない。そこで上部構造はまるごと土台に規定されざるをえない。それは土台に「接着」されてしまっているからである。

アルチュセールは、土台――彼はこれをインフラストルクチュールと呼ぶ――と上部構造（シュペルストルクチュール）の関係を建築学的にはとらえない。ひとつの社会、正確には「社会構成体」は、経済＝社会的な審級（instance）のほか、上部構造すなわち「国家、および法律的、政治的、イデオロギー的なあらゆる形態」の諸審級の複合的な一全体、または「接合された結合」構造としてとらえる。上部構造の諸審級――審級は「水準」（niveau）とも「実践」（practice）ともよばれる――は「相対的自律性とそれぞれ独自の影響力（effectivité）をもつ、いいかえれば固有の歴史的時間をもつ領域なのである。それら上部構造中の諸審級はしかも、どれが二階でどれが三階等々というア・プリオリに定められた階層をなしてはいないのである。

上部の諸審級の自律性はあくまで相対的であるというと、やはり根本的には土台によって規定されるにすぎない、と彼が解しているように見えるがそうではない。上部諸審級は、土台の、さらには全体としての「構造の単なる現象ではなく、構造そのものの存在条件」として、相互に、また土台と「接合」されているのであるから。(7)

ここに「接合」の有機体的比喩の重要性がある。

アルチュセールは、マルクスが過去の歴史を知ること（猿の解剖）にとっての大前提は眼前の市民社会の分析（人間の解剖）であると述べて、「問題なのは近代ブルジョワ社会の内部でのそれら〔経済的諸関係〕の仕組みである」（邦訳『経済学批判要綱I』三〇ページのまま）といった最後の箇所に注目した。邦訳「仕組み」（武田隆夫ほか訳『経済学批判』付録「経済学批判序説」では「組立て」）の原語は、先出のグリーデルングである。グリート（Glied）とは身体のうち手・足・首等々をさす。あたかも諸部分品の機械的アセンブリーを示唆する邦訳両語とはことなって、原義はあきらかに有機体のイメージをふくむ。アルチュセールは、このイメージの源が、『哲学の貧困』にあることを発見した。

『哲学の貧困』でマルクスは次のようにプルードンを批判した。プルードンは分業とか競争とか価値とか機械といった経済的カテゴリーをバラバラに考察した。だから「一個の観念体系という建築物を建造することにより、社会組織の諸構成部分が、かって気ままに分解される。」（邦訳『マルクス・エンゲルス全集』第四巻、一三四―一三五ページのまま。）

『哲学の貧困』は原文がフランス語である。右の文の後半センテンスはこうだ。

……, on disloque les membres du systeme social.（ひとは――プルードンのこと――社会システムの諸肢体を脱臼させてしまう）

念のため、この文が引用されている『資本論を読む』のこの箇所の英訳および『全集』のドイツ語訳も挙げておこう。

……, the limbs of the social system are dislocated.

……, verrenkt man die Glieder des gesellschaftlichen Systems.

マルクスをこう引用したあとでアルチュセールは述べる。「全体の構造は、位階的に編成された有機的な全体の構造として接合されている。この全体のなかでの諸肢体と諸関係の共存は、ひとつの支配的な構造の序列――それが諸肢体や諸関係の articulation（Gliederung）のなかにある種差的な序列を導入する――にしたがうのである。」（原語は原文のまま。）[8]

セメントで接着されて動きのとれないハードな建築構造としてではなく、柔らかな靭帯でつながれ血管や神経や筋肉動作によってそれぞれが連動する有機的構造として、マルクスは社会（構成体）をつかんだ、とアルチュセールは見る。柔軟でソフトで活きた社会像を彼は、マルクスの中に読んだといえよう。

土台つまり経済的＝社会的審級は、たしかに「決定因」である。しかし老エンゲルスがいったように――とアルチュセールは言う――経済が歴史を決定するのは「最終の審級において」（im letzten Instanz「窮極的に」）でしかない。理論的には「経済的なものによる最終審級での決定の上にさまざまの影響力ある諸決定が重積される」というふうにしか全体は表現できない。[9] したがって、「最初の瞬間にせよ、最後の瞬間にせよ『最終審級』（という独立した）鐘があってそれが自分だけ勝手に鳴りひびくということは決してないのである。」

これはマルクス主義の伝統における悪しき「経済主義」――あるいは「経済学帝国主義」――への根源的な批判であり、マルクス経済学に対して一種の劣位感をもっていた政治学者・社会学者を解放し、経済史に対して同様だった文化史・政治史研究者たちを解放する結果となった。N・プーランザス『資本主義国家の構造』に代表される新しいマルクス主義国家論争が盛んになり、P・アンダスンの二大著『古代から封建制への移行』、『絶対主義国家の系譜』も、アルチュセールのこうした理論的開発なしには生れるべくもなかったであろう。

フランクとラクラウの論争以後、世界各地の理論家たちはあらためて「生産様式」という古典的概念との格闘をよぎなくされることになり、かくて「生産様式概念のインフレーション」（H・ウォルプ）がおこった次第であるが、この場合にもアルチュセールの生産様式把握が一箇の基準となった。

一見すると、彼の「生産様式」概念そのものはかなり通説的である。だが彼は、生産力と合して生産様式の一契機をなす生産関係を、諸審級接合の視点でとらえていた。

詳しい説明はバリバールに譲りたいとしながら、彼は生産関係のなかで「対峙する諸要素の結合の形態には、この結合を保証するのに不可欠の一種の支配＝隷属形態、すなわち社会の一種の政治的態様（ゲシュタルトゥング）が必然的に含まれている」と、見る。いいかえれば、ある生産関係はそれ自体の存立条件として上部構造的諸審級の存在・媒介を必然的前提とする、ということになる。アルチュセールはその一例として、資本主義的生産関係の基盤である労働力の売買のさいに、売り手と買い手を対等の行為主体に仕立てあげるフォーマルな法律関係を挙げている。おそらく、「ある生産関係が一社会構成体で支配的な力を獲得したら」という条件を暗黙裡に前提して、彼は、成立した経済上の役割分担を維持し、この役割の担い手たちをその地位に縛りつけるための「政治的かつイデオロギー的上部構造の全体」が、生産関係に対して及ぼす決定的な影響力（『資本論を読む』邦訳では「効力」、『資本論のために』邦訳では「有効性」）を重視するよう提言している。つまり土台としての生産様式はそもそも自存できない。再生産のシステム自体が上部諸審級を自己のうちにかたく組みこんでいるのである。かかるものとしての諸審級の構造全体がひとつの生産様式を成す、と彼は言う。

四　諸審級のよじれた接合

マルクス歴史理論に対する彼の第二の寄与は、この諸審級が単に独自の構造と対他的影響力をもつだけでなく、それぞれが固有の歴史的時間性をもち固有のリズムによって区切られているという認識であった。彼はいう、「全体のさまざまな水準の発展過程を同一の歴史的時間のなかで考察することは不可能」なのである、と。もちろん諸審級は全体のなかに構造的に接合されてのみ現存しうるのだから、相対的にのみ自律的な歴史的リズムをもって動くのであって、たとえば哲学史というイデオロギー的時間を諸時代の哲学的思索の通時的連続というふうにとらえるのは誤りである。しかし、イデオロギー的時間はもとより、政治的時間は決して経済的審級の時間にいつも「照応」するわけではない。それらの関係は、現実には常に、「ずれ」、「転移」、「よじれ」などの関係性をもって相互に接合されている、とアルチュセールは言う。なぜなら、各審級の時間は独特の内部矛盾によって「遅れもしくは進み」を伴わざるをえないからである。

少々長いが彼の定義的叙述を引用しよう。

「歴史的時間……の概念を厳密に定義するためには、次のような条件から出発する必要がある。この概念は、社会的全体――それは特定の生産様式に属するような一社会構成体のことであるが――の支配的特徴とその差異的な接合をともなった複合的構造のなかでしか基礎づけられないのであり、その内容は、時にはその総体（アンサンブル）のなかで・時にはおのおの水準のなかで考察される社会的全体という構造との関連においてのみ定めることができる。特に、歴史的時間とは所与の社会的全体の存在の特殊形態であると定義してはじめて、この概念に一箇の内容を与えることができる。この社会的全体は、時間性のさまざまな構造的水準が、照応・不照

応・接合・ずれ・歪みという固有の相互維持関係のなかで干渉しあっているという形で実存するのである。」(10)

さきに述べた諸審級の自律性と相互影響的な接合を、もっとも抽象的なレベルでのインフラシュトルクチュールと上部構造の関連を共時静態的にとらえる視点だとすれば、この歴史的時間論はその接合のタイプを通時的にしてかつ共時的にとらえる視点であると言える。

叙述はかなりに難解であるが、具体的なイメージをそれぞれに賦与しながら読むならばそれほど理解しにくい文章ではない。

たとえば、経済的審級を地球的計算機で世界とオンラインする日本の資本主義経済としよう。日本経済は、経済原論で説かれるような完全自由市場と資本合理性を軸に回転しているであろうか。そうだと信ずる者などひとりもいない。日本の企業社会は、対内的にはいわゆる「日本型経営」によって、対外的——経済的審級からみて対外的——には、片や通産省主導の新半導体共同開発と片や田中角栄型の政治の内部経済化とを両極とする政治的審級との「接合」によってのみ成立しえている。この政治的審級に固有の時間は、経済的審級のそれと重なり合いつつも、大きく「ずれ」ている。同じ形をした二箇の長四辺形の積木の上の方を三分の二ほどをたとえば左にずらせた状態を想定すればよい。下の積木が日本経済、上が角栄型政治構造であって、相互に重なり合う三分の二の部分で両者は筋肉と血管——この比喩の意味は明白であろう——を直接に通わせあう。下の積木の右方三分の一はそれに「照応」する政治的審級と接合する。たとえばそれはかろうじて機能している民主主義とか労働法といったものであろう。だがそうしたいわば民主的審級と経済との形式的な接合よりはるかに実質的なのは、おそらく角栄的審級として接合しているあの部分との通脈のほうであろう。最近新聞の好餌となった「談合」問題はよい例である。資本主義的建設業者を例外なしに包摂しているこの談合システムは、もちろん資本合理性——およびその反映であるマックス・ウェーバー的意味での合理的官僚制——をまっこうからあざ笑うシステムであり、内部告発によって談合の実態をさらけだした三井建設を――新聞によれば――半ば公然と疎外しつつある。そして三井建設にとっては、光の立場に立って闇の部分を論難することなど思いもよらないのである。

この「よじれ」た政経接合の積木のうえに――この比喩は前述の建築を連想させてしまうがしばらく許されたい――、もうひとつイデオロギー的審級の積木が、さらに三分の一ほど左へずれて積み重なる。俗に稲作民族的集団主義とよばれる文化・生活感情・それらを制度化した諸秩序の審級である。よく「一国民はおのれの水準を越える政治家をもてない」というが、考えてみれば、前記の角栄的審級はこのイデオロギー的審級＝水準の正嫡の所産にほかならなかった。ウェーバーのいう「対内倫理と対内倫理のくいちがい」という真理をあのロッキード事件へのごうごうたる非難の中で新潟三区の庶民ほど立証したものはいないであろう。このイデオロギー的審級は、そのたびごとの「みそぎ」をもって政治的審級を聖別しつつ「たかりの構造」を再生産するばかりではない。ここで積木の比喩が不適切であることがはっきりしてくるのであるが、「最終」の経済的審級のなかに生きる人びともまた、この「よじれ」たイデオロギー的審級の再生産者――構造を主体とみれば被再生産者――なのであった。この点については詳説を要しまい。

今村仁司氏もいうように、「マルクス歴史理論に関するアルチュセールの把握は、実際は、まだ粗描の域を出ていない[11]。」歯に衣を着せずに言えば、『資本論を読む』という書名は、ひとがそれに期待するようには『資本論』の方法・叙述・体系そのもののなかに、これまで見えなかった新しい歴史理論を『読む』形にはなっておらず、とくにわが国の読者は羊頭狗肉の感を禁じえまい。また個々の重要な概念構成についても問題は残る。名のみ高い「矛盾の重層的決定」という命題にしても、第一級のアルチュセール研究者今村氏さえ、この概念は「速やかに理解することが困難である」と嘆じているし、『資本論を読む』の英訳者ベン・ブリュースターによる英訳書巻末の用語解説も、この語に関しては他の用語の場合には示した常の筆の冴えを見せない。「より正確にいえば、ある矛盾の重層的決定とは、複合的全体の内部でその矛盾を存在させている諸条件が、すなわち複合的全体におけるそれ以外の諸矛盾が、当の矛盾の中に反映されていること、換言すればその矛盾の不均等発展のことである。[12]」と述べるのみで、複雑な心理的葛藤が凝縮されて一つの夢として現出するというフロイトの原義とは内容の面で既に異なっている「重層的」(sur-, over-, über-)のニュアンスをアルチュセールから汲みとりかねている。さらに言うならば、重層的決定関係のからみ合いはいずれ「最終審級での決定」をまたねばならないはずであるが、前述のようにそこがボカされており、パーソンズ的多元決定論と紙一重の危うさをも感じさせる。

それにもかかわらず、アルチュセールが提起した諸問題のうちでも、狭義の歴史理論にかかわる、「生産様式＝社会構成体における異時間的諸審級の接合としての社会的全体」という社会把握の革新性は疑えない。それは一方で経済(学)帝国主義の神話をきわめて効果的にうちやぶって経済学以外の領域でのマルクス主義諸学に自信と活気とをふきこんだばかりではなく、他方では、ワンセットの封建制からワンセットの資本主義への移行という枠組みで発想しがちの「歴史主義」——この語に彼が与えた意味はもっと広いが——に原則的な反省を迫ることによって中心部と周辺部とをともに包括しうる「移行」の理論を構想する道を拓いた、ということができるのである。[13]

五　生産様式の過渡的接合

しかし、アルチュセールの論理を追ってみて誰しも気がつくのは、彼の社会＝歴史理論の対象は本質的に一箇の社会構成体——あえて中心部のそれとまでは言わないが——に限られている、ということである。第三世界諸社会の研究者のうち、より人類学的・社会学的なアプローチを採る人びとにとっては、たとえば前資本主義社会における政治的もしくはイデオロギー的審級が支配＝決定因たりうるという理論はきわめて有効であった。けれども、現代の「低開発」構造の根源をさぐろうとする人びとの最大の関心の一つは、生産力をはげしく異にした二つの社会構成体が接触・遭遇・対決したばあいに、両構成体は――そしてそれぞれの諸審級は――いかなる「接合」を遂げるのか、ということであった。多くの場合は、優勢な社会構成体の経済的審級が劣勢なほうのそれを平和的もしくは暴力的に包摂するという形をとるこの強行的「接合」こそ、現代の第三世界問題のジェネシスを解く最も重要なカギの一つであろう。ところがアルチュセールは必ずしもこのカギを完成した形では提供しなかった。『資本論を読む』後半の「史的唯物論の基本概念について」がそうした読者の渇をいやした。ここの筆者エチエンヌ・バリバールの叙述は師アルチュセールの黙示録的に難解な文章のエッセンスを巧みにとり出し、バリバール自身の論理としてこれを再構成しているからであった。

ところで、問題の「接合」語についてみると、もともとアルチュセールでそうであったようにバリバールの使用法もかなり多岐にわたっている。それらを大まかに整理分類すると次の三つになる。

第一は、社会構造――この語については後述――における諸審級＝諸実践＝諸水準の接合。

第二は、生産様式における、諸要素の・および結合諸関係の「二重の接合」。

第三、社会構成体の内部での諸生産様式の接合。

バリバールにおける接合の第一の用法は基本的にアルチュセールのそれに準ずる。特徴といえば、師が経済的審級と政治的審級の接合の一例として労働力売買を保証するものとして市民的人間関係〔したがって市民法体系〕の媒介を語ったのに対して、バリバールのほうは「階級闘争という形態での、経済的実践にたいする政治的実践の介入(intervention)」を強調する点である。

彼はそれを労働日と労賃の決定様式について例証する。『資本論』も言うように、労働日を延長したいという資本家の権利とそれを短縮したいという労働者の権利は、ともにひとしく商品交換の法則によって確認された権利である。ここに生ずるアンチノミーを裁決するのは「暴力」であった(『資本論』第一巻第八章第一節)。この純然たる力関係＝階級闘争は、なるほど経済的構造によって規定されたグレンツ内部にしかおこらない。しかしこの階級闘争が決定する労賃の量そのものは経済的構造によっては規定されない。工場立法すなわち国家という政治的実践による標準労働日の設定もまた同様である。重要なことは、これらの介入は「原理的に非可逆的[14]」である、ということである。バリバールはまた本原的蓄積の過程で、国家・法・政治力といった政治的＝法的実践の介入がとくに顕著であったという点に注意を喚起し、政治的実践の介入によってひきおこされた諸実践間の「ずれ」＝「非対応」がグレンツを移動させ・変容させる（déplacer et transformer）と主張する。諸審級の接合という構造理論をこの点でより直截な言葉で動態化してみせた、といえよう。

第二の、生産様式における二重の接合関係については簡単にすませよう。

バリバールは、生産様式が次の三つの要素から成る、という。すなわち（一）労働者、（二）生産手段、（三）非労働者。この三要素の「結合」関係は二重である。（A）所有関係、（B）現実的領有関係。（A）は非労働者による労働者と生産手段の結合、それを通じての剰余の所有であり、（B）は労働過程における労働者の物質的生産＝領有関係である。こうして彼は生産様式を、（A）における生産関係接合と、（B）における生産力接合とが、「二重に接合された」複合的な構造として理解する。この一見平凡な概念的整理からバリバールが展開する主張は、きわめて迂余曲折したものでその論理を追うことは今の私の手にはあまる。この難解さは、おそらく、生産様式を分析するさいに価値＝剰余価値視点をもってするだけでなく使用価値視点を堅持しなければならない、「生産力という概念が――単に生産力の高さという量的な形でなく生産諸力の構造として――具体的につかまえられている程度に応じて、生産関係のつかまえ方は生き生きしたものにな[15]」る、ということを既に学んでいるからかもしれない。またブリュースターの用語解説のお世話になるが、彼もこう言っているからである。「［生産力と生産関係という］この両概念はふつう、前者が機械または機械の生産力を、後者が一社会の成員たちの人間関係と解されている。そうした通俗的理解とは反対に、アルチュセールとバリバールにとっては、両概念は……ともに生産様式の内部で労働者・生産手段・非労働者をひとつに結合する『関係』なのである。……生産力が機械または量に換算できる技術に還元されえない一方、生産関係も歴史主義的イデオロギーの中に登場するような孤立人たちの……人間関係または間主体性には還元できないのである」。生産力を機械や技術と等置するような人びとに対しては、こうした解釈じたいが革命的に響くのであろう。それにしても彼らとくにバリバールの生産様式の定義のしかたのおそろしく散文的な展開からすると果してこれで説得される人がいるのか、とひとごとながら心配になってくる。

さて問題は、第三の、社会構成体の内部における諸生産様式の接合である。実をいうと、バリバールにはこの命題をきちんと定式化した叙述はない。もちろん彼は問題の所在には気づいていた。いわく、

「資本家的生産様式についての抽象的な理論を展開する『資本論』は、一般に、数種のあいことなる生産様式をふくむところの、それらの共存や位階的上下関係を研究すべき、具体的な諸社会構成体を分析していない。⑯」

バリバールは、ある特定の経済的＝社会的諸審級と上部構造的諸審級とが単一のワク組みの中で接合されている構造を考えるとき、それを「社会構造」(la structure sociale) とよび、そのワク組みの中に、異なる生産様式（およびそれと接合している上部構造）とがヒエラルヒーを成しつつ共存している構造を「社会構成体」(la formation sociale) とよぶ。社会構成体という概念にはマルクス的用法（先の「社会構造」に当る）とレーニン的用法（先の「社会構成体」）の二通りがあって、しばしば混乱を招いてきたので、バリバールの概念区分はひとつの生産的な提案であろう。

しかし前述のように彼はこの「一社会構成体における複数の生産様式の接合」という命題を具体的には展開していない。

もっとも「展開していない」と言いきってしまうとバリバールの意図を曲げることになるかもしれない。というのは彼は、ある生産様式から別の生産様式への「移行期の特徴は……いくつかの生産様式の共存である」と述べており、

複数生産様式の接合という現象を固有に「移行期」の問題として限定してしまっているようにも見えるからである。これはまずい。

だがそれを措いても彼の「諸生産様式共存」論は二つの大きな問題をふくむ。一つは、彼の移行期の定義であるが、彼はそれを次のように言う。「移行期には、法と国家政策の諸形態は、それ以前〔体制の安定期〕のように経済構造に照応しておらず（つまり当の生産構造固有の諸制約へと接合されておらず）、経済構造とずれている。本原的蓄積の分析は……法および国家の諸形態が資本主義的経済構造に先行することを明らかにしている。[17]」この指摘そのものには問題はない。問題は彼が、移行期に特徴的な政治的実践のこのような「先行」の根拠を、まさに移行期に共存した諸生産様式のひとつに求めていないことである。くりかえし見たように、アルチュセールとバリバールは各審級が独自の時間性と発展リズムを具備していることを強調した。しかしひとがこの命題に刺激を受けたのも「最終審級における決定」という、いわば重石がついているということを大前提としているからで、この重石が外されてしまえばそもそも「接合」の必然性は失われてしまう。移行期においては、否、移行期においてこそ「諸審級の非対応ないしずれ」の原因をもとめて「最終審級」に答えをさぐる必要があるのである。

第二に、移行期における共存という命題で彼が何をイメージアップしているかという点である。かくも重大な歴史理論的命題の唯一のサンプルとしてバリバールが挙げるのは、なんとマニュファクチュアなのである。

「マニュファクチュアは、その生産力の性質からして、手工業と共存しつづけるばかりでなく、生産部門によっては手工業の永続を前提とする。……したがってマニュファクチュアは決して単一の生産様式ではない。マニュファクチュアの統一性とは、二つの生産様式〔協業＝分業システムと手工業〕の共存とその位階的上下関係である。」

この文章のすぐあとで、彼は、社会主義建設期のロシアには不均等に発展していた五つの生産様式が共存したというレーニンの指摘に触れているくらいである。つまり問題の大きさを知っている。それなのに「単一の『同時性』のなかでの二つまたはそれ以上の生産様式の共存と、一方による他方の支配」という大命題を、マニュ内部の共存＝支配という卑小な焦点にしぼりこんでしまった手法は、いかにも解しかねる。

だがそれも、現段階から見ての無いものねだりだと言うべきであろう。どのような説明上の不手際をおかそうとも、彼（とアルチュセール）は問題の所在を感知し認識して、生産様式の移行にあたっては「生産様式そのものの共時態よりも、いくつかの体制とそれら諸体制の関係をふくんだ、より一般的な共時態」こそ問題になる、ということを示した。これを言うだけなら、先のレーニンの先例がある。『資本論を読む』の共著者たちは、決して教科書的に体系的にではなかったにせよ、問題を解くための理論的ヒントを『読む』のあちこちに提示した。読者はそれゆえにむしろ、自由にアルチュセール＝バリバール理論に手を加え、拡大解釈し、つまみ食いしながら実践的な歴史＝社会分析の用具をみがき上げてゆくことができた、と言えるのである。

地代をそもそも封建的なものと見ることによって資本主義自体を二つの生産様式の接合体としたレイの理論、周辺部資本主義を多様な生産様式の原始的接合が破壊された'disarticulation'の構造ととらえたアミンの説、現代帝国主義＝新植民地主義の死錘を中心部資本主義と還流的移民の母胎たる家族制生産様式の接合にみいだすメイヤスーの見解などは、『資本論を読む』からくみとった諸テーゼを自由に飛翔させて現実にアプローチしたよい例である。こうした代表例のほかにも、ここでは詳説しえない多面的な実証分析が続々と積み重ねられつつある、ということを指摘しておきたい。

「接合」をバリバール的に「共存」と等置することから生じやすい二元論――ないし多元論――モデルは、いうまでもなく、共存している当の諸生産様式をひとまず自存的なものとして規定した上で複数のそれらの補完的「共存」または「結合」(combinaison) を考える、という論理階梯をふむ。たしかに、そのような結合はまったく不可能ではない。たとえば大陸的規模の山地や平原の一画で九〇％の自足的な生活を営む集団が、残りの一〇％で資本主義的生産様式と接触・交通し、自足できない医薬品等々を調達するというふうに。だがこの関係を「共存」という用語で表現するのは無理であろう。

前述の日本社会論では経済的審級を「超近代的」資本主義経済にかぎったが、この審級では当然、寡占的大企業群と中小企業群との、それら工業部門と小農的生産部門との接合が問題になってよかった。いまや日本以上に農業国の名にふさわしくなったフランスで、クロード・フォールがそれを問題としている。彼は、フランスの農民的生産様式が農産物流通機構のみならずその生産をも資本の支配におかれるようになった事態を、「資本のもとへの労働の形式的服属から実質的服属へ」というシェーマでとらえる。そうだとすれば、ここに成立しているのは二つの生産様式の共存でも結合でもない。彼は言う——。

「フランスという社会構成体では、(資本主義以外の)他のいかなるタイプの生産関係もその拡大再生産を実質的には保証されていない。その意味でここには、複数の生産様式の「結合」は存在しない……。問題は、特殊に資本主義的でない生産諸形態の、資本主義的生産様式への接合、さらには同化なのである。こうした接合が、封建的および資本主義的という二つの生産様式のかつての接合を想起させることは確かであるが、ひとたび資本主義的生産様式の支配が実現されたならば、二つの生産様式の接合は、おのおの本来の生産様式とはもはや別個のものとなった〔二つの〕生産形態の〔一個の〕資本主義的生産様式への接合に、転化するのである。[18]」

つまり、本来の資本主義的生産様式も同一社会のなかで他の生産様式を同化＝接合することを通じて、それじたい、新たなレベルでの資本主義内「生産形態」に転化する、というのである。概念規定をふくむいくつかの検討の余地を残すとしても、フォールのこの指摘は、一社会構成体内生産様式接合論がおちいりやすい欠陥への一つのするどい警告といえよう。

さきに、接合概念が中心部と周辺部をともに包括しうる理論への道をひらいた、と述べたが、それは、見すてられていた「周辺部をも」正当に分析しうる理論であるとともに、そこからの逆投影によって「中心部をも」固有の歴史を負った接合構造体としてとらえ直す理論への希求を表明したものであった。もちろんそれは第三世界分析の理論それと別個のものではない。周辺部が「非接合」におとしめられたとすれば、中心部はその営為を通じて自からも非接合におちいらざるをえない。問題は接合と非接合の対立ではなくて、二つの非接合の世界的規模でのフェイタルな接合であると思われる。

六　むすびにかえて

以上、言葉がなお足りないと思うが、私はアルチュセール＝バリバール理論の卓越性を、諸審級の自律性・それらの異時間性という命題の定立それ自体もさることながら、そうした異時間的に運動する諸審級を「接合」という靭帯でつなぎあわせた、という一点に求めたいと思う。この「接合」概念を欠いたなら、彼らの理論的実践は現在これほどの影響力を発揮しえなかったにちがいない。

「接合」概念はその生誕のしかたから見ても護符にはなれない。問題とその分析上の有効性にかかっている。フランクやウォラスティンが提起した問題を不当に逆もどりさせることなく、それを受けとめながらマルクス歴史理論の現代的活性化をはかってゆくための一用具として、不断にこれを陶冶してゆくことが望まれるのである。

「接合」という言葉そのものが十分にカテゴリーとして練りあげられていない間は、いくつかの誤解が生ずるのは止むをえない。『諸生産様式の接合』という論文集を編んだH・ウォルプが、みずからそれに寄せた長大な序文のなかで、「接合」をほとんど「相互関係」(interrelationship)と等置しているなどは、その一例である。そうではない。フォスター＝カーターは言う、「接合というプロブレマティックは必然的にも、〔前資本主義的という〕あいまいな諸実体を維持するだけでなく——通時性に逆らって——それらを積極的に創造してゆきさえする資本主義を想定するのである。このパラドックスこそ、接合をうんぬんするほとんどの論者によって無視されてきたものである」[19]と。「接合」を二つの生産様式のたんなる「共存」と解するかぎりでは不可避的に「二元論モデル」に陥るということは、また東アフリカ・ザンビアの部族共同体と中心部資本の接合構造を分析したH・C・ジョーンズも指摘するところであった[20]。

その意味では、関節接合というイメージを不当にこの語にこめすぎないということも重要である。なんといっても、こうして接合されている身体そのものは矛盾をふくみつつ生存する存在だからである。古典的意味での帝国主義期にかぎらず、そもそも原蓄期から、支配的生産様式が他の生産様式と強行的に接合してそれらを下属させてゆく過程のなかには、血液不適合のごとき「死に至る」「接合」もまた過渡的には存在しうるからである。この点、前掲拙稿における説明にただよっていた予定調和論的理解にたいする強い反省の意を表明して小文を閉じる。

---

(1) Immanuel Wallerstein, The Modern World-System, 〔I〕, 1974, p.351.

(2) Aidan Foster-Carter, The Modes of Production Controversy, in: *New Left Review*, No.107, 1978, p.50.

(3) 拙稿「生産様式接合の理論」(『経済評論』一九八一年七月号)。

(4) Ellen Kay Trimberger, World-System Analysis: The Problem of Unequal Development, in: *Theory and Society*, Vol.8, No.1, 1978, pp.129–131.

(5) この訳語は両氏訳『甦えるマルクス』(I・II)(人文書院)から。

（6） Louis Althusser et Etienne Balibar, Lire le Capital, maspero ed. II, p.64. 権寧・神戸仁彦訳『資本論を読む』（合同出版）二七一ページ。以下訳文は適宜変更してある。

（7） Louis Althusser, Pour Marx, Paris 1966, p.211. 河野健二・田村俶訳『甦えるマルクス』（II）一一四ページ。

（8） Lire, I, p.122. 訳一一八ページ。Reading Capital, tr. by Ben Brewster, p.98.

（9） Pour, p.112. 訳I、一五三ページ。

（10） Lire, I, p.136. 訳一六一―一六二ページ。

（11） 今村仁司『歴史と認識――アルチュセールを読む』（新評論、一九七五年）一六七ページ。

（12） Reading, p.316.

（13） アルチュセールは歴史的時間論において「低開発」（sous-développment）を念頭にはおいている。Lire, I. p.132. 訳一五六ページ（邦訳では「後進性」になっている）。

（14） Lire, II, pp.222–223. 訳四二一―四二二ページ。

（15） 内田義彦『資本論の世界』（岩波新書）八三ページ。

（16） Lire, II, pp.88–89. 訳二九八ページ。

（17） Lire, II, p.225. 訳四二三ページ。文中の「先行すること」が訳では「逆行形態」となっている。

（18） Claude Faure, La Production paysanne et I'Exploitation capitaliste, in: *L'homme et la société*, Nos.45–46, 1977, p.67.

（19） Foster-Carter, ibid., p.76.

（20） Howar C. Jones, The Articulation of Capitalist and Pre-capitalist Modes of Production, Development Studies Discussion Paper, No.16, Univ. of East Anglia, 1977, pp.33, 35. この論文は室井義雄氏のご好意で読むことができた。記して感謝する。

14

第三世界研究と本原的蓄積論

――マルクス原蓄論活性化の試み――

一　原蓄章の二つの命題

近代の西ヨーロッパに資本主義的生産様式が最初の産声をあげるにあたって、いわゆる本原的蓄積[1]が不可欠の役割をはたしたということは、今日では常識といってよいだろう。『資本論』ないしあまたの『資本論入門』のたぐいについに触れなかった人も、すこし前のベストセラー『不確実性の時代』からその事実を学んだはずである。ガルブレイスは、もちろん『資本論』に導かれて囲いこみや「土地清掃」（スコットランドでの農民追放）の跡を父祖の地に訪ねたのであるが、その彼がケインズの『貨幣論』を読んでいないわけはない。ケインズは同書で、エリザベス朝イギリスの私掠船がスペイン銀船隊から掠奪した金銀がイギリス経済のテイク・オフにとって決定的な意味をもったと考え、この事実を不当に看過しているといって歴史学者を責めているのである[2]。

多少とも歴史感覚を有するかぎり近経学者すら認めざるをえないこの過程を、「資本の本原的蓄積」と命名したのはいうまでもなくマルクスであった。この問題に捧げられた『資本論』第一巻第二四章（および第二五章「最新の植民理論」）において彼は、資本主義生産の出立のもっとも根本的な前提を、一方では「生産手段からの生産者の分離」すなわち自由な賃金労働者の大量創出、他方では新しい生産様式の発展に必要な貨幣資金の一定の蓄積、にもとめた。マルクス原蓄論の特色は、その両過程のいずれにさいしても私的な、あるいは国家的な暴力が決定的な役割をはたしたということを明らかにして、スミスの牧歌的な節倹による「先行的〈生産手段〉蓄積」説と、前フランス首相ルイ・アドルフ・ティエールの労働者窮乏原罪説とを重ねて斬った点にある。マルクスが槍玉にあげたティエールの『所有について』（一八四九年初版）は、二月革命当時の国民議会で議員プルードンがおこなった私有財産批判の演説を反駁したもので、要するにブルジョワジーの富を当人の、あるいは彼の先祖の勤勉の正当な所産として擁護したものであった。ティエールの名は、彼が一二年間の沈黙ののち政界に復帰した一八六九年より以前の『資本論』初版（同六七年）からすでに登場するが、周知のように彼は七一年のパリ・コミューンの圧殺者として知られているから、ドイツ語第二版およびフランス語版（同七三年・七二年）においては特に、原蓄論は実践的なイデオロギー闘争の意味を帯びてもいたのである。

ところでその「暴力」、いいかえれば「征服や圧制や強盗殺人」の生々しい事例として、マルクスはイギリスの農民追放（十五世紀末から一八六六年まで！）と、生産手段から切りはなされた浮浪民を賃労働者に陶冶するための残虐な「血の立法」とに多くのページを割いたが、そればかりではなく、スペインを先駆とする植民者たちの両アメリカ・インディアンの絶滅、インドの支配、アフリカの黒人奴隷狩り等々において、さらにはイギリスのアヘン戦争（一八四〇〜四二年）以後もひきつづく（すなわち少なくともドイツ語第二版刊行の当時まで「続行されている」）列強の世界的商業戦争をも原蓄理論のパースペクティヴにおさめたのであった。

実をいえば、右の「そればかりでなく」という接続詞でつながる前後は、マルクスにおいて必ずしも明晰に脈絡づけられていない。そもそも第二四章には、

「資本関係なるものは、労働者と労働実現の諸条件にたいする所有とのあいだの分離を前提する。……だから、いわゆる本原的蓄積とは、生産者と生産手段との歴史的分離過程以外の何ものでもない。」「この全過程の基礎をなすのは、農村生産者すなわち農民からの土地収奪である。」(第一節)[3]

という断言的命題と、それに劣らず断言的な、

「アメリカにおける金銀産地の発見、土着民の絶滅、奴隷化および鉱山への埋めこみ、東インドの征服と掠奪の開始、アフリカの商業的黒人狩猟場への転化、……これらの牧歌的諸過程が本原的蓄積の主要な諸契機なのである。」(第六節)

という命題とが並記されているのである。

この二つの命題をいかに脈絡づけるかという問題はさて措いて、とりあえずここでは、西欧資本主義にたいする第三世界の不断の従属深化の構造を、マルクス主義の現代的活性化という問題意識のもとに解明しようとする理論家たちが、マルクス原蓄論のあらたな批判的再構成を志しつつある、ということに注目したい。いわゆる従属理論が抬頭してきた一九六〇年代は、あたかもアメリカ主導型の「発展途上国」近代化＝工業化政策が破綻して——あるいは見事に実って——、脱農民化を余儀なくされたルンペン・プロレタリアの大群が巨大な都市スラムに集結しはじめた時代でもあった。それは文字通りに、「生産者と生産手段との暴力的分離」以外のものではなかった。

もちろん、この分離の現代史的様相が原蓄章第一節命題のたんなる再現でないことはだれの目にも明らかであろう。資本はこの過程ではじめて内生するのでなく既成のそれとして外来している。自由を強制された労働力は必ずしも共同体から断ち切られてはいない。それにもかかわらず、ここには農民追放・賃労働への残忍な陶冶・そして資本の支

配を全面的にバックアップする赤裸々な国家暴力、という原蓄論の基礎的なファクターがすべて揃っていた。こうした状況が理論家たちに、現代を解くための新たな原蓄論を——ことに第一節命題中心に——構想することを強くうながしたのである。

他方、このような分離が戦後の新植民地主義下の固有の現象ではないことも明白である。従属の構造化を起源にさかのぼって探究しようとする者は、当然第六節命題を注視することとなる。実際マルクスは、その命題につづけて、「本原的蓄積のさまざまな契機は、多少のずれはあれ時代順に出現してくるが、それらを順次に受けもったのがことにスペイン、ポルトガル、オランダ、フランスそしてイギリスなのである」、と述べていた。そこから、この第六節命題を核として原蓄論をみ直そうとする動向が出てくるのも、また自然といえよう。

第三世界の低開発構造の解明にとりくむ理論家たちにとって、マルクス原蓄論はますますあらたに研究の指針となりつつある。彼らの実践的関心から紡ぎだされた新解釈のいくつかのタイプを瞥見し、その間の異同をたしかめながら、マルクス原蓄論が内包している問題点の若干を指摘してみたい。

二　アミンとメイヤスーの新原蓄論

周知のように、サミール・アミンは第三世界の低開発構造を、帝国主義的な中心部資本主義と、それによって奇形的に誕生させられた周辺部資本主義とのあいだの支配‐従属の所産としてとらえた。このような視座から彼は、低開発現象なるものを、中心部に有利な本原的蓄積の執拗な存続の結果にすぎないとした。「本原的蓄積は資本の前史のなかにのみ存在するのではなく、恒久的に存在し、現代にも存在する」(4)。資本主義史を貫通しているのは世界的規模の蓄積であって、その蓄積の総体は、中心部における拡大再生産による蓄積、ならびにそれと「平行して」進行する原蓄のメカニズムとしてとらえられねばならない。

現代に存続する原蓄のメカニズムとはなにか。アミンによれば、資本主義的生産様式が前資本主義的生産様式と交易関係をもったとき常に生ずるところの「価値移転」、すなわち「不等価交換」にほかならない。この不等価交換の理論を最初に提起したのはアリギ・エマニュエルであるが、リカードウ的比較生産費説に由来する現代の貿易理論批判をめざした不等価交換理論は、周辺部における低賃金構造をまさに「原蓄政策」として推進し固定した国家権力の役割を正当に理論に組みこむかぎりで有効に働くのである。

中心部に統合された周辺部で、現代的原蓄がどのような過程をたどるのか、アミンは定式化してはいない。しかし彼の各所での叙述を総合すると、そこに、(一) 周辺部の自給経済の「貨幣化」(monetarisation)、(二) 農耕の「商業化」(commercialisation)、そして (三) 農民からの土地収奪、すなわち農民のプロレタリア化、という三つの局面が浮かびあがる。(5) 植民地権力がその支配を貫徹しようとするとき、どこでもそれに執拗かつ効果的に抵抗したのは「伝統的」共同体的社会構造であった。この共同体を解体するための強力な一手段が、貨幣による納税義務の賦課である。自給的生産者にいったん貨幣を入手させるためにとられるのは、経済外的な圧力を加えての「強制耕作」——インドやエジプトにおける棉花栽培の強制のごとき——であろう。この強制耕作は、農業の商業化への媒介項として働くと同時に、「商業化」の方向を土着の手工業者層向けの食料供給から植民本国ないし新植民地主義中心部へ向けての工業原料作物生産への転換をもたらしてゆく。そして最後に、プロレタリア化。これは必ずしも商業化された農民の分解として (二) からの必然的段階移行というコースをたどるわけではない。条件さえ与えられれば、植民地権力は部族的自給圏を一挙に解体して、その諸成員を「保留地」という名の出かせぎ労働力プールに収容することさえ可能であろう。

このようにして、周辺化される以前には現地社会で内部的に接合されていた諸生産様式は、中心部の要求にしたがって再編成を余儀なくされる。たとえば穀物生産はコーヒー生産に特化されて生産物をすべて中心部へ輸出する一方、都市の手工業者は半プロ化されつつ、かつて近隣農村との交易で入手していた穀物を、貿易商人の手を経て外国から買う、というふうに。アミン特有の表現では「接合喪失」(ないし接合破壊 disarticulation) がこうして完成するのである。中心部を必然的経由環とする世界的規模での外向的・迂回的接合、というふうにもいえるであろう。

概略このように考えるアミンからすれば、マルクスの原蓄論は当然にも中心部資本主義のみの前史、それも「終りかけている重商主義タイプの中心部に有利な本原的蓄積のメカニズム[6]」のみを対象にしたにすぎない。すなわち彼は、マルクス説を一部分理論としてこれを相対化しつつ現代の世界資本主義の存立構造を根底から説明しうる原蓄の一般理論を提起しているのである。

わが国の読者はすでに早く、平田清明氏による「本原的蓄積と資本家的蓄積との同時的・相互補完的進行」というマルクス理解に接しているため、アミンの原蓄貫通説はさして新鮮に響かないかもしれない。しかし、平田氏の同時進行説がそれ自体あくまで『経済学批判要綱』マルクスの十九世紀世界像の新解釈としての域を守っているのにたいして、アミンの新「平行」原蓄説は、まさに彼自身の周辺部資本主義の理論の一モメントとされていた。彼が依拠する不等価交換論は、周辺部の輸出セクターへの恒常的な労働力過剰供給を前提とする。そのことじたいは単なる論理的要請どころか日々に可視的な事実であるが、それの第一動因は周辺部での前資本主義的生産様式にでなく世界資本主義じたいの中に求められねばならない。資本による前資本主義的生産様式の不断の解体、そこからの新規労働力の継続的創造、これを説明するのに原蓄貫通説が要請されたわけである。

彼の現実感覚のするどさは十二分に了解しうるとしても、立論のしかたにはなお若干の疑念が残る。第一に、本稿第一節であらかじめ述べておいたように、マルクスの原蓄論は決して「終りかけていた重商主義」期に射程を狭くかぎってはいない。その取材の下限は一八六六年、著書に収録するにはギリギリ最新のニュースだったといってよい。短くとっても十九世紀初頭以降の後半世紀にかんしては「平行＝補完」の視点から原蓄をとらえていたことになる。第二に、マルクスも一定の限度つきで世界的規模での原蓄を考察してはいたということをアミンは見ていない。見ていたとして、それは「重商主義期中心部に向けての原蓄」にすぎないとしりぞけるのかもしれない。だが、原蓄の通史的貫徹というアミンの視座からは、マルクスのそれがかりに重商主義期にかぎられるとしてもその点だけではマルクスを論難はできないはずであろう。すると問題はマルクス的世界原蓄が結局は中心部に向けてのそれであった点にあることになるが、少なくとも余剰の流出＝蓄積の方向に関するかぎりアミン原蓄論も同じ立場にたつのであって、結局相違は、マルクスの第六節命題が被収奪地域での賃労働創出を考慮に入れなかったのにたいして、アミン原蓄論はまさしくそれを中核的課題とする点にある。ところが焦点がここまで絞られてくると再び第二四章の総体的理解が問題とされざるをえない。アミンはフランス語版でのマルクスの自己限定を正しく考慮すべきであった以上に、第七節の「個体的所有の再建」というテーゼの世界史的意義を咀嚼すべきであった。マルクス原蓄論は、西欧が世界にさきがけて創造した潜勢的な自由人を土台として、将来にその顕勢的な連合を見透すための論理であった。ひとくちにいえばアミンのマルクス批判は、第二四章を一個の歴史叙述に矮少化して、マルクスが予言者でなかった罪を問うているようにも見える。

アミンによるマルクス批判の問題性をこうおさえておいた上で、彼が『資本論』原蓄章のすきを突いた形で原蓄論の有効射程を拡げたことは評価されてよい。なぜなら、前引の一八六六年までの原蓄とは明らかに資本関係の本原的生成がとうに完了したのちの、いわば追加労働力の創出であった以上、マルクスは資金原蓄と相対的に独立に、労働力の追加原蓄——必要条件は経済外的な方法のみ——を論じていることになるからである。イギリス内部の非資本主義的外囲を舞台としての追加的労働力原蓄論がなりたつならば、中心部の外圧によって生じた周辺部での労働力原蓄は、その周辺部にとどまる資金の原蓄をたとえ伴わなくとも、これのみで原蓄と呼ばれる資格を得ることになろう。

ここに、クロード・メイヤスーをして新しい原蓄論を提起させた突破口が開かれた。

メイヤスーはアミンの平行原蓄論を、マルクスの誤謬の踏襲とした(7)。というのは、メイヤスーによれば、マルクスは、世界史に一回的な原蓄で資本主義が出発進行してからは自動的に拡大再生産＝本来的蓄積がくりかえされると見た点で二重に誤っている。なるほどアミンは平行線の一方を資本主義史貫通的とみなす点でなお半分の真理を保有しているように見えるが、メイヤスーはその真理さえ、他方の半分の誤謬と論理的に接合されている限りで真理としての資格を認めない。彼によれば、資本主義経済はその生誕いらい一貫して、「他の生産様式を破壊しつつ、そこで価値を自らに無償で移転することによって生ずる蓄積」、すなわち本原的蓄積を通じて発展してきたから、なのである。他の生産様式に頼ることなく自己蓄積を進めてゆくという資本主義概念は、『資本論』の、いいかえれば中心部にしか妥当しえない理論モデル以上のものではない、ということになる。

メイヤスーによるアミン原蓄論批判のもうひとつの眼目は、アミン理論の根幹である国際的不等価交換説が、その根拠を低開発諸国での労働力過剰供給による低賃金に求めている点にある。メイヤスーによれば、労働力の需給法則は低開発国には妥当しない。「なぜなら農村部出身の労働者は、自分が予定した額の賃金を稼いでしまうと、農村に帰って」しまうのであって高賃金も労働力供給の増加をもたらさないし、また西アフリカのケースでも、労働力不足が慢性化しているのに賃金は上昇しない。要するに、低開発を交換の問題次元でとらえようとするのが、そもそもの誤りなのである。この観点から彼は、不等価交換理論に立脚するアミンのテーゼを、一国を他国の被害者とみなすところの、「権力の座にある官僚、民族ブルジョワジーと自称する地元ブルジョワジー」——植民地搾取の共犯者——の理論である、とまで酷評した。

それでは資本主義のとりわけ現段階において原蓄の——すなわち労働の超過搾取の——実現とその永続化はいかにして可能なのか。それは帝国主義が、生活資料の生産者である家族制部門を温存することによってである、とメイヤスーは答える。帝国主義は、農閑期の部族共同体から労働力を「還流的移民」の形で循環的に吸収し、搾取する。この搾取が超過搾取たりうるのは、還流的移民の低賃金雇用によるが、それを可能にするのは彼らの労働力再生産費の一部と生命再生産費の全部とを資本が家族制共同体に無償で負担させているからである。このような家族制を基盤として「資本主義は労働地代を抽出している」というのがメイヤスーの特異な原蓄理論であった。

メイヤスー理論の最大の難点は、彼がその独自な家族制――この概念も問題だが――搾取理論を、低開発地域ならぬ資本主義下の労働者家族にも基本的に妥当するという点であって、彼の理論を敷衍すれば奇妙なことに低開発人民搾取の特殊性は消失してしまい、先進国労働者にたいする搾取と程度の差しかなくなってしまう。そうした欠陥には目をふさいで彼から学びとるべき点を見出すとすれば、それは原蓄を事実上は国家間収奪においてみるアミン説に対し、正しく生産様式間価値移転とした着想であろう。本誌四月号所載の小論「第三世界を包みこむ世界史像」でもその一端を紹介したP・フィリップ・レイの影響を受けたこの生産様式間収奪の視点は、中心部における原蓄の内生的局面を分析するにさいして有効な理論的トゥールとなりうるはずである。還流的移民説も、マクロ的には一般理論たりえないにしても、ミクロ的には、そしてまた中心部原蓄の端緒段階をみる場合にも興味深い視角を提供したものというべきであろう。

三　ブラッドビーのローザ批判

ところで、アミン的にせよメイヤスー的にせよ、原蓄の通史性を力説する論理といえばただちに想起されるのはローザ・ルクセンブルクの『資本蓄積論』であろう。ある意味では両者ともにローザのマルクス原蓄論批判を下敷にしているともいえるのである。

ローザはいう。

「マルクスの記述では、ヨーロッパ資本による植民地諸国の掠奪が産業資本の発生において顕著な役割を演じている。だがこれらすべて……の過程は、マルクスにあっては、資本の創世紀すなわち誕生時を例証するだけであ〔る〕。……資本過程の理論的分析――生産ならびに流通――を与えるや否や、彼はいつも資本制生産の一般的かつ排他的な支配という彼の前提にたちかえるのである。(8)」

しかしながら――

「資本制蓄積は、その運動のためにはその外囲としての非資本制社会構造を必要とし、後者との絶えざる物質代謝においてのみ存続しうる。(9)」

ここまでいえば、少なくともメイヤスー説にあと一歩というところだが、さすがに経済学者ローザは本来的蓄積を原蓄に還元したりはしない。そのかわりに彼女は、本来的蓄積が原蓄の暴力性を全面的に受けついでいる、という。「資本はその創世紀においてばかりでなく今日にいたるまで、歴史的過程としての資本蓄積の恒常的方法たる暴力以外には、何らの問題解決も知らない。」資本主義がその蓄積外囲たる自然経済的構造と衝突するさいにはことに、この暴力性は露わとなる。

レーニン以来のローザ批判の常道にしたがってアミンも、非資本主義的外囲なしに剰余は実現できないというローザ説を承認しない。しかしアミンは、資本主義生産の内部における市場の深化過程に「平行して、同時に本原的蓄積過程が進行するという事実を明らかにした功績」を彼女に帰した。「平行して同時に」という形でローザ原蓄論を表現するのは我田引水というほかはないが、とにかくこの評価のしかたでアミンが、およそ暴力的でありさえすれば、その資本蓄積を――たとえローザが本来的蓄積と呼ぼうと――原蓄とみなしたということがわかって興味深い。

次のメイヤスー説との関連で、あまり注目されていないローザの視角にここで触れておくと、彼女において非資本主義的外囲(または「環境」)とは単純に先進工業国にとっての後進国ではなかった。ドイツ工業とイギリス工業との商品交換は資本制市場内部の交換であるが、ドイツ工業にとってドイツの農民的消費者ならびに生産者との交換は対外的市場関係なのであった。国境にこだわるとすれば「国内の非資本主義的外囲」と海外植民地とはローザ蓄積論では生産要素と労働力の追加的供給源として理論的に対等ということができる。メイヤスーのローザ批判もまた、帝国主義の根拠を販路の拡張においた誤り、という点でなされている。彼は自説の独自性を、低開発地域が中心部に対する労働力供給源として搾取されるという点に見出しているので、常識どおりに、あるいはそれ以上過度にローザ理論を販路説に仕立てあげているけれども、[10]実のローザには、「資本制生産は他の社会構造からの労働力なしにはやってゆけない[11]」という命題がちゃんとあるのである。

　生産様式接合の理論の深化をめざすバーバラ・ブラッドビーが、通説的なローザ評価——その経済理論はエクセントリックだが歴史的叙述はすばらしく、その点ですぐれた実践的革命家であるという評価——に反対して、ローザの「強いテーゼ」（実現不可能説）の蔭にかくれた「弱い〔目立たぬ〕テーゼ」に注目するのは、右の問題と深くかかわっている。

　ブラッドビーは、資本主義の対外的拡張は必然的に他の生産様式への経済外的攻撃をともなうのか、いいかえれば世界的規模での資本主義の成長にあたって、われわれが見るのは「ただ一回の原蓄か、それともくりかえし起こる原蓄か[12]」、という問題をたて、ローザとレイにその解答をさぐってゆく。ブラッドビーによれば、マルクスもローザも資本の継続的蓄積にとって前資本主義的生産様式の破壊と同化が不可欠だとみなしたが、ただマルクスが理論的に外囲を捨象したのにローザはそうしなかった。ローザのマルクス批判の根拠は、前記の通りつねに注目されつねに拒否される実現不可能説（強いテーゼ）だけでなく、もう一つの目立たぬテーゼにあった。後者は、資本蓄積の要請を、「拡大再生産に必要な物的諸要素の入手」および「その原料の獲得のための、世界各地の労働の自由労働化《モビライズ》」に定めるという視点を指している。後者のテーゼがマルクス主義者によって無視に近く処遇されているのは、マルクスが、なるほどその原蓄論では原料と労働力を他の生産様式から獲得することの重要性を説きながらも、いったん本来的蓄積の段階に入ると資本主義的な諸生産様式内部でこれらの生産要素の調達が可能となるという前提を立てたからであった。

ローザの着眼は正しかった。しかしローザ理論においてこの着眼が活きなかったのは、二つのテーゼが矛盾しているからである。ある特定の植民地的外囲を剰余実現のための有効な商品市場に仕立てあげるという目的と、そこから暴力的に原料を収奪し労働力を搾取するという目的とは両立しない。まさしくローザもいうように、ひとは非資本主義的生産様式下の人民から土地（＝資源）を掠奪し彼らに労働を強要することはできても、「商品を強制的に買わせることはできない」のである。

ローザ理論に関するかぎりでのブラッドビーの結論は、資本主義的な商品市場の拡大にとってより有効なのは、暴力よりはむしろ既存の前資本主義的な生産様式の温存とそれとの「接合」(articulation) であるという点である。その視点から彼女はレイの接合理論[13]を批判的に摂取する立場をとることになるのであるが、その結論の正否はともかくとして、ここでとりあえず留意しておきたいのは、グローバルなスケールでマルクス原蓄論を見直し、その理論的拡幅をはかろうとするかぎり、ローザの蓄積論はたんなるよき経済史的教本以上の意味をもって批判的克服の対象となるだろう、ということである。このことは、ロクスバラも示唆するように[14]、たとえばアミンの周辺資本主義――カルドーソらの「従属資本主義」でもよい――が資本主義とよばれる以上その内部で、たとえ古典的なそれとは異なっていようと独自の原蓄が資本主義セクターと非資本主義セクターの間で行なわれうるか、という問いを設けてみる、といったことでもただちに痛感される。もっとも問題は簡単ではなく、その前にマルクス原蓄論それじたいへの最少限の批判的検討という作業がひかえているのであるが。

四　ウォラスティンの原蓄期分析

「原蓄とは一回かぎりのものか、くりかえし起こるものか」という前掲のブラッドビーの設問は、少なくともアミンとメイヤスーにかぎっては結論が出ているように見える。アミンらにとっては、原蓄は「くりかえし起こる」どころか世界のすみずみで日々刻々行なわれているということになろう。だが視点を少し変えて、この設問をこういい換えて見ることもできる。「原蓄とは世界史的にみてイギリスだけに起きたのか、それとも各国別に一回ずつ起きるものなのか」、と。

資本＝賃労働関係の歴史的創出という一点に目をこらすかぎりではモデルは一つでよい。あとは後発諸国にこの関係が徐々にあるいは急速に採用されてゆけばよいし、また近代経済史をそのような資本主義生産様式の伝播史ととらえることも可能である。『資本論』原蓄章では、なるほど原蓄の個々の諸契機こそスペインその他の国々に散発的に見られはしたが、目的意識的な原蓄政策としてそれらが「組織的に総動員された」(systematisch zusammengefasst. 邦訳「体系的に総括された」)のはイギリスにおいてだけである、とされていた。

この問題を独自の視座から解こうとしたのがイマニュエル・ウォラスティンである。[15]

自らを広義のマルクス主義者に数えている彼がマルクスの「本原的蓄積」概念を知らぬはずがない。だが彼は多くの著書、論文においてかたくななまでに原蓄という用語の使用を避けている。その理由は推測するほかないが、おそらく本稿冒頭に示唆しておいたような原蓄という語の多義性を忌んだのではあるまいか。ウォラスティンは、世界商業の発展を土台としてまず「幅をもった十六世紀」(一四五〇〜一六四〇年)にヨーロッパ世界経済――基幹の生産様式は農業資本主義――が出現し、十九世紀に至って工業資本主義が成立するにおよんで真の、単一の世界‐資本主義‐システムが完成した、と考える。右の長い十六世紀は、あたかもイギリスにおける第一次囲いこみ運動の時期にあたる。

マルクスはこの囲い込み運動＝自営農民層の解体を原蓄の核心ととらえた。ウォラスティンも主著『近代世界システム』(第一巻)のなかで囲いこみとそれに続く浮浪者の激増の問題に一定の紙幅を割いた。[17] だが彼の問題意識は、そこの時点に資本主義的蓄積の前提条件の完備を見ない。彼は「小自営農民の根絶」を、農業資本主義の出立にとって絶対に必要な土地の商品化の大前提とみるからである。ウォラスティンのそうした段階区分からすると、マルクスの原蓄概念は、いつからいつまでなのか、労働力原蓄と資金原蓄のいずれが核心をなすのか、原蓄のいくつもの過程ごとに何が生ずるのか、さっぱりわからないものと映るにちがいない。

原蓄をマルクス主義者は「封建制から資本主義への移行」の必然的通過点とみなす。ところがウォラスティンにとっては、まさに原蓄概念同様、この「移行」(transition)概念じたいが「海綿を思わせるような[18]」、つまり何でも吸いこんでしまいながら実体が稀薄な用語なのであった。ウォラスティンによれば、ドッブ-スウィージー論争以来のいわゆる移行論争が不毛な紛糾におわった最大の原因は、三つの別々な現象がいっしょくたに「移行」という語にまとめられてしまったことにある。三つの別々の現象とは、(一)世界帝国の封建的な一変種の資本主義的世界経済への最初でユニークな転化(transformation 形態転換)、(二)それに続いておこった、資本主義世界システムの外部経済圏の前者への編入(incorporation)、(三)この世界システム内部での、労働のプロレタリア化と土地の商品化(commercialization)の拡大、これである。

移行の問題をめぐる混乱の原因は、ひとがこれら三つの現象を弁別しえなかったばかりでなく、「マルクスとウェーバーの多くの弟子たちが、この両者の理論を、単数の転化を説明する理論から一つの段階説に変えてしまったからである。こうして作られた段階説では、多数の個々の諸『社会』――弟子たちは事実上これを国民国家と考えている――は、それぞれ別個に転化することになるのである。」これに対し、「マルクスもウェーバーも、封建的ヨーロッパの資本主義世界経済へのこの転化は、一個のユニークな事件と見ていたのである(もっとも二人の定式はどちらも多義的というべきであろうが)[19]。」

実はこのあとにウォラスティン説の真骨頂がある。なるほど「転化」は一回生起的であった。しかしあとの二つの過程は、封建制から資本主義への転化と必ずしも一致しない。「編入」は資本主義世界システムの外延的拡大を意味し、「プロレタリア化と土地商品化」はシステム内部で現在もなお進行を止めていない。スウィージーはさておきドッブや、またあまたの論争論評者たちも「移行」の決定的メルクマールを「自由な賃金プロレタリア」の出現に見出そうとしたからこそ、肝腎の世界システムを見失い、さらには周辺部における労働体制が「封建制」か否かという論争の泥沼に身を没することとなったのである——。

現時点では、私はウォラスティン体系にいくつかの原則的な疑問を抱いている。にもかかわらず、原蓄という用語を用いないでの彼の「移行」期理解が、マルクス原蓄論を反省的に検討するための多くの刺激的示唆を与えていること、このことはあえて承認したい。くりかえして書けば、原蓄とは世界史的に一回なのか、各国民国家ごとに一回ずつなのか、本来的資本蓄積に平行しつつ日々不断に行なわれつつあるものなのか、原蓄というタームの内容をまったく問うことなしにさえ、この三つの課題の前にいまマルクス主義は佇立しているのである。

五　新しいフランクの原蓄論

従属理論、フランク自身の用語ではＥＣＬＡ派をこえた新従属理論の世界的普及者としての栄誉をになうＡ・Ｇ・フランクは、『世界資本主義と低開発』(日本語版書名)このかた、絶えて原蓄の問題に触れてこなかった。その彼がこの問題と四つに組んだのが、一九七八年の著作『世界的蓄積——一四九二年〜一七八九年』(の第七章「結論」)である。この章は、本書全体の結論というには、あまりに多くの問題を提起したまま、かれ自身の確答を出さぬままに終始しているのであるが、これまで論じられてきたような未決問題に洩れなく論及している点で、またそれととりくむためにいわゆる原蓄概念の通時的性格を強調している点で興味を惹く。

前資本主義時代に進行した、その意味で「先行的」な（previous）・「先出的」な（prior）・「始源的」な（original）・したがって「前資本主義的」な（pre-capitalist）蓄積は、資本主義的関係にもとづいての蓄積でないという限りで「非資本主義的」な（non-capitalist）蓄積であろう。だが、前資本主義的蓄積は、資本主義に先出する（prior to capitalist accumulation）かぎりでは非資本主義的蓄積であるとしても、非は必ずしも前を意味しない。なぜなら、非資本主義的蓄積は、資本主義的蓄積と、さらにいえばポスト資本主義的（つまり社会主義的）蓄積とも同時生起しうるからである。ここからフランクは次のような結論をみちびき出す——

「かくして、本原的（primitive）蓄積とは、それが非資本主義的生産関係をもってする生産の基礎上での蓄積のことを指すかぎりでは、それは資本主義的な生産・蓄積に先出する必要はなく、それと同時代的に進行してもよいわけである。」

続けて彼はいう——

「このような非資本主義的生産およびそれにもとづく蓄積は、これを前資本主義的な本原的蓄積と区別して、基層的（primary）蓄積と呼んでもよい（ロヘル・バルトラはこのような蓄積を、永久原蓄と呼んでいる[20]）。」

つまりフランクは、本原的蓄積を、（一）本来的蓄積に先行し、（二）後者と同時平行的に進行もし、（三）さらには社会主義的蓄積とも並存しうるごとき、基層的な資本——資金と労働力——蓄積ととらえるにいたった。フランクはこうした原蓄――あるいは「基蓄」――把握を通じて、資本主義的蓄積と同時生起的な原蓄が単に傍系的に進行するのではなく、本来的蓄積を補完し、さらには非賃金労働者に対する資本の過剰搾取を可能にする（そこから抽出された余剰は本来的蓄積過程に追加される）ことによって、本来的蓄積に多大の寄与をなした、ということを主張したいのである。フランクは、その具体的適用例として、南欧から北欧への出稼ぎ労働者、アジア・アフリカにおける大家族制農村から出勤する労働者たちの低賃金構造、さらには多分メイヤスーの発言をうけてであろう労働者家族内の妻や母の無償家内労働（の資本による搾取）などを挙げている。

『従属的蓄積と低開発』の前年に出た本書でのフランクの立場は、以前のそれとはかなり変わってきたといわざるをえない。そもそも、資本主義的蓄積と平行して非資本主義的蓄積が進行し前者を補強するなどということは、かつての世界資本主義単一支配論者の彼からはとうてい出てこない発想であろう。ウルトラ正統派といってよいJ・バナジが本書への書評論文「グンダー・フランクただいま退却中?」において、「いまやフランクはかつての理論から教義上もっとずっと安全な地点に退却せざるをえないと気づいた[21]」と揶揄しているが、額面的には確かにそうであろう。しかしフランクはそのような冷笑にかかずらう必要はあるまい。そんなことより、問題はさまざまな位置づけを与えられる原蓄において、蓄積主体がまるで姿を現わさないことである。ともあれ、原蓄といえばおうむ返しに「生産手段からの労働者の分離」としかいえない批判よりは、「丸くなった」今のフランクの原蓄へのアプローチのほうがより生産的な試みであることは確かであろう。

六　マルクス原蓄論の諸契機

さて、あまり残されてはいないスペースで、なぜいまマルクス原蓄論が再検討されねばならないかを論じておこう。

これまでの論者のすべてが、第三世界にたいする新植民地中心部からの過剰搾取を第二四章では説明しきれないという一種の焦燥感を抱いているらしいことは見てとれよう。だがその一方で、論者それぞれが貴重な示唆をふくむ新説を提起しながら彼らがマルクス原蓄論そのものをトータルにつかみ切れていないこともまた明瞭である。『資本論』研究の水準では前記諸論者の国々をはるかに抜くわが国でも事情は変わらない。そのよい対立図式が大塚史学と宇野経済学のそれである。[22] こうした混迷のときほぐしの一助として、以下箇条書ふうに原蓄概念を構成する諸契機を列挙してみることにする。

1 なにを原蓄するのか。

a 資金原蓄——商業・高利貸資本の手もと流動資産に限るか。それともドッブがかつて問題としたようにいざというとき売却可能な土地資産も含まれるか。

b 労働力原蓄——第一次囲い込みの終了時から産業革命までの間におよそ一世紀の間隔がある。前提として自由な労働力のこの間における存在形態いかん。

2 いかに原蓄するのか。

a 静かなる原蓄——「個々の商品生産者の手における一定額の資本の蓄積」（第二三章第二節）、これもマルクスでは原蓄であった。

b 暴力原蓄——原蓄過程は決して牧歌的ではなかったという指摘からすると、(a)は否定さるべきか。

3 だれが原蓄するのか。

a 民間原蓄——市民革命の前後でたとえばジェントリの蓄積行動は変化しないか。前期的資本家等についてもまた。

b 政府原蓄——「新興のブルジョアジーは国家暴力を必要とし、利用した。」絶対王制と固有の重商主義政権とをマルクスは特に区別していないが問題はないのか。

4　どこで原蓄するのか。

a　国内原蓄――農村生産者の収奪。しかし今やこれをしも主流と断定しうるか。

b　対外原蓄――この意味づけが喫緊の課題。第六節ではもっぱら資金原蓄の手段とされているが、同節末尾の奴隷貿易論の位置づけをいかに判断すべきか。

5　いつから原蓄ははじまるのか。

a　スペイン原蓄――フランス語版ではポルトガルが先。金銀の採掘はともかく、インディアンの絶滅は原蓄なのであるか。

b　エンクロ（ジュア）原蓄――「原蓄の歴史において画期的なものといえば……」。

6　どんな原蓄が決定的なのか。

a　散発原蓄――ニュー・イングランドでのインディアンの頭皮剥ぎの原蓄としての意味づけ等々。

b　体系原蓄――「イギリスでは（原蓄の種々の契機が）十七世紀末に、植民制度・国債制度・近代的租税制度および保護制度において体系的に総括された」。名誉革命以前の、ことに絶対王政期の諸制度の意義いかん。

7　いつまで原蓄はつづくのか。

a　農村原蓄――下限は、スコットランド・サザランドシャーの土地収奪。

b　工場原蓄――大工業内部の児童労働搾取の下限は、一八一三年。

c　貿易原蓄――イギリスの奴隷貿易禁止は一八〇七年。

按ずるにマルクスは、労働力の始動原蓄としてエンクロ原蓄を、その延長線上に資金蓄積の加速原蓄として体系原蓄を据え、両者の世界的拡延として対外原蓄を位置づけていたのではないか。ともあれここでは、どの項目についても即時一義的な解答は期待できないということを理解していただければよい。何気なしにわれわれが使う原蓄という言葉は、実はその都度、たとえば静かなる・民間の・国内・資金原蓄、またたとえば、散発的な・政府・暴力的・対外原蓄といった何重もの限定のなかで具体的な意味を帯びてくるはずの言葉なのである。狭義の歴史学的な個別研究もさることながら、その個別的実証——あるいは非実証——に方向を与えるためにも、第二四章（当然第二五章をふくめて）体系のトータルな把え直しが望まれるや急である。世界的規模での原蓄という視点はまた、正統派的な第三世界内部の原蓄分析（たとえばA・クエバの所説[23]）の立場からも挑戦を受けている。『資本論』もまた第三世界史を包みこむ世界史を模索する新段階の審判にさらされている、というべきであろうか。

（1）一つの試みとして「本原的」という語を使ってみる。不動の略語「原蓄」に「本源的」は照応しないし、「原始的」の語のバイアスを忌むとすれば、さしあたりこの表記になる。引用の場合もこの語を用いる。乞御了解。
（2）ウォラスティン、川北稔訳『近代世界システムⅡ』（岩波現代選書）二〇三ページ、注272。
（3）力点はインスティトゥート版による。
（4）アミン、野口佑ほか訳『世界資本蓄積論』（柘植書房）四一ページ。ほか一八、六七、九九、一二六ページ参照。
（5）アミン、野口佑・原田金一郎訳『周辺資本主義構成体論』（柘植書房）一七—三〇ページ。
（6）同右、二二ページ。
（7）メイヤスー、川田順造・原口武彦訳『家族制共同体の理論』（筑摩書房）。以下の叙述は同書一七八—一八一、および一六五ページの所説を私が敷衍したものである。
（8）ローザ・ルクセンブルク、長谷部文雄訳『資本蓄積論　下』（青木文庫）四二九ページ。
（9）同右、四三一、五〇〇ページ。
（10）メイヤスー、前掲書一七九—一八〇ページ。彼によるとレーニンも賑路説に属する。

(11) ローザ、前掲書、四二七ページ。

(12) Barbara Bradby, "The destruction of natural economy", *Economy and Society*, Vol.4, No.2, 1975, p.125.

(13) レイは原蓄過程をも資本主義生産様式と前資本主義生産様式との「接合」とみなす。それは、①原料、②貨幣、③労働力の希求という段階をとる。P.-Ph. Rey, Les Alliances de classes, Paris, 1976, p.74, 152.

(14) Ian Roxborough, Theories of Underdevelopment, London, 1979, p.65.

(15) ウォラスティン理論の概観としては、伊豫谷登士翁「世界経済の史的認識」小野一一郎編『南北問題の経済学』(同文舘所収)が適切である。

(16) K. P. Moseley & I. Wallerstein, "Pre-capitalist social structure", *Annual Review of Sociology*, No.4, 1978, p.263.

(17) ウォラスティン、前掲書、一一七―一二八ページ。

(18) I. Wallerstein, "From feudalism to capitalism: Transition or transitions?", in: The capitalist world-economy, Cambridge, 1979, p.139.

(19) Ibid., p.143.

(20) A. G. Frank, World accumulation 1492-1789, London, 1978, p.241.

(21) Jairus Banaji, "Gunder Frank in Retreat?", *Journal of Peasant Studies*, Vol.7, No.4, 1980, p.516.

(22) 拙稿「宇野経済学を支えた宇野史学」(『経済評論』一九七七年七月号所収、本書第九章)参照。

(23) A・クエバ、アジア・アフリカ研究所訳『ラテンアメリカにおける資本主義の発展』(大月書店)。

15

「資本の文明化作用」をめぐって
――マルクスは西欧中心主義者であったか――

一

誰にせよ、その没後または生後の区ぎりよい何年目かを同じ回顧されるなら、その年の問題状況が自分にとって都合のよい年であるほうがよいにきまっている。この点から見ると、生誕百年目の年に世界有数の経済大国の大蔵省から袂別を告げられたケインズは気の毒であった。マルクスのほうはその生誕百年をロシア革命の熱気のなかでむかえられたからである。ケインズは二〇四六年、その没後百年を、今年マルクスがその没後百年を全世界で記念されたように記念されるのであろうか。

もっとも思想家や理論家のばあい、生没という生物学的現象を尺度とした区ぎり目はあまり意味がない。その出現が社会や歴史に大きなインパクトを与えた知的作品の意味をこそ秤量さるべきであって、ケインズなら『雇用・利子および貨幣の一般理論』刊行五〇年の一九八六年、同じく百年の二〇三六年に回顧されてこそ満足の意をあらわすだろう。ちなみにひとは、マルクス『資本論』（ドイツ語版第一巻）刊行五〇年を一九一七年九月にむかえた。同じくその百年は、その年ちょうどというのであれば、以下はもっぱら現在の私個人の関心からではあるがA・G・フランクが『ラテンアメリカにおける資本主義と低開発』（一九六七年）を刊行して現代第三世界論したがってまた（新）従属理論噴出の火口を一挙にひらいた年である。それはまた、アルチュセール編著『資本論を読む』（改訂版）の刊行、フランス「五月革命」、アメリカのラディカル経済学連合発足の前年にあたっていた。『資本論』一〇〇年は世界的な規模でのマルクス・ルネサンスにつらなっている。これは少なくとも、三年後の『一般理論』五〇周年に比してさえ、幸福な歓迎のされかたと言えるだろう。[1]

いうまでもないことであるが、マルクスの思想や理論も、他のすべてのそれらと同様に時代の流れのなかで、あるいは歪曲され時には豊饒化されながら次第に祖型とは独立した形をととのえてゆく。これはある意味で必然であった。なぜなら、マルクスが用意したのは資本主義的市民社会の原理論と同時代世界への実践的なコミットメントと不可分の個別的時論に限られていたのだから、資本主義が必ずしも宇野経済学的な三段階にかぎらぬ諸々の段階的変貌をしめしたその都度、後継者たちは少なくとも主観的にはマルクス理論の当代的活性化につとめなければならないからである。あたかもマーシャルから近代経済学が多様な流れに分れ、その主流のひとつがアメリカで「制度化」されたのに似て、マルクス思想もまた第二、第三、第四インター・マルクス主義さらには中国的なそれへと分岐しつつ、モスクワで「制度化」された。

このような制度化をマルクス思想の死と見なす状況認識から「マルクス・ルネサンス」ははじまっている。一九六〇年代後半からのマルクス蘇生の動向を特徴づけるのは、一方ではプロト・マルクスをたずねる原典再読――『資本論』の新編集をも含む――、他方では社会学や人類学など従来の「史的唯物論」からは白眼視されてきた諸領域の成果をも大幅に吸収しながらの歴史理論の再構築、これであろう。殊に後者についていえば、アフリカやラテンアメリカなど第三世界出身の研究者たちの積極的な問題提起にも触発されて、狭義の歴史理論に関してはもとより、現代の世界資本主義をトータルにつかみだす新理論が大胆に模索されつつある。かつて一九二〇年代後半から広くとって一九六〇年代まで、いわゆる「西欧マルクス主義」がさまざまな形でマルクス主義革新の問題提起をおこなった。しかしそれは、スターリン主義に対する哲学的抵抗にとどまり、次第に「特異な密教的」作風にみずからを閉じこめるにいたった。現在の新動向は異なる。それは、単に官許国定の「マルクス主義」に対する批判意識においてはむろんのこと、「〈西欧マルクス主義〉はそれが〈西欧〉であるかぎりにおいて必然的にマルクス主義から遠の(2)く」という反省においても極立っている。

このように、マルクス経済学への理論的関心の大きなもりあがりをも含めて、世界的な範囲では没後百年にマルクスをむかえる問題状況はある意味ではむしろ明るいといってよい。この問題状況はまた、かの蘇生が「真のマルクスの復元」の域を超え、既成の発想をもってしてはもはや「マルクス主義」とは言えなくなるような新しい社会＝歴史理論をうち出しかねないという意味においては、それを危惧する人びとにとって「マルクス主義の危機」でもあるのである。

二

マルクスを現代に活性化するためにマルクス自身の言説をも批判的に再検討しようとする最近の動きのなかで、もっとも目立つもののひとつは、少なくとも晩年までの「マルクスは西ヨーロッパ中心主義者、西欧中心史観の持主であった」という評価がかなりの範囲で定着しつつあることである。

マルクスが西欧文明を背景として非西欧的な諸民族を世界史的に反動的な役割しか果さぬ、少なくともポジティヴな役割は果さぬ存在としていた、という種類の批判は今にはじまったことではない。わが国でもかつて小泉信三などがマルクスのスラヴ民族論をタネに好んで用いた論法であり、E・H・カーも『ソヴィエト・ロシア史』で述べていた。「マルクスは植民地問題にほとんど関心をはらわなかった。なぜなら、世界のなかの植民地や後進地域が資本主義を打倒するのに何らかの役割を果すよう求められるなどということは起るはずがない、と考えていたからである」[3]。

マルクスの世界史観の根幹を問うという方法を論難者がもたなかったために、それぞれ一過的におわったこの種の批判は、一九六〇年代以後、新しい形をとって登場する。レヴィ＝ストロースの構造主義的人類学が論壇の脚光を浴び、西欧の生産力至上主義的な「熱い文明」に対する、これまで未開とされてきた諸民族の「冷たい文明」の独自にすぐれた思考様式が一転して好奇の的とされて以来である。これに触発されてフランスを中心としてマルクス主義的経済人類学がゴドリエやテレーらを先達に開発されてゆくのであるが、わが国では竹内芳郎が、この問題提起を真摯にマルクス主義の生産力信仰への批判という形で受けとめている。竹内は、「〈生産力信仰〉のもたらす弊害」のうち最初に指を屈すべきものとして、「生産力水準の低い〈おくれた〉諸民族への軽蔑、〈資本の文明化作用〉なるものへの過信」[4]を挙げていた。

構造主義の紹介・消化と深いところで通底しているのであるが、一九七〇年代に入ってA・グンダー・フランクやサミール・アミンらのいわゆる新従属理論――「新」というのはプレビッシュら国連ラテンアメリカ経済委員会(ECLA)のスタッフたちの旧従属理論に対していう。以下では特に必要ないかぎり前者を単に「従属理論」と呼ぶ慣行にしたがう――が、わが国のマルクス学の領域で大きな影響力をもちはじめる。早くから従属理論に注目し熱心な唱導者として学界をリードしたひとり吾郷健二は、今では周知となった「低開発の発展」というフランク・テーゼに依拠しつつ、大塚史学とくには赤羽裕の『低開発経済分析序説』(一九七一年、岩波書店)に集中的な批判を浴びせた。吾郷はそこで、大塚＝赤羽理論の不動暗黙の立脚点を「資本主義化〔は〕……人類の歴史の進歩である(「資本の文明化作用」!)」とする近代ヨーロッパ中心の近代主義的進歩主義史観」に見出したばかりか、さらに筆を駆って「マルクスのアジア社会論が、どこまで……近代ヨーロッパ的(「自民族中心主義的」)バイアスを免れ得ていたか」全く疑わしい、と述べていた[5]。竹内が慎重に、マルクス主義の始祖たちが負うべき一斑の責任を認めながら批判の主眼を旧マルクス主義の史的唯物論に向けており、また同じ頃に出た湯浅赴男の『第三世界の経済構造』(一九七六年、新評論)が資本主義概念のあいまいさについてマルクスを批判したものの、一八四五年時点(!)でマルクスは近代主義的な「リレー競争的世界史観」[6]をすでに克服していた、としているのにくらべると、マルクスそのひとの「自民族中心主義」(エスノセントリズム)を疑った吾郷の指摘は先駆的といえる。

従属理論の紹介と研究はその後も着々と進み、加えてそれと親近的なI・ウォラスティンの『近代世界システム』第一巻も広く読まれて、没後百年のことし、記念特集をおこなった各誌や前後して刊行された諸著作には、「マルクスの西欧中心主義(ユーロセントリズム)」を論ずる文章がかなりの密度で目立つこととはなった。

それらのなかで、著書という形式にもよるが最も断定的な用語で語っているのが、菅孝行『マルクスと現代』(一九八二年、未来社)である。

菅は、一九五〇年代、六〇年代のマルクスのアジア認識をヨーロッパ革命への活性剤としかみない利用主義と呼び、「資本主義の全世界化というコースでしか世界史的関連」をとらえなかったマルクスは「ヨーロッパのブルジョワジー、政治権力、聖職者たちとあまり差のない……文明主義者であり、西欧中心主義者であり、近代主義者であった」という。[7] さすがに彼は、他の西欧中心主義者とは異なってマルクスのそれは「西欧文明への否定性を根底にすえて考えていた」ということを留保するのであるが、菅によれば、実はそれも西欧中心の資本主義世界の否定の彼岸に世界革命を思いえがくかぎり、結局は「凶暴な」[8]「進歩主義=単線的・段階発展論、生産力主義」にほかならないのであった。『マルクスと現代』の読者にはいささかの誤解も生じえないはずだが、上の文言を菅はいささか文学的にではあるが、細胞にしみこんだ血液のように自からの身体に内化しているマルクスをメスで切り開く作業のひとつとして発している。

菅ほどのオーバートーンをもってしてではないが、山本啓もまたマルクスのアジア社会論を、アジア社会の停滞性——それを打破する西欧資本主義の侵略——西欧に反作用するアジアの反乱と恐慌、というトリアーデをもつ「西ヨーロッパ中心主義」と解する。本多健吉[9]とともに山本が、アジア諸社会の人民の抵抗が西ヨーロッパにとっての市場縮少を、したがってイギリスひいては西欧資本主義全体の恐慌をもたらすというマルクスの期待に注目したのは正しい。この点、菅はマルクスのインド・中国観を絶望的な停滞社会としてのみ描いたきらいがある。山本の論旨の特徴はむしろそれに続くアイルランド論にあった[10]。マルクスのアイルランド論といえばただちにひとが想起する毛利健三の所説がある。毛利はマルクスの自由貿易論を系統的に追究して、かのインド論を「世界工業化テーゼ」ととらえながらも、それが一八六七年の「アイルランド問題についての講演の下書き」を旋回軸として決定的に変化、というより重層化した、と考える。イギリスのアイルランド支配が後者の生産力の発展機構そのものを（「棺桶製造業」を例外として！）喪失させるということを、言いかえれば「アイルランドにおける『低開発の歴史的発展』をマルクスは事実上発見した[11]」と毛利は言う。すでに多くの賛同者をえているこの見解に対して山本は、類似の見解を一九五〇年のマルクスに見出せるとし、結局六〇年代のアイルランド論もその地の反英闘争をイギリス社会主義革命への導火線としか見ない、西ヨーロッパ中心主義の一変種としての「イングランド中心主義」に汚染されていた、と見るのである。

菅においてほの見えた五〇年代マルクスにおける西欧文明への否定意識が視野におさめられていない点で、山本と似るのは小谷汪之の主張である。すでに彼は『マルクスとアジア』（一九七九年、青木書店）において綿密な資料分析をふまえてマルクスの「アジア的生産様式」概念の無理を指摘し、マルクス主義史学界に大きな衝撃と共感の空気をつくりだしたのであるが、没後百年の論文でもより鮮明にその見解を表明している。小谷によれば、マルクスにおいては絶対的に「正の価値としての西欧的近代社会（市民社会）」が世界中の野蛮な「非西欧的社会を解体としてゆくことが客観的進歩ととらえられ、この資本主義の世界中への普遍化という単線的な発展において、世界中が文明化してゆくという展望を当時のマルクスはもっていた」。だが歴史の展開はその展望を裏切った。「西欧資本主義の発展はけっして『文明化』をもたらさず、逆に社会破壊ないしは社会の畸形化をもたらした[12]」、と小谷は言う。彼の『マルクスとアジア』の説得力は強い。かつて「近代・西欧・文明」モデルの対極にマルクス主義による新しい「文化体系」を措定し、西欧民族中心主義をキリスト教的文化史観の発現とするにとどめていた沖浦和光さえ、今や小谷に依りながら、マルクスのインド認識を「自分の西洋中心主義の理論武装」のためだけに用いた御都合主義とまで言い切るにいたっている⑬。

ところで小谷は、むしろ山之内靖の見解に依拠しながら、やはりアイルランド問題を転機として資本主義の普遍化作用への反省をマルクスがおこない、そこに「世界的規模での収奪と格差の構造の縮図」を見出した、と述べた。小谷の力点は毛利のそれとはやや異なって、アイルランドへの覚醒がマルクスに先進国でのプロレタリア革命一元論から民族解放闘争の重視をうながした、と見る点にある。

毛利におけるマルクスの低開発理論の発見説を反駁して、アイルランド論の時点でもマルクスは「依然として単線的史観の持ち主であった⑭」と主張するのは本山美彦である。マルクスがアイルランドに期待したのは、労働者階級が革命的情熱を失ったイギリス本国に与える外からのインパクトであり、その源泉はアイルランドの特に農業における急激な資本主義の浸透にほかならない。本山は、そうした浸透についてマルクスに「過度の思いこみ」があったということを、アイルランドにおける小農経営の頑強な持続性に関する資料によって論証しようとした。本山の主旨は、最近の中南米における従属理論家——正しくはポスト従属理論家——たちが小農経済の頑強な生命力をむしろ逆手にとった革命戦略をうち出しつつあるという事態への注意喚起にあり、マルクスがいつからその「単線的史観」の軌道を修正したのかについては慎重に言及をさけている。

しかし、実は彼も含めて、ほとんどすべての論者は、マルクスはその西欧中心主義的世界把握を一八八一年の「ヴェラ・ザスーリッチあての手紙〔四つの草稿〕」において決定的に放棄した、と述べるのをつねとしていた。小谷の第二著『共同体と近代』(一九八二年、青木書店)は、晩年マルクスの新しい視座の背景をなしたロシア共同体論争やコヴァレフスキーの共同体論を丹念に追いながら、ヨーロッパ近代による共同体解体を「文明化」としてではなく

「文化破壊」（ヴァンダリスム）と認識するにいたったことを検討し、称揚している。この歴史観は「西欧中心的歴史観の限界を根底的につき破る方向性」をもった、というのが小谷の了解であった。

「護教でも葬送でもなく」（菅孝行『マルクスと現代』序章のサブタイトル）という論者たちに共通するのが、この論法である。マルクス葬送派を公然自認する論客たちがアキレスの腱として突いてくる「資本の文明化作用」認識を、先手を打ってあらかじめ完全否定しておき、然るのちアイルランド論であれロシア共同体論であれマルクスの劇的な回心を顕彰するという手法をとる以上は、先手のところでむしろ過度にマルクスの誤謬を強調しておくほうが効果的というわけであろう。没後百年の諸企画のなかで、その後日譚の特異さでも人目を十分にひいたシンポジウム、「《討論》マルクス——再生か葬送か」（『思想』一九八三年三月号）において、マルクス没後の門人を自称するいいだももが、「マルクスにおける西ヨーロッパ中心史観……は今日から見返してみるならば、全く弁護の余地なくひどい歴史把握[15]」だと一旦言い切っているのも、そのことで逆に「老マルクスの不屈の探究」を浮び上らせるためであった。沖浦もまったく同じ論法を用いているのであって、実は例のインド論を「予断にもとづいた暴論」とまで痛罵していたのであった。

詳説の必要はないと思うが、かの手紙の草稿でマルクスは、一定の社会的条件さえととのえばロシアのミール共同体は解体を要せずにロシア社会主義の独自な基盤として再生しうる、と記していた。大方の論者がここに、マルクスにおける単系発展段階説の修正、したがってとびこえを含む複合的＝多系発展説の承認を見る。それに対して菅の見解はやや異なる。彼はここでの問題は「マルクスが進歩史観に修正を加えて、後進国革命の道もあり得ることを認めた」ことではない、と言う。重要なのは革命の世界化と全体化の条件を、「モノのレヴェルでの生産力の発展段階とはちがった指標」に求める境位に達した点にあるのではないか。菅のこの推論は裏づけのない仮説的な問題提起の域を出ないが、そして私自身はこの仮説に賛同できないが刺激的な着眼といえよう。

このようにして現時点では、少なくとも一八五〇年代のマルクスは疑問の余地なく西ヨーロッパ文明優越史観、生産力万能主義の持ち主であった、という定評が「再生」派のなかに沈着しつつあるように思われる。

三

念のためにいえば、以上に列挙した論者たちから、かねて私はそれぞれに貴重な啓発を受けてきた。引用した諸断片を組みこんでいるおのおのの文脈を誤解するほど粗略な読者ではなかったつもりである。にもかかわらず、あるいはそうであるがゆえに、あたかも口裏を合わせたかのような彼らの論法に、一抹の疑念を抱かざるをえない。去来する疑念のうち最たるものを挙げれば次の二つである。

第一。晩年のマルクスが到達した地平の高さを称揚する効果をはかってのことであるとはいえ、以上の諸説は五〇年代のインド通信（『ニューヨーク・デイリー・トリビューン』への通信）の理論的含蓄を十分に汲みとってはいないのではないか。一点に集約すれば、「資本の文明化作用」というマルクスの用語とその語法をあまりにも単純かつ一面的に解釈してはいないか。

第二。西欧中心史観あるいはエスノセントリズムという言葉は中性的な定義ではなく攻撃的なレッテルにほかならない。別言すれば、眼くばりの範域が限られていたという制約状態をではなく、地球的視野をもってなお一切を西欧資本主義ないし西欧プロレタリアートの進歩の道具とみなすという積極的な構えを謂うのであろう。だとすれば、この構えは単にヨーロッパからする東洋社会観にのみあらわれるといった性質のものではない。社会認識と歴史理論は一体不可分である以上、かの論者たちは、最も狭くとって一八五三年以前のマルクスの諸労作はすべて、その脊髄をユーロセントリズムに冒されていたと解していることになる。最も広くとれば問題の重要性はいっそうはっきりする。一八八一年以前のマルクスの諸作品は、『経済学批判要綱』をもちろんとして『資本論』すらも事の勢いからして西欧中心史観の産物だといわざるをえないことになる。事実アミンは、周辺部資本主義の世界資本主義への統合＝従属は現代に持続している本原的蓄積であるとする視点から、「マルクスは終りかけていた重商主義タイプの中心部の利益になるような本原的蓄積のメカニズムのみをとらえて」いたにすぎない、と言い切っている。[16]「経済学的分析から『上部構造』〔民族、階級、階級闘争等々——引用者〕分析への移行の方法論について語ろうとしていない」（トリムベルガー）、と言うよりはそうした方法論にそもそも関心をもたないアミンならそれでよいであろうが、わが論者たちはそれなりの『資本論』観を明らかにせねばなるまい。もちろんそれは、マルクスが死の直前まで少なくとも『資本論』第一巻についてはは揺ぎない自信をもっていた（一八七七年、アメリカ版のための編集指図書。一八八二年、『資本論』第一巻第三版の準備作業開始）という事実をおさえた上での判断でなければならない。

さて、第一に指摘しておきたいことは、「文明化作用」（the civilising influence, die zivilisierende Wirkung）という用語がすぐれて理論経済学的な認識枠組みの中で用いられているということである。これがとかく看過されて、植民地侵略の生々しい場面にストレートに適用される傾向が強く、ために、「文明化」という言葉はきわめて情緒的な思い入れとともに引証されるきらいがある。

この言葉は、『経済学批判要綱』で三回登場するだけである。そのためか、『要綱』研究の厚みをもたぬ海外では滅多に話題とされない。

（一）資本に関する章のはじめの箇所。交換価値を措定する活動への誘因はまず（諸民族の生活圏域の）外部からやって来る。はじめ偶然的であった余剰の交換は、双方の内部に新しい欲望を目ざめさせ、さしあたりは新しい素材＝使用価値の獲得だった流通は、生産の組織をしだいに交換価値目的に編制してゆく。「これこそひとが対外貿易の文明化作用と名づけているものである」（大月書店、第Ⅱ分冊一七七ページ、傍点引用者）。マルクスはその例として十六世紀におけるイギリスの輸出用羊毛生産の発展を挙げ、それが囲い込み運動という形での「生産様式の変革」に帰着した、と述べている。

（二）『経済学批判』原初稿の断片。六　資本への移行、の箇所（同前、第Ⅳ分冊一〇四三ページ）。「対外貿易のいいわゆる文明化作用」（傍点引用者）。そのほかは前掲とほとんど同じ文章。

（三）資本に関する章、第二篇資本の流通過程、大項目「資本の生産過程から流通過程への移行」の箇所。それまでは資本が生産過程でより多くの剰余価値を吸収しようとする運動を見てきた。マルクスはこの箇所で、資本がいまや流通の圏域を外に向って拡大してゆく過程を分析する。

（a）まず絶対的剰余価値の生産の視点から、資本が「より多くの補完的生産地点を創造する傾向」をもつ、言いかえれば「資本に基礎づけられた生産または資本に照応する生産様式を布教しようとする（propagieren）」ことを指摘する。つまり、資本という概念そのもののなかに、自己運動の極ついには「世界市場を創造する傾向」が当初から含蓄されているのであり、そのゆえに資本は、より以前の自然成長的な諸生産様式を交換に従属させ、それに代えて資本に基礎づけられる生産をうち立てようとするのである（第Ⅱ分冊三三六ページ）。（b）他方では相対的剰余価値の生産。生産力の増大にともない、資本は現在の消費の量的拡大につとめなければならないが、それだけでは十分でなくなる。消費者のあいだに新規の欲望をかきたて、新しい消費財を買わせる工夫をこらす。そしてそのために新種の使用価値を地球上で発掘しそれを素材とした新商品の生産にのりだすことになろう。この新生産体系は労働の範囲を拡げ、多様化し、細分化してゆくだろう。

こうして、資本主義的生産は、一方で普遍的な勤労を創造すると同時に、「自然と人間の諸性質の一般的な開発（Exploitation＝搾取）の体系、一般的な効用性の体系」を創造する。資本は、「まず市民社会を創りだし、そして当の社会の諸成員による、自然の、ならびに社会的関連そのものの普遍的領有を創りだす。かくて、資本の偉大な文明化作用（Hence the great civilising influence of capital）。」〔この一句だけ英語〕（第Ⅱ分冊三三八ページ）。[17]

資本は不断に普遍的であろうとする本性に駆り立てられて、自然崇拝や民族的偏見や自給生活にもとづいた古い生活様式を破壊せずばやまない。内田弘の的確な理解にしたがえば、資本は「科学の眼と力で自然と人間の潜勢力を、効用性の相の下で徹底的に開発し汲み尽してゆく」のである。

長々と引用を重ねてきたのはほかでもない。マルクスは、相手となる共存体（ゲマインヴェーゼン）との間の交換の本性、より多くの剰余価値を取得しようとする資本の本性を、いささかの感傷をも交えることなく冷静に定義し、この運動と傾向とを、今の私にはそれが誰であるか確かめられないが、誰かある人物による表現を借りて「文明化作用」と呼んだのであった。もちろん「偉大な」(great) という形容詞もそっくりいただいた上で、である。[18]

ここまでくれば、前に各論者の文言を煩をいとわず挙げてきた理由を了解していただけよう。各論者はあたかも、『要綱』のマルクス自身が「文明」——論者たちによって当然西ヨーロッパ文明と解釈されたもの——ないし「文明化」という事態ないし現象に、絶対的にポジティヴな意味づけを与えている、と頭から思いこんでいる。理論のレヴェルにおける「資本の革命性」を、ただちに時論のレヴェルに転用すると、そこに「植民地主義の革命性という虚偽のイデオロギー」[19]が生じかねず、もっと危険なことにはその虚偽をマルクスに発すると誤認しかねない。しかし上にみたように、「文明化作用」という表現をマルクスに貸した誰某は資本の本性発揮をまじめに人類の進歩と観じたであろうが、マルクスはそうは見ていない。むしろ逆に——大胆な読みこみをあえてすれば——、彼は恐らくブルジョア的であること百パーセント確実な経済学者か歴史家によるこの語を皮肉たっぷりに動員したのだと考えることさえできるのである。

こうした固定観念が一たび形成されてしまえば、インド通信のごとき諸時論に頻出する「文明」、「野蛮」、「未開」等々の用語にその思い入れを存分に注入することができる。いな、事は反対で、時論における「文明」等々の言葉のごく常識的な（つまり各論者自身の常識が端的に反映された）解釈のほうが「文明化作用」の理解にインプットされた可能性が大きい。

だがその常識に反してさえ、マルクスは「文明」を一義的にプラス・シンボルとはしていなかった。それはたとえば、セポイ（シパーヒー）反乱の終熄期にアワド王国の首都ラクナウに乱入し、一二昼夜にもわたってジンギスカンやチムールもはだしという空前の大略奪と暴行をほしいままにした植民地支配軍を「キリスト教的に文明化されたイギリス兵たち」[20]と呼んでいることでもわかる。まさにイギリス「ブルジョア文明の深い偽善と固有の野蛮性」が遺憾なく発揮されたのである。

なるほどマルクスがこの種の時論の随所で、インドや中国の発展段階を「半未開」とか「半文明」と呼んでいることはたしかである。メロッティも言うように、そこに「文明的な自国中心主義」(cultural ethnocentricity)[21]が見え隠れすることは否めない。だがマルクスがその半面、ヒンドゥー文明を「偉大で気高い」(great and elevated)と評価し、インド人民の多数が「数学的頭脳と精密科学への才能」を備えていることを記しとめ、最下等の階級の住民さえ、温雅で洗練された気品に満ちているという事実[22]を、アメリカの読者に正確に伝えようとしたことを閑却するべきではなかろう。

問題は、このように典雅で明晰なインド人民の「人間的精神をありうるかぎり最も狭い範囲に押しこめ、……その精神からすべての偉大さと歴史を創るエネルギーを奪った」のがインド固有の村落=家族的な共同体である、という認識である。この共同体に孤立を強要されることによってインド人民はカースト制や奴隷制をも含む小宇宙に封鎖される。マルクスはその「人間的尊厳」を奪われた生活を痛ましい思いで見つめる。その思いのあまりについ、仏教やイスラームという高等宗教の存在をわきにおいて猿神や牛神の崇拝に非難めいたまなざしを投げたのであった。「イギリスはインドで二重の使命を果さねばならない。……古いアジア社会を滅ぼし、西欧社会の物質的基礎をアジアに据えるという使命を。」

遠いアメリカのごく普通の新聞読者を相手に書かれたこのあまりにも周知の文章を、われわれは単なる時論や狭い意味での東洋社会論として読みはなつべきではない。この文章の背後に、歴史理論としての経済学が立つ。すなわち「資本はその本性からして非資本主義的領域において〈二重の使命を必ずや果すことになる。has to fullfil a double mission〉。より以前の生産 - 生活様式の解体と、資本にもとづく生産様式の設定と。」命題をこのように立て直せば、なんぴともこれを西欧中心主義、生産力至上主義とは言わないにちがいない。

『ドイツ・イデオロギー』においてマルクスは「ひろがりつくした分業」の極に「諸個人の普遍的な交通」を構想した。『共産党宣言』は「ブルジョアジーはすべての国民に……彼らの生産様式をとりいれるよう強制する。ブルジョアジーは自分の姿に似せて一つの世界を創りだす」と書いた。この世界史認識を単線的史観と評することは、ある意味ではやさしい。問題は、こうした分業と市場の歴史理論を築くことなしに資本家的な市民社会の経済学的全体認識はうち立てられようがなかった、ということである。原理論の次元では、資本はまさに「普遍的傾向」を具有するものとしてしか措定できない、と言いかえてもよい。

だからこういえる。資本はその本性にもとづいてあらゆる領域に資本家的生産様式を植えつけてゆくという原理論に立ち、いわばその応用的推論として「鉄道制度はインドにおいて、まちがいなく近代工業の先駆者となるであろう」という時論的認識をうち出したとしよう。そして、だが世界史の現実のなかでは「中心部の資本蓄積の必要に照応するように形づくられた国際分業体制に組み込まれた低開発地域は、……むしろ急速に発展した……──ただし畸型的な方向に、つまり……内部に基礎をもつ自律的な発展への可能性を奪われた方向に。」[23]という結果がもたらされたとき、ひとは、マルクスの時論的展望が事実によって裏切られ、上のような意外の結果が現出したからといって、原理論＝経済学批判体系の改編を要求すべきであろうか。答えは明らかに否であろう。資本は、ヨーロッパ地域においてすべての低開発地域をアイルランド同様に畸型的な発展の軌道にのせたのではないからである。「資本の文明化作用」というテーゼの次元を誤認して、それに過剰なアレルギーを示す論者たちは、水といっしょに赤児をも流す──少なくともその所説の読者にはそう強いる──危険をおかしていると言わざるをえない。マルクスのインド共同体論の資料的根拠を入念に再検討した小谷汪之の仕事の意義は高く評価されるに値するものであるが、小谷は実は、マルクスその人への批判をほどほどにして、インド史研究においてそのような具体的研究の進展が見られているにもかかわらずマルクスの文言を金科玉条視して自他ともにあやしまない護教的「マルクス主義者」たちを俎上にのぼせるべきであったろう。小谷が彼ほどの努力にさえ『異端』の臭いをかぎつけようとする人びと」（『マルクスとアジア』あとがき）に囲繞されているがゆえに、秘めた意図としては教義体系批判を目していたとしても、客観的には一八八〇年代以前のマルクス総体をおとしめてしまい、結果としては多系的＝複合的発展史観の持ち主としてしかマルクスを救済できなくなってしまう。

時代と資料に制約されたマルクスのある時論の誤りは、別の時代の正しそうな時論たとえばザスーリッチあての手紙を表に立てかえることで糊塗するのではなく、[24]われわれ自身が時論と理論とを媒介する新しい歴史理論――マルクスにふかく通脈する歴史理論をまず読みぬくことを前提として――を創造することで正すべきなのである。いわゆる従属理論、世界システム論、経済人類学等の知見や発想はまさに、マルクスを豊饒化しつつ「再生」する作業の素材として学び利用しつくさるべきものであろう。

四

「資本の文明化作用」をめぐる以上のような誤解は、近代史あるいはその延長としての現代世界を解く用具をもとめた論者たちに限られない。

たとえば向井公敏は、平田清明の『経済学と歴史認識』をとりあげ、平田における市民社会の歴史的展開の方法を批判して次のように言う。

「氏にとって『資本の文明化作用』とは結局、西欧『資本主義母国の内と外』における『市民的生産様式の資本家的生産様式への転変』を通じての、『共同体の解体＝普遍的な市民化』という意味での『資本による世界の一元化作用』にほかならないといえよう。すなわち、『市民的生産様式は……おのれみずからを資本家的生産様式に自己転変させせることを通じて、市民的社会原理を全世界に普遍的な社会的妥当形態とするのである』、というように。かかる意味で『単線的発展史観』ないし『西欧中心史観』という批判も無理からぬところと言ってよい[25]。」

向井による平田見解の要約のしかたのせいで引用が長くなったが、これまでの読者に対しては結論は簡単な形で出せる。「資本による世界の一元化作用」という平田の命題は、それが措定された箇所を見れば明瞭なように、前掲英語形での「資本の偉大な文明化作用」に触れたマルクスの『経済学批判要綱』をたくみに集約したものにほかならない。「普遍的な市民化」という一見特異に平田的な用語さえ、マルクスが「資本はまず市民社会を創りだす」と述べたことを知っているわれわれにとっては、いささかの疑念もよびおこさない。それよりも読者は、『要綱』研究者として知られた向井がいったいなぜ、『要綱』資本章における準理論的なカテゴリーである「資本の文明化作用」を、いきなり「西欧中心史観」と断定できるのか、その手続きにおける飛躍をいぶかしむに違いない。それだけではない。「資本の文明化作用」を一義的に西欧中心史観とすることによって、向井は平田ならぬ理論家マルクスをその理論のゆえに西欧中心主義者と断定していることになり、自家撞着におちいらぬ唯一の方法は『要綱』は西欧中心主義であったが『資本論』はそこから脱却しているということの論証しかないのに、向井はそれを果していないということにも読者は気づくはずである。

要するに、「文明化作用」に関する向井の平田批判は問題のレヴェルをとり違えたまま、実は平田における「市民的生産様式、その転変、その普遍化」なる理論構制に批判を急いでいるのであって、その結果は共同体間での商品発生（対外貿易の文明化作用！）もユーロセントリズムだということになってしまう。

ここは平田の市民社会論を論ずる場ではないので簡単に済ませたいが、向井をして「資本の文明化作用」イコール「西欧中心史観」という勇み足に駆りたてたのは、平田が彼の謂う市民的原理の実在態を大塚的な意味での「局地的市場圏」における「小経営生産様式」に見出したことへの、向井の批判意識であった。向井は、平田がこの説明によってその市民社会を「人類史における飛びこえ不可能な普遍的階梯」に仕立てあげていると論難し、そうしたイギリス特有の構造にだけ資本家社会の世界史的成立が許されるとすればそれこそ「西欧中心史観」以外のものではない、と解釈するのである。

平田の批判者たちが、宇野学派と佐藤金三郎とを問わず、なぜ執拗に、平田があたかも市民的生産様式を歴史的に普遍的な段階をなす（宇野流に言えば「歴史的一社会をなす」）と説いているかのごとく誤読するのか、私には了解しかねるのであるが[26]、いずれにせよ平田の市民社会論とマルクスの「文明化作用」概念を短絡させることの誤りだけは明白であろう。つけ加えておけば、本山美彦が「『資本の文明化作用』という用語を、多くの市民社会論者のように絶対視してはならないだろう[27]」と語るときにも、同様の誤解が背後にあり、のみならずその誤解は明示的にマルクスにも向けられている。『要綱』段階のマルクスは確かにこの用語に大きな比重をもたせて、資本の肯定的・積極的側面を強調していた」、というふうに。このように見るかぎり、本山が私に対して、市民社会論的視座を前面におし出すあまり「資本主義の結果として成立した世界経済の複合性の陰の部分にまで接近する芽までも摘みとることになって[28]」いると批判した文章の、前記カッコ内の部分は、そっくりマルクスにもあてはまることになろう。だがマルクスは、「世界市場では……肯定的な契機と、逆の否定的な契機とがもっとも極端に現われているという認識を欠いて[29]」はいなかった。それは『資本論』の有名な文明と野蛮の接木理論にも一端を示す。ただ彼は固有の世界市場論は展開していないのであるから、展開していない論理構造のなかに極端なまでの否定的契機が述べられていないというのは、無いものねだりであろう。くりかえして言うように、原理論のレヴェルでは「資本の布教的・文明化的傾向」を理論上想定できる限界まで開花させるほかはないのであって、問題はむしろ、そうした叙述の運びに「肯定的、積極的」という価値判断を賦与する側にある。『資本論』原蓄章でのように、場所さえ確保しうるなら資本の「文明化作用」の否定的契機をマルクスは山ほど積みあげうるだろう。彼はそれを『要綱』の理論展開のなかにおさめる工夫を重ねる余裕なく、インド通信のほうへナマの形で吐露したのであった。

五

「対外貿易の文明化作用」、「資本の文明化作用」、「資本の布教化傾向」等々の諸概念は、これらを『経済学批判要綱』の文脈において考察するかぎり、理論的に疑問をさしはさむ余地はまったくない。もし叙述の味付けとして布教にともなうヴァンダリスムが『要綱』本文にちりばめられていたら、誤解の多くはほぼ消失すると予想されるが、純理論的にはそうした味付けはなしで済ませうるのである。

「資本の」こうした世界化傾向という命題への理論的判断を留保したままで、中心部による周辺部の暴力的な「文明化作用」という時論の当否のみを論ずることはできない。なぜなら、マルクスにおいて前者は「自由な諸個人の連合へ」というマクロの歴史理論と不可分であり、しかも市民的に自由な諸個人は、本原的蓄積の過程においてすでに、血と火の煉獄をくぐってしか生れなかった、とされているからである。この二つの史論を見ないで「文明化作用」の悪をだけ糾弾すれば、安易な二元論におちいるか『資本論』マルクスを全的に黙殺するかのいずれかを選ばざるをえない。言いかえれば、「資本の」と「文明化作用」との二つにトータルに対決するには、「自由人の連合」へのオルターナティヴを自からに用意しなければならないであろう。

「文明化作用」の実証的な確認という点でも問題は簡単ではない。かの本山自身、新興工業化諸国（NICs）に関しては、マルクスの予言が一〇〇年以上もたってようやく適中しはじめた、と認めているのである。[30] このような現実の諸動態を的確にとらえる研究をみのりあらしめるためには、一方で世界市場論や国家論を包括した新たな経済学批判体系（原理論）の構築とともに、他方で、まったくたとえば「帝国主義」の通時的段階の設定等、原理論的諸命題の展開を歴史的に促進または阻止したりする、またそれに抵抗する諸社会構成や諸生産様式の関係構造を明らかにしてゆく必要がある。

私の現在の見通しでは、『要綱』ならびに『資本論』において資本家的生産様式と市民社会──必ずしも西ヨーロッパ的に限定されない──の重層あるいは接合（articulation）の原理を確定する一方で、第三世界を残りなく包摂した歴史理論──とりわけ狭義の従属理論と協力しあえるような「諸生産様式の接合」理論を中軸として[31]──を模索する動きが世界的に高まっている。マルクスを超えてマルクスを豊かにする諸条件は日々にととのっている。その諸条件を生かした多角的協働の過程で本山のいうように「マルクスへの疑問をすべて低水準の理解として退ける知的権力こそもっとも有害である」という了解が共有されてくるだろう。

（1）伊藤誠『現代のマルクス経済学』（一九八二年、TBSブリタニカ）一四五ページ。
（2）P・アンダースン、中野実訳『西欧マルクス主義』（一九七九年、新評論）九八、一五九ページ。
（3）E. Carr, A History of Soviet Russia. The Bolshevik Revolution, Vol.Ⅲ, London 1957, p.229.
（4）竹内芳郎『国家と文明』（一九七五年、岩波書店）三一ページ。
（5）吾郷健二「第三世界論への視座」（『経済学論集』（西南学院大学）第一二巻二号、一九七七年一二月）二八―三〇ページ。なお吾郷「いわゆる大塚＝赤羽理論について」前掲（『経済学論集』第一〇巻二号、一九七五年一二月）をも参照。
（6）湯浅赴男『第三世界の経済構造』（一九七六年、新評論）二九、二七二ページ。この独自の命名のねらいは、バトンを渡しながら平行して走る諸チームの順位が遅速に応じて前後しあう事態の表現にある。
（7）菅孝行『マルクスと現代』（一九八二年、未来社）一一八、一六〇ページ。
（8）「凶暴な」という形容詞は、同じ菅孝行の「先進国に革命は起きていない」『別冊経済セミナー・マルクス死後一〇〇年』（一九八三年、日本評論社）九八ページで、「近代」主義・「進歩」主義、西欧中心主義の三語に冠せられていたもの。なお『別冊経済セミナー』論文では、ヨーロッパ中心主義と一見矛盾する周辺部革命論をすでに一八四八年からマルクスが抱懐していた、と述べている。

（9）本多健吉「マルクスのアジア社会論」『マルクス・コメンタールV』（一九七三年、現代の理論社）一五〇—一五三ページ。

（10）山本啓「マルクスと世界認識のパラダイム」（『思想』第七〇五号、一九八三年三月）二一六ページ。

（11）毛利健三『自由貿易帝国主義』（一九七八年、東京大学出版会）一〇〇ページ。

（12）小谷汪之「歴史観からみたマルクス」（前掲『別冊経済セミナー』一〇六ページ）。

（13）沖浦和光『近代の崩壊と人類史の未来』（一九八〇年、日本評論社）二四〇—二四四ページ。同「マルクスの歴史認識——その西欧中心史観の限界」（『社会主義と労働運動』（社会主義理論政策センター・大阪）第六巻第七号、一九八三年七月）七—八ページ。

（14）本山美彦「マルクスと第三世界」（『経済評論』一九八三年四月号）七〇ページ。

（15）いいだもも発言（『思想』一九八三年三月号、二八六ページ）。

（16）S・アミン、野口佑・原田金一郎訳『周辺資本主義構成体論（世界的規模における資本蓄積・第II分冊）』（一九七九年、柘植書房）二二ページ。なおアミンの原蓄論が含む問題点については、望月「第三世界研究と本原的蓄積論」（『経済評論』一九八一年一二月号）、および同「本原的蓄積論の視野と視軸」（『思想』一九八二年五月号）を参照。

（17）この箇所についていては、内田弘『経済学批判要綱の研究』（一九八二年、新評論）二〇一ページ以下における達意の評釈を参照されたい。内田は、ここでの「市民社会」にスミス的「文明社会（civilised society）」の含蓄を読む。

（18）したがって、マルクス自身が文明化作用を真に「偉大」などと感嘆しているわけではない。ここを平田清明『経済学と歴史認識』（一九七一年、岩波書店）二一ページでのように、「壮大な」などと改訳するとかえって原意を稀釈してしまう。なおここでくりかえし、「対外貿易の文明化作用」の二用例でもマルクスが注意深くこの造語の責任を回避している点に注意をうながしたい。

（19）毛利健三、前掲書、一〇七ページ。

（20）マルクス「ラクナウ攻略の詳報」（『マルクス・エンゲルス全集』邦訳第一二巻）四四四ページ、および「インドにおけるイギリス軍」（同上）四七二ページ。

（21）Umberto Melotti, Marx and the Third World, tr, by P. Ransford, London 1977, p.117.

（22）マルクス「イギリスのインド支配の将来の結果」（『全集』第九巻）二一三—二一七ページ。同「イギリスのインド支配」（同上）一二七ページ。

(23) 森田桐郎「資本主義と低開発」森田ほか『マルクス・著作と思想』(有斐閣新書) 二三四—二三五ページ。

(24) 「文明化作用」すなわち単線的史観ではない、という了解が成立すれば、何も遠くザスーリッチあての手紙にもたれかかる必然性はなくなる。私は、本源的共同体論においてマルクスはすでに多系説と考えているので、余計にその必要を感じない。私見では、この手紙は第一義的に戦略的文書である。慎重に読みたい。

(25) 向井公敏「マルクスの世界史認識と『市民社会』論」(『同志社商学』第三四巻六号、一九八三年三月) 八一ページ。

(26) 市民的ゲゼルシャフトは、歴史的一社会段階どころか、空間的な一領域をすら必要としない、ということを、私は「宇野経済学を支えた宇野史学」(『経済評論』一九七七年七月号) で示唆しておいた。

(27) 本山美彦『世界経済論』(一九七六年、同文館) 六五ページ、注18。

(28) 本山、前掲書、二八三ページ。

(29) 本山、前掲書、三四ページ、注33。

(30) 本山美彦『貿易論序説』(一九八二年、有斐閣) 三一二ページ。

(31) 「接合」については、望月「生産様式接合の理論」(『経済評論』一九八一年七月号) および同「生産様式の接合について・再考」(『専修大学社会科学研究所月報』第二二四号、一九八二年四月) 参照。なお、接合理論を最初に提起したピエール＝フィリップ・レイによる「資本の文明化作用」の興味ふかい現代的再解釈については、若森章好「資本循環論と生産様式接合の理論」(『経済論集』(関西大学) 第三二巻一号、一九八二年六月号) による紹介とコメントがきわめて有益である。

〈望月清司先生に聞く〉

16

望月清司先生に聞く〔二〇一〇年〕

——［聞き手］村上俊介（専修大学経済学部教授）

はじめに

長年希望していた望月清司先生へのインタビューが実現した。これまで何度もお願いしながら、実現できないでいたが、このたびようやくお引き受けいただけることになった。二〇〇九年に先生の主著『マルクス歴史理論の研究』（一九七三年、岩波書店）が中国語訳されたのを機に、訳者（清華大学教授　韓立新氏）との意見交換の中で、ご自身のご研究を振り返られたことが、お引き受けいただけるきっかけになったかもしれない。お話をうかがうにあたって、インタビューではご自身の研究史についてのみ語るが、個人史について語るつもりはない、とのことであったので、当方の質問もそれに限定した。

しかし許される限りで、ごく簡単に先生のプロフィールを紹介しておく。先生は一九二九年五月一九日のお生まれだから、二〇〇九年に八〇歳になられ、現在もすこぶるお元気である。先生は、旧制東京高校の尋常科から高等科文科甲類に進学され、三年次に病気療養のため一年休学、復帰されたちょうどそのとき戦後学制改革の時期に遭遇したため、一時、大学への進学を諦められた。敗戦直後である、おそらくご苦労をされたことと推察する。とはいえ、学問研究へのいわば「渇望」はいささかも消しがたかったことが、先生のお話の中で伺えた。

おそらくはそのお気持ちによるのだろう、一九五一年に専修大学経済学部に二年次編入というかたちで入学され、入学したその年には早くもドイツ語の翻訳（「マルクス・ワグナー評注」、専修大学経済研究会会報』二・三合併号、一九五一年一一月）、さらに三年次には論文「東ドイツにおける農業労働力の存在形態――グーツヘルシャフト研究ノート」（専修大学経済学研究会『経想』六・七合併号、一九五三年三月）を書かれている。当時の専修大学経済学部には、先生の恩師でもある小林良正氏、雪山慶正氏、秦玄龍氏、平瀬巳之吉氏、また内田義彦氏などがいた。前記のごとく当時、先生が群を抜く学生であったことは言うまでもなく、自然と大学院に進学、助手を経て専修大学教員として研究・教育に身を捧げられた。さらに、一九八三年から一九八七年まで経済学部長を、一九八九年から専修大学学長を三期九年間務められた。一九九九年にご退職後、現在までお元気に、人文社会科学の多様な読書を楽しまれる一方、時には経済学から離れ、勅撰和歌二十一代集を耽読されながら日々をお送りになっている。ある時、西吉野の山奥、賀名生（あのう）にある南朝朝廷跡を訪ねたお話しをうかがった。先生のご説明によると、南朝のゆえにいわば番外の勅撰集になった『新葉和歌集』の歌人たちを追慕しての旅だったとのことである。その時の楽しげな先生のお話しぶりが印象的だった。

インタビューの企画はすでに一〇年前にあった。先生のご退職を機に、大学院時代に先生の教えを受け、その後大学教員となっている者たち（石塚良次氏、鈴木章俊氏、杉谷克芳氏、高橋誠氏、村上）と、二〇〇九年に経済学部を退職された内田弘氏の六人で、先生を囲んで通称「望月研究会」を開いた。一九九八、一九九九年度のことだった。その過程で先生へのインタビューを企画し、各自が質問を持ち寄った。ところが二〇〇〇年七月、奥様が他界され、研究会やインタビューという状況ではなくなってしまった。その後、数年を経て、先生のお宅にお邪魔するたびにインタビューをお願いし、ここにやっとお引き受け下さったという次第である。

収録は二〇〇九年一〇月から翌年一月にかけて、三回にわたり、合計九時間ほどになった。しかし、私の準備上の不手際で質問が重複したり、あるいはお話を伺う過程でプライベートな内容になった部分は削除した。先生のお話を伺い、改めて先生から学ぶことが多かった。大学院時代を思い返しながら、インタビューも、それを文字化して校正する過程も、私にとってはうれしい時間だった。貴重かつ楽しい機会を与えて下さった先生に改めて感謝するとともに、今後とも先生がお元気でお過ごしになることを心から願う。

（村上俊介）

◇村上　このたびは、これまで何度もお願いしては断られ続けていましたが、インタビューをお引き受けいただいて、大変ありがとうございます。今日は、先生の今までのご著書あるいはご論文について、特に重要と思われるものを取り出して、先生からそれについてのご意見や思い出、その頃の動機、書かれた時の着想というようなことを伺いたいと思います。

お話を伺う順番として、先生のご研究を私の方で勝手に三局面に分けさせてもらいますと、第一局面は一九五三年から六七年までの「中世ヨーロッパにおける農奴制研究」。先日は先生が学生時代の一九五三年に書かれたガリ版刷りの「東ドイツにおける農業労働力の存在形態――グーツヘルシャフト研究ノート」を見せていただき、拝読しました。また、六四年からは、特にマルクスの『資本制生産様式に先行する諸形態』（以下『諸形態』）研究がかなりの本数出ております。その中で『諸形態』研究に内在されつつ、農奴制研究を深められたと思います。

第二局面が、これは六八年から八〇年まででいいと思うのですが、ブレイクスルーとなった二つの御論文、一九六八年専修大学社研の『月報』で書かれた、「『経・哲手稿』における事物の疎外と自然の疎外について」、これが一つ。同じ年に『思想』に発表された「『ドイツ・イデオロギー』における「分業」の論理」。それをきっかけにして書かれたのが、おそらくこの、日本評論社の『講座マルクス主義8　資本主義』の中の「マルクス歴史理論における『資本主義』」。これをトルソーとして主著一九七三年の『マルクス歴史理論の研究』が書かれます。ここで初期マルクスの分業視点および『経済学批判要綱』、『資本論』分析にもとづき「望月歴史理論」と言いますか、あるいは「望月市民社会論」と言いますか、それが構築される。

さらに第三局面は八一年から八三年まで「第三世界論研究」の時期。この時期『経済評論』で、ここにありますが「第三世界」論に関する三論文を中心にして、ほかにも『思想』にも書かれました。この時期は第三世界論および本原的蓄積論のご研究ということになるだろうと思います。

ここから学部長や学長などの行政職を相次いで務められたことで、この前伺うと、韓国の読者たちのあいだで「望月沈黙」という言葉があったらしいのですが、ご研究の面で「沈黙」と言うより、ご性格からして与えられた職務に全力を傾注されたのだと思います。

ほかにも今の整理で収まりきらない、例えばブルジョア革命についての、あるいは近代に関する考察というのが、六五年と六八年にあります。これについても別途伺いたい。

まず第一局面なのですが、先ほど申しましたように一九五三年に、「東ドイツにおける農業労働力の存在形態——グーツヘルシャフト研究ノート」を書かれまして、ここでドイツ東部のグーツヘルシャフトと西部のグルントヘルシャフトの比較というお仕事をスタートされました。五七年には修士論文を整理されて、「グーツヘルシャフト成立前期と騎士団国家の市場構造」(『専修大学論集』一三号)を書かれていますが、この論文で東エルベにおける、再版農奴制成立直前の十四世紀頃の農民自身の生産物余剰交換、これが行われるいわば局地的市場圏が論じられています。ここのところの実質的自由農が交換を行う場が、ある時期出現したと。このご論文は第二局面、第三局面を貫く最も重要なものと私は理解しております。まず、どうしてこのテーマで書かれようとしたのでしょうか。

◆**望月**　ここは序説が必要だろう。当時の学界の雰囲気というものがある。学部の学生がいきなりグーツヘルシャフト研究なんて目標を立てられるわけがない。敗戦後、それまで抑圧されていた言論が一気に解放されて、実に百花繚乱というありさまのなか、一つのホットな関心が農地改革で、そこであらためて戦前から有名だった山田盛太郎の「半農奴的零細農耕」を、世界史的に位置付けるとどうなるか、ということから「二つの道」論争というのがあったんだ。原点はレーニンで、要するに農業の資本主義化には「アメリカ型」と「プロシア型」があるという。前者はいわば素直な農業資本主義化、後者は封建的な領主の近代的衣更えとも言うべき「ドイツのユンカー(大地主)経営」だ。二分法だから日本の地主小作制は当然後者になるけど、ユンカーとせいぜい一〇町歩ぐらいの小粒地主とでは性格に大きな違いがある。じゃ、どう規定すればいいかが論争になる。

◇**村上**　そもそもケタが違います。

◆**望月**　そう。そこで、ドイツ特にエルベ河の東に特徴的にひろがった領主的経営、つまりグーツヘルシャフトとはそも何か、という関心が高まったんだ。「半農奴的」というところがぴたり平仄が合う。戦前にも林健太郎の研究があったけど、当時の私に近かったのは、高橋幸八郎さんの編著『近代資本主義の成立』(一九五三年)に収録されてた二つの論文だった。けど、当時の専修大学にはない文献ばかりだ。僕は入学して一年後から図書館のアルバイトをしてたから、書庫は自在に利用できたけど、仕方がないから、『国家学辞典』という超大項目主義の辞典に含まれていたテオドル・クナップの「農民解放」という項目を辞書を引き引き読むことから始めた。コピー機なんてないから、もっぱら昼休みにせっせとノートを作った。冬は手がこごえたね。暖房は貸出し室の石炭ストーブだけで、閲覧室にはないんだよ。

◇**村上**　今では想像もつきませんが、いいお話です。

◆**望月**　三年ぐらい前、法政大学の総長をやった清成さんの短い文章で、高橋幸八郎ゼミでグーツヘルシャフト研究を分担した、という話を読んで意外に思ったことがある。経営学の先生だと思ってたから。あのころの一種流行のテーマだったんですよ。要するにグーツヘルシャフトというのは、日本の地主制を理解するためのいわば反射軸というか、それに照らして日本の地主制の特殊性を研究する、そういう鏡だったのだね。だから最初の研究はもっぱら「どう搾取されていたか」ということで、エルプウンターテーニッヒカイト（Erbuntertänigkeit）という、世襲隷民制と訳すんだが、名前からして何かもう、ぎりぎりに絞られちゃって子々孫々に至るまでというそういう感じがするので、よけい我々の関心をそそるわけです。

◇**村上**　たしかに子々孫々に至るまで絞り上げるぞ、という脅迫的な名称ですね。

◆**望月**　歴史的に東西ドイツを分ける境になったエルベ河、かつてはスラブ系農民の地だったところへドイツ人が軍事的に植民してゆく。西ドイツの進んだ農法を持ち込んでせっせと生産したから、その後の一時、東エルベは西欧にとっての一種の穀物供給地になったんだ。だけど細かく見ると、剰余の全部が地代として徴集された上で領主が商人に売ったものではない。農民もけっこう独自に商人相手に売っている。あそこに流れるヴィスラ川なんていうのはエルベ河同様に幅が広くてゆったり流れる。要するに奥の奥まで、バルト海を航行する外洋船が入ってこられるんだ。

記録を読んでいると領主ばかりでなく、農民もせっせと村で固まって、集めてそれを商人に売ってた。あるいは逆に商人が村の中まで入ってきて、穀物を買い集めたという、そういう記録が目についたので。だから修士論文に至るまでの間に、領主がいかに搾取していたかという観点がだんだん薄れてきて、農民がいかに自主的に商品経済に参加し始めたかというところに関心が移っていった。

◇**村上**　その時にはもう既に大塚さんの局地的市場圏が頭の中にもあったのでしょうか。

◆望月　大塚さんの局地的市場圏理論ていうのはかなり古いからね。それから私の中世農奴制に関するイメージの中の自由の領域というのがだんだん膨らんできたんですね。とかく日本では、「百姓は絞れば絞るほど出てくる」とか、「生かさぬように、殺さぬように」というけど、実態は必ずしもそうではないと網野さんなんか言ってるよね。けれど、それまではまさに日本の小作人と言えば、明治中期に長塚節が書いた「土」という小説のイメージだった。茨城県と千葉県の間の農民の話で、夏目漱石がこれを読んで、「日本に生まれたことを恥と思う」と言ったくらい。そういうイメージ、小作料を納められなきゃ娘を売れ、というような地主制のイメージが牢固として頭に入っていたから、余計、ヨーロッパの農民の持っている、市場への参加自由というのが印象的だったんだ。それで大分東ドイツのそれこそライプアイゲンシャフト（Leibeigenschaft）へのイメージも変わってきたんだ。

◇村上　そういうところでその後に書かれる一九五九年の「いわゆる『再版農奴制』の南西ドイツ的特質」（『土地制度史学』一巻四号）、あるいは一九六〇年の「ドイツ『農奴制』の古典型と純粋型――ライプアイゲンシャフトの系譜を中心として」（『日本資本主義の諸問題』、未來社）の二論文があるのですけれども、そこで最初のご論文のほうで、東エルベより先に南西ドイツのほうで「再版農奴制」というのができていて、そこではそうは言っても、その「再版農奴制」というのは東の場合と意味が違っていて、実質的自由農だったと。

◆望月　名前だけね。これは、実はエンゲルスの「再版農奴制」への勘違いと、そのエンゲルスさえまじめに読んでない、当時の、どういうか歴研派＝大塚史学への批判だったんで、土地制度史学会での発表時には「質問なし」だったように記憶する。あたりまえだ。エンゲルスの権威を傷つけたんだから。この発表原稿を学会の『土地制度史学』には載せてはくれたけど、学会誌の何号かあとで、嫌がらせというか、ソ連のスカスキンの、まるで古典的な「再版農奴制論」を翻訳して載せるという扱いだった。

◇村上　再版された「農奴」といっても、名前だけだという論旨でしたよね。

◆望月　ちょっと整理すると、領邦君主制へ権力が集中する前は、土地（グルント）の領主（グルントヘル）、裁判権の領主（ゲリヒツヘル）、人身（ライプ）支配権を持つ領主（ライプヘル）が別々で、農民はこの三者にそれぞれ違う貢納を収めていたんだ。おまけに三つのヘルの支配空間は必ずしも重なっていない。それが領邦君主という新しい種類の権力にまとめられる過程で、三権が空間的にもはじめて重ねられるんだ。
◇村上　領民がみんなウンタータン（Untertan）にされるんですね。ドイツの場合、十五、六世紀の「領邦化運動」によって編成されていく。
◆望月　そうだ。職業も身分もみんなならして「ウンタータンつまり臣民」にしてしまう。それをもう一歩進めて「領民ひとしくライプアイゲネだ」と呼ぶようになった。農民だけでなく、都市の市民も騎士も聖職者もひっくるめてだ。
◇村上　ライプアイゲンシャフトという言葉自体は、先生が言われていたように人身領主権の下にあるかないかという、制度的なレベルの身分、形式上の問題だということであれば、「農奴制」概念の当時の通説である古典荘園‐賦役地代‐人格的不自由の「農奴」で、もう一つ、次の段階の純粋荘園‐現物地代‐土地保有の「隷農」という図式から来た概念だと。ここ、大学院の講義で記憶にあります。それは土台から解体すべき、となる。
◆望月　あの二分法は、高橋さんが『資本論』を使いながら定式化したもので、マルクス主義史学と大塚・高橋史学に共通の理解になった。ちなみに、新MEGAの研究では「資本制地代のゲネシス（発生史）」という題はエンゲルスがつけたんだってね。僕は最初からマルクス同時代の三タイプと見てたから、この新発見はうれしいね。
◇村上　「農奴制」といったらすぐ「賦役」に結びつけないで、実質的自由農もおり、奴隷的下層農がおり、自由農もおり、そのほかにもいろいろな身分がある。そうした史実からちゃんと歴史を組み立てるべきだと……。
◆望月　南ドイツのかなり高位の聖職者さえ「ライプアイゲネ」だったんだから。
◇村上　そういうことですね、さっき述べたような図式は通用しない、ということを書かれたわけは、この間、ジュセフ・ギースとフランシス・ギースの『中世ヨーロッパの農村の生活』（青島淑子訳、講談社学術文庫、二〇〇八年）なんか読んでいて、まさにその通りのことが書かれていて、先生の初期のご論文を思い浮かべました。当時のドイツの研究水準では、その辺りのことはどうだったのですか。先生が読まれていて、そういうようなことがどんどん出てきていたわけですか、研究論文から。
◆望月　別に新しい研究成果なんかじゃないよ。日本の唯物史観史学＝高橋史学の概念装置で、ドイツの法制史などを読むと、全然話が合わない。前に出てきた「隷農」という用語に高橋さんは「ヘーリゲ（Hörige）」っていう言葉を当てているんだけど、ドイツの歴史家は「ヘーリゲという身分は存在しない」と書いているから悩んじゃうわけだ。この頃読んだドイツ中世経済史の標準テキストだったリュトゲを読んだって、おんなじだ。要するに日本でのヨーロッパ経済史の基本概念は、日本でそれなりに進んでいた『資本論』理解を大前提にして作られた、まったくこの島国にしか通用しない概念なのじゃないか、という、なんだか見てはいけないものを見てしまったような、研究を始めたばかりの青二才には恐ろしいような経験だったね。

◇村上　唯物史観史学というのは、先生のいわれる「教養体系」の史学ですよね。それを高橋史学とイコールで結んでいらっしゃいますが、それは大塚史学じゃないんですか。

◆望月　広い意味での大塚史学というのは、大塚さんのイギリス経済史、高橋さんのフランス経済史、それに松田智雄さんのドイツ経済史という、一種の分業体制だったんだが、このうち一番マルクスと密着していたのは高橋さんでした。例のドッブ＝スウィージー論争の国際版というか、「封建制から資本主義への移行」論争に、日本の論者をいわば代表して参加したのが高橋さんだった。という構図が、前に述べたイコール記号の背景にあります。高橋さんは、大塚さんより『資本論』を読んでる。マルクスの様々な片言隻句を集めてきて、きれいに整理するのが非常にうまい人だった。実は中学・高校を通じての親友が高橋ゼミで、彼からガリ版刷りの講義プリントをもらった。僕の言う「高橋史学の体系美」のエッセンスだ。やはり若いとそういうスッキリした体系に惹かれるわけですよ。だから、大塚さんの『近代資本主義の系譜』から経済史に入門したけど、まもなく高橋さんに惹かれたのは、そこです。ところがだんだん、その美的体系が事実とかなり違うようだということが分かってきて、高橋史学から離れた。

◇村上　そういう既存の農奴制概念、あるいは隷農制概念の整理を壊して、そこから実質的自由農を抽出されようとしたのは、なぜだったんですか。もうその時には、局地的市場圏の中における農民、自営農と言いますか、それを中世の、大陸のほうで見つけ出そうということだったんですか。

◆望月　「自営農」というのは誤解を生むよ。独立はしてないんだ。領主制の下にいるが、地代を納めたあとの余剰の自由処分権を持ってた。それにしてもやはりそれは西における農村的市場経済というものに対する知識が私には欠けていたからね。東のほうはかなり調べて、計算したりなんかしたのだけれども、西については知識が欠けているから、ここはもう一つ、西を一生懸命勉強しないと、やたらに「東と西は違う」とか「いや、同じだ」とか言っても、西のこと、実態を知らないのでは、研究として体をなしていないというのがあって、それがゲッチンゲンを留学先に選んだ一つの理由だった。近世の農産物価格史をやってたヴィルヘルム・アーベル教授の研究所だ。初めは『ドイツ農民戦争史』で有名なギュンター・フランツのいたシュツットガルトへ行きたかったのだけれども、いつか話したように、「南部のドイツ語に慣れるとあとで困るよ」なんていう雑音が耳に入って中部ドイツへ。何か今考えると本末転倒だったが、アーベル教授は親切だった。当時の東ドイツの研究者とも、イデオロギー抜きで交流してた。

◇村上　留学に行かれる前なのですが、実は六四年から精力的に、六六年までの三年間、一連の『資本制生産に先行する諸形態』研究をおやりになっていますけど。

◆望月　『諸形態』研究と「疎外」論研究と、どっちが先だった?

◇村上　『諸形態』研究です。一九六四年から。その前に一九六二年「ワイステューマーにおける『教会民』について」(『専修大学論集』二九号)があるのですが。

◆望月　そうだ。「ワイステューマー」が、西の研究のとっかかりだった。

◇村上　このご論文の内容は、確かワイステューマーの「教会民」というのは比較的自由だったというけれど、そんなに世俗領主下の領民との差はない、同じようなものだと。

◆望月　「教会民」(ゴッテスハウスロイテ)というのは、修道院領・教会領の農奴なんだが、修道院、教会ごとにきびしい、やさしいという差はあった。

◇村上　だから、とりわけて「教会民」が比較的自由であったというわけにはいかないということですね。

◆望月　いや、彼ら同士で土地売買なんかやってる。「教会民」という名前で一括されてしまうと、何だか別の仕事をしているようだけど、ただの農奴だ。それだけに農奴制の多面がわかる。やはり中高ドイツ語で書かれている「ワイステューマー」と取り組んだのは収穫だった。

◇村上　それにしても、中高ドイツ語などとどうして格闘される気になられたのですか。

◆望月　いや、実はある本に刺激されてね。その本は今も取ってある。これこれ、このドイツ経済史の研究者には、学びはじめの頃はずいぶんと教わった。けれど、この本にまとめられた内容、というより研究の仕方にふと疑問がわいたんだ。

◇村上　その疑問というのは……。

◆望月　あの論文を書かねばと決心した衝動というか、義務感といってもいいが、そこが普通とちょっと違う。問題は「ワイステューマー」だったよね。これは「判告集」とも訳されるもので、要するに、村落単位の領主裁判での「判決と判決理由の書」を集めたものだ。で、「判告集」とも言う。そこで、前に言った「ある本」の著者だが、ここでは名誉のために名は伏せるが、彼はオーストリアのワイステューマーを使っている。それで勉強しているときに、まるで天の配剤というか、専大の図書館に、グリム兄弟が精力的に収集した『ワイステューマー六巻』が入ってきたんだ。僕が注文したんじゃないよ。こちらはもっぱら南西ドイツとスイスの所領の判告集だ。農奴制研究のためにも、オーストリアよりこっちの方がいい。これだというんでとりつき始めた。

ところが、前に言った本ね。著者は、例証のために判告文をいろいろと上げていて、彼の翻訳、というより一見忠実な翻訳のように見える文章のあとに、中高ドイツ語の原文を長々と掲げている。さすがは大したもんだ、やっぱり中高ドイツ語をやらねばいかんと感心したんだが、こちらも南西ドイツの判告文を、苦心惨憺いくつも翻訳しているうちに、彼がいかにも原文の翻訳らしく書いている文章は、そのあとの原文とは必ずしも一致していない。正確な翻訳とその原文じゃない。そう見当がついてきた。

◇村上　それで、こう対語表みたいのを作っておられたんですね。なんか細かくこう、ここは間違っているという。

◆望月　そうそう。もうね、これ読んで、自分でちゃんと中高ドイツ語、正しくは「中世高地ドイツ語」（ミッテルホッホ・ドイッチュ）を勉強しなくちゃと思ったんです。ちなみに「高地」というのはドイツの南部とスイスの一部ですね。いつか、昭和一〇年刊行の文法書を見せたでしょう。戦前の帝大独文科の教科書だろうと思うけど、表紙もすり切れてるし、古本屋はたぶん中級か高級かのドイツ語かと思って店の前の百円均一の中に入れてたんだね。で、それまでほとんど手探りで、同じ形式の法文を並べて見当をつけていたから、私もう小躍りしてこれ買ってきてさ、一生懸命ミッテルホッホの読み方の勉強をした。それでますます、あの人は原文を読めていない、ということを確信するに至った。これがあの論文の隠されたねらいだね。けど、文法書では人称変化とか時制はわかるけど、個々の単語はわからない。当時のノートを見ると、そこらの苦しみがわかる。

◇村上　確かにこれは目が痛くなるような細かい字ですね。ああそれでこの論文の中でも、大事そうなところはミッテルホッホの原文を慎重に併記されているんですか。

◆望月　これは全部自分で読んだという証拠の一部だ。読みはじめたころは、文法書はもちろん辞書がない。分からない言葉は書きためておいて、神田の「崇文荘」という、以前は中華料理屋「新世界」の隣にあった洋書の古書店に調べに行くのさ。その棚の一角に、中高ドイツ語辞典がある。現代ドイツ語への訳だ。そんな希少な本は当時の専大図書館にはなかったんで、しょうがない。そこであれこれ本を買うような顔をして、ほかの本を見たついでにという顔で、頭に記憶してきた単語を引くんだよ。分かった訳語も、もちろんメモなんかできないから、いちいち憶えてまた研究室に戻り、忘れないうちに急いで再生するんだ。何しろ、専大の神田校舎からは、横断歩道ひとつ渡れば古書街だったからね。

◇村上　その辞書を買わないで？

◆望月　高いんだ、それが。当時の給料では手が出ない。じゃ図書館で、というのは今の話で、僕は大学院を出るまでずっと図書館でアルバイトしていたから知ってるけど、紀伊國屋への借金が溜まっていて新本を買えないいんだな。書店員が経理課に催促にきたついでに事務室に挨拶に来ると、事務の人がぺこぺこと頭を下げてた。記憶では、教員に研究費なんてなかったような気がする。でもそんな苦労をしてでも、ほんの一部だがワイステューマーの原文を俺はちゃんと読んだぞ！　と、天に向かってどなりたかった。

『資本制生産に先行する諸形態』研究

◇村上　そう言ってはなんですけど、今となってはいい思い出だと思いますが、当時はご苦労をされて、そこから『資本制生産に先行する諸形態』研究に入られます。年表を見ますと、先生のその『諸形態』研究というのは一九六四年の二月から六六年五月まで六本続くんです。列挙しますと一九六四年二月「『諸形態』と『農業共同体』に関する覚え書（一）」（『専修大学社会科学研究所月報』五号）、一九六四年三月「『諸形態』と『農業共同体』に関する覚え書（二・完）」（同六号）、一九六五年四月「『諸形態』における『奴隷制および農奴制』について」（同一九号）、一九六五年一二月「『諸形態』と『インド通信』におけるアジア社会像」（同二七号）、一九六六年三月「マルクス『諸形態』の研究」（専修大学社会科学研究所『社会科学年報』第一号）、なおこれは上記四論文をまとめたものです。そして一九六六年五月「『諸形態』と『資本論』における原蓄期自営農民について」（『専修大学社会科学研究所月報』三二号）。以上です。そこでまず、なぜ『諸形態』研究に入られたのか伺います。

◆**望月**　ミッテルホッホで論文一本じゃ効率は悪いが、ちょっとくたびれた、という心境でもある。それに『諸形態』史そのものの外的な影響があるんだね、ちょっと待ってくれ。ああ、これだ。『諸形態』研究のサイクル表。いつか大学院のゼミで配ったやつ。

◇**村上**　ああ、はい、思い出しました。

◆**望月**　『諸形態』研究には政治がらみで空白期と高揚期があって、ほぼ五年ごとにやってくるということを整理したものだ。この表で改めて振り返ると、日本に初めて『フォルメン』（『諸形態』）がロシア語から翻訳されたのが四九年で、大塚さんの『共同体の基礎理論』が五五年。五九年に国民文庫で『諸形態』の翻訳が出る。これは東独で出た小冊子形式のやつの翻訳だ。『諸形態』部分を含む『経済学批判要綱』第三分冊が出たのはやっと六一年だ。『要綱』の第一分冊は五八年なんだが、当時はまだ中期マルクス研究なんて雰囲気はなかったんで、この第一分冊は読んでもさっぱりだった。という時系列のなかで、なにしろ大塚さんの反応が早かったんで、以後数年間は、いや実は今でもこの大塚共同体論が『諸形態』の共同体の三段階論の正統の解釈という形で伝わっちゃった。

◇**村上**　そうでしたね。で、ある時点から急に『諸形態』研究が続いてでるのですが、その切り替えのきっかけは何だったんですか。

◆**望月**　五五年の大塚さんの『共同体の基礎理論』論が問題なんだ。それまではソ連からもたらされた『フォルメン』の訳を基に議論してたんだが、何しろロシア語だからマルクスの原語がわからない。それを必ずしもマルクス研究者でないロシア語屋さんが訳したから、靴を隔てて痒きを掻くという具合だ。そのうち、『要綱』（いわゆるグルントリッセ）のドイツ語完本が入ってきたのが五三年。ようやくドイツ語で『フォルメン』が読めるようになった。五四年に佐藤進さんが目立たない選集で訳している。その翌年に大塚さんの本が出た。序文には、「『諸形態』をふまえてはいるが、独自の構成である」と書かれてるんだが、何しろ「アジア的形態・ローマ的形態・ゲルマン的形態」という構成がそっくりで、各所にマルクスの言葉を引用してるから、大半の人は、これが『諸形態』の親切な解説本と思いこんでしまった。

◇村上　読んだ時点はずっと後ですけど、私もそう思って読みましたよ。

◆望月　無理もない。だが、この問題はまた後で話そう。

◇村上　ちょっと整理しますと、六本のご論文では四点ほどのことが書かれているのではないかと思います。一つは、「唯物史観」のこの「生産様式継起的発展説」というやつを『諸形態』を根拠に否定される。これが第一。第二がアジア的、古典古代的、ゲルマン的共同体という三類型のうち、どれが直接生産者の社会的分業を育む培養基でありえたのかというのを探る。第三点目が、「奴隷制および農奴制」という、これまでのご研究を踏まえて、マルクスの視点を『諸形態』の中に確認される。で、第四点目は、その「本原的蓄積」、つまり直接生産者と生産手段の分離の対象であるこの直接生産者による小土地所有、つまり実質的自由農ですが、後の言葉でいうと、「労働と所有の同一性を体現したアルバイター」ということになると思いますが、この歴史的起源を探ったものとして、『諸形態』を読む。

◆望月　ふむ、うまく整理してくれたね。

◇村上　この第四点目は『諸形態』と『資本論』における原蓄期自営農民について」の最後のところでそういうことを書かれていたと思います。六六年五月の社研『月報』に載ったものです。「原蓄」の対象としての実質的自由農を『諸形態』の中に読む、別の言葉で言えば、「労働と所有の同一性を体現した農民」というのを『諸形態』の中に読まれるということですので、実質上もう『要綱』の中の文脈に位置付けられてきているとは言えないですか。

◆望月　いや、文脈とまでは言えない。というのは、平田さんが着目して、「これがカギだ」と強調した「領有法則の転回」。これが実は『要綱』の最後の言葉だというのを私は気が付かなかった。これは、手島さんの訳には載っていなかったから。その底本の東独版でそもそもカットされてたから手島さんの責任じゃない。『要綱』そのもの。それまでは歴史的な事実だけに注目していたから、『要綱』第三分冊が出てからも、例の、ようやくここで「領有法則の転回」が終わってさあ次だという、一番最後の数行の問題性は私の目に入らなかった。だから平田さんの指摘は、『要綱』をやはり私は狭い意味での歴史家として読んでいたなという意味では痛烈な反省を迫られたんです。
◇村上　ただ、その実質的自由農が「原蓄」の対象になるという着眼は、この六六年の「『諸形態』と『農業共同体』に関する覚書」でも出ていますし、「『諸形態』における『奴隷制および農奴制』について」これの中でも出てきます。ですから、かなりそれが一貫した問題意識であるということは確かですね。
◆望月　ええ、問題意識としてはあったけど、それが「領有法則の転回」という、まさに経済学的なタームと結びついていなかったというのは、私の当時の限界でしたね。その点はもう平田さんの功績というのは、私はいくら誉めてもいいと思います。
◇村上　ここでまた、もう一つ質問なのですけれども、先生が一連の『諸形態』研究では最後の、一九六六年五月の社研『月報』に載った「『諸形態』と『資本論』における原蓄期自営農民について」の中で、こんなことを言っておられます。「なぜマルクスは原蓄の対象である直接生産者を小経営的独立生産者としたのか。封建的土地所有を論理的前提としても、十分に説明できるではないか」というように自問されていまして、これについては自問されたままで、ご自分で答えられてないのですよね。
◆望月　ふりかえれば、当時はまだ「労働と所有の同一性」というキー・タームをつかんでいなかったからだ。この同一性を解体するのが原蓄だという定式は、まだあとだな。
◇村上　その後に、実は同じような問題意識がないかを探しましたらありました。それがなんとずーっと後の一九八二年の『思想』論文なんですよ。その五月号で「本原的蓄積論の視野と視軸」というご論文を書かれていますが、ここで同じ問題提起をされていまして、その先生の暫定的な回答として、この時は「第三世界」論の話になっているのですが、「中心部固有の歴史的与件を踏まえた、最適未来像のポジティブな理論的提示というふうに見たい」というように言われている。これも私は意味がよく分からないのです。「原蓄」のタイプを精細に分類するという作業と、結局最後は中心部の、ヨーロッパの原点に戻って実質的自由農の解体こそ原蓄の原点だと強調することの関連が、ですね。
◆望月　そうせっかちに関連づけようとされても困る。あの分類、つまり「資金と労働力」、「始動と加速」、「暴力原蓄と静かなる原蓄」、「政府と民間」、「体系的と散発的」、「国内と対外」という分類には、いろんな狙いがあった。一つは大塚史学が「静かなる原蓄」オンリーに対して宇野派がエンクロージャー一本槍という、自分の土俵から出ないでの論争への警告という意図、それにアミンの「世界的規模での原蓄」という提言への応援の意識があった。もう一つは『資本論』を書いてる時点でもまだ原蓄が進行中、というマルクスの着眼にも注意を喚起したかった。そうだ。ずっと昔のドッブの「資金はどうやって積立ておいたのか」という問題提起の再評価もあった。スウィージーとの論争を論評するなかで、堀江英一さんなんか、せせら笑ってたからね。

◇**村上**　そういう多面的な例証と、最後の小所有の解体から再結合という図式とは、そう直接的な関連はない、とおっしゃってるようにも聞こえますが。

◆**望月**　そう。「あれもこれも原蓄なんだ」と山のように歴史的事例を積み上げながら、やっぱり、最後に理論的に整理するとなると、「労働と所有の一体性」を典型的に体現してたイギリスのフリー・ホルダーの解体、ということで定式化せざるを得ない。思想の根底に、「労働者こそ真の所有者だ」というのがあるから、それであの、正反合の弁証法みたいな図式で「個体的所有の再建」を打ち出すわけだ。例証をあまり豊富にあげ過ぎたんで、マルクスも収拾がつかなくなったとも言えなくもない。だからと言って、ガルブレイスが「心臓をハンマーで乱打するような」と言った、無残な例証の価値が失われるわけじゃないけれど。

◇**村上**　封建制から「原蓄」を経て資本制へというので、もう話はできるのに、小生産者、実質自由農の解体を結局は中心にすえるのはなぜか、という問題の問題性ですね。

◆**望月**　そのとおり。自由な小所有者というのは、言い換えてみると、いわば潜勢的な「市民的所有者」だな。それが、解釈に困る例の「個体的所有」の原点だ。マルクスはのちの『ゴータ綱領批判』でもこのタームを打ち出すんだが、一度も明快な定義を与えていないままだ。平田さんがさかんに「個体的所有の復権すなわち社会主義」と力説していたが、いまだに胸にストンと落ちてこないよ。individuell を「個人的」と訳しても同じだ。もっとも、individuell を〈in + divid〉つまり「(労働と所有が) 分割されていない」と読めば、それなりに理解できないわけではないが。とにかく、内実をしっかりとらえて、「労働と所有の〈事実上の〉一体性」→その強力的な分離→その再結合、というふうに再定式化すべきじゃないのか、というのが僕の考えだ。

◇**村上**　その視点がないから、原蓄章を読んでも「封建制から資本主義へ」という話になってしまうんですね。

◆望月　伝統的な図式のほうから読むからそうなっちゃう。
◇村上　ところで、ヨーロッパ中心部では市民的所有の復権だとしても、第三世界では別の原蓄もあり得るということですか。
◆望月　そこが問題だから、「本原的蓄積」論文の最後をああいう形でしめくくらざるを得なくなる。「第三世界での原蓄」というと、「第三世界内部でおこる原蓄」というふうにも聞こえるけど、「資本の本国が第三世界に手をつっこんで遂行する原蓄」だからね。あくまで「本国の・本国による・本国のための原蓄」なんだから、「あとは野となれ山となれ」という強奪だ。たぶんそこには「潜勢的な労働と所有の一体性」なんて無いだろう。部族共同体とかカースト体制は、「貨幣または資本の文明化作用」の舞台なんだ。
◇村上　なるほど。しかし話が先に進みすぎました。元に戻りますが、六四年から六六年の『諸形態』研究のあと、ドイツに留学され、帰国なさって最初のお仕事が六九年「近世西ドイツにおける市民地主制の問題」(『専修経済学論集』七号）ですね。その辺のお話しをちょっとうかがいたいのですが。
◆望月　結局平田論文のショックを受けながら、ゲッチンゲンへ行って、『諸形態』は忘れて西の方を研究しようとしたのです。それと、例の東のグーツヘルシャフト研究も本場へ行けば新しい資料で知見を深められるかなという、よくばったことも考えた。アーベル教授にそのことをちょっと話したら、ゲッチンゲンに東から逃げてきたケーニヒスベルク大学があるから、と紹介状を書いてもらって訪ねてみた。普通の屋敷にちゃんと大学名のプレートを掲げているんだ。大戦末期、ソ連が攻めて来る前に疎開してきたんだね。けれど、図書館でカードを引くと、新しいグーツヘルシャフト研究はポーランド語の論文ばかりで、さすがに諦めた。それで、西の方の研究に限ることにして、サーベイかたがたまとめたのがあの「市民地主制」論文だ。これはドイツの「ジェントリー地主」じゃないか、と読んでて面白かった。
◇村上　この論文は六九年で、例の「ド・イデ論文」(六八年）のすぐ後に出るのですが、何か関連があるんですか。
◆望月　直接にはないよ。これは一種の留学証明論文だから。ドイツ西部の近世に、ブルジョアジーが地主として入り込んでくるんだ。つまり、要するに、経営能力もないし、だんだん手許不如意になってきた貧乏グルントヘルから土地を丸ごと借り取ったブルジョアジーが農村に入り込んできて実質上の地主になるわけだ。それが市民地主制、ブルジョア地主制だよね。これは、ドイツの農業進化といえば「ユンカー経営」という、東しか見てない型にはまった研究とは対照的だったから、もっと追求していけば面白かったのだけれども、帰国したら、別のテーマが状況をこしらえて待っていた。

ところで、アーベル教授の紹介状をもって東ベルリンのフンボルト大学にクチンスキー教授を訪ねたら、「あなたと同じようなことをやっている人がいるよ」と、ミューラーさんという人を紹介してくれた。彼はまさに東エルベでの市民地主制の研究をやってたんだ。もっとも滞在期間が限られていたんで、東ベルリンを案内してくれたりしたあと、「この問題で本を書いてるから、出たら読んで日本の学界に紹介してくれないか」と頼まれた。それが帰国後に届いたので、約束を果たすべく書評論文として書いたのが、「農業改革以前の東エルベ地主制について」(『土地制度史学』一九七〇年)だ。例の『思想』三論文の直後だから、ちょっと忙しくて大変だった記憶がある。

◇**村上** ああ、そうすると、この六九年の「近世西ドイツにおける市民地主制の問題」および七〇年のこの「農業改革以前の東エルベ地主制について」、この二本はある意味、第一局面の最終的な作品ということでしょうか。

◆**望月** 言われればそうなるね。それはそれで、追求をしていけば面白かったと思うけれども。でも、それをやっていたらこちらの『ド・イデ』論文が書けない。

◇**村上** ところで少しさかのぼりますが、『諸形態』に関するご論文を相次いで書かれていた一九六五年から六八年ころ、第一局面の最後のころですが、少し傾向の異なる三本のご論文があります。一九六五年「ブルジョア革命とブルジョア民主主義――いわゆる「人文学派」の近代史研究によせて」(『現代の理論』一九六五年一一月号)、一九六七年「明治維新分析のための世界史的視点について――河野健二著『フランス革命と明治維新』」(『専修大学社会科学研究所月報』四九号)、一九六八年「西ヨーロッパ型『近代化』理解の一視角――ブルジョア民主主義の歴史的性格について」(『専修大学社会科学研究所月報』五二号)、この三本です。いずれも「近代」に対して非常に手厳しく書かれており、意外な感じがするのですが。

◆**望月** そうとられるとは思わなかったな。平野義太郎に代表される講座派の近代理解に対して厳しいんだ。つまり、史実としてもあり得ないような、もう夢みたいな近代社会を、一つの基軸にして、それで日本の前近代を裁断しているから、そこで間違うのだと言ったわけだ。例えばフランス革命で完全な男女平等が実現された、なんてね。同権を要求した女性はギロチンにかけられてるよ。そういう見方では京大人文研究所の人たちの言い分の方がリアルだ。そこらへんで、私は講座派と、ひいては私の言う「教義体系」の近代理解、とんでもない理想型を基準にして日本は前近代だとする立場から静かに離れた。

◇村上　しかし大きな枠組みとしては、やはり、日本の前近代を撃つという点では、講座派に反対するわけではないと理解していいでしょうか。

◆望月　君は、資本主義の内部の半封建性を「撃つ」のは戦略的に正しいはず、と言いたいのだろうが、講座派正統の言い分では、なにしろ一九四五年までは絶対主義なんで、だから、四五年まで、絶対主義のもとで資本主義が発展しているという図式だよね。これに対して遅れた部分が残っててもとにかく資本主義だというのが労農派。講座派は、明治維新で絶対主義が確立したと言うから、ヨーロッパを物差しとすれば、絶対王制が資本主義を育成して、それで西欧と対抗するという。人文学派は、「過渡期の資本主義とは、そもそもそういうものなんだ」と定式化していた。

◇村上　とはいえ、日本の戦前のですね、特に、大正期から昭和初期にかけての日本の経済構造・社会構造というものが、近代と前近代を、先生の後のお言葉で言えばアーティキュレーションした形できている。こういう問題意識から市民社会派が生まれてくるわけでしょ。前近代の持っているネガティブな側面を近代の側から撃とうという。これが、高島さんや大河内さんや大塚さんから内田義彦さんと続いていく流れでの問題意識でしょう。先生もその流れの中にあるとすれば、大きく言えば前近代を近代の側から撃つ。あるいは近代といってしまうと、また問題ですけれども、市民社会的な諸関係への編成、再編成というか……。

◆望月　君の言い分を逆手に取れば、内田さんの言う「市民社会青年」たちは、ある意味で頑固な講座派への内部批判でもある、という風に捉えるべきなんだ。この新潮流は、ともかくも、四五年より前を絶対主義つまり封建制末期の権力などとは考えてないだろ。

◇村上　大まかにいえば講座派も、明治維新は「完全ではないブルジョア革命」と理解しているんじゃないですか。

◆望月　たぶん内心では、ね。だけど公けにそれを認めたら、労農派への屈服になっちゃうから、口が曲がってもそれは認めないよ。もちろん講座派にもある種の幅はあるけれど、少なくとも中枢は「ブルジョア革命どころか」というんでないか。『現代の理論』のあの論文（「ブルジョア革命とブルジョア民主主義——いわゆる「人文学派」の近代史研究によせて」）に引用した平野義太郎のブルジョア革命の判断基準を思い出してくれよ。近代社会の中に前近代がまだ残っていると言うんではない。天皇制絶対主義という前近代が資本家をも含めて日本全体の首根っ子をがっちり抑えてたという図式だろう。

◇村上　「絶対主義」を資本主義のもとでも可能な政治システムととるか、封建制の末期政権ととらえるか、それが判断基準だと……。

◆望月　「ブルジョア革命だったか、否か」というのがそもそも、人を泥沼に引き込む問題設定なんだ。完全な革命なんてあるわけない。人文学派の面白いところは、ブルジョア革命をそもそも「過渡期の革命」と言い切ったところにある。白黒きっぱりつけようとしなさんな、というリアリズムだ。のちに読んだが、カナダのマクファースンは、イギリスを例に、まず「自由主義革命」（クロムウェル革命）が道を開いて、そのあと「産業革命」を経て、普通選挙権の「民主主義革命」が来る、と見た。ジョン・ステュアート・ミルでさえ、労働者の選挙権を制限しようとしてたじゃないか、と言うんだ。

◇村上　今でもフランスの人の心情にはあるでしょ。絵に描いたようなフランス革命像。

◆望月　単純にそうとも言えない。革命史の読み直し論争もあるし、全体主義の始まりだ、なんていう主張さえある。パリにはロベスピエール通りとか広場がないでしょ。

◇村上　ところで、講座派と市民社会論第一世代、さらにこの第一世代と内田義彦氏、その継承と切断の側面があるとして、内田先生と望月先生の世代では、継承関係は明らかなんですが、切断と言いますか、違いはあるのでしょうか。

◆望月　無理に違いをほじくらないでくれ。まして、「切断」においておや。

スミスの「共感」を重んずる内田さんも、資本家的生産関係を扱う場面では、どちらかと言えばだ、労働過程で人間が陶冶されて「類的能力」を持てるようになり、未来の担い手としての「類的人間」に成長する、という面を重く見るようだ。同じことをマルクスも言っているんで、間違いなどではないさ。だが、僕としては、労働過程という、いわば「工場の門内」に入る前に、労働者が賃金をめぐって資本家と対等に交渉しているっていうシーンを、その前に置きたいのさ。だって、資本家は労働者が黙っていても「労働力の価値」どおりの賃金を払うわけじゃないだろう。押したり引いたりの駆け引きの終着点がこれなんだ。そういう交渉なしじゃ、むやみに雇用契約を結ばないぞ、というところまで労働者を鍛えたのは、ほかならぬ分業と交通の世界、市民社会じゃないのか。内田さんが、そこんとこを軽く見ているはずはない。はずはないんだが、ひとを生産の現場に連れて来るときには、「ここは社会的分業の現場でもあるんだよ」と説いて欲しい。ま、そんな希望か。これは無いものねだりじゃないよ。

◇村上　たしかに「方法」は異なるけれど、変革へ持ってゆく筋道の「比重」の違いというわけでしょうか。
◆望月　何とか切り抜けられたかな。そこで思うんだが、市民社会論第一世代も、その成長の栄養は、それ以前の人々の苦闘から吸収されているってことね。小林良正先生も、私の本への痛烈な書評論文①の中で、骨肉にしみこんだ感慨を洩らして私を叱ってくださった。突然、特高に踏み込まれて資料や研究ノート一切合切を持ってっちゃう、もちろん返してくれない、なんていう社会の中で思索を重ねられた。学術の論文で、そうした畏敬の念をじかに表すのはむずかしいことだけれど、それを忘れたら「継承」も何もない。

『マルクス歴史理論の研究』へのプロセス

◇村上　さて、それでは正面から市民社会論ということになって、つまり先生が市民社会論研究においてブレイクスルーをするのが一九六八年。この年の八月に「『経・哲手稿』における事物の疎外と自然の疎外について」（『専修大学社会科学研究所月報』五九号）が出まして、一二月に「『ドイツ・イデオロギー』における「分業」の論理」（『思想』）が出ます。
◆望月　これは言うまでもなく内田さんの『資本論の世界』の影響下にある。要するに『資本論』の中に「疎外」論を読み込んだあの手法だ。見事と言うほかない。
◇村上　『資本論の世界』では労働過程を疎外論として論じられており、『資本論』と大きな違いは「労働過程論」の部分がいやに大きいところですね。
◆望月　「いやに」とは何だ。あれは内田さんの眼力なんだ。
◇村上　あの労働過程論については内田先生ご自身がアルフレート・シュミットの『マルクスの自然概念』から刺激を受けたということを言われていました。内田先生の蔵書が「内田義彦文庫」として図書館に入っていましてね。私はその思考過程の形跡を探ろうと思って、そこにあるシュミットの原本を確認に行きました。原本を一度見せてもらったことがあり、欄外に内田先生の書き込みがあることは知っていましたので。結局あきらめました。どれも字が判読できないんです。

◆望月　そうだろう。あの筆跡を読む特別の解読係が岩波にいたくらい。ところで、あれはシュミット批判のつもりなんだよと、僕も二度ばかり聞かされたけど、どうもピンとこなかった。

◇村上　シュミット批判というのは、おそらく例の大工業制度のとこでのポジとネガのところで言われていたのではないかと思いますけど。シュミットはマルクスの自然概念という場合、人間主体の対象に対する実践性ということを強調し、労働過程の中における人間の認識の拡大深化を、物質代謝過程の一環として理解しています。内田先生はその上で、その労働過程が大工業制度の中でゆがめられ、かつ、しかし労働者は大工業制度への労働力としての適応を強いられることで、むしろ成長して行くということを論じられるところで、ネガティブな側面と、ポジティヴな側面が交互に現れるというところ、それがシュミットにはないということではないかと思うのですけどね。しかし少なくとも「労働過程論」はかなりシュミットを取り込んでいるのではないかと思います。

◆望月　そうなのか、よくわかった。僕は、「お、疎外論というのはこういうところで使えるんだ」と新鮮な思いをしたし、あの大工業を舞台としたネガ・ポジ弁証法の方に目が行ってたから、自然概念の方にはのめり込めなかったんだな。

◇村上　先生の「経・哲」論文の段階では、まだ『ミル評注』への言及はないですね。『マルクス歴史理論の研究』の中で『経・哲草稿』と『ミル評注』がつなげられて対自然、対社会的関係という歴史の規定としての市民社会というのが確定されていくんですね。ところでこのマルクスの疎外の論理について、大学院当時、先生が強調された「アポリア」というのが実はよく分からないままだったんです。先生は「四つの規定は自己撞着に陥っている」と言われました。それは結局こういうことでいいのですかね。つまり、資本主義を前提にしているにもかかわらず「疎外」されざる状態から「疎外」された状態へという叙述になっていると。そこが論理矛盾だということなのですか。

◆望月　微妙に違うな。資本主義を脳裏には前提していても、論理を開いてゆく出発点つまり第一疎外の分析は、労働者は働けば働くほど貧しくなるという資本主義疎外を例証に持ち出しちゃいけない、と言うのだ。例の命題の訴求力という磁力があまりに強いので、みんなそっちへ引きつけられちゃって、しかもそれを自覚してない。という意味で「事物の疎外論」はマルクス批判だね。それに、「疎外されざる状態」なんて僕の論理から言ったら、そんな状態はそもそもないよ。

◇村上　これに対してはたとえば「疎外」の四つは四つの類型だという批判があり得ますよね。そういう理解の人も多いのではなかったのかと思うのですけど。

◆**望月**　「も多い」じゃなくて「が多い」だ。あの頃の「疎外」論は、みんな「マルクスが混乱するわきゃない」という姿勢だから、真言の解釈論争になってた。マルクスを絶対視するんなら何だって言える。うんざりしてた。とにかく、労働過程の疎外から資本主義的生産様式の中の疎外へ話をつなげるなら、何か媒介環がなけりゃ論理的上昇なんて無理だ、というのが着眼だった。哲学者や社会学者たちが狭い土俵で言い争っているところに、内田さんが「何やってるんだ、お前ら」というのが『資本論の世界』。経済学の問題として、もとへ引き戻したんだね。

◇**村上**　もう少し先からふりかえれば、鍵は「交通」概念だったんですよね。その意味でも「望月市民社会論」へのブレイクスルーは、やはり『ド・イデ』論文だったと思います。労働過程疎外論に閉じこもらないで、そこに「分業」を持ってこなくては駄目だと。

◆**望月**　『ド・イデ』を書いたときには、まだ『ミル評注』を消化していない。だから、「分業」と言っても生産現場での労働能力の相互交換から、いきなり社会的分業に飛んでいた。つまり交換の原理にまで踏み込んでない。『マル歴』にまとめ上げる時には、もう『ミル評注』をしっかり踏まえて、それで「分業」論をやっているから、おそらく、最初の論文とは随分違っていると思います。ニュアンスとして。ただし、君の言う「ブレイク・スルー」ではあった、たしかに。

◇**村上**　さて、一九六八年の「『ドイツ・イデオロギー』における「分業」の論理」が書かれた経緯についてお話し願えませんか。これは一つの画期のご論文だと思うのですが。

◆**望月**　『思想』という、物書きなら誰も切望するメディアに最初に書く機縁を与えて下さったのは内田先生だ。今もあるかな、神田の「バンジョー」という喫茶店で。一風変わった頑固おやじが、うちのは東京で二番目にうまいコーヒーだなんて威張っていた店だ。社研の研究会か何かのあと、その喫茶店で内田さんと話した。そこでウェーバーとマルクスという話になったんだが、私はこんなことを話した。『資本論』のなかに、「これまでの全経済史の基礎は都市と農村の対立である」という、謎かけみたいなフレーズがあるけど、誰もそれに触れてないので真意を探りかねて悩んでいたところ、ウェーバーの都市論を読んでいるうち、あれ、あの命題はウェーバーで解けるんじゃないか、と気付いた、という話だ。「対立」の原語はゲーゲンザッツだ。「対立」と訳するとケンカになっちゃうが、そうじゃなくて同権者どうしで向かい合う、という把握。それが『資本論』の中にあの命題の真意、鍵じゃないですか。そんな話をしたら、内田さんがおもしろがって、「ぜひ、『思想』で書きたまえ」と、編集部の伊藤修さんに紹介してくれたんだ。

◇村上　内田先生にもピンと響くものがあったんですね、そのアイデアは。

◆望月　それで伊藤さんと話しているうち、この人はぼくの問題意識をわかってくれる人だと確信したから、おそるおそるぼくの構想の底にあるものを話した。「おそるおそる」というのは、『思想』編集部から見たらぼくなんか海のものとも山のものともわからぬニュー・フェースだからね。私としては、当時「少なくとも近代史把握については両者の波長は微妙ながら同調する」という構図を立てて「ヴェーバーとマルクス」という構図を立てて「ヴェーバーの優位性」を称揚するというのが論壇の風潮であるけど、「少なくとも近代史把握については両者の波長は微妙ながら同調する」というスタンスで書きたい。そう言ったら、それはおもしろい、ぜひお願いしますという。ぼくは、それで気をよくして、いきなり同調と言ったって、「ヴェーベリアン」の腑には落ちないだろうから、まずマルクスの歴史把握の原点といえる『ドイツ・イデオロギー』の分業論から始めないとわかってもらえそうもない、と言ったら、伊藤さんは快諾してくれた。彼は「いいです。先生のご自由にやって下さい。後の方も載せますから。」ということで、いきなり続編も掲載すると約束してくれた。それが書いてるうちに三本になったんだ。

◇村上　先生がここで「ウェーバー」と「ヴェーバー」を書き分けていらっしゃるのは、例の……。

◆望月　そう。日本じゃ昔から「ウェーバー」という表記で安定していたのに、ある時、大塚さんが「ヴェーバー」と書いたら、それから大塚史学の連中はいっせいに「ヴェーバー」と濁りはじめた。みっともないくらいに。「そんならあんたがた、ヴィーンに行ってヴァインを飲んだあと、オペラ「魔弾の射手」を観て、やっぱりヴェーバーはいいね」なんて言うのか、とからかってやりたいくらいのものだ。『マル歴』でも「ウ」と「ヴ」はちゃんと書き分けてる。今でも関西じゃ「ウェーバー」だよね。この使い分けは、訳者の韓さんにはピンと来ないはずだから、丁寧に説明したら大笑いしてた。けれど中国語の訳本にはとても書き分けられなかったみたい。

◇村上　ふふ。ところで、三本というと、まず一九六八年一二月「『ドイツ・イデオロギー』における「分業」の論理」（『思想』五三四号）、一九六九年五月「マルクス歴史理論の形成――分業論的歴史分析の展開」（『思想』五三九号）、一九六九年九月「マルクス封建社会観の基礎視角――ウェーバーの都市・封建制論にふれて」（『思想』五四三号）。この三本の公刊時期はすごく間が詰まっていますね。

◆**望月**　さっき話したろう。もともとがウェーバー都市論なんだ。そこにこの三本の構成のもとがあったんだよ。で、一番最後から書き始めると、まだ書かれてないことを前提しなくちゃならないので、読者には不親切になるからね。

◇**村上**　ということは、『『ドイツ・イデオロギー』における「分業」の論理」は、ウェーバー論を書く前の、基礎の部分になるわけですね。そしてこの三本のご論文は、まとまって頭の中にできていたんですね。しかも、きっかけは第三論文の方で、『ド・イデ』論文はその前提作業ということですか。私は今まで、『ド・イデ』論文をきっかけに、一九七〇年三月の「マルクス歴史理論における『資本主義』」(『講座マルクス主義8　資本主義』日本評論社)で一九七三年『マルクス歴史理論の研究』のトルソが出来上がったと思っていました。しかし、そのトルソは一九六八年から六九年の『思想』三論文だったとすると、『マルクス歴史理論の研究』の最後の付論ウェーバー論は、単に付論以上の意味を持つんですね。

◆**望月**　まったくその通りだから、「第七章はそれまでの論理展開とはちょっと波長がちがう問題を扱ってる」と言われると、がっくりなんだ。

◇**村上**　そうですか、これは非常に興味深い『マルクス歴史理論の研究』形成過程を伺うことができました。では、『ド・イデ』論文の内容に戻りたいと思います。いわゆる歴史の基底、カマドですけれども、対自然的・対社会的関係という労働・交換の基礎、ここには対自然的関係としての労働過程論が一方にありますが、先生が『ドイツ・イデオロギー』を読み込まれた上でのマルクスの「市民社会論」というものは「分業」論が重視されています。対自然・対社会的関係性と言いますが、先生は対社会的の方に重点を置かれている。

◆**望月**　それは当然だよ。「労働過程」をいくら掘ったって「市民社会論」にならない。だから、私は労働過程の図式を黒板に書くとき、横には書かないで、必ず上下に書いたでしょ。個体がいて、自然に働きかけて、土の中で育っていたものを掘り出して、自分のところへ「回収」するんだけど、自分ですぐ消費しないで共同体へ一度「譲渡」して、他の成員の生産物の分け前も交えて取り戻す(Wiederaneignung)。譲渡はEntäußerungだから「外へ出す」で、つまり「外化」と同じ言葉。いったん外化しないと、実は取り戻せない。これが「疎外」の円環だ。これが『ミル評注』なんだよ。ところが労働過程だけ見てると、いったん外化した自分のエネルギーの成果を、たとえば果物として自分で消費して「ああ、うまかった」と満足したんでは、その時点で疎外から解放されちゃう。ロビンソンみたいに。どこへもひろがって行けない袋小路だ。

◇村上　内田先生は『資本論の世界』で「労働過程論」から、あのネガ・ポジ大工業論へと展開されたわけですが、望月先生は、いちど労働過程のもとのもとまで掘り下げてから、社会的分業概念へつなげてゆくというかたちで「望月市民社会論」を作る。これでいいでしょうか。

◆望月　そういうわけ。理念としては、社会からまったく独立した個体はいないんだから、暗黙のうちに「共同体・内・外化→そして取り戻し」を考えるんだが、それを労働過程疎外と社会的交通疎外とに区別したうえで両者を連結させる。両者は切り離そうったって切り離せないんだ。社会的交通疎外そのものが労働過程疎外を含まなければ、そもそも循環はしないのだから。ここが特徴と言えば特徴かな。

◇村上　問題はもう一つの『ド・イデ』のほうなのですが、これは、何回読んでも、「すごいな」と思うんです。というのも、これにはやはり、例えば廣松さんのような批判があり得るのですよね。つまり、全部マルクスが書いているわけではなくて、やはり、エンゲルスの字で書いてある。それに、先生はマルクスの筆跡で書いた部分をまず取り出し、それを分析基準・リトマス試験紙として、『ド・イデ』全体を細かく仕分けられたわけですよね。その作業を想像するとやはり「すごい」。

◆望月　廣松さんはやっぱり『ド・イデ』が全体として完結した思想産物である、という立場、思いこみと言ってもいいが、そう言う立場だから、エンゲルスの貢献を無視するのか、と言って怒るんだ。けど、僕は「マルクスの、のたくった筆跡で書かれた文言しか信用しません」という立場を堅持してるから、話は噛み合わない。そのマルクス本人が、ずっと後に「あの草稿（全体）は鼠に喰われたって惜しくはないものだ」と言ってるのに。おまけに廣松さんは『ミル評注』なんて下らない、一時の気の迷いだって切り捨ててるんだから、論争なんかにならないよ。もっとも、あの頃、と言うより今でさえ『ドイツ・イデオロギー』を、まとまった論理体系として完結してると思いこんでる人が大半だけれど。

◇村上　結局、要はその『ド・イデ』の中で、共同体‐その中の内部交通‐共同体間交通＝第一次分業‐所有形態‐分業＝交通。で、生産力の巨大な発展から市民社会へという。で将来的に、その普遍的交通を基礎にした共産主義という。それがマルクス的で、もう一方で、エンゲルス的な私有‐分業＝私有‐階級の系譜。こういう歴史観が対比されていくわけですけれども、この論文で、共産主義像が、「朝には狩りを、夕べには批判を」というような形の分業の話ではなくて、広がり尽くした分業を引き継いだ社会という、そういう将来社会像が浮き彫りにされたわけですね。その中で、「夕食のあとで批判をする」という書き込みをして、バウアーをからかうと見せて、実は当のエンゲルスを批判していたんですね。こういう交換・分業視点というものは、当然、第一局面では蓄積されてこられたことだというふうに思うのですが、どういうきっかけで、この問題意識が生まれたかということなんですよ。

◆**望月**　「きっかけ」という言葉を、「直接の執筆動機」と言い換えると、もちろん、廣松さんのショッキングな「偽書説」だ。あれが出て、みんな一瞬言葉を呑んだ。シーンとしてしまったんじゃないの。僕は、あの論文冒頭で当時の雰囲気を「学界の異常な沈黙」と書いた。

◇**村上**　そうですか。やはり、あの廣松さんの発言を読まれたのが、直接の刺激になっているのですか。それじゃ『ド・イデ』に取り組んで見ようという。

◆**望月**　「直接の」って言ったろ。淵源は「都市と農村の対立」なんだが、廣松説にみんな黙りこくっていたから、「それじゃ俺が」と鉢巻きをしめた。古い言葉では「乃公（だいこう）出でずんば」と言う。

◇**村上**　そこで『ド・イデ』の歴史把握を真っ二つに分けた……。

◆**望月**　「疎外」論を「交通」論で腑分けして、さきに進もうとしたら「分業」論しかないじゃないか。要するに、前に立ちふさがっているわけだよ、「エンゲルス主導説」の廣松さんが。立ちふさがっているのに、それをよけるのは卑怯じゃないか。そうは言うけど、岩波文庫版の『ド・イデ』をいくらひねくったって分かるもんじゃない。当時のヘルメット学生たちが『ド・イデ』を盛んに使ったのは、僕の見るところ、岩波文庫版（本文の）最後のしめくくりが「自己の人格性をつらぬくためには国家を打倒しなければならない」という勇ましいスローガンだったからじゃないか。これで「造反有理」とストレートに結びつく。

◇**村上**　……。

◆**望月**　で、いくら読んだって論理の筋道がつかめない。ああも言い、こうも言う。そこに、バガトゥーリア版『ド・イデ』の花崎訳が出た。個人名だがソ連公認版だね。あれを読むと、岩波文庫の「異文」編であれこれ想像するより、ずっと元の形を想像しやすい。それで、旧岩波文庫、つまりいわゆる「アドラツキー版」による本文を、アドラツキーが丹念に読解して残してくれた「リヒトリーニエン」（編成指針）で読まなければいけないと気付いたんだ。図書館には待ってたように（旧）MEGAが鎮座してた。
◇**村上**　それにしても、うかがうとウェーバーとマルクスの都市論から下降してきたら、そこに廣松さんの『ド・イデ』偽書説があったなんて、なんだかできすぎてるみたいなお話しですけど。
◆**望月**　そういうのを、またまた古い言葉で恐縮だが、「千載一遇」というんだ。
◇**村上**　まさに歴史的チャンスだったわけですね。その時はもうマルクスの社会的分業観の骨格をつかんでいらっしゃったんですか。
◆**望月**　森田桐郎君といっしょに『ミル評注』という飛躍のかけ橋を渡れたのは、もう少し後だったが、分業でいったん分断された諸個人が「社会」の中で再び結合するという、おおまかな構図は頭に入っていた。それで、あの「分業展開史論」を描けたわけだし、それだからこそ、マルクスのとは肌合いがまるで異なる「所有形態史論」の異様さが印象深かったんだね。筆跡問題もさることながら、その点からも廣松さんの、二つを歴史的順序としてつなげちゃう、というやり方が、いわば「暴挙」のように見えたんだ。
◇**村上**　『経・哲草稿』をやった後に、では次はということで『ド・イデ』をやろうと。でも、その時には社会的分業ということは頭の中には、あったから。
◆**望月**　「当然、そうです」とは、言いにくいね。A、Bをこなしたから、さて次はCか、というふうな意識じゃない。マルクスとウェーバーの「都市と農村のゲーゲンザッツ」把握から下降してきたら、そこに廣松偽書説があった、と言ったろう。当然、社会的分業こそが市民社会を築いてゆくのだ、という大きな構図をふまえていたから、廣松さんの「財産（「所有」と同語のアイゲントゥム）形態史論」という把握が、平板な発展段階論と見えたんだよ。これじゃ教義体系とおんなじじゃないか、とね。もっとも文字にはそう書かないけれど。
◇**村上**　それは「経・哲」論文の頃からあったわけですか。「分業」の重要性という発想は。
◆**望月**　何だか繰り返しになってるが、その質問には「そうじゃない」と答える。だって「経哲第一草稿」と取り組んでた時の焦点は、事物の疎外つまり超歴史的な「自然との物質代謝」過程で起きる疎外と、煙もうもうエンジンごうごうの工場内部での資本主義疎外を、いわば無媒介につなげてた。ヒント満載、思想山盛りだが、論理の骨組みがない。これじゃ、第二、三、四規定と書き継いだって、社会的分業は紡ぎ出せないよ。

◇村上　余計なものだと。僕は大学院のときに、「ここで類が突然出てくるのは何なのだ」ということを先生に言われて言葉につまったことを憶えています。つまり社会的分業視点のないまま、類が唐突に出てくることを指摘されたのかと思うのですが。

◆望月　だから、「事物の疎外」に話を純化すれば、第一草稿もまあまあ読める、としたんだ。あとは、言葉は悪いけど哲学に淫したエッセイだね。横道に入りこんでる。『経・哲草稿』の話はもういいじゃないか。

◇村上　社会的分業に関しては『経・哲草稿』を腑分けしてゆくさい、もうすでに先生の中に想念されていたと理解してよろしいですね。思えばデビュー作の「騎士団国家の市場構造」でじゅうぶん社会的分業が意識されておられたわけですからね。で、まとめれば、分業分析の展開というのは、一九六八年以前の先生のご研究の第一局面の蓄積による、ということでいいのですね。

◆望月　それでいい。だからこそ、「広がり尽くした世界的分業、これこそ次なる社会建設への大前提なのだ」という把握、これがもう、大地を打つ槌がはずれてもマルクスなんだと、いう確信を持てた。

◇村上　ですから僕が、感心という言い方は失礼なのですけれども、感心するのは、要するに、さっき言ったように批判はあり得るわけです。廣松さんの「エンゲルス主導説」がその典型ですが。

◆望月　まじめに考えて見なさいよ、というんだ。世界大的分業の次に来る社会が「朝には狩りを、昼には魚とりを」だなんて馬鹿な。生産力の巨大な発展のおかげで、たっぷりとれる長期休暇を、湖畔の別荘で過ごせるから、とでも言うのか。

◇村上　私は、先生の、歴史認識における分業・交換の重要性という、ご研究の第一局面で培われたご自身の問題意識が『ド・イデ』に直行したというストーリーを描いていましたが、そう簡単ではないんですね。「歴史における千載一遇」だったわけでした。

◆望月　じっさい、問題意識だけが勝手にふくらんで先行しているのではないよ、絶対に。で、話をもとに戻すと、僕はバガトゥーリア版に接してすぐに図書館に行って、「マルクス・エンゲルス・アルヒーフ（通称ＭＥＡ）のリャザーノフ版と、旧

ＭＥＧＡのアドラツキー原文を全部コピーに取り、それにリヒトリーニエン（編成指針）にある筆跡表示をそっくり全部、バガトゥーリア版（花崎訳）に書き込んだ。それで、全貌が手に取るように見えてきたんだ。大学院で講義をするときにもあなたたちに見せたろ。

◇**村上**　はい、見せていただいています。特に花崎版で筆跡からマルクスの論理であることがはっきりしているもの、そこから導かれるマルクスの歴史認識、それらを自分でも書き込めというようなことも言われました。

◆**望月**　ありがたいことに、中国語訳者の韓立新さんは、解説で「望月は、廣松版が出版される前に、『自分の廣松版』を作って、それで自説を主張できた」と書いてくださった。その望月勝手本をもとに、あの「広がり尽くした分業」という一点から全体を読み分ける。要するに、筆跡から見て、ここだけが絶対マルクスの文章だと断定できるパラグラフ。これに合うか合わないかというので基準を決めると、こういうようにやったわけ。だから全体をマルクスとエンゲルスの緊密な協業の成果、ひとまとまりの体系として理解をする必要は全然ないし、無理にまとめようとしたら、それはもう論理の書じゃなくて信仰の書になっちゃう。要するに、『マル歴』で書いたようにこれは一種の悲劇的な産物なんだと言うわけだ。だから、分けて見せること自体が目的ではないのだよ。廣松さんの私に対する批判はね、だからまったくの的はずれ。「じゃ望月は全体をどう把握するんだ」というのだから。廣松さんの私への批判は対談形式だったんで、僕は答えなかった。あれはきっと廣松さんが自分で書いたのだと思うけど。

◇**村上**　先生も、お返しに対談形式でやられましたね。

◆**望月**　そう。あのとき、明治学院大学の学生が「反論のインタビュー」を、って言って来たから、いくらかおしゃべりして、『「ドイツ・イデオロギー」の持分問題をめぐって』（『Neue Zeit』明治学院大学経済学会、一九七五年三月）という対談ぜんぶ自分で書いて渡した。学生の雑誌だけれど、彼らはきっと廣松さんに渡すに決まっているから、あれでいい。僕がそれ以上書かなかったのは、何と言っても廣松さんに触発されて『ド・イデ』と取り組むようになったんだし。当時の僕は廣松さんを深く尊敬してたから、彼の最大の傷口を「これでもか」とごりごり切開したくはなかったんだ。

◇**村上**　「朝には狩りを」という共産主義像は、それなりに魅力的で、今でも理想とする人はいますから。われわれも学部学生の頃はそうでした。しかし大学院で先生から冷水をかけられました。社会的分業がなくなるわけないじゃないか、と。

◆望月　さきごろも、ある大学の研究論集をパラパラめくってたら、「マルクスの共産主義像は、『朝には狩りを』だった」とか書いてあった。

◇村上　いまだにあるんです、そういうイメージが。

◆望月　何をか言わんや、だ。

◇村上　先生が腑分けされた「分業展開史論」の終点は「広がり尽くした分業」ですけれど、具体的にはどんな世界像を描いていたんでしょうね。

◆望月　無理難題というものだ。当時の彼はボン、ベルリン、ケルン、パリ、ブリュッセルしか知らない。あ、ロンドン旅行もしていたな。いずれにせよ、机の上に世界地図を広げて考えているわけじゃないだろう。

◇村上　この社会的分業という視点は、「平田市民社会論」では、どのようなかたちで生かされているとお思いですか。あるいは……。

◆望月　それも泉下の平田さんに聞いてくれ。平田さんの学風というのは、マルクスを深く読みぬいて、ご自分でどんどん独自なタームを鋳造しては組み立ててゆくというふうに見えるから、僕にはついてゆけないところがある。

◇村上　平田さんは個体的所有というところに最も力点を置きますから、その基底のいわゆる本源的所有を「生産活動」・「類帰属」・「意識関係行為」というように規定されます。この個体的所有を体現した個人は、確かに類＝協同体に帰属して、相互に意識関係行為を持つということになっており、個人の協同的関係を重視しています。また平田さんは市民社会について論ずるとき、交換・分業・交通関係であることも主張しています。確かにそうなんですが、やはり「個体・個人」が起点に置かれていると思われます。はなはだ漠然としていて恐縮なんですが、平田さんは「個人」の交換・交通を表象され、これに対して望月先生は起点が交換・分業・交通の方に置かれ、「個体・個人」とは、この交換・分業関係における「個人」ということなのではないかと思うのですが、いかがでしょうか。

◆望月　だからと言うわけじゃないが、僕は「個体的所有」という言葉の解釈にはつきあわない。『資本論』原蓄章のあの箇所と、しばらくお休みして『ゴータ綱領批判』にも出てくるけど、マルクスは何も自説語解をしてないんだ。「コメントできません」としか言えないな。

◇村上　「個体的所有」といっても、スタート地点では共同体の内部にいることは確かですが、しかし個体として働くということのほうに力点がおかれていると、その「所有」が姿を見せるのはやっぱり労働過程ということになるんじゃないですか。まあ平田門下の方々から反論されても応える用意のないイメージなのですが。

◆望月　共同体への譲渡を通じてはじめて「共同体・内・個体」として承認される、という構造が背景に想定されているのかどうか。あ、これは「コメント」かな。

◇村上　そうすると、やはりそこのあたりが基本的な違いかもしれないですね。ひとことで言えば「共同体内→社会内分業」を歴史の基軸として重視するかどうか。

◆望月　何かしら物を作って「これは俺の所有＝財産だ」と主張するところから出発するなんてルソーじゃあるまいし。廣松さんを持ち出さなくても、人間は広義の共同体つまりなんらかのゲマインヴェーゼンの中で生まれ、そこの他者から存在を承認されてはじめて成長する。そこで他者が欲しがるモノを作るのが、おのれの存在証明なんだから。その意味でも、原蓄章末尾のあの「個体的所有」から始まる弁証法は、そっとして床の間に飾っておけばいいんじゃないか。

『マルクス歴史理論の研究』

◇村上　さてそろそろ『マルクス歴史理論の研究』のほうに質問を移させてもらっていいでしょうか。一九七三年に『マルクス歴史理論の研究』が、一九六八年、六九年『思想』三論文と、直前の『講座マルクス主義』論文をトルソーとして、それがまとめられた形で出るわけですが、この御本の中では、前半が『経・哲草稿』と『ド・イデ』を中心にした初期マルクス研究ですね。私はちょうどその時期に大学院にきたものですから、最初はブルーノ・バウアーとの関係で初期マルクスの勉強をしました。

◆望月　何でブルーノ・バウアーに目をつけたんだっけ。もう忘れたから聞くけど。

◇村上　あれはやはり自覚の論理というのが学部の頃からずっと気になっていまして。われわれの学生時代の一九七〇年をはさんだ時期というのは、まさに自覚によって運動を、自覚によって街頭へ、という時代でした。だから抜き差しならない位置からの決起というわけではないので、いつでも身を引くことができます。自分もそうでした。この論理は弱い、自覚の論理ではない運動論というのはないのかと思っていました。だから大学院のゼミで一年目は『諸形態』の原書がテキストで苦労しましたが、同時に『マルクス歴史理論の研究』校正段階の目次を見せてもらい、二年目にその講義を先生から受けました。そこで『ヘーゲル法哲学批判序説』の自覚論を先生がサラッと切って捨てられたりするのを伺って、あるいは社会的分業に身を投じることの重要性を説かれた先生の「市民社会論」に魅力を感じまして。私は学生の頃、まさにこの『ヘーゲル法哲学批判序説』を読んで「自覚の論理」を糧にして街頭に出ていて、そこから退場するとき、この論理のはかなさもまた「自覚」していましたから。B・バウアーの「普遍的自己意識の獲得」というのは、この自覚論で、それを批判するマルクスに着目したということです。

◆望月　ははは。市民社会というのは、いやだと言っても、交通・交換に巻き込まれているうちに人間が鍛えられるので、別に「俺は市民だ」とか「市民にならなくちゃ」だなんて自覚しなくていいんだ。水増ししたり手抜きしたりした「商品」でもうけようとしたって、いずれは市場から淘汰されちゃう。「こりゃいかん」と学ぶんだ。だから僕には、「市民になれ、目覚めよ」っていう運動論なし。僕の市民社会論は、sollen の向精神薬じゃなく、漢方薬だ。じわじわと効く。

◇村上　先生の場合、社会的分業関係の中に自らの身を投ぜよ、と言っておられるように思います。その場合、私はウェーバー『職業としての学問』の最後のパラグラフで、「おのれの仕事に就き、人間的にも職業的にも『日々の要求』を果たせ」という警句を連想します。この部分に関してはウェーバーと望月先生は共通するな、と。もっともウェーバーは「各人がデーモンをみいだせばそれは容易だ」と言いますが、その点は先生なら逆で「そうやれば、デーモンも見つかるだろう」ということになるかもしれません。そうそう、大学院のときの話ですが、『ヘーゲル法哲学批判序説』の中にあった「武器の批判は批判の武器にまさる」というフレーズ、あれは文章的には非常にレトリックが効いていて魅力的なのですが、そこのところを先生はぴしゃっと批判されたんです。こう言ってるけど、これだったら問答無用の観念論だと。そういう意味ではマルクスはまだヘーゲル左派の中にいるということを言われたんです。あれは印象的でした。そこからマルクスは脱却して『ド・イデ』で「朝には狩りを」するバウアー批判となる、ということも先生からうかがいました。

◆望月　「武器の批判」て「武器による批判」でしょ。はっきり言えば暴力革命だものね。ああいうレトリックに、マルクスは自分で酔ってしまうところがある。特に初期に。「批判的批判の批判」とかね。レトリックで思い出した。『ゴータ綱領批判』でマルクスが「各人はその能力に応じて、各人はその必要に応じて」という名文句があるだろう。教養体系は、これを天才的命題だなんて持ち上げるけれど、「各人は…各人には…」というパターンで、当時はいろんな連中が競っていたんだ。それを詳しく注記しておいたら、「初めて知りました」と言ってきた人がいる。

◇村上　さて『マルクス歴史理論の研究』の中で、前半が「初期マルクス」研究、後半の『経済学批判要綱』研究の中では、三つの柱があったと思います。「依存関係史論」、これが一つ、もう一つが「領有法則の転回論」、もう一つが『諸形態』、これらの研究が柱となって『要綱』研究ということになっていると思います。

◆望月　「後半が『要綱』研究」というのは、ちょっと気に入らないね。『要綱』共同体論の研究は、第七章「マルクスの古代・中世社会像」の最後の踏み台なんだから。

◇村上　あ、失礼しました。実を言えば第七章は内田義彦先生も敬遠されておられましたが、私もちょっと苦手な章なので。いずれあとでご見解をうかがうこととして、『要綱』研究で一番ご苦労なさっているのは「依存関係論」のように見受けられますけど。

◆望月　ここもまた弁証法になっていて、第一の人格的依存関係、第二の物象的依存関係については、一般には「…から…へ」という段階移行論と解されているけれど、僕はそう単純じゃないと思った。それはともかくとして、「依存関係論」の難所は、あの第三段階、「自由な個体性のアソシアシオン」という未来社会像。ドイツ語が言葉足らずで真意がつかめない。

◇村上　これまでの普通の解釈は、段階論ですよね。その中で先生は「人格的依存関係」といっても人格だけで人はつながれるわけじゃない。実はその内部にというか、深層に未発達ではあるけど「物象的依存関係」を抱え込んでいるはずだ。つまり萌芽として潜在していた「物象的依存関係」がいかに全面展開するか、第二段階で。そういうふうに定式化なさった。これに対してはやはり批判もあったのではないかと思うのですけれども。

◆望月　『マル歴』のなかでちゃんと注記しておいたが、この依存関係史論を世界史の理解に使ったのは芝田拓自さんだ。だが教養体系からは無視されていたらしい。内田さん、平田さん、それに私などが大きく取り上げたものだから、教養体系も、もともと我々が発見したんだという顔をして、「人格的＝前近代的・社会関係」という「いかにも」的解釈をはじめたので、それをからかった論文を書いた。知らないだろ。

◇村上　はい。でも、「人格的＝前近代的」という図式なら内田義彦先生もそうじゃないですか。ともあれ、「人格的依存関係」を単純に前近代の社会関係だ、と楽に定義してしまわないで、その中にも潜在的に「物象的依存関係（的なもの）」がなければ、人格的依存そのものも成立しないのだ、その後に、商品交換の全面的展開という舞台が整うと、物象的依存関係が本来の姿で表面に出てくるという論理を紡ぎ出されたのは望月先生ではないかと思います。何せ分業・交換なくして歴史なし、ですから。物象的依存関係の歴史的展開は先生の歴史認識にとっても重要な論点になります。しかしあの辺は相当ご苦労されたのではないですか。『現代の理論』の対談などでもそれが窺えたのですが。

◆望月　ええ、平田さんもそうだけど、たいていの人は、人格的→物象的、というのを、いわば発展段階と見てる。その固定観念を解きほぐすには、どうすればいいか、と思って。両者はいわば「あざなえる縄」なんだというのを、大学院のゼミで配った図式で示したでしょ。『マルクス歴史理論の研究』でも図式を使えばよかったかな。この本の中国語訳者とは別の研究者がうちに来た時、やっぱり依存関係が難しいと言ってたので、ゼミのあのプリントをコピーして説明したら「なーるほど」と言ってくれました。

◇村上　はいはい、大学院時代に先生からいただいたプリントはすべて保存していますし、あのプリントは特に印象深いです。人格的関係とはコネだとかだけで片付けるんじゃないんだということで。

◆望月　はじめから「コネ」だと片付けちゃうと、もう全体が見えなくなるよ。人格だけ同士の「依存関係」なんて、安易に仲の良い友だち同士の助け合い、なんてロマンを表象してるんじゃないの。それはそれでいいが、世界史にはならない。この下、というか深層にやはり「物象的依存関係」が無ければ成り立たない。図で書けばなるほどと言ってもらえるのに、言葉でだけ書くとなると、ちょっと苦労する。もうひとつ、あの中で苦労したのは、マルクスがあそこで「騎士と下僕」とか、「僧侶と信者」とか、ナンセンスな例を持ち出したからだ。

◇村上　だから、あそこはもう解釈で割り切るというような言い方もされていたようですね。先生は『現代の理論』（一九七四年六月）一二五号の特集「マルクス研究の現段階――『経済学批判要綱』研究の問題点」（沖浦和光・細見英・望月清司・

森田桐郎・山田鋭夫）座談会（四五頁）で次のように言われています。長くなりますが、引用しますと、「依存関係という人間の関係様式のなかに、『要綱』は君主と家臣とか封建軍隊の隊長と兵士とかカースト成員間の関係を入れています。『資本論』の物神性論では、有名な僧侶と俗人の一〇分の一税収取関係も入れてありますね。商品論や貨幣論の次元の人類史把握としますと、そういう封建的なタテの関係をもちこむのは理論を濁らせるだけではなかろうか。しかしほかならぬマルクスが二度もそういう例をもちだしているのだから、何か自分のほうに理解のゆきとどかぬ部分があるのかも知れない。そんなふうに悩んだ挙句、『講座マルクス主義・第八巻』の論文では、目をつむってエイッとばかり『これはマルクスの錯誤だろう』と書いたものです。といいますのも、依存関係とは人格的にせよ物象的にせよ人間の交通関係なんですが、その依存しあう人間は誰でもいいのじゃなくて、生産者でないと困る。」

◆望月　わかりやすい例はないかな、なんて考えていて筆が滑ったんだろう。よくそういうところがある。後世の者には迷惑だ。

◇村上　『マルクス歴史理論の研究』の後にも、あらためてモンテスキューの「人格的・物的奴隷制」の区別から始まって、ルソーやヘーゲルに「依存関係」概念のフォローをなさってましたね。ルソーはマルクスと逆で「物的依存＝自然的」、「人格的依存＝社会的」、それをマルクスは反対に使ってる、っていう講義を大学院でなさった。

◆望月　そうです。「人格的、物（象）的依存」という二分法は、何もマルクスの発明なんかじゃない、とわかってから自分の中でクリアーになってきた。要するに「ゲマインヴェーゼン」はまず「ゲマインシャフト」としてスタートするけれども、しかしその「ゲマインシャフト」的な構造の基底に、いわば隠れたゲゼルシャフトがあるからこそ、次の段階で両者の位相が逆転する、というわけだった。「ゲゼルシャフト」と「ゲマインシャフト」の重層構造というのは、『要綱』の前の『哲学の貧困』にヒントが潜む。

◇村上　『哲学の貧困』分析のところで？

◆望月　そう。「ゲゼルシャフトリッヒェ・ベツィーウンク・デア・ペルゾーネン gesellschaftliche Beziehung der Personen」（人格の社会的関連）、と「ゲゼルシャフトリッヒェス・フェアヘルトニス・デア・ザッヘン gesellschaftliches Verhältnis der Sachen」（事物の社会的関係）、この区別だ。人格同士のつき合いが基礎にあるから、物相互の関係が生まれる、という『経済学批判』の用語法に注意を喚起したところ。中国語の訳者は、「これまで中国のマルクス訳は Beziehung と Verhältnis を区別しないで両方とも『関係』と訳してきたが、これで両者の相違がわかった」と解説で書いてくれている。

◇村上　先生の今のようなご説明、先生のご研究の第一局面を調べた後では、僭越ながら以前よりかなり明瞭に理解できるようになりました。つまり中世の農村共同体の中で生産しながら、次第に自己の生産物剰余を交換の場に持っていく農民を想像すると分かりやすい。先生はそうしたご研究を第一局面でやられていた。その意味で、先生のご研究の第一局面はマルクスの歴史理論研究の第二局面とつながっていると実感します。ただ僕は、最初に先生の『マルクス歴史理論の研究』を読んだ時、『哲学の貧困』のところと、依存関係史論をあまりつなげて読んでいませんでした。

◆望月　それは僕にも責任がある。前の方は重苦しくて、もたもたした書き方だ。でも、あの「ダンスパーティ」語のところぐらいは読んでくれたろう?

◇村上　ええ。あそこは私の「協会」研究にもヒントがいっぱいありました。

◆望月　「タンツゲゼルシャフト」というと英語の「ダンスパーティー」になって、「ゲゼルシャフツタンツ」とひっくり返ると「社交ダンス」になる、ここで鮮やかに初めて「ゲゼルシャフト」という関係の含意が浮かび上がると。参加しないと踊れない、こまめに顔を出していないと、要するに上流「ゲゼルシャフト」からも脱落してしまうという、ここ自分でも気に入っている一節だ。学生が「Machen wir Gesellschaft?」というんだね。これ実際にゲッチンゲンの大学寮で暮らしていた時の言葉で、今も耳に残っている。Machen wir のところを「マッヒェンヴァ」と発音するんで「え?」って聞き返した。

◇村上　「付き合おう」というのですか。

◆望月　いや違う。「コンパやろうぜ」と言うんだ。

◇村上　その言葉「ゲゼルシャフト」、ドイツ一九四八/四九年革命期に「何とかゲゼルシャフト」などと出てくるときは、「何とかクラブ」と訳すことにしています。原語は「タバコ・ゲゼルシャフト」とか「コーヒー・ゲゼルシャフト」とか。

◆望月　なるほど。コーヒー飲んでおしゃべりを楽しむ「クラブ」か。昔の日本語訳の「倶楽部」だな。構えて説明するとなると難しいが、「喫煙ゲゼルシャフト」なんていいねえ。禁煙ファシズムの時代だから、まさに秘密結社だね。「結社」、うん。

◇村上　嬉しそうですね。ところでそれ以外の『マルクス歴史理論の研究』の主要論点のひとつ、「領有法則の転回」論に関しては、その後、山田鋭夫さんが『経済学批判の近代像』（有斐閣、一九八五年）で平田図式を修正したりとか言うことはあったのですが、注目すべき、というのは変ですけど、あとで、廣松さんが取り入れますね。『今こそマルクスを読み返す』（講談社現代新書、一九九〇年）で。

◆**望月**　ははあ。その本は知らなかった。廣松さんもね。

◇**村上**　はい。先生は、『マルクス歴史理論の研究』翌年の『コメンタール『経済学批判要綱』（下）』（一九七四年）に「先行諸形態論」を書かれて、領有法則転回論を詳しく敷衍なさっておいでですね。これに対する批判というのはなかったんですか。

◆**望月**　ないさ。教義体系はまるっきり無関心なんだから。『資本論』の「取得法則の転変」論、つまり算術的な「原投資極小化」論で充分なんだろう。『要綱』の「食いつぶし転回論」の思想性は彼らにはどうでもいいんだ。

◇**村上**　もう一つの『諸形態』研究というほうも、これはほとんどもう、先ほど言われた一連のご研究の中で、自家薬籠中のものにされてるものを展開するわけですね。『要綱』の中いちばん筆に熱がこもっているというか。

◆**望月**　あたりまえだ。アジアの「総体的奴隷制」とか、イタリア半島の「都市と農村の対立」とか、例のゲルマン的散居農村とか、もう、料理の腕をふるう食材に事かかない。あそこはほんとうに楽しみながら書いている。

◇**村上**　でしょうね。『マルクス歴史理論の研究』は、一応そのように前半の「初期マルクス」研究、後半の『要綱』研究、その中の三つの「依存関係史」論、「領有法則転回」論、『諸形態』研究があるわけですが、一番ちょっと分かりにくいのが、第七章ですね。「マルクスの古代・中世世界像」のところ。ここでいわゆる、それまで蓄積されてこられた「農奴」・「奴隷」、「奴隷および農奴」という問題と、それと「中世都市の意味はこうである」ということが書かれると思うのですけれども、まだもう一つ、そういう印象的な部分があるのですが、『マルクス歴史理論の研究』の全体の中にどう位置付けるかということがよく分かってなくて。ここの部分がちょっと……。

◆**望月**　ブルータス、お前もか、だ。中国の訳者も「総説」の中で「第七章はやや特殊な歴史問題である」なんて書いている。ところが僕の中ではそうじゃないんだな。第六章までは、ここを書くための序章と言っても過言じゃない。なかでも、「中世都市」の問題は熱をこめたところだ。ここに、マルクスの「奴隷制もしくは農奴制」という特異なタームと、「社会的な分業」把握との結節点がある、というぐらいのものだ。

◇村上　平田さんの「中世自由都市」論を批判なさってますね。

◆望月　「中世自由都市」、これこそまさに「近代民主主義」の揺籃なのだというのが、平田さんの牢固たる信念。これを粉砕しないと、マルクスの歴史理論にならない。

◇村上　他の人も、みんなそうなんじゃないですか。

◆望月　というか、悲劇的なまでの歴史常識になってる。日本にも「堺」みたいな自治都市があったけど封建勢力の抑圧で「育たなかった」とか。そんなんじゃないんだ。

◇村上　都市貴族の寡頭制。

◆望月　そう、都市の自治ったって、実は商人寡頭制。しばしば市外に土地を持って、農奴から搾取している市民なんだよ。「これがどうして自由都市だ」と。「都市の空気はひとを自由にする」(Stadtluft macht frei) という法諺があって、領主支配を嫌って逃げてきた農奴も市門をくぐった途端に自由民になる、なんて無責任なことを書いてる本が多い。市門をくぐったって農奴身分は変わらない。元の領主が「解放」しなけりゃね。市の役人が「人頭税」をかわりに取り立てて元の領主に渡していたくらいだ。

◇村上　ローテンブルクなんて綺麗な中世都市を見てても、わかりませんね。

◆望月　そうだろ。平田さんは城壁の中しか見ていない。これは平田さんが学生の時、その講義を聴いた増田四郎さんの、いわば一橋史学だね。大塚さんが「商人」というと必ず「前期的」という形容詞をくっつけて後ろ向きの保守反動だって言うだろう。増田四郎さんが、全身に力こぶを入れて、中世自由都市の礼賛をしたのはそのせいだろう。中世自由都市の典型みたいなハンブルクなんかでも、実態は人口一万六千人のうち市民は二千人しかいない、あとの住民一万四千人くらいは市民権を持たない単なる住民なんだ。ギルドにも加われない単なる「雑業層」だね。船荷の人足、荷車押し、通りの糞尿掃除をやったり。平田さんがいわば常識を味方にして「中世の自由都市＝近代民主主義のゆりかご」論をやっているのを放置してたら、「市民社会」論が前に進めない。それをひっくり返すためには論理だけじゃなくて、史実の問題として、しかもだ、誰もが認める権威をひっぱり出してやるしかない。そこでウェーバーを有力な味方につけたんだ。

◇村上　中世における「市民社会」の起源は自営農民の交換の場としての小都市だという、あれですね。第一局面の成果がここに現れる。

◆望月　そうだ、そこでこそ労働と所有の同一性が、まさに等価交換として発揮される。それなしにはゲゼルシャフトの世界史は完結しないんだよ。

◇村上　その意味では、第一局面で出た「グーツヘルシャフト成立前期と騎士団国家の市場構造」、そして一九六九年『思想』三論文のひとつ「『マルクス封建社会観の基礎視角――ウェーバーの都市・封建制論にふれて」(『思想』五四三号)の真意が最終的にここに出てくることになっているのですね。

◆望月　君はあまりうまく整理しすぎるくせがあるが、ここではその通りだと言おう。

◇村上　前に一度、「望月市民社会論」(「望月市民社会論の累重的形成」、『専修経済学論集』第三五巻第一号、二〇〇〇年)について書いた時に、「グーツヘルシャフト成立前期と騎士団国家の市場構造」つまり初期望月＝第一局面と、『マルクス歴史理論の研究』つまり第二局面とのつながり、ここ面白いと思って書いたところです。

◆望月　それともうひとつ。僕なりに格闘した「ウェーバーとマルクス」と、大塚史学ないしプロ大塚史学の「ヴェーバーとマルクス」との決着をつけなければ、という問題があった。その問題意識は、『思想』の連載論文の最後で、早くから述べていた。

◇村上　ご本の中の「付論」ですね。

◆望月　結局内田芳明さんとか、マルクスとの関連に関心があるヴェーベリアン達が、「マルクスの唯物史観はもう物質が最優先で、精神なんか後回しだ」という。彼等の書いている唯物史観というのがまるでもう中学の教科書みたいな唯物史観で、そういう漫画みたいなマルクスに対するウェーバー優位、とか論じてるんだな。「ところがヴェーバーはそんなこと言ってませんよ」と。けど僕が読むと、ウェーバーの中にマルクス的要素、しかも学ぶべき要素はいっぱいあるんだ。これはいつか以前に話したけれども、この本を書いたときに、書店の肝煎りか向こう側の要求か知らないが、大塚史学の面々が六人くらい集まってきてウェーバー解釈について詰問されたんだ。あとで大塚さんの講座を継いだ関口尚志さん、共同体論の住谷一彦さん、それに山之内靖さんもいた。あと三人は忘れた。

◇村上　詰問とはまた厳しいですね。

◆望月　いや、それは言葉のアヤだが。それで議論しているうちに、「そう言えば望月さんのウェーバー理解にも一理はあるな」ということで、最後は不得要領という感じだったが、ともかく納得してもらえたと思ってる。

◇村上　少しは緊張なさったでしょう、相手が六人では。

◆望月　「そんなにマルクスに似ているか」という話だったが、一番記憶に残ってるのは、みんなウェーバーの『一般経済史要論』の荘園制論のところ、つまり「グルントヘルシャフト」の定義として「奴隷」というのが出てくる箇所、そこを読んでないらしいのが解って肩の力が抜けたこと。ウェーバーの封建制概念は、おどろくほど広い。古代エジプトやスパルタまで入るからね。ところが、日本のヴェーベリアンは、無意識のところで教義体系になじんでいるから、「グルントヘルシャフト」と言うと、ヨーロッパ中世しか想起しない。そこで要件として「奴隷」なんか出てくるから、敬して遠ざけたまま、あとはそこを腫れ物扱いしてる。その箇所。

◇村上　先生はそれを学生の頃に読まれたのですか。大塚さんの『共同体の基礎理論』が出た時すぐに「こりゃマルクスともウェーバーとも違うぞ」と直観した、とおっしゃってましたが。そういえば『『共同体から市民社会へ』視座の問題——比較体制論的関心から」（専修大学社会科学研究所『社会科学年報』第七号、一九七三年）も、大塚さんと距離を置かれている。

◆望月　いや、院生の頃だ。『要論』上巻がでたのは昭和二九年だから。訳書が出てすぐに取り組んで、散々悩んだ。で、翌年だったかに大塚さんの『共同体の基礎理論』が出た時、「何だ、こりゃ」と思った。読めば分かるけれども、ウェーバーは五重丸を書いて、一番真ん中に三圃制の共同体村落を置いている。彼の時代には「ゲルマン古代」にも三圃制と集村があったというのが定説だったんだな。しかしその後は完全に否定されている。とにかくあの五重丸図は、ウェーバーの意図ではゲルマン古代の村落の説明なんだ。ところが大塚さんはそれを「封建社会の村落」の説明に使っている。混乱を増幅するのは、大塚さんが、「ゲルマン的」という形容詞を、「封建的」の意味に使っていることだ。

◇村上　えーと、ちょっと混乱してきました。

◆望月　そうだろ。「ゲルマン的」と言ったら常識的には「原古ドイツ的」と決まっている。時代的な制約からくるウェーバーの間違いには知らん顔して、それをマルクスにつなげているから。もう無茶苦茶なんだな。マルクスがはっきりと「ゲルマン的共同体は村落に集結していない」、つまり「散居制」だと書いているのに、それには口を拭って「ゲルマン的イコール封建的・共同体」というのだから、歴史を知らない人たちは「あの大塚さんが言うんだから間違いないだろう」となる。以来マルクスの「ゲルマン的」とは「封建的」のことなんだという、とんでもない誤解が横行することになっちゃった。

◇村上　あ、そうなんですか。私は学生の時あれ読んで非常に魅力を感じたんですけど。

◆望月　どうしてこんなでたらめを書けるのかと思って。私は『共同体の基礎理論』までの大塚さんに対してずっと抱いていた畏敬の念が、それで泡のように消えちゃった。

◇村上　先生の大塚史学にたいする厳しいご意見には驚きました。それで思い出したんですが、先生の御論文「宇野経済学をささえた宇野史学――大塚資本主義論との対比において」（『経済評論』一九七七年七月号）について、僕は、大塚さんよりも宇野さんの方に先生の好意のようなものを感じたんです。先生にそれを言ったら「それは読み違いだ」と言われましたけど。

◆望月　やっぱり読み違いだ。ただし人間としての宇野さんが好きだから、外野からオビチュアリを書いたんだ。その好意が文面ににじみ出たからだろう。それと、歴史認識に関する限り赤ん坊みたいな素朴さを隠さないとこも。何かと言えば「商品は共同体と共同体のあいだに生まれる」とマルクスを引用するんだが、その「共同体」の原語が「ゲマインヴェーゼン」だってとこまでは気がまわらない。そういう好々爺の素朴さが憎めない。苦労して『宇野弘蔵著作集』一〇巻を読んで、そう思う。

お弟子さんは「二人の宇野さん」て言うけど、ぶっちゃけて言えば矛盾したことを平気で言う。しかもお弟子さんも先生に面と向かってかなりきついことを言ったりする。

◇村上　宇野さんには、お弟子さんとの対談が多いですね。

◆望月　そう。そこがいい。宇野さんは痛いとこ突かれてもニコニコしている。あの人は本当にゲゼルシャフトリッヒな人だね、商家の生まれだからかな。一言で言えば、宇野派はのびやかなゲゼルシャフトで、大塚学派はきびしいゲマインシャフトか。『共同体の基礎理論』なんかにも、「殿、ご乱心」なんて諫言はしないだろ。亞・教義体系か。

◇村上　ところで、『マルクス歴史理論の研究』第七章は、博士論文審査報告書（『専修経済学論集』第一〇巻二号、一九七六年）でも、「七章についてはちょっと位置付けが難しい」みたいなことが書かれていました。

◆望月　内田義彦さんにもやっぱり「第七章を書くために第六章までを延々と書いた」という僕の真意は伝わらなかったようだ。まあしかし、内田さんが僕の体系を全部理解しなくちゃならない義理はないよ。それでいいんじゃないか。

◇村上　けれど先生、内田理論というか内田思想というか、ちょっと漠とした言い方ですが、そのエッセンスを継承されているのは先生だと思います。

◆望月　褒めすぎだ。お追従のように聞こえる。でもちょっとは嬉しいね。今や内田さんよりずっと年上になっちゃったけど、内田さんの文章を読むと学生みたいな気分になる。

◇村上　で、話を『マルクス歴史理論の研究』以後に移したいのですが、その前に、例の「唯物史観の公式」のところに出てくる「プログレッシヴ」というタームの解釈、あれについて一言うかがいたいです。先生独自の大胆な問題提起で。

◆望月　あれは『経済学批判』序言からよりも、「ヴェラ・ザスーリッチへの手紙」を読んでいてヒントをつかんだ。この手紙ではははっきりと人類史を地層の歴史になぞらえているからね。その目で、あの序言の「いわゆる唯物史観の公式」の部分を読み直すと、もろ地質学なんだ。

◇村上　で、これまでの「あいつぐ」とか「前進的」とか「継起的」とか、どれも段階を追って発展してくるというイメージの訳語を「全部間違いだ」と。

◆望月　そうなんだ。社会構成の「構成」（フォルマシオン）は地質学のタームで、地層は内部矛盾で発展なんかしない。たんに下から上へ積み重なってるだけだ。これについて、教養体系の雑誌『経済』に面白い論文が載ってたという話をしなかったかね。

◇村上　いえ。

◆望月　その論文の筆者はある党の元科学部長で、一時、日本の地質学界のカリスマだった人だ。今では常識となっている「プレートテクトニクス」、大地震が起きるとすぐ太平洋プレートとフィリピン・プレートがどうだなんていう図がテレビでも使われるでしょ、あれ。ところがこの地質学界は、世界ではもう常識になってたプレート移動説をむきになって否定してた。それでこの説が日本に受け入れられるのが一〇年も遅れたというんだな。

◇村上　そういえばいつか『プレートテクトニクスの拒絶と受容』という本を見せていただきましたね。でも何でそんなに「拒絶」したんですか。

◆望月　地層も歴史的に発展する、というんだ。よく分からないけど、造山運動というのがキモらしい。元はエンゲルスの

『自然弁証法』だろう。プレート説は、弁証法に反するというわけだな。この大ボスさんが『経済』に載せた一文の冒頭で、「最近になって二、三の哲学者からザスーリッチの手紙のフォルマシオンという言葉をどう理解すればいいかという質問を受けたので……」と書いていた。明らかに僕の問題提起にショックを受けた連中からの質問だろうが、「二、三の哲学者」には笑ってしまった。

◇**村上**　といいますと?

◆**望月**　「二、三の人から」と言えばすむところを、また「マルクス研究者から」と正直に言わないで「哲学者から」なんて書くところがわざとらしい。教義体系の歴史学者かマル経学者にきまってる。当時いろんな地質学の本を読み漁って、地質学界全体としてテクニカル・タームが統一されてないのには呆れた。一つの原語の訳語もばらばら。そこが井尻論文のつけ目で、この語はああも訳すし、こういう訳語もあると知識を並べ立てて、僕の名前も出てたけど、結局望月説は無理筋でやっぱり従来どおり「あいつぐ」でいい、とはさすがに書けず尻切れトンボになっている。

◇**村上**　「哲学者」先生たちも腰砕けというところですか。

◆**望月**　ずいぶん多くの書評をいただいたけれど、たいていは前半の疎外論やド・イデ論で終わっているから、おしまいの方を読んでくれたと思えば腹も立たない。

◇**村上**　それと、いわゆる発展段階のうちの一段階としての奴隷制を否定されたところにもショックを受けた人が多かったんじゃないですか。「奴隷革命説」の信者なんか。

◆**望月**　マルクスの言葉を、梅棹さんのあの『知的生産の技術』に出てくる京大型カードにせっせと収録したけど、「奴隷制もしくは農奴制」という特異な一括語がひんぱんに出てくるのが、ずっと気になっていたんだ。その気分の悪さ、というか澱（おり）みたいなものが、前に話したウェーバーのグルントヘルシャフト論を読んでて、スッと溶けた。ピカッとひらめいたと言ってもいい。「なんだ、マルクスとウェーバー、同じことを言ってるんだ」とね。その集約的な表明が、例の「ワラキアのボヤール」だ。［本書収録時の注。『資本論』第一巻第三篇第八章第二節「…工場主とボヤール」］

◇**村上**　いきなりそう言われても……。

◆**望月**　ワラキアというのは今のルーマニアの南半部を占めた公国だ。あのドラキュラ公爵の国だと言えば、いくらか親近感が湧くだろう。北半分のモルダビア公国とまとめて、マルクスは「ドナウ諸公国」と書いてる。「ボヤール」というのは大領主。で、そのドナウ諸公国では「農奴制から賦役が発生したのではなくて、賦役から農奴制が発生した」とマルクスが書いている。

◇**村上**　なんだか、無理に順序立てているような気もしますが。

◆**望月**　無理どころか。つまり農奴制という身分秩序をまず制定して、その農奴たちに、この制度のきまりとして賦役または地代を収めろ、というんじゃない。順序が逆だ。ひなびた共同体に集って平和に暮らしていた農民たちの村に、歴史の転変のなかでやってきた軍事的征服者が、村びとを集めて、「これからは俺が主人だ、俺のところへ貢ぎ物を持ってこい、いきなり言われても手持ちが無いやつは俺の畠に来て働け」と、こう命令するわけだ。で、「へい」となって、それがしばらく続いているうち「こいつらを上手く統治するにはどうしたら良いか」と思案した末、「これからお前らを農奴と呼ぶ。農奴は週に二日領主の土地を耕す。月に一度ローソク一〇本、死んだら死亡税、結婚するなら初夜税を納める」とか、こういうのを決めていくわけね。

◇**村上**　私、院生の頃、先生の学部の講義「西洋経済史」を一年を通じて聴講させていただいたことがあるんです。その中で、池のカエルがうるさいから一晩中、領主のために水面を棒でたたいてカエルを黙らせる「賦役」とか、種々様々な「税」について説明されていました。結婚税もその一つでしたが、「初夜権」から来てるんですね。確か「フィガロの結婚」にも出てくる……。

◆**望月**　それだ。つまり農奴制が先にあって、農奴が生まれたんじゃない。先に賦役やら何やらがあって、そこから農奴制が生まれたんだ。で、これね、そっくりウェーバーですよ、「征服した被征服民を労働力として使役するか、地代源として利用するかは、まったく場合による」とね。スターリンは「奴隷は殺せるが、農奴は殺さない」なんて区別するが、奴隷は労働力なんだから、その財産を自ら抹殺する主人がどこにいる。

マルクスが「ワラキアのボヤール」を念頭において「奴隷制もしくは農奴制」とひとくくりで捉えたのは「領主支配」、言い換えて「グルント（土地）」の「ヘルシャフト（支配）」にとっては、征服した農民を奴隷として使うか、農奴として貢納を召し上げるかは、どっちでもいいんだ、と言いたかったわけだ。この前近代史認識を知るためのカギの中のカギなのに、マルクス主義史家をもって任ずる連中がここを問題としてるのを見たことがない。なぜなら、「原始共同体→奴隷制→農奴制（＝封建制）→資本主義」という教義体系の根幹図式が、土台から崩れるからだね。

◇**村上**　あの図式は、いっぺん頭に入っちゃうと、もう抜けませんね。

『ゴータ綱領批判』の翻訳と解説

◇**村上**　そろそろご研究の第三局面の「第三世界論」にまつわるお仕事の話を伺わせていただきたいのですが、その前に、岩波文庫『ゴータ綱領批判』（一九七五年）のご翻訳がありますね。『マルクス歴史理論の研究』を出されて二年後ですから、すぐですね。また一九七六年三月には『思想』に「『ゴータ綱領批判』の思想的座標」を掲載されています。このあたり、ひとこと。

◆**望月**　「ひとこと」で済めばいいが。文庫とはいえ、あれには編制と翻訳に二年まるまるかかった。一九七五年がちょうど『ゴータ綱領』の一〇〇周年だから、それに間に合わせようと頑張った。

◇**村上**　どんなご苦労、あるいは工夫をされたんですか。

◆**望月**　岩波から話があったとき、どんなつもりで引き受けたか、ちょっと話しておきたい。これは今まで誰にも話していないからね。

ドイツの労働運動史なんて素人もいいところだから断るのは簡単だったんだが、二つのことを考えた。『ゴータ綱領批判』の中で、マルクスは「プロレタリアートの独裁」というだろう。久しぶりだなと調べたら、彼にとって二〇年ぶりなんだ。言ったのは間違いないんだから、変な訳者の変な解説で、「マルクスは終生プロ独を、（廣松さん流に言うと）〝宣揚〟した」と書かれかねない。だけど、論脈から言ってそんな必然的なもんじゃないんだ。ここはひとつ引き受けて、おかしなプロ独バネを抑止しとこう、こう思ったのが一つ。

もう一つは、労働貨幣論。未来社会の流通手段として労働時間手形みたいな、今から見たら「アホな」と思われる主張が出てくる。これも変な訳者の解説で、「マルクスの未来社会像は地域通貨社会だ」などとはやされると、それでマルクス入門をする人たちに呆れられてしまう。で、これも慎重な解説で、あらかじめトーンダウンさせてしまおう、と。
◇村上 労働貨幣論というのは一八三〇年代のロバート・オーウェンや一八五〇年代ころのプルードンなどを先に思い浮かべます。地域通貨は近ごろ注目されていますが、現代の地域振興には有効でしょうが、将来社会の中核的制度としてはやはり空想的ですね。マルクスは晩年になって、なんでこういうことを言い出したんですかね。
◆望月 さあ、それはエンゲルスを含めて誰にも謎だろう。それからもう一つあった。『ゴータ綱領批判』というと、誰でもあの「各人はその能力に応じて、各人にはその必要に応じて！」という、有名な対句を思い出す。ずーっと若いときに、あるマルクス主義入門書で、この言葉を紹介したくだりに「何という簡潔で天才的な呼びかけだろう」というような褒め言葉があって、訳も分からず感動した思い出がある。
『ド・イデ』と取り組んでたころ、ひとがあまり読もうとしない「聖マックス」の章を読み苦しんだことがある。その中にもうこれが出ていた。サン・シモン派は「各人にはその能力に応じて、各能力にはその仕事に応じて」という。そればかりじゃない。『ド・イデ』の第二巻で執筆してるモーゼス・ヘスが、共産主義とは「各人にはその必要に応じて」だ、と書いてた。だから僕は、例の対句が必ずしもマルクスの独創的な言い回しじゃない、と思っていたが、調べると他にもわんさかとある対句で、マルクスのはそのワン・オブ・ゼムだったという注を書きたかったんだ。
◇村上 サン・シモン派やモーゼス・ヘスの、あのフレーズは坂本慶一さんや良知力さんなどによって、個別に紹介はされていますが、先生のあの「注」は、ビュシェ派、カベー、ルイ・ブランの同様なフレーズをこれでもかというように紹介されていましたね。
◆望月 また、文庫としてどう編集するか、という問題がある。『ゴータ綱領批判』というタイトルは誤解を招きやすい。ゴータという町で開いた、当時の二派の合同党大会で採択されたのが、正式なゴータ綱領だが、マルクスが批判したのは、その大会の前に、マルクスに親近的なアイゼナハ派というグループが作った草案なんだ。多分に妥協を意識して作られている。というわけで、最低でも草案と、採択された正規の綱領を並べて見せなくちゃ、「批判」の意味がわからない。ところが成文の訳がないんだ。そうなると、その成文を採択したときに合同した二つの党派の、それまでのそれぞれの綱領との比較が必要になるよね。両派がこの合同でそれぞれが何を捨てて何を得たか。実際、マルクスの批判にまつわるエンゲルスやブラッケの手紙も、それらの合同前の内輪話が出てくるんで、やっぱり、いろんな綱領を並べて見たい……、とこうなる。

◇**村上**　お話を伺うとまったく当然のことのように思えるのですが、今までそういう訳書がなかったのが不思議なくらいですね。

◆**望月**　そうなんだ。で、一〇〇周年に間に合わせるために、『マル歴』のことは一切忘れて資料集めと解読に熱中した。ゴータはもちろん、ハレやエルフルトで開かれた党大会の議事録にまで目を通した解説はこれが初めてだろう。大会でのやりとりが面白いね。「ドイツ社会主義労働者党」の「ドイツ」が、草案では形容詞の「ドイッチュ」になっていた。カウツキーが、出生の偶然でドイツに暮らす労働者もいるんだからと、頭の「ドイツ」を最後に持ってきて「ドイッチュランツ」にしようと提案したところなんて泣かせる。

◇**村上**　ああ、そうなんですか。ドイッチュランツだから、ドイッチュラントの所有格。ドイッチュもドイッチュランツも日本語にすると「ドイツの」になっちゃって区別がつきにくいですが、原語では微妙に違いますね。それをカウツキーが提案したと。彼はオーストリア（プラハ）生まれでしたね。

◆**望月**　党はドイツに作るんだから、それが動機じゃなくて、ユダヤ人労働者やポーランド人労働者への配慮さ。「ドイッチュ」だと「ドイツ人の」とも響くからね。ユダヤ人ラサールを党祖といただくラサール派への配慮もあったんだろう。そう言えば、ナチス（NSDAP）のDは真ん中にあるから、「国民社会主義ドイツ人労働者党」だな。

◇**村上**　この文庫の奥付を見ると、昭和五〇年（一九七五年）五月一六日発行になっており、その二年間のご苦労の末、「綱領」採択一八七五年五月二五日にギリギリ間に合ったというわけですね。そういえば僕も東独崩壊四年後の一九九四年、在外研究の折にゴータの会議場に行ってみました。大きなホールとかではなくて、普通の建物で、隣がSPDの支部になっており、東独時代ミュージアムになっていた会場は東独仕様の展示の入れ替えの時期で、閉まっていました。背伸びして窓から中の様子を眺めたものです。エルフルト大会の会議場も行きましたが、こちらも展示入れ替え中でした。西独SPD仕様の展示がどうなっているか、もう一度行ってみたいです。

◆**望月**　ああ、あのホールには僕も行ってみた。街の本屋で地図を開いて見たが載ってないので、広場のベンチに坐ってた老人に「一〇〇年前、この街で……」と聴いたら、二つ返事で「ああ、チボリ公園のそばだ」と教えてくれた。あの人は東独で共産党に吸収された社民党の人だったのかな。

◇**村上**　私はこの文庫末尾の先生の「訳者解説」と『思想』論文を拝読して、国際労働者協会でのラサール派とバクーニン派、それにプルードン派などが入り交じった思想的・運動論的な微妙なバランスの真ん中に当時のマルクスがいた、という先生のご指摘が非常に印象に残っています。

◆**望月**　バクーニンの「共産主義は学者独裁国家だ」というしつこい宣伝にたまりかねたマルクスが、「俺の独裁じゃない、労働者全体の独裁だ」と火の粉を払ったわけね。

第三世界論・接合理論・原蓄論

◇**村上**　さて、第三世界論に話を戻します。私は『マルクス歴史理論の研究』のお話を伺っていて、つくづく先生のご研究の第一局面＝中世農奴制研究と、第二局面＝マルクス歴史認識研究の連続性を再認識しましたが、僕の言う第三局面つまり第三世界論研究も、底流で第一局面・第二局面と有機的につながっているんだなと痛感します。そこらを密かに期待してお話を伺おうと思っているのですが。室井さんがよく「三部作」と言われていた『経済評論』での連作、まず一九八一年四月「第三世界を包みこむ世界史像」（『経済評論』日本評論社）、同年七月「生産様式接合の理論」（同）、同年一二月「第三世界研究と本原的蓄積論」（同）。これ以後も一九八二年四月『専修大学社会科学研究所月報』（二二四号）に「生産様式の接合について・再考」、さらに一九八二年五月『思想』に「本原的蓄積論の視野と視軸――『資本論』原蓄章を読む」と続きますね。あれはどういうきっかけで取り組まれたのか、そこからまず伺いたいのですが。

◆**望月**　あの頃、第三世界論と言えばグンダー・フランクにまず指を折るのがふつうだ。彼の代表作で世界的に読まれた『低開発の開発』という本を、各国の研究者が論評してて、そのひとり南米のラクラウという人が「フランクの大命題は正しいけど、ラテン・アメリカには資本主義一本ではいかない大地主制の問題がある」と反論した論文があって、この大地主制を「再版農奴制」と名付けたんだ。シャープだね。ところがこのタームのもとが分からない。というんで「これは望月さんに聞くしかない」ということになって、森田桐郎くんの研究会に呼ばれたんだ。フランクとかラクラウとか何も知らないけど「再版農奴制」なら任せとけと、ほとんど手ぶらで顔を出した。

◇村上　その面々は……。

◆望月　森田君は当時いくつか研究会を組織していたらしいんだが、この集まりは森田君のほか、東大の国際経済論の助教授、それに院生二人という小編成で、その院生の一人が今、専修大副学長だ。こっちは再版うんぬんしか知らないから、他の話はただかしこまって謹聴してたんだけど、メインはフォスター＝カーターという、アフリカのどこかの大学教授だったイギリス人の論文の検討会で、それがひどく面白かった。例の「諸生産様式の接合（アーティキュレーション）」という問題の提唱者。

◇村上　それに魅入られたわけですね。

◆望月　まさしく魅入られた。かつての帝国主義支配も、いまの第三世界のあり方を、中心部（かつての宗主国）と周辺部（かつての植民地）の、それぞれの生産様式が、人間の身体で言うと、肘や膝で連結しているようにつながっている、というつかみ方だ。それで図書館で第三世界問題の論文を載せている外国の雑誌が読み切れないほどあることを知った。意外だったね。いっぱいある。しばらく英語の本を読んでいなくて、最初は骨がボキボキいったが、次第に慣れてきて、こりゃ千年一日、決して悔い改めない教義体系派をやっつけているより、ずっと面白いというふうになった。

◇村上　ウォラシュタインの「世界システム論」との出会いもその過程でということでしょうか。で、一九八一年から書き始められますね、『経済評論』の三論文。これをざっと一年のうちに書かれたんですから、えらいスピードですね。

◆望月　いや、『経済評論』の原稿は一律に四〇〇字詰四〇枚ぽっきりの注文なんだ。雑誌の編集・体裁からして多くても少なくても困る。もともと構想を文字に書き置いて見るとふくらんできて、一〇〇枚ぐらいにはなってた。それを組み替えたり、文献も読み足したりして、ほぼ三分の一ずつ発表というわけだ。

◇村上　この第一論文の中で、一〇年間の「新従属理論」をサーベイされ、例えば従来の開発経済論、開発途上国支援のために何ができるかといった視点から、アメリカのですね「二重構造論」みたいなのが出てくる、それへの真っ向からの批判としてフランクあるいはウォラシュタインと続くプロセスが書かれています。それにしても「低開発の開発」というシェーマ、日本語だとちょっと難しいですね、言い方が。

◆望月　むかしは「後進国」と呼んだが、それじゃ失礼だと言うんで、いんぎん無礼に「低開発国」と呼ぶようになっていた。今じゃ「発展途上国」。しかし、低開発というのは昔からそうなんじゃなくて、資本の世界戦略として「作られた低開発」だったという。開発されれば開発されるほど貧しくなるという把握なんだよね。「開発」Development どころか、「低開発 Underdevelopment がますます進展する」とレトリックをかましたわけだ。

◇村上　ここで改めてラクラウに注目されておられるのも、彼の主張の中に、一つのゲマインヴェーゼン内での諸生産様式の接合という問題提起があったからということじゃなかったでしょうか。

◆望月　その通りだが、ラクラウのは特殊ラテン・アメリカ的で普遍性にちょっと欠けるが、その点で、フォスター＝カーターの方が理論的に面白いのだ。

◇村上　で、『経済評論』第二論文が、「生産様式接合の理論」。

◆望月　アーティキュレーション（articulation）には一一種もの訳語があるって所、面白かっただろう。

◇村上　まあよく渉猟されましたね。ここで複数の生産様式の接合（アーティキュレーション）という問題提起をした張本人のアルチュセールを読まなくちゃとなった。ここで複数の生産様式の接合……いや、僕は博士課程に一九八二年度までいまして、ですからこの時期の先生のご研究プロセスが大学院のゼミに反映されていて、よく憶えています。「フランス語やれ」と言われながら、アルチュセール『資本論を読む』の原文を丹念に読みました、というか、先生に教えていただいた。その後もなかなかフランス語には立ち入れませんで後ろめたいのですが、少なくともあそこの翻訳がでたらめに近いってことも分かりました。そういうふうにアルチュセールとバリバールに立ち戻って、更にラクラウによる独自の接合概念の使われ方を先生の第二論文は紹介されている。そして『経済評論』第三論文「第三世界研究と本原的蓄積論」、おそらくここで先生のご意見を提起しようというような形になっていると思うんですね。で、アミンの「原蓄」論を「並行原蓄」、「世界資本主義における、中心部による周辺部の暴力的搾取」、「農民の賃労働化」の現代的な日々の進行というところを評価された上で、周辺部内部における諸生産様式、複数の生産様式の間で行われる「原蓄」論、こういう現代の構造の意味を問うわけでしたね。メイヤスーの名もありました。

◆望月　「労働力の還流化」というおもしろい問題を提起してた。今は必ずしも還流（里帰りしてまた中心部へ戻る）しないでヨーロッパに居付いちゃうから、いろんな宗教的摩擦や人種差別問題が起きてるね。

◇村上　それはさておきまして、「原蓄」を、資本主義が生起するに当たっての常識的な意味の「原蓄」と、資本主義が生成し、本来的蓄積を行う際に平行して行われる、国内の他の生産様式と接合して、他の生産様式を対象とした「原蓄」、他国の他の生産様式を対象とした「原蓄」、そういうような「原蓄」の方向性というのですか、いろいろあってという形の分析視角を提起された。

◆望月　エジプト人のアミンが、現代における植民地の収奪というのは、要するに中心部が周辺部に手を伸ばしてきた「原蓄」なのだと言ってる。「なるほど」と刺激を受けつつも、待てよ、こりゃ『資本論』がとうの昔に言ってたぞ、と改めて読み直してみたら、何と、というのはおかしいけれども、要するに、彼はごく最近の新聞記事を取り上げて「原蓄」と言っているのに気づいた。つまりマルクスの眼前で「原蓄」が行われていたことに、遅まきながら気が付いたわけです、ほとんどの人は大体あのエンクロージャーのところとその前夜しか読まないんだ。それにあの労働者の陶冶のくだり。だけど、丁寧に読み込んでみると、一番最後になって、つい最近読んだ新聞から取ってきた記事が「原蓄」の一例として挙げられてる。

◇村上　マルクスの前の世紀に行われた「原蓄」ではなくて、マルクスの生きていたその時の。

◆望月　何百年前から続いて、つい目の前でも「原蓄」が続いている。この「原蓄」を、最初のエンクロージャーの「原蓄」とどういうように範疇的に区別するか。中にはインド相手にアヘンの売買で大もうけしたヤツの財産もイギリスにとっての原蓄だ、とさえ言う。素性がどんなに汚く、むごたらしいものでも、イギリスに持ち帰って銀行に預金すれば、それが総資本の原蓄資金になるって言うんだよ。それをカテゴリー別に分けた上で、あらためて全原蓄過程をどうつかむかということに問題意識が移ってきて、それがあの『思想』論文（「本原的蓄積の視野と視軸」）になった。いきがって「本原的蓄積」なんて表記したので、私本人以外はネットじゃ検索できなくなった。半分残念。

◇村上　感慨深いことは、このご研究の第三局面もまた、第一局面と底流でつながっているということです。この場合「再版農奴制」研究という流れですが。この第三局面では新たに異なる生産様式の「接合」関係に注目されました。この点について、大学院での先生のコメントを思い出します。講座派の日本資本主義の構造認識ですね。半封建的な地主・零細小作制と資本主義大工業との構造的な相互依存関係という。あれも「接合」視点で振り返ると的確な認識だった、そんなことを言われたのを憶えています。

◆望月　ふと言ってみただけだが、そういう視角のもとは、例のフォスター＝カーターなんだが、その彼の発想源は、ピエール＝フィリップ・レイの『階級同盟』という著作だ。フランス名前だから「レー」と表記するのが正しいが、何となくだらけるので「レイ」としておこう。レイは、イギリスの「封建制から資本主義への移行」期にあった経済構造を、「資本主義生産様式と封建的生産様式の『接合』」ととらえたんだが、興味深いことには、その後もずっと、すくなくとも『資本論』の地代論が分析している時代もなお、二つの生産様式の接合が続いている、というからおもしろい。

「接合」のもとの意味は、二つ以上の独立した骨が、両者の間にある軟質の靭帯部分で柔らかくつながっている、という解剖学のイメージだ。手足の肘や膝を考えて見ればわかる。この視点から見ると、マルクスが各所で口を酸っぱくして、「近代的土地所有とは、実は封建的土地所有なのである」と不思議なことを言ってた真意がわかってくる。

資本家、と言ってもさしあたりは農業資本家だが、その彼はもともと、せっかく稼いだ利益の中から、その一部を「地代」として地主に払わなくちゃならないのが、業腹でしょうがない。「自分では働きもせずにむさぼる不労所得階級じゃないか」というわけだ。そうぶつくさ文句を垂れながら、両者が「階級同盟」を結んでいるのは、生まれは違うが私有財産制度を守り、ともに労働者の搾取から利益を得ている、という「共感」からだろう。

◇村上　それで『マルクス歴史理論の研究』の中でも、「地代とは（言い換えれば地主の土地所有）は封建的土地所有なのだ」、「資本と土地所有とは『複受胎』の児なのだ」という、マルクスの言葉を繰り返し引用されたわけですね。

◆望月　『剰余価値学説史』、いまの『資本論草稿』だが、その中で、useless superfetation と英語で書いてる。この英語にMEWの編集部が注で、「役立たずの瘤（こぶ Auswuchs）」とドイツ語訳している。だが、この編集部注は間違いなんだ。

◇村上　「こぶ」としたのは誤訳なんですか。

◆望月　そうだ。英語の superfetation は、英和の中辞典クラスにも出てないくらいだが、マルクスの訳者たちはみんな困ったんだろう、「無用の長物」なんて訳してた。上の『学説史』の訳もそうだった。「複受胎」という訳語はまちがいじゃないんだが、この訳語でわかるかい？

わからないだろう。実は僕もそうだった。産科学用語だから、医学専門書店のドアを押して、いかにも医学生みたいな顔をして産科の教科書を開けばわかるのだろうが、やっぱりそのドアは押せないよ。後にネットでわかった。「異種同期受胎」とか「同期重複妊娠」というんだね。イギリスの近代直前という母胎に、若い資本主義とやや老いた封建的土地所有という二人の男が、間をおかずに sperma を注入した結果、父親を異にする双子を妊娠したというわけだ。昔あんなに悩んだのが嘘のようだな。

これではっきりした。資本と土地所有は、血と顔かたちこそ異なれ、近代という母親から生まれた双子のきょうだいだったんだ。愛憎あい半ばして、しかも互いに離れられない。封建的土地所有の血が流れる「近代的土地所有」と、資本がどうしても片方と縁が切れないのか、意味をわかっていながら、マルクスはいらいらしたわけね。

◇**村上**　「階級同盟」とうかがうと、私などはすぐ、プロイセンのユンカーと、ドイツ西部の大工業資本家が結んでいた「麦と鉄の同盟」を想起します。あるいは戦前日本の半封建的地主と産業・銀行が依存しあってる関係を理解するのにも使えそうですね。それはともかく、当時の先生としては、割り切れない思いを抱えたままでいらっしゃったので、「接合」理論の可能性みたいなものに注目されたのでしょうか。

◆**望月**　当たらずといえども遠からず。それと同時に、明らかに無用の徒食階級なのに、マルクスが『資本論』第三巻の最後を「三大階級」として、資本家と労働者と肩を並べる一大階級として遇してるのは、『マル歴』の段階では、どうにも違和感を拭えなかったけれど、それを押し殺して「絶対地代の発見」にひとつの、いわば旋回機軸を見ることにした。

◇**村上**　あそこは私も実は敬して素通りしたところで。

◆**望月**　まったく僕の責任だ。『資本論』の地代論に見える「絶対地代」は、マルクスが自分で胸を張るほど、明々白々のカテゴリーとは必ずしも言えないんだから。

差額地代論はまあまあわかる。だけど、絶対地代は、学生の時から理解に苦しんでいた。当時、専大で経済原論を担当された平瀬巳之吉先生に、はがきで失礼だったけど、一応僕の理解を書いて、ほんとはどうなんでしょうかと質問したことがある。ありがたいことに、平瀬先生ははがきの表の下半分まで使って、「きみの書いた図は間違ってるよ」と、こまごまと説明してくださった。ほら、今でも長谷部訳『資本論』に挟んでとってある。

◇**村上**　誠実なご返事でしたね。あ、五円だ、当時の葉書は。

◆望月　その後もう一回やりとりの往復があったけれど、やっぱりわからなかった。無理を承知で一口に言っちゃえば、最劣等地の差額地代は、理論的にはリカードがそうしたようにゼロなはずなのに、現実には地主はタダでは土地を貸そうとしない。で、そこに支払われるのが「絶対地代」、つまり根拠なし、問答無用の地代だ、というわけだ。マルクスはそこに、「理屈もないのに払われるのは、地主が本質的に封建的地主だからだ」と結論づけたわけだが、そこでよせばいいのに、地代額を根拠づけようとしていろんなことを述べたので、いろんな未決問題を派生しちゃったんだ。そもそもその地代の金額を計算できる根拠があるのか、最劣等地の借地人が払えば、同額の絶対地代が、それ以上の借地にも次々に上乗せされるのか、などなど。

学生の時の僕の疑問は、「どんな場合だって、土地はタダでは貸さないぞ」という地主の一方的宣言みたいなもので、計算の根拠などない、「所有のお化け」みたいな理念じゃないのか、という疑問だった。その後、時は流れて『マル歴』を仕上げる時点で、改めていろんなマルクス地代論の本を読んだんだけど、結論は「絶対地代という概念に、共通の理解はまったくない」ということだった。宇野派の岩田弘さんなんか、あっさりと「最劣等地の差額地代だよ」と片付けた上で、差額地代のこまごました計算例を「閑人のなぐさみごとだ」と一刀両断だ。すっきりしたなあ。

◇村上　……。

◆望月　すっかり退屈しちゃったみたいだな。ここでちょっと整理しよう。

まず第一。「諸生産様式の接合」という概念装置を使えば、「地代」とは、近代という同じ母親から生まれた異形のきょうだい、封建的地主階級を黙らせるための、資本の不承不承の出費だった、とすっきりまとめられる。もともと理論的に穀物の輸入はなしという前提なんだから、絶対地代額を計算したって徒労なんだ。

つぎ第二に、中心部、つまり資本の本国においてすら、資本と非資本とが接合されているんだから、いわば追加原蓄のほこ先を、本国の外、つまり周辺部に求めて出てゆくのは、ごく自然な成り行きだ、ということ。それは、地元の仲介人を利用した、地元の生産様式と、本国資本主義との接合であって、資源の掠奪、労働力の極端な搾取、本国製品の売り込みなど、さまざまな形を取る。つまり本国でやり慣れた手口だ。

最後。この「接合」という柔軟な連結部を通じて「資本の文明化作用」が浸透する。

◇村上　なるほど。しかし先生。中心部資本主体の「世界原蓄」が進行してゆく過程で、いずれは、そういう外部からの強烈の次ぎに、そうした問題を論じられるかも知れない、という期待は多かったと思いますけれど。私もそう期待しました。

◆望月　無理いうな。いやだって言うのに押し上げた連中だって、必ずしも学部長に全面協力するわけじゃない。その心労を抱えながら、肌理の細かい論文なんて書けるもんじゃないのだ。

◇村上　そうおっしゃられると一言もありませんが、でもそうおっしゃりながら韓国語をマスターされたりして、いわゆる「第三世界」の枠を抜け出しはじめた韓国経済論なんかおやりになっておられましたね。学部長二期を務められてから、韓国に一ヶ月半ですが留学なされた。あのソウル滞在はどういうおつもりでしたか。

◆望月　ちょうど韓国で第三世界論が盛んになってた。僕のを含め世界各国の論文を集めて編集した高麗大学の教授と話したり、東大で森田くんのところに滞在したソウル大の先生から「内田義彦論を聞きたい」と言われて一席ぶったりした。『経評』の第二論文でもちょっと触れたが、「中心部と周辺部の接合」には、「接合深化をおしすすめる仲介人」が重要な役割を果たしている。日本の植民地支配にもそういう要素があったんじゃないか、と図書館を漁ったが、これは成果ゼロだった。まだ軍政下だったしね。とにかく、なつかしい「第三世界」というフレームワークの役割はほとんど終わった、と実感したことはたしかだ。

◇村上　であればこそ、「第三世界」でまずければ「途上国」における、半ばは自発的な原蓄のあり方がますます重要になりますね。現実に、日本経済も中国市場を抜きにしては成り立たない、というような事態が進みつつありますし。

◆望月　まったく同感だ。途上国「における」原蓄の主体がそれなりの存在感をもって立ち現れつつあるんだね。ウェーバー的に言えば、まだ「パリア資本主義」の塊みたいな主体で、原蓄の進め方だっていかにもブルータルだが、世界的な市民社会度が上がってるから、『資本論』第二四章みたいな暴虐無残ぶりはもう通用しないだろう。そこに希望がもてる。むかし、「資本の文明化作用」というと、一も二もなく「ヨーロッパ中心史観だ」と罵られたものだが隔世の感がある。とは言うものの、手放しの楽観とはほど遠いよ。いまも頭からしつこく離れないのは、非・某信念・世界でならともかく、その「非」がつかない世界での「文明化作用」の進展はそう一筋縄では進まないだろうという、いささか憂鬱な予感だ。ルターが九五箇条の大字報を貼るまでには一五一二年もの時間がかかった。だから、「非」がつかない世界がそこまで行き着くには、まだあと二五〇年以上もあるということだ。ブローデルやアルチュセールが言うように、イデオロギー的審級に流れる時間は、経済的審級の進む時間よりも、ずーっと長いからねえ。とにかく、せっかく八二歳まで生きたんだから、天命を全うしたい。この話はこれでおしまい。

◇村上　もうだいぶ時間も過ぎてきました。最後のところは、先生の学生時代の「地代論」への疑問が、「接合」理論によって氷解するという、これはかなり象徴的です。つまり、最初に私が整理しました先生のご研究のプロセスが、一見すると第一〜第三へと局面を大きく変えながら進んできたように見えるけれども、よく見ると、一貫した問題意識が通底していることが分かります。それは前近代を「奴隷制および農奴制」として捉えられて、これを近代と明確に区分し、この前近代から近代への移行を分業とりわけ「都市と農村の分業」によるものとして理解される。この分業論を軸としてマルクス研究を行われ、さらに前近代と近代の依存関係を「接合」理論によって明らかにされるというものだったと思われます。私も改めて先生の歩んでこられたご研究の全体像を勉強したのは、つい一〇年前です。そのとき先生の初期の問題意識が『マルクス歴史理論の研究』に、明らかに反映されていることに新鮮な思いを持ちました。また今回のインタビューで、『マルクス歴史理論の研究』が、その直前の一九六八〜六九年『思想』三論文によるものであり、しかも問題意識としては第三論文（ウェーバー都市・封建制論）が最初だということを初めて伺い、新鮮な興奮を持ちました。先生のこうしたご研究の足跡に貫通する一つの太い「思想」を多少なりとも伺うことができ、大変うれしく思います。では、一応ここで区切らせていただきます。本当にありがとうございました。

（1）　小林良正〈遺稿〉「望月清司『マルクス歴史理論の研究』を読んで感あり」（『経済』一五三号、一九七七年）

（二〇〇九年一〇月〜二〇一〇年一月収録。本文中の所属等は当時のもの。）

初出一覧

1 「グーツヘルシャフト成立前期と騎士団国家の市場構造」 専修大学論集一三号、一九五七年

2 「いわゆる「再版農奴制」の南西ドイツ的特質――《die zweite Leibeigenschaft》概念の再吟味を通じて」 土地制度史学第一巻第四号、一九五九年

3 「ワイステューマーにおける「教会民」について」 専修大学論集二九号、一九六二年

4 「近世西ドイツにおける市民地主制の問題――F・リュトゲの「経済ヘルシャフト」範疇をめぐって」 専修経済学論集第七号、一九六九年

5 「農業改革以前の東エルベ地主制について」 土地制度史学第一二巻第二号、一九七〇年

6 「『ドイツ・イデオロギー』における二つの共同利害論」 平瀬巳之吉 編『経済学・歴史と現代――平瀬巳之吉教授還暦記念論文集』時潮社、一九七四年

7 「『ゴータ綱領批判』の思想的座標」 思想六二一号、一九七六年三月

8 「本原的蓄積論の視野と視軸――『資本論』原蓄章を読む」 思想六九五号、一九八二年五月

9 「宇野経済学をささえた宇野史学――大塚資本主義論との対比において」 経済評論一九七七年七月号

10 「スコットランドの女伯爵とは誰か――『資本論』原蓄章における一人物の同定」 専修大学社会科学研究所月報四二九号、一九九九年

11 「第三世界を包みこむ世界史像――新世界史論争と再版農奴制」 経済評論一九八一年四月号

12 「生産様式接合の理論――第三世界の歴史と現代への鍵」 経済評論一九八一年七月号

13 「生産様式の接合について・再考」 専修大学社会科学研究所月報二二四号、一九八二年

14 「第三世界研究と本原的蓄積論――マルクス原蓄論活性化の試み」 経済評論一九八一年一二月号

15 「『資本の文明化作用』をめぐって――マルクスは西欧中心主義者であったか」 経済学論集(東京大学)第四九巻第三号、一九八三年

16 「望月清司先生に聞く（質問者　村上俊介）」 専修大学社会科学研究所月報五七四号、二〇一一年

思いもよらぬことであった。経済学史学会が、二〇一八年度の共通論題「日本経済思想の貢献一九六八→二〇一八」における三つの論題の一つとして、まことに過褒との思いを今なお禁じえないが、わたくしの、一九七〇～八〇年代の仕事を選んで下さったのである。その第二報告とは、『市民社会派マルクス主義』の市民社会論および現代中国に対する意義――望月清司氏『マルクス歴史理論の研究』（一九七三年、岩波書店）を中心に」（報告者：清華大学哲学部　韓立新教授）であった。

ちなみに、第一論題は「内田義彦『経済学の生誕』の生誕――市民社会の「正義」をもとめて」、第三論題は「塩野谷祐一の経済哲学――卓越主義的リベラリズムと社会改革の方法」である。

「一九六八→二〇一八」とは、まさに茫々半世紀。その間に「日本の経済思想」という領域で尖鋭秀逸な研究業績がどれほど高く厚く積み重ねられたことか。その中から、選んでいただいたのである。とりわけて面映ゆかったのは、私の研究生活の原点だったドイツ中近世経済史の領域を、マルクスの読み直しから再検討するときに又とない方向性を与えて下さった、且つはまた、勤務していた大学のコレーグでもあった内田義彦先生と「肩を並べる」という栄誉にあずかったことである。

思い起こせば、韓立新教授から「ご著書の翻訳をしています」とのメールをいただき、ややあって、かつての留学先であった一橋大学に滞在された教授と面会したのは二〇〇八年であった。中国語を読めない私が「訳者後記」を判読すると、留学当時本書に取り組んだあいだ、「心神朦朧・眼精激痛・夜間不眠のままに同大学構内の『原始森林』をさまよった」とある。そんなご心労の末に、二〇〇九年に出版された訳本はかの地で暖かく迎えられた。ややあって、清華大学と南京大学から「シンポジウムを開きたい」との招聘があり、専修大学の村上俊介教授とともに訪中したのが二〇一一年。両大学の多くの研究者とのあいだに実りある交流を重ねることができた。忘れられない思い出が、共通論題の知らせと重なり絡まった。

＊

『マルクス歴史理論の研究』刊行の前後、苦闘としか言いようのない書きたまった論文のいくつかを、なんらかの形で再公表したいという気持ちは、本書所収の「インタビュー」をまとめる過程で芽生えた。大学での同僚だった村上教授は、本書巻末の「仕事目録」に収録した全作品に目を通して下さり、わたしの学問的生涯のスタート地点、修士論文でもあった「騎士団国家の市場構造」に、その後の全思考過程の「正確な萌芽」を見抜いて下さった。十四、五世紀東プロイセンに君臨した封建領主「ドイツ騎士団」（「騎士修道会」とも言う）の農民支配制度（エルプウンターテーニヒカイト＝世襲隷民制）は、マルクス無二の親友エンゲルスが「中世農奴制の再版」と名付けたこともあって、あたかも戦前日本の「地主小作制」に比肩される過酷なシステムと理解されていた。だが、当時の東ドイツの経済史学界での遠慮深い論争をもサーヴェイした上で掘り下げてゆく途次、私自身の研究の出発点だった、歴史学研究会編『世界史の基本法則』に代表される、不可侵と思われた「教義体系」への秘やかな疑念が芽生えた。

「執筆目録」のうち、自ら設けた制約によって収録しなかった愛惜の一編、「ドイツ『農奴制』の古典型と純粋型――ライプアイゲンシャフトの系譜を中心として」（『日本資本主義の諸問題――小林良正博士還暦記念論文集』一九六〇年二月、未來社刊収録）は、その疑念を意識的に晦渋な原典紹介でくるんで最初にほのめかした言明である。当時、中近世ヨーロッパ経済史の理論的把握の基準だったのは、『資本論』第三巻四七章「資本制地代の発生史」に基づいて定式化されていた、①【古典荘園（の労働主体）】＝人格的不自由・労働地代給付農民＝ライプアイゲネ（Leibeigene）＝「農奴」→②【純粋荘園（同上）】＝人格的半自由・現物地代給付農民＝ヘーリゲ（Hörige）＝「隷農」、という図式だった。この定式を脳髄に刻みこんで、もっと詳しく知ろうとドイツ中世法制史の領域に踏み込みはじめて知ったのは、「ヘーリゲという身分は存在しない」ということであった。

この新知見を私は、勤務する大学の論集には公表しなかった。当時、月刊誌『経済評論』（日本評論社）は毎号、大阪市立大学経済研究所が執念さながらに網羅した経済学全分野の学界誌論文目録を載せていたからである。時あたかも天の配剤のごとく恩師の還暦記念論文集の企画に恵まれ、活字として残す幸福を得た。この種の『～記念論文集』は書籍自体、従って所載論文はほとんど人の目に触れない。私は今もなお初子（ういご）を愛撫するように、折りに触れかのページを開いて目を細くする。

「ライプアイゲネとは『生命・生涯（ライプ）』を所有（アイゲン）されていた者」という素朴であるがゆえに強固な固定観念から解放されてゆくと、マルクス学界ではほとんど神聖的に「ブルジョア社会」と訳されていたタームが、「市民たちのゲゼルシャフト」と読めてきた。この開眼を助けてくれたのが、内田義彦教授の諸労作、なかでも『資本論の世界』（岩波新書）だった。その眼で読むと「疎外」とは「交通」だったのである。そこから絡まった糸をほぐすように明らかになってきた「マルクスの市民社会論」については『マルクス歴史理論の研究』（一九七三年、岩波書店）に詳説したから、本書ではそれを敷衍した小論のたぐいは割愛した。

時が経って、初期マルクスの思想を解きほぐす苦闘期に切磋琢磨し合った畏友森田桐郎君（国際経済論専攻・故人）が、「今、『世界資本主義と第三世界』というフレームで、「ラテンアメリカの再版農奴制」という問題がホットな注目を浴びているよ」と教えてくれた。当時も今も「新興工業国」とか「開発途上国」とか呼ばれるエリアは、伝統的支配層の飽くなき致富慾につけこんだ多様な先進国資本によるアンヒューマンな暴利蓄積の場と化している。表面的には「発展＝開発」（原語は同じ development）途上にあると見えながら、その実態は「低開発 underdevelopment」、言い換えなくとも「先進国資本による、いま進行中の原始的／本源的蓄積」の場なのだ、と言う。本書第三部は、森田君に教わりながら、その現実に体当たりしている数多の労作に学ぶ道筋で、『資本論』に幾度も立ち返り読み直した思索の産物である。フランスの人口学者A・ソーヴィ由来の「第三世界」というフレーズそのものは今後景に退いているけれども、その「構造」の骨組みはほとんど変わっていない。いま、世界を揺さぶっている「難民」とは、今も変わらぬ多国籍資本が手放さぬ「低開発」の嫡出子たちなのだから。

＊

「老後初心」という励ましの鞭（世阿弥『風姿花伝』）に快く打たれながら、本書を編んだ。末筆ながら、出版をお引き受け下さった日本評論社、ことに斎藤ちか氏からいただいた細心のご配慮に深く感謝する。今も座右の『資本論』第一巻第一分冊は、昭和二一年（一九四六年）の長谷部訳（同社版・二百円）である。

P・スウィージー、M・ドッブ、高橋幸八郎他著、大阪経済法科大学研究所訳「封建制から資本主義への移行」を読んで（経済評論1983年1月号）

【ほか各種発表抜粋】

報告：共同体論の今日的位相（シンポジウム「共同体・市民社会・社会主義」）（現代の理論108号、1973年1月）

報告：世界史のなかの市民社会（シンポジウム「共同体・市民社会・社会主義」）（現代の理論108号、1973年1月）

（シンポジウム）マルクス研究の新段階（沖浦・重田・細見・森田）（現代の理論122号、1974年3月）

（シンポジウム）『経済学批判要綱』研究の問題点（沖浦・細見・山田・森田）（現代の理論125号、1974年6月）

（インタビュー）『ドイツ・イデオロギー』の持分問題をめぐって（明治学院大学・ノイエ・ツァイト3号、1975年）

「ぼくの学生」と雪山先生（雪山慶正遺稿集刊行会編『悲劇の目撃者——雪山慶正・その人間と時代』国書刊行会、1975年）

依存関係論とビートルズ（現代の理論137号、1975年6月）

（インタビュー）市民社会論とマルクス理論（聞き手：安東仁兵衛）（現代の理論166号、1978年）

（編者あとがき）森川喜美雄『プルードンとマルクス』（未來社、1979年）

思想の言葉——マルクスのインド社会論（思想710号、1983年8月）

「内田作品」の謎と断片（「内田義彦著作集 月報」第4巻、岩波書店、1988年）

「ドイツ農民戦争」——1848年革命の投影として2（エンゲルス・コメンタール5）（現代の理論147号、1976年4月）

宇野経済学をささえた宇野史学——大塚資本主義論との対比において（経済評論1977年7月号）

マルクス・ゲゼルシャフト理論への待望——細谷昂氏「マルクス社会理論の研究」を読む（社会科学の方法13巻4号、1980年）

第三世界を包みこむ世界史像——新世界史論争と再版農奴制（経済評論1981年4月号）

生産様式接合の理論——第三世界の歴史と現代への鍵（経済評論1981年7月号）

第三世界研究と本原的蓄積論——マルクス原蓄論活性化の試み（経済評論1981年12月号）

生産様式の接合について・再考（専修大学社会科学研究所月報224号、1982年）

本原的蓄積論の視野と視軸——『資本論』原蓄章を読む（思想695号、1982年5月）

「資本の文明化作用」をめぐって——マルクスは西欧中心主義者であったか（経済学論集（東京大学）49巻3号、1983年）

マルクス没後百年に寄せて——おくればせの革新へ（社会科学年報18号、1984年）

人文科学研究所開設30周年記念論文集によせて（『フランス革命とナポレオン』専修大学人文科学研究所 編、未來社、1998年）

スコットランドの女伯爵とは誰か——「資本論」原蓄章における一人物の同定（専修大学社会科学研究所月報429号、1999年）

望月清司先生に聞く（質問者　村上俊介）（専修大学社会科学研究所月報574号、2011年）

価値形態論の上着は30万円（専修大学社会科学研究所月報664号、2018年）

【翻訳】

マルクス 著『ゴータ綱領批判』（岩波文庫）（ドイツ語）（岩波書店、1975年）

金浩鎮 著「第三世界の主要理論と諸観点」（韓国語）（専修大学社会科学研究所月報294号、1988年）

【書評論文】

総体性の弁証法と経済学——花崎皋平「マルクスにおける科学と哲学」（思想554号、1970年8月）

「本源的所有」と世界資本主義——芝原拓自著「所有と生産様式の歴史理論」（思想579号、1972年9月）

所月報59号、1968年）
「ドイツ・イデオロギー」における「分業」の論理（思想534号、1968年12月）
マルクス歴史理論の形成――分業論的歴史分析の展開（思想539号、1969年5月）
マルクス封建社会観の基礎視角――ウェーバーの都市・封建制論にふれて（思想543号、1969年9月）
近世西ドイツにおける市民地主制の問題――F・リュトゲの「経済ヘルシャフト」範疇をめぐって（専修経済学論集7号、1969年）
農業改革以前の東エルベ地主制について（土地制度史学12巻2号、1970年）
マルクスにおける「市民社会」の歴史理論（現代の理論82号、1970年11月）
「共同体のための賦役労働」について（専修大学社会科学研究所月報88号、1971年）
「ドイツ・イデオロギー」――その市民社会論と歴史認識（特集・マルクス・コメンタール）（現代の理論88号、1971年5月）
「経済学・哲学草稿」〈第三草稿〉――〔私的所有と労働〕〔私的所有と共産主義〕（特集・マルクス・コメンタール）（森田桐郎・岸本重陳との討論）（現代の理論90号、1971年7月）
「経済学・哲学草稿」〈第三草稿・続〉――欲求・生産・分業（特集・マルクス・コメンタール）（森田桐郎・岸本重陳との討論）（現代の理論91号、1971年8月）
坂間真人「望月　マルクス・コメンタール『ドイツ・イデオロギー』」へのコメント（『マルクス・コメンタールⅢ』現代の理論社、1972年）
マルクスの世界史把握――その市民社会史探究との交錯（現代の理論112号、1973年5月）
「共同体から市民社会へ」視座の問題――比較体制論的関心から（社会科学年報7号、1973年）
マルクス研究と「マルクス主義」（現代思想1974年2月号）
市民社会の歴史理論と現代（専修大学社会科学研究所月報135号、1974年）
『ドイツ・イデオロギー』と疎外・物象化の理論（現代の理論122号、1974年3月）
『ドイツ・イデオロギー』における二つの共同利害論（『経済学・歴史と現代――平瀬巳之吉教授還暦記念論文集』平瀬巳之吉 編、時潮社、1974年）
人格的依存関係のなかの物象的契機――花崎さんに答える（現代の理論134号、1975年3月）
『ゴータ綱領批判』の思想的座標（思想621号、1976年3月）
「史的唯物論」の依存的関係史論（現代思想1975年12月臨時増刊号）
「ドイツ農民戦争」――1848年革命の投影として1（エンゲルス・コメンタール5）（現代の理論145号、1976年2月）

第三世界と経済学（第4章　第三世界から提起された新世界史論争）（高橋彰ほか編、東京大学出版会、1982年）
マルクス 著作と思想――〈現代〉を解く鍵の再発見（有斐閣新書）（序章、第1章、第2章）（望月清司ほか著、有斐閣、1982年）

【論文】
グーツヘルシャフト成立前期と騎士団国家の市場構造（専修大学論集13号、1957年）
中世ロシュトック市の手工業者闘争（専修大学論集15号、1957年）
「再版農奴制」をめぐる諸問題――東独経済史学界の小論争（専修大学論集18号、1958年）
いわゆる「再版農奴制」の南西ドイツ的特質――《die zweite Leibeigenschaft》概念の再吟味を通じて（土地制度史学1巻4号、1959年）
ドイツ「農奴制」の古典型と純粋型――ライプアイゲンシャフトの系譜を中心として（『日本資本主義の諸問題――小林良正博士還暦記念論文集』山田盛太郎 編、未來社、1960年）
ワイステューマーにおける「教会民」について（専修大学論集29号、1962年）
「諸形態」と「農業共同体」に関する覚え書（1）（専修大学社会科学研究所月報5号、1964年）
「諸形態」と「農業共同体」に関する覚え書（2・完）（専修大学社会科学研究所月報6号、1964年）
「諸形態」における「奴隷制および農奴制」について（専修大学社会科学研究所月報19号、1965年）
「諸形態」と「インド通信」におけるアジア社会像（専修大学社会科学研究所月報27号、1965年）
ブルジョア革命とブルジョア民主主義――いわゆる「人文学派」の近代史研究によせて（現代の理論22号、1965年11月）
『諸形態』と『資本論』における原蓄期自営農民について（専修大学社会科学研究所月報32号、1966年）
明治維新分析のための世界史的視点について――河野健二著「フランス革命と明治維新」（書評）（専修大学社会科学研究所月報49号、1967年）
西ヨーロッパ型「近代化」理解の一視角――ブルジョア民主主義の歴史的性格について（専修大学社会科学研究所月報52号、1968年）
『経・哲手稿』における事物の疎外と自然の疎外について（専修大学社会科学研究

望月清司 著作・論文目録

【著書】

マルクス歴史理論の研究（岩波書店、1973年）

【共著】

講座マルクス主義8 資本主義（第1章　マルクス歴史理論における「資本主義」）（長洲一二 編、日本評論社、1970年）

マルクス・コメンタールⅢ（「ドイツ・イデオロギー」）（現代の理論社、1972年）

マルクス・コメンタールⅡ（「経済学・哲学草稿」）（現代の理論社、1972年）

講座マルクス経済学7 コメンタール『経済学批判要綱（下）』（第7章　『資本家的生産に先行する諸形態』研究）（山田鋭夫・森田桐郎 編著、日本評論社、1974年）

講座マルクス経済学1 社会認識と歴史理論（第2章　労働・疎外・交通、第3章　分業・所有・市民社会、第4章　共同体・市民社会・社会主義）（森田桐郎・望月清司 著、日本評論社、1974年）

資本論物語——マルクス経済学の原点をさぐる（有斐閣ブックス）（「世界史の中の資本主義」ほか3項目）（杉原四郎、佐藤金三郎 編、有斐閣、1975年）

経済思想の事典（有斐閣選書）（「マルクスの所有論」ほか3篇）（住谷一彦、伊東光晴 編、有斐閣、1975年）

資本論を学ぶⅡ（有斐閣選書）（第19章　本源的蓄積）（佐藤金三郎ほか編、有斐閣、1977年）

資本論を学ぶⅣ（有斐閣選書）（第19章　商人資本の歴史的役割）（佐藤金三郎ほか編、有斐閣、1977年）

解説資本論（1）（有斐閣新書）（第7篇第24章、第25章）（岡崎栄松ほか編、有斐閣、1979年）

●著者紹介

望月清司（もちづき　せいじ）

一九二九年生まれ

専修大学名誉教授

経済学博士

主著

『マルクス歴史理論の研究』（一九七三年、岩波書店）

ドイツ史《し》・マルクス・第三《だいさん》世界《せかい》

——望月清司論文選——

●……二〇一九年一〇月二〇日　第一版第一刷発行

著者……望月清司

発行所……株式会社 日本評論社

〒一七〇－八四七四

東京都豊島区南大塚三－一二－四

電話 〇三－三九八七－八六二一（販売）

振替 〇〇一〇〇－三－一六

https://www.nippyo.co.jp/

装幀……レフ・デザイン工房

印刷所……精文堂印刷

製本所……牧製本印刷

ISBN978-4-535-55928-8